武大通识

博雅弘毅 文明以止 成人成才 四通六识

珞 珈 博 雅 文 库

通 识 课 堂 系 列

博雅：中西之间

武汉大学基础通识课优秀论文集

（人文卷）

主 编 李建中

副主编 苏德超 刘 伟 熊 均

WUHAN UNIVERSITY PRESS

武汉大学出版社

图书在版编目(CIP)数据

博雅:中西之间:武汉大学基础通识课优秀论文集.人文卷/李建中主编.—武汉:武汉大学出版社,2021.6

珞珈博雅文库.通识课堂系列

ISBN 978-7-307-22234-2

Ⅰ.博…　Ⅱ.李…　Ⅲ.社会科学—文集　Ⅳ.C53

中国版本图书馆 CIP 数据核字(2021)第 066921 号

责任编辑:林　莉　喻　叶　　　责任校对:李孟潇　　　版式设计:韩闻锦

出版发行:**武汉大学出版社**　(430072　武昌　珞珈山)

(电子邮箱:cbs22@ whu.edu.cn　网址:www.wdp. com.cn)

印刷:武汉市宏达盛印务有限公司

开本:787×1092　1/16　印张:22.75　字数:468 千字　插页:2

版次:2021 年 6 月第 1 版　　2021 年 6 月第 1 次印刷

ISBN 978-7-307-22234-2　　定价:68.00 元

主编简介

李建中，1955年生，湖北江陵人，武汉大学文学院教授，博士生导师。武汉大学珞珈杰出学者，武汉大学通识教育中心主任。国家“万人计划”教学名师，国务院有突出贡献专家，教育部“马工程”首席专家，国家社科基金重大招标项目首席专家。兼任中国古代文学理论学会副会长，中国《文心雕龙》学会副会长，中国大学通识教育联盟常务理事。

主要从事中国文论及文化的研究与教学，著有《体：中国文论元关键词解诠》《古代文论的诗性空间》《批评文体论纲》等，主编《中国文化：元典与要义》《中国文化概论》《中国传统文化人格》（丛书）等，多次获教育部和湖北省社科优秀成果奖，获国家级和省级教学成果奖。主讲的“人文社科经典导引”获评首批国家级一流（线下）课程；主讲的“中国文化概论”获评首批国家级一流（线上）课程，同名教材获中国大学出版社图书一等奖。

总　序

实贤康

大学应该培养什么人？为谁培养人？怎样培养人？这是所有大学教育工作者都必须认真思考的三个根本性问题。

2018 年 5 月 2 日，习总书记在北京大学师生座谈会上强调，“培养社会主义建设者和接班人，是我们党的教育方针，是我们各级各类学校的共同使命。大学对青年成长成才发挥着重要作用。高校只有抓住培养社会主义建设者和接班人这个根本才能办好，才能办出中国特色世界一流大学。”那么，如何才能高效率地培养出合格的甚至是优秀的、卓越的社会主义建设者和接班人呢？武汉大学积极探索适应经济社会发展的人才培养体系，在国内率先提出创造、创新、创业教育的新理念，致力于培养厚基础、宽口径、高素质、创新型复合人才。在这一人才培养体系中，通识教育占据重要位置。

众所周知，现代大学本质上是专业教育，这种教育培养分科之才，极大地推动了经济、社会、政治、科技和文化的发展。伴随社会分工的深化和知识的高度分化，社会对知识综合的内在需求越来越高。大学生过早地进入过分专门的知识领域，既不利于他们后续的学术探索，也跟时代的需求脱节。尤其是以世界一流为目标的大学，单纯把学生培养成单一技能的专门人才，是大学及人才培养目标定位的失准。

事实上，国内外所有顶尖大学，都非常重视通识教育，跟关注“专”与“才”相比更重视“通”与“人”。在哈佛大学的发展历程中，通识教育是一条主线，强调学科的综合性和灵活性，以培养出具有社会责任感的世界公民为目标；

耶鲁大学则强调学生广博的视野和对未来任何职业而非某种职业的胜任；牛津大学采取了学科专业联合的模式来进行通识教育；东京大学则把“推迟专业化”当成其通识教育的典型特征，所有本科生前两年都在教养学部接受通识教育；北京大学以“加强基础，尊重选择，促进交叉，卓越教学”为方针，在专业教育中融入通识教育的理念与视野；清华大学则通过通识教育培养学生具有“立己达人、全人格的价值养成，审思明辨、批判性的思维能力和文理兼备、跨学科的知识结构”。

武汉大学通识教育走过了几十年历程，形成了自己的鲜明特色。在目前实施的通识教育 3.0 版本中，我们的通识教育理念是博雅弘毅、文明以止、成人成才、四通六识，博而能通，雅而有识，以涵养志向远大、质朴刚毅的君子人格。在日常教学和管理过程中，学校努力创造更好的条件，让学生通古今、通中外、通文理、通知行，经由经典阅读和批判性思考等训练，期望他们终能学识渊博，见识卓越。

为此，武汉大学精心打造了“4-2-660”通识课程体系。我们计划建设 660 门通识课程，这些课程分成四大模块：中华文化与世界文明、科学精神与生命关怀、社会科学与当代社会、艺术体验与审美鉴赏。其中，每个模块有 15 门左右的核心通识课。为了进一步强化本科生的通识学习，我们开设了 2 门全校基础通识课，《人文社科经典导引》和《自然科学经典导引》，规定所有大一的学生必修。本书中所收集的，就是 2019 级本科生学习这两门基础通识课的习作。

从习作来看，这些刚刚跨入大学校门的孩子与先贤们辩难，跟着古今中外的人文和科学经典一起成长，习作表达了他们对仁性、天性、悟性、使命、博雅、爱恨、历史、生命、审美、自由、理性和正义这些人类价值的真实感悟，以及对科学知识、科学思维、科学方法和科学精神的初步认识。我想，如果同学们离开珞珈山之后，知道怎样把个人的梦想与民族复兴的中国梦结合在一起，愿意利用自己的知识和能力为构建人类命运共同体、为构建人与自然的生命共同体倾注满腔热血，那我们的工作就是成功的。

人类社会进步的历史，就是一部不断地创造出新经典的历史。我期待并相信，以大学第一年的经典教育为契机，在武汉大学一定会掀起学习经典、创造经典的热潮。今天，我们在阅读前人的经典；明天，后人会阅读我们的经典。前人定义今天，我们定义明天。

经典在我们手中，未来在我们脚下。

2021 年 5 月于珞珈山

（作者为中国科学院院士，武汉大学校长）

目录

生命之悟

审美之思

自由之度

历史之维

生命之悟

知生，更知死

——轴心期东西方思想家生命观的自然主义趋势

陈思衡　信息管理学院（2019301040066）

【指导教师评语】作者读书较多，文章有自己的思考，文句较为通顺。但“义务主义”的提法值得商榷。苏格拉底用逻辑证明了灵魂的不朽，于是，他不惧怕死亡。对他来说，知识即真理。他服从雅典人的法律，是为了维护城邦这个共同体，两者不在一个层次。（历史学院教授　何元国）

摘　要：公元前4世纪至公元前3世纪，遥遥相对的两大文明区域——古希腊和古代中国都经历了重大的社会转型。这个被德国哲学家卡尔·雅斯贝尔斯容括入其“轴心时代”的文化繁荣时期，见证了东西方一批影响深远的思想家的辉耀。在这一时期，古希腊文化由苏格拉底集其大成，成为西方文化的源头；孔子则周游列国、口述身授，为中国文化的主流——儒家思想奠基。生命是东西方的先哲都感兴趣的论题，而自然主义则是他们中的大部分不谋而合的理论倾向。

关键词：轴心时代；生命观；自然主义

一、生死观的两种流派：义务主义和自然主义

“死生亦大也。”生和死，是作为个体的人在生命中避无可避的终极议题，因此也是人文关怀所讨论的最为核心的概念。无论具体态度如何，东西方的哲人对生死之事总是有所发论。总体上，思想家对生死的看法可以分为两种流派：一种是义务主义的，认为人的整个生命历程在社会生活中度过，人应当以其生命承担对社会的义务，在生死问题上也是如此；一种是自然主义的，认为个体生命的价值不必在社会中体现，人无须费力去过一种“正确的人生”，而只需要活出一个“正常的人生”。这两种流派，前者以东方的孔子和西

方的苏格拉底为代表，后者以东方的道家学派和西方的犬儒学派为代表。

二、义务主义：孔子与苏格拉底在生死问题上的观点

作为轴心时代东西方最为重要的两位思想家，孔子和苏格拉底的思想是积极的、入世的、具有相当理想主义色彩的。在社会变革、人心不古的乱世，两人为解决社会问题而分别提出的理论体系，具有相同的内在逻辑，即以个体改善推动社会改善。这就决定了两者的思想尽管在许多具体问题，乃至一些关键部分上相左，但在宏观的人生观、价值观等方面，态度反而呈现出惊人的一致性。

在人生观上，孔子对弟子的要求是“孝”“弟(悌)”“谨”“信”“仁”，期盼“一日克己复礼，天下归仁焉”(《论语·颜渊》)，关注的是众人、天下、社会。因此，谈及个体的生死时，事情就显得不那么重要了。这个原则指导一个人的大小一切行动，包括生死：“志士仁人，无求生以害仁，有杀身以成仁”(《论语·卫灵公》)。在孔子看来，安身立命首要的和根本的前提，是外在的意志施加与评判赋予个体的正当性，是来自“仁”“礼”等理念的道德约束：如果人行为失范，“苟且偷生”，那么这样的个体的价值就要打个问号，进而这类不仁之人的生死也就不太重要了。

苏格拉底则认为自己是雅典这匹大马上的一只牛虻，终日飞舞叮咬是为了“使它的精神焕发起来”，唤醒、说服、指责雅典人，从而让雅典的民主气氛重归健康。当他被判处死刑时，由于他事实上无罪，他用理性和论辩技巧为自己做最后的辩护；但他“比敬重父亲更加敬重国家”，认为对法律的裁决“不服从是一种罪恶”①，为了维护城邦司法的程序正义，放弃了众人为他奋力争取的求生机会。

苏格拉底从个体意识的独立出发，强调“认识你自己”，进而基于个体意识的理性去处理家庭关系、社会关系、乃至对国家的义务等问题，最终与孔子在国家观上殊途同归，将“天下”或“世界的这个部分”(指希腊诸城邦)放在了人生观的首要位置，默认了爱国者是一个人极其重要的身份，其思想内核在这一方面是集体主义的。

孔子和苏格拉底这种集体主义指导下的生死观，倡导人的高尚而有意义的生活，以及在此基础上的符合道德且有价值的死亡。两人又稍有不同：苏格拉底论证了灵魂不灭，因此坦然面对必然到来的生命的终点，甚至欣喜有加——脱离肉体的灵魂挣脱了缺乏永恒性的躯壳的枷锁，可以永远追求最高的智慧和最纯粹的理性。而孔子不但担忧自己作为“东西南北之人”难以找寻父母之墓，还因为颜回的早逝发出“天丧予”的慨叹。可见，孔子所

---

① 《柏拉图全集(第一卷)》，王晓朝译，人民出版社 2002 年版，第 45~46 页。

坚持的并非苏格拉底式的理性和思考，而是对圣贤所传之“礼”的坚守，苏格拉底在生死观上相较于孔子更加倾向自然主义，他拥有一种基于理性思考和阐释的超然。

三、自然主义：道家学派和犬儒学派在生死问题上的观点

孔子说：“未知生，焉知死？”体现的是儒家思想里现世生活具有的无条件第一性：一切脱离现实的事物，都要为存世之人的入世复礼、行仁成圣让路。绝对高尚，绝对纯粹——惜则高蹈有余、关怀不足，在治世能催人奋进，在乱世则黯然失色于生死观更明确、关怀更为明朗的佛道两家思想。苏格拉底的理性由学生们继续发扬光大，但他的城邦主义、理想主义，则在民主政治愈发式微的背景下被后来者弃置，最终形成了我行我素、漠视世俗的犬儒学派。

从孔子和苏格拉底向后看，道家学派和犬儒学派是同代的思想家。战国时期，庄子接过道家学派的火炬，继续和发扬了老子的思想。约略同时期，“犬儒”(the Cynics) 学派于公元前 4 世纪的希腊出现，创立者是苏格拉底的弟子安提斯泰尼，他和他的后继者第欧根尼一起成为该学派的代表人物。

将犬儒学派称为一个学术流派存在一些争议。古希腊的学术团体，有的像智者学派那样，聚集一些职业化、社会化的思想家，宣扬自己的主张、扩大自己的影响；也有的像苏格拉底及其学生那样，通过论辩、交流并将这些内容记录成册来具化该学派的思想与原则。犬儒学派则不然，他们确实对诸如什么是道德、道德与智慧的关系这类当时哲学家充分探讨过的问题兴味盎然，但是无论是安提斯泰尼还是第欧根尼，都不认为自己需要对自己的道德观作过多阐释，而是选择将这种道德观身体力行，丝毫不在意如此行事是否有益于自己思想的传播。他们认为，美德是一种合乎自然的生活，而做到合乎自然就需要运用理性、学会自足(self-sufficiency)、追求自由。犬儒学派蔑视常规、鄙弃习俗、嘲笑名利，采用的方式不是著书立说、四处争辩，而是揶揄所见一切不合他们信条的事物，无论是隆重的奥林匹克盛典还是庄严的神庙祭司，无论是能言善辩的政治家还是影响一时的哲学家，但凡名利缠身者，一概逃不过犬儒主义者的毒舌。

儒家思想是犬儒主义在遥远的东方的对立面。正是因为太守规矩、太遵礼法、太想济天下之苍生，孔子才会被微生亩加以嘲笑“丘何为是栖栖者与”。而从对孔子的竭尽挖苦之能事这个意义出发，老庄是中国最早的犬儒主义者。对老子、庄子及其道家学派而言，“入世济民”这样的概念对个体而言是纯粹的伪命题：想救人？先搞明白别人需不需要救再说。《庄子·应帝王》中，南海之帝倏和北海之帝忽受了中央之帝浑沌的礼待，因此感动而决定报答浑沌，方式是为浑沌凿出“人皆有”而浑沌“独无有”的七窍，结果是浑沌被凿出

七窍之后死了。好心常常办坏事，那还不如别费心——道家秉持的正是这种冷眼旁观的理念，认为人世间的一切言语和思想(即《庄子·齐物论》中的“人籁”)都有局限性：既然任意两个人的观点总会或多或少相抵触，那么天下人就不可能在思想上和谐统一，更无法达到真正的正确或者错误；而能认识到这一点的人太少，所以时人疲于九流之言，却不能跳出来考虑儒墨等思想是否均不足取。从这一点来说，道家思想和犬儒主义的惯于怀疑、否定的观点非常相像。

在人生观上，犬儒学派两代哲学家，对外物的鄙夷一以贯之。安提斯泰尼被问到“哲学给你带来了什么好处”时，回答说“和自己谈话的能力”。他们奉行“自足”的观点，与同时代享乐主义的代表居勒尼学派针锋相对。总的来说，犬儒学派的人生态度是维持生命存在的最低限度、不为外物所累，这与庄子所持的观点“物物而不物于物”极其相似。庄子追求精神的自由状态，虽然没有极端如第欧根尼之后的克拉底一般抛弃家庭财产、力求一贫如洗如乞丐，但亦推崇简朴自然的生活。庄子“处穷闾陋巷，困窘织屦”“衣大布而补之”，尽管做过小官，与惠施这样的权贵亦有往来，但其生活在总体上是朴素简单、安贫乐道的。

在社会观上，犬儒学派是轴心时代的文明批判者。他们认为，文明是一种将人类引入歧途的恶，而智慧无论抱有怎样高尚的动机，最终都会制造出复杂的、因此错误的生活方式。苏格拉底曾谓唯一最有价值的知识是伦理知识，安提斯泰尼继承这种贬抑其他知识的倾向，而第欧根尼把这一点张扬开来，蔑视一切艺术和学问。第欧根尼认为，“哲学家对诸如名、利、苦、乐、科学、婚姻、家庭、国家、法律乃至宗教、文化生活、社会生活等都采取漠不关心的态度。”一切权威、名流以及繁文缛节，乃至在社会中循规蹈矩、向俗慕虚的人，都会遭到第欧根尼无情的嘲笑。有这样一件轶事：柏拉图在河边见到第欧根尼洗生菜，静静地走到他身边说：“假使你去向狄奥尼修斯(叙拉古的僭主)献了殷勤，此刻你就绝不会在洗菜。”而第欧根尼同样镇静地反唇相讥道：“如果那时你在洗菜，就绝不会向狄奥尼修斯献了殷勤。”①

基于共同的人生观和社会观，犬儒学派和道家学派在对待生死的看法上也惊人一致。犬儒学派认为，人若要合乎自然地生存，就要坦然面对每一天的到来和结束，进而推广为信条“生存既然是自然的，那生存的结束也是自然的”，由此叱责世人对生命的恋恋不舍和对死亡的戒备惧惧。而人在世上的每一天，都应当投入到对自然生活哲学的不断追求中去，否则便是可耻的。第欧根尼以他和一个愚人对话的故事来说明这一点。第欧根尼见到愚人为一把竖琴调音，对愚人说：“你没有半点羞愧吗？你是把这块木头的音响调节完善

① ［古希腊］第欧根尼·拉尔修：《名哲言行录(上册)》，马永翔等译，吉林人民出版社 2003 年版，第 363 页。

了，但你却不能让你的灵魂和生活和谐起来。”然后他借此事发表议论：“对于那些辩称‘我不适于学哲学’的人来说，这些人不在乎活得好不好，又干嘛要活着呢?”①

道家思想对生死的看法主要经历了两个阶段。老子认为，人应当认识到万事万物都有向其相反的方向转化的趋势，即“反者道之动”，从而使自身的活动以必要和顺乎自然为准绳。人可以选择“外其身而身存”，在自然限度之内尽量全生避害，但是不要考虑永生不死。这是一种顺天哲学，基于个体的人无法对抗自然规律的前提，认为人在生死问题上应该顺应自然。而庄子将这种思想更进一步，主张人应当作为一部分融入自然或成为自然本身，由此“齐万物、一死生”，不区分生和死的好坏优劣，也就不会汲汲于生、畏畏于死。他的“齐一”思想在他的生活言行中表现出来。《大宗师》篇载，庄子在妻子死后，先是“方箕踞鼓盆而歌”，然后回应了前来吊唁惠子对自己行为的诧异：“人且偃然寝于巨室，而我嗷嗷然随而哭之，自以为不通乎命，故止也。”在他看来，人的降世是“气变而有形，形变而有生”，死亡也就是变回天地间一团大气的过程而已，如果一个人“通乎命”，就会认识到这是再正常不过的事情了，没有什么值得悲伤的。甚至由于气化流形、形运天地之间，死者的气将在更广阔的天地间游动，脱离了肉体的束缚，这还应当是高兴的事情。这种思想通过对人的自由意志的放弃，完成了对自由意志的超越和对自然的彻底融入，在对规律的消极抵抗中达到了生死问题上真正的自然主义。

四、结语：先哲的生死观如何能使今天的我们受用

总的来说，东西方思想家的生命观都带有时代背景的鲜明烙印，也凝结了思想家个人的经历与思考。在社会的大变局里，孔子和苏格拉底从不同的角度为人生赋予了两种相似的责任和毅重；在“滔滔者天下皆是也”的黑暗时代，道家和犬儒学派选择了明哲保身，过好自己的生活，在不强求中等待世界走向理想的方向。镌刻在历史上的这些关于人生、生命、生死的不同态度，在今天对我们仍然有重要的启发意义。面对生死，我们固然可以淡然处之；但俯瞰生命，若要在短暂的一生中活出价值，我们必须正视自我。如何对待“我”的生命，如何使“我”融入社会、投入社会、为社会作出自己的一份贡献，如何在逆境中换上自然主义的眼光和避免随之而来的虚无主义情绪，是我们必须正确把握的问题。

---

① ［古希腊］第欧根尼·拉尔修：《名哲言行录(上册)》，马永翔等译，吉林人民出版社 2003 年版，第 367 页。

立足经典的中西命运观探究

姜睿卿　基础医学院（2019305231092）

【指导教师评语】课程导读《论语》《史记》时，曾在关键词之外，对“力”与“命”等概念进行过跨文化的阐述，或许作者对此足够留心，于是写成此文。作者能够既遵守“命题作文”的限制，又找到颇有新意的切入点。文章在材料上结合了典籍与传说，在学科范畴上勾连起文学与哲学。能合理地选择孔子、庄子代表中国传统命运观；选择古希腊文化、德国哲学作为西方命运观，并凸显出作者对西方近现代哲学的独到见解。文章所涉知识面较丰富，行文思辨力度较强。（哲学学院讲师　余婉卉）

摘　要：中西先贤在经典名著中除了表达主要思想，也勾勒了大致的命运观结构。本文通过分析中西经典名著探究其命运观，进而描绘东西方文明中命运的位置。并且通过中西比较发掘其共同之处，辨析其区别之处，进而实现构建完善个人命运观的作用。

关键词：命运；比较

一、引　　言

作为未形成成熟命运观的年轻人，笔者常常困惑于关于命运的问题。什么是命运？命运是宿命吗？命运在人类思想现实活动中扮演了怎样的角色？然而，格致式的思索命运只能将这个宏大命题虚无化，进一步加深困惑。在阅读中西经典时，笔者在其主要思想外看到了命运的踪迹。在参考其他哲学家的观点与理解后，通过厘清经典中的命运观、比较命运观，可以界定命运观在经典作者——先辈思想家思想过程中的位置。进而，由命运观亦可解释其对于思想家们在真、善、美的价值判断的影响，对于在形而上问题中观念优先级的安排。从而指导笔者进一步完善自己的命运观，深度了解不同文化语境下的命运观。

二、中国命运观

（一）孔子：知命

孔子的命运观总体来讲是“知命”。但这种知命并不是通俗的，利用星象、卜筮了解个人人生走向的世俗化理解形式。孔子自述：“吾十有五而志于学，三十而立，四十而不惑，五十而知天命，六十而耳顺，七十而从心所欲不逾距。”①此处的“命”，一般会被认为两层含义：其一是“天命”，其二是“禄命”。孔子经历人世浮沉后，对于社会规律和人性有了更充分的把握，谓之“知命”。但在笔者看来，这样的认识应该归为“四十不惑”。五十所知的命是更抽象更高层级的使命感。冯友兰先生这样描述：“儒家则教导‘为而无所求’因为每个人都有应当做的事情。但他做这些事情，其价值就在‘做中’，而不在于达到什么外在的结果。”②这里的命更应被解读为“为而无所求”的贯穿一生的使命感。孔子不甚关注“做”的内容，而将某种先验的使命感作为“做”的前提，从而得到了从具体事件中抽离条件与目的的抽象结构。这种抽象结构的层次显然远高于世俗“禄命”。反观孔子思想，“仁”的道德塑造与“道”的政治诉求都是有明确目的与具体实行方式的，在这个条件下，精神上更为纯粹的命运感站在“仁”与“道”的背后，以高于思想的优先级形成了孔子通过实践达到他设定的先验意义的哲学范式。

而孔子的一生，就是探明“命”并遵循“命”的完整过程。使命感的先验意义不能带给孔子先验的认知，孔子依旧通过经历与思考发现“命”，即他仍然经历了从“有志于学”到“不惑”的整个阶段。而他达到的“知命”，其实是达到了命运感的完善，也是获得了思考命运和遵随命运的自觉。所以孔子可以“七十而从心所欲不逾矩”。这样看，“从心所欲”毋宁说是“从命”。

总体而言，“知命”代表的高于观念价值（道德）的使命感体现了孔子对于思想本身的深化认识，也达成了孔子在心灵修养上的更高成就。

（二）庄子：齐命

孔子的命运观——“知命”作为前提与框架存在于他的思想活动中，他由此进行游说、

① 李零：《丧家狗：我读〈论语〉》，山西人民出版社2007年版，第72页。

② 冯友兰：《中国哲学简史》，岳麓书社2018年版，第43页。

宣讲，即使并未取得政治实效，也不会导致意义的缺失，这是中国命运观的一元。但孔子的使命感的最高指向是孔子心目中那个智慧的、有目的的最高精神，即弱化殷商传统神的人格得到的精神实体。中国命运观另一重要部分——以庄子为代表的“齐命”命运观却指向了非目的化的最高精神。庄子的“命”在更大程度上指示了人的受限性。这种受限性并非出于神的目的，故而是不可控的。进而，庄子甚至指示人类不可知命，也就是他笔下的知不能规乎其始者也，让庄子的命运观蒙上了神秘主义的色彩。这里，庄子的命以更形而上的形式出现，超乎人类的理解能力，已然接近纯粹自然的精神力量。

那么，为何说庄子的命运观是“齐命”呢？“齐命”是指庄子的命运观与庄子的思想几乎在同层级，达到了交融渗透的状态。刘笑敢先生这样解读庄子：安命无为是庄子基本的生活态度。“安命无为”就是无心无情，安然顺命。安然是无心无情带来的益处，无情故而心安。顺命则是处变不惊的从容与淡定。这对庄子而言是最高的修养境界。庄子的命运观正是与庄子的“安命无为”的思想发生化学反应，帮助庄子进行思想的延伸。在庄子的命运观下，“命”是限制性的、不可控的，盲目地反抗没有意义也没有可能性，没有顺从自觉是无奈而悲哀的。当人有了顺从的自觉和理解，这种无可奈何的意味就被主观转化为了自由与洒脱，在自由与洒脱下，人的精神才能得到解脱，人的心理郁结才能得到疏解。这也就是“齐命”对“安命无为”的精神成就，而“安命无为”需要的也就是这样的命运观。进而，将“安命无为”的生活方式行为方式提升为哲学思考，似乎便得到了“逍遥”的道家精髓。“逍遥”相对“安命无为”则更加出尘超脱，是哲性的，逍遥是对安命后的无情状态的详尽描述，也是精神上对无心无情的状态的观望与追求。

由此看来，庄子的“齐命”命运观与其“安命”的思想结合，并且为他“逍遥”的思想做了铺垫。总体而言，庄子的“齐命”与思想渗透融合，相互补充完善，是庄子思想体系化的重要成分。以此为上层思考，庄子更加顺畅地雄辩，更加自然地进入逍遥境界，保全了更统一和谐的内心。

(三)小结

以孔子为代表的命运观与以庄子为代表的命运观很大程度上形成了中国的命运观历史。一方面，孔子的命运观在数千年的历史中持续影响着士大夫、官僚、公卿、儒生，创造出了历朝历代故国遗老的心理支撑；另一方面，庄子的命运观则播撒到山野间，形成有文化自觉的隐士的美好情怀，也给世俗浮沉的人们一份慰藉与解脱。

值得注意的是，中国命运观还有许多广阔的内容。譬如综取儒道的司马迁，在记录历史的同时创造历史，仅仅站在历史决定论的立场归纳历史，却俨然自成体系。又譬如梦阮著红楼，则更深入社会人生，悲剧寓于人情，世俗理解也暗寓了形上价值。但基本的组分，大体看来是孔子与庄子更具代表性，故而选取作为主要探究对象。

三、西方命运观

（一）希腊命运观

希腊的命运观作为一个整体，经历了长时间的发展过程。在早期的神话与史诗中，希腊人已经开始将命运作为影响万事万物发生消亡的重要因素。神话中命运三女神 Moirai 的设定尤其经典。作为主神 Zeus 与法律之女神 Themis 的女儿，小妹 Clotho 纺织出生命之线，掌管未来；二姐 Lachesis 丈量并决定线的长短粗细；大姐 Atropos 负责剪短生命之线。三姐妹的工作不会受任何干扰，即便是他们的父亲 Zeus 的意志也无法改变他们的决定。譬如吕西亚的 Sarpedon 注定了要在战场上殒命，即便其父 Zeus 想要下界救他，也无法改变他的命运。而三女神注定要不停纺织，某种意义上也是她们的命运。可见，命运是高于希腊的神的。这就是罗素指出的："在荷马诗歌中所能发现与真正宗教感情有关的，并不是奥林匹克的神祇们，而是连宙斯也要服从的'运命''必然'与'定数'这些冥冥的存在。"① 希腊的神，能做到的最大程度不过是像 Apollo 般窥见命运的方向，而命运是一种超神的"势"。

中后期，随着悲剧的完成与哲学思维的发展，命运观的另几种形态开始出现。首先是在悲剧中，悲剧作家们开始写作人反抗命运、试图脱离命运的故事，但同时也用人恒久失败的悲剧来反映命运的强大。在《俄狄浦斯王》中，命运作为一种形象的人生指向被众神窥见、被主人公俄狄浦斯知晓，但他仍无法改变这种既定，弑父娶母。人在命运面前兴起了一种反常的抗争精神。而当哲学思维开始解读命运时，又出现了境界的变化。如黑格尔所论述："这种统一体和神们的个性与相对的有限性处于对立地位，是一种本身抽象的无形象的东西，也就是必然或命运，它在这种形象形态中只是一种较高一级的东西，对神和人都有约束力，但本身又是不可理解的，不可纳入概念的。"②在哲学思考中，命运开始由朴素而模糊的感知转向经典的理念。特别是在柏拉图和苏格拉底的思考中，"理念，即抽象的命运，它以同样严酷的必然制约着感性事物的生灭变化，以不可改变的法则在变动不居的现象背后安排了不可逆转的决定论。"③

① 罗素：《西方哲学史》，商务印书馆 2016 年版，第 12 页。

② 黑格尔：《美学》，商务印书馆 1979 年版，第 252 页。

③ 张岩：《古希腊命运观念的现代阐释》，《齐鲁学刊》2007 年第 4 期，第 99 页。

总体而言，希腊的命运观是高于神性与人性的。它几乎与最高精神同级，但独立于各思想家的最高精神，具有制约的强力与不可逆转的必然。这种思想形成决定论的主体，为哲学家向上追溯提供理论源泉。如苏格拉底追求《斐多》式的灵魂不朽，很大程度是由哲学家的自觉驱使的，而这种自觉，亦发源于哲学化的命运观，由理念引导。同样，也为苏格拉底提供了价值观与死亡观的参考导向。

(二)德国哲学形而上学命运观

德国近代哲学家并不特别地关注人类意义上的命运。在他们的脑海中，形而上学的命运更值得深思。众所周知，近现代西方哲学所经历的两次转型都与形而上学有关。海德格尔认为，西方(形而上学)的命运就在于对“存在”一词的解释。在晚期海德格尔著述中，他曾这样解读：“海德格尔认为存在的原始意义集中体现在Physis、Aletheia、Logos、Eris、En、Moira这几个希腊思想的基本词语上。Physis、Aletheia、Logos和Eris是同一的，它们都是指存在本身既遮蔽又澄明的双重运作。”但“命中注定的不幸之事还足发生了：自柏拉图和亚里士多德以降思想开始了其堕落的行程。于是，存在成了持续的在场，Physis成了‘自然’(物理)，Aletheia成了主客体或知物符合一致意义上的‘真理’，Logos则成了‘逻辑’；中经笛卡尔的‘意识’至尼采的‘强力意志’，‘存在者之存在聚集自身入于存在之命运的终极之中’，‘而思之沉沦为科学和信仰，乃是存在的恶劣的命运’。”①形而上学基本概念的分化产生于形而上学中虚无化的内容。当实体论中“实体是什么”？的问题被无限放大，整个形而上学面临了理性主义横行霸道的危机，甚至有激进的哲学家试图以纯粹推理和逻辑得到一切知识的依据，进而来划定人类全部必然知识的界限，这显然是可疑的。

形而上学的危机引发了德国近代哲学家广泛深入的思考。以黑格尔为界限，叔本华主力反对了独断论与理性万能主义，但以形象直观的精神去取代难以捉摸的“绝对精神”的主张，仍然没有脱离形而上学的漩涡。最激进耀眼的尼采，将权利意志设定为最高主宰，这同两千年前的形而上学基本形态仍然是符合的。故而邓晓芒教授才会感叹：“形而上学真正是人类哲学思维的摆脱不了的宿命。”②

在这场纠葛中，形而上学本身不仅作为“存在”，也作为“命运”出现了。形而上学是人类哲学思维绕不过的路，这件事本身就是一种“命运”的形态，指示了人类思想的必然性与某种意义上的受限性。而哲学家们，在形而上学的长河中，就如水流碰撞石子产生的浪

① 朱松峰：《后期海德格尔的“命运”思想初探》，《求是学刊》2006年5月第33卷第3期，第51~52页。

② 邓晓芒：《西方形而上学的命运》，《中国社会科学》2002年第6期，第39页。

花，在“命运”设计下，如收到馈赠般地，迸溅出智慧的光芒。形而上学的命运在此处，指导了人类的几乎所有观念与思考，有最高的优先级，最低的认识度。

(三)小结

西方命运观从本质上讲，是自古希腊时期一脉相承的。在古希腊时期的命运观更加生动、丰富，当然也更世俗化。但当命运被纳入哲学思考，其他的方面逐渐消失在文化中，即整个西方命运观的发展过程几乎就是“命运”逐渐抽象化、形而上化的全过程。直至近代，命运的级别进一步提升，隐退到了形而上学的背面，本是由形而上学给命运定性，却发展到了形而上学被赋予命运。可见，西方的命运观，总体是较抽象的、形而上程度提高的。其影响由指导人生到指导思想逐步提升。

四、中西之间

(一)求同

从基本观点来看，中西的命运观都普遍反映了一种必然性，一种受限性，以及一种不可控性。无论是庄老的天命之说，还是古希腊人的命运感知，都是对具体事件、具体生命过程的受限性的描述。而这种描述中所蕴含的朴素感知，很大程度上是人民在生活、经历、见闻后，通过比较分析知识的异同得到的人生似乎具有的同一规律，这种同一规律被描述为一种必然性。而必然性的模糊指向以及其与不断更新的现实反例的比对促使人们对必然性理论进行修正，也就得到了不可控性。这种归纳的过程，并没有因为人们的生活方式、文化特点而改变，不因为午餐食用面包或黍米而改变。

从发展趋势看，中西的命运观也都普遍经历了抽象化、形而上化的过程。中国由殷商时期神格的决定论演化为庄老的“道”“天命”和孔子的使命感；西方由希腊的寓于神话的决定凡人命运的“规律”演化到海德格尔的形而上的命运。这样的发展趋势具有近似的特点。

从相对地位来看，中西的命运观普遍处在与思想同级处或者高于思想影响思想之处，并且对思想都有或多或少的影响和干涉。当思考者产生思想的自觉，他不免进入形而上领域，也就不免产生对命运观的思考和选择。而这是在产生思想之后的，也就使其具有较高的优先级。这在中西之间是同步的。

(二)存异

显而易见，中西方命运观的表达方式首先不同。从两方早期表达来看，西方直截将命运赋予神格，命运是显性的、清晰的、有指向的。而中国无论是神话还是论述中，都是含蓄的、模糊的。在中国，并没有那个神管理了所有生灵的命运，“各扫各门，各拜各神”是中国长期存在的思维模式。而儒家将命理付诸于入世行动，道家“道”可道、非常道的叙述则更为模糊。带来了两方直观体验的不同。

其次，中西方命运观的抽象程度、体系化程度也有很大差异。中国自轴心时代以降，并没有完整的形而上学思维历史，故而到了近代，已经沦为风水学、面相学等彻底世俗化的理论底色。而西方绵延不断的形上思考已经将命运转向到了形上的世界里，抽象而晦涩，变为了繁蔓的概念丛。这给了两方思维感受的绝大不同。

最后，中西方命运观的现实影响大相径庭。上文提到，中国命运观已被高度世俗化，它已经成为整个民族所有人的一个观念和态度，意义有一定缺失。而西方命运观的不断演化，一方面促进了与之相关的思考(即哲学思考)不断转向、演化，另一方面也对西方文学产生了持续的影响。从古希腊神话到莎士比亚戏剧，再至哈代和卡夫卡，命运演化的哲学痕迹在文本中都隐约可见。中西方思想界的差异在此处显现。

五、结　　论

通过分析与比较经典中的中西命运观，笔者了解到：中西中命运观常处在思想观念的同级或者更高级。这指示了命运观其实也可能有左右思想能力。在认识了中西命运观的局部后，笔者的命运观由曾经的世俗化的命运观更新到了更加抽象化的命运观。这样的提升对于进一步理解涵盖命运观的思想颇有裨益。命运不纯乎为必然性，而是无数偶然性堆叠层积的漩涡中央偶然性减少的奇点。这样的理解纵使不成熟，但少不至于掣肘笔者理解思想的世界。在这一点上，命运观的探究和理解有着绝大的价值。

身虽死，神以灵

——《史记》《斐多》生死观探究

罗静雯　测绘学院（2019302140027）

【指导教师评语】 静雯同学的论文用屈原《国殇》的诗句开头，奠定了一个理思与诗性相融合的基调。文章辨析《斐多》与《史记》生命观的异同，指出前者着意于死后的灵魂不灭，后者执著于生前的发愤著书，所趋似异，所求实同：对生命不朽和生命意义的探寻和追问。说到不足之处，文章在例证之丰富与论述之深刻方面，尚须改进和努力。（文学院教授　李建中）

摘　要：《斐多篇》详细论述了苏格拉底关于生死以及肉体和灵魂的看法，体现了苏格拉底对智慧、信念的坚定追求。同样，司马迁也在《史记》的文字背后体现了他的生死观以及对使命的坚持。二者的行为虽有不同，但本质却都是为了追求心中的理想和使命。本文将对《斐多》与《史记》中表达出来的生死观进行探讨与比较，并结合当代社会环境探寻其在当下的意义。

关键词：《斐多篇》；《史记》；生命观

屈原在《国殇》中曾发出这样的感慨：“身既死兮神以灵，魂魄毅兮为鬼雄。”确实，在上千年的历史舞台上，有不计其数的演员登场又落幕，曾经一具具鲜活的躯体，也都变成一堆白骨、一抔黄土。但总有些人不一样，即使肉体灰飞烟灭，然而却灵魂不朽，精神永垂，在千年万年后仍然被世人视作英灵而铭记、传唱。探索人为何而活着、应该怎样活着、是否有价值地活着，是从古至今经久不衰的一个话题，它对每一个人内心深处的灵魂展开叩问。

一、《斐多》中的“灵魂不朽”说

在两千多年前希腊的一个下午，即将在雅典法庭的判决下饮鸩酒而亡的苏格拉底，与他的朋友、学生一起，展开了一场对整个哲学界影响深远的谈话，而《斐多》篇记下了这一切。相比于亲朋好友的悲伤，苏格拉底在自己的死亡面前反而显得无比平静，甚至隐隐感到愉悦、期盼。在他看来，肉体的死并不代表着真正的死亡。一个真正热爱智慧、追求明智的人，会致力于摆脱身体的束缚，因为身体会有欲望、有感官，玷污灵魂的纯净，限制灵魂对事物本质的感受和思考。因此，明智的人终其一生去努力使灵魂与肉体分离，不让自己沉溺于身体层面的"情欲之事""诸如吃啊喝啊所谓的快乐之事"等，不让自己的灵魂成为欲望的奴隶，让灵魂自体自根，获得足够的洁净，用灵魂触及真实，进行最完美的思考，最终获得热望的明智之思。基于此点，身体的死亡不足为道，甚至恰恰相反，一个真正热爱智慧、追求明智的人在面对死亡时，不是像寻常人一样感到懊恼、畏惧、犹豫，而是会满怀期盼，因为自己终于得偿所愿，也因为他知道这样的死亡是值得的。他毕生都为了追求智慧而一心求死，所以当死亡真的来临，他是由衷地高兴。"一个人如果有了坚定的信念，为了生存而放弃死亡是可耻的。"身死不足为惧，死后他的灵魂将前往高贵纯洁的哈得斯，与更好更明智的神灵和人们待在一起。即使肉体已经风化、腐烂，抑或随风消散不留痕迹，灵魂却不死、不灭。这样看来，肉体的死亡并不可怕，只要是为了心中追求的智慧或热望，那么死不足惜，反而是一种对于灵魂的解脱。

然而大多数普通人在面对这样的情况时，往往"没注意到这种人要怎样的死，值得怎样的死，以及这是什么样的死，亦即何以才是真正热爱智慧之人"①。他们缺少追求，缺少对纯洁灵魂和真正的智慧的渴望，痴迷并服从于身体浅层面的欲望里，活得没有意义也缺乏价值。《斐多》中的这样一段对话振聋发聩，恰好就点醒了活得浑浑噩噩的普罗大众。"重塑哲学在个人灵魂净化和道德生活中的地位，思考个人如何更好地、有价值地生活，仍然是作为教育家的苏格拉底的任务。"苏格拉底的确早已身陨，但是他的哲学永远不死，他的光辉也将一直照耀世人。

二、《史记》中推崇的生命观与使命感

司马迁在《报任安书》中有一句千古名言："人固有一死，或重于泰山，或轻于鸿毛，用之所趋异也。"这句话体现了他的生死观。人本来就难逃一死，最终会怎样地死去，源于所追求的东西。司马迁撰写《史记》，写作本纪、世家、列传等，首次开创人物传记这种历史记述形式，体现了史家对个人命运的密切关注，也传达了司马谈与司马迁父子对个人使

① [古希腊]柏拉图：《斐多》；转引自李建中主编：《人文社科经典导引》武汉大学出版社 2019 年版，第 137 页。

命的看法。

以项羽为例。在《史记》中，司马迁将项羽的传记写入本纪中，这足以看出司马迁对项羽的态度是赞赏的，但因项羽的一些不够明智的举动以及自刎的结局，司马迁对他又满怀遗恨和感慨。项羽十分具有抗争精神，他对秦王朝进行抗争，对俗世进行抗争，也对他自己的命运进行抗争。他抱负极大，使命感极强，年少时就已怀鸿鹄之志，发出“剑一人敌，不足学，学万人敌”的豪言；更是在长大后对当街游行、世人都对其俯首称臣的秦始皇说出了“彼可取而代之”的惊世之语，把“楚虽三户，亡秦必楚”作为自己的历史使命。他二十四岁起兵于会稽，二十七岁参与巨鹿之战，破釜沉舟、一战成名，从此西楚霸王的名号传遍中原大地。但就在四年后，他被困垓下、亡走乌江、别姬自刎，生命也就终止于他三十一岁那一年。

虽然项羽最终没能称霸中原，而是自刎于乌江畔，高唱着“力拔山兮气盖世，时不利兮骓不逝”的悲叹，但他的精神却一直被后人铭记。李商隐记得他，所以在游历汉高祖故乡时说“君王自起新丰后，项羽何曾在故乡”；李清照也记得他，所以在出逃至乌江时有感而发，说“至今思项羽，不肯过江东”。他肩负着崇高的历史使命，为了这个目标而去征战、去追求，即使那个楚霸王早已死在了昔日的乌江畔，他英雄的灵魂却永远闪耀。他死了，但某种意义上来说，他又永远活着。这时，是生是死好像也不是那么重要了。

三、使命与生死，灵魂与生命

在《斐多》中有提到，人类之死分为肉体之死与精神之死，经过论证，苏格拉底说明肉体之死不足为惧，他可以泰然处之，然而，精神之死却是不能忍受的。苏格拉底坚信灵魂不朽，认为大哲学家是不会惧怕死亡的。同时，当他个人面对生死抉择的时候，他也毫不犹豫地为了心中的理想和信念而义无反顾地选择了让身体走向死亡。

司马迁的所思所行与苏格拉底的又有所不同。司马迁受到了宫刑这样的奇耻大辱，本是痛不欲生，宁愿九死而不愿一生，但他又想到了尚未完成的父亲的遗愿，想到了自己身上的使命，于是忍辱苟活，发愤著书，即：“草创未就，适会此祸，是以就极刑而无愠色。”①他为了心中的理想，忍受了生理和心理上极大的痛苦，写下留待世人千古传唱的《史记》，让自己的一生活得更有价值、更有意义。在他撰写的传记中，我们也可以在字里行间感受到其背后体现的司马迁的个人观点：在困厄逆境中奋起，在绝望困境中逢生。为

① 参见康清莲：《〈史记〉中人生观和生死观的现代启示》，《博览群书》2015年第3期，第55~58页。

了心中使命，即使身体遭受如左丘失明、孙子膑脚、韩非囚秦般的磨难，也在所不惜。

虽然苏格拉底与司马迁在面对生死抉择时做出了不同的决定，但他们的出发点都是为了坚守心中的理想，其本质都是对心中信念、使命的尊重和坚持。对他们而言，肉体的苦难不算什么，灵魂的始终纯净、信念的始终如一、理想的始终坚持才是更重要、更值得他们去追求的东西。

反观现代社会，越来越多的人汲汲于物质层面的富足，贪婪地追求金钱、名利，但精神却无家可归。这个现代社会变成了越来越多精致的利己主义者产生的摇篮，他人成为了一种手段而非目的。还有这么一批人，急切地想要满足身体层面的欲望，却忽视了精神层面的提高。就如《斐多》中苏格拉底所言，为了放纵而克制，因为畏惧而勇敢。灵魂与身体捆绑，被拖入欲望的泥沼，不再纯净、高尚，也没有信念、使命、理想。对此，我们实在应该进行深刻反省，而诸如《斐多》《史记》这样的经典，无疑就是极好的教化工具。

四、结　　语

《斐多》论证了肉体消散、灵魂不朽的深刻哲思，《史记》刻画了忠于使命、精神永垂的历史人物和事件，二者都为我们上了对我们来说大有裨益的一课。我们青年人，要想顺利成人，变得博学通识、行为雅正，就应该去探寻真正的智慧，树立远大的理想和崇高的使命，追求灵魂的不死不灭、精神的永垂不朽，创造一种有价值的生活，而非仅仅止步于身体欲望的满足和肉体的不灭，同时也要脚踏实地，切勿好高骛远。“为一大事来，做一大事去。”让灵魂在欲望的沼泽之上盛放，让精神在腐烂的骸骨之外流传。

灵魂不朽与生死齐同

——《斐多》《庄子》生死观比较

凌辉志　遥感信息工程学院（2019302130034）

【指导教师评语】论文从对生死的认知、看待生死的态度，以及考量生死的意义这三个层面，比较、分析了《斐多》和《庄子》中的生死观。作者认为，在生死的认知上，苏格拉底和庄子具有高度的相似性，但是在面对死亡的态度和对生死意义的考量上，具有很大的差异，其原因在于时代背景的差异性。文章选题角度新颖，通过两部著作阐释中西生死观的异同，所得出的结论较为公允。文章结构完整，逻辑层次清晰，语言表达准确、流畅，引证也很规范。可以提高的地方在于：关键词尚不关键，可进一步提炼，第三部分的论证有待加强。（文学院副教授　刘春阳）

摘　要：生死是人类永恒思考的话题。降世即为生，离世即为死——这是对生死最为基本的理解。而古往今来哲学家、思想家对这二者的探讨更是人类历史上思想的结晶。《斐多》和《庄子》中的生死观便是这些结晶的一部分。本文探讨《斐多》中灵魂不朽的生死观和《庄子》中生死齐同的生死观，比较二者在生死认知、生死态度和生死意义上的异同，意在探寻一条连接中西方哲学生死观的幽径。

关键词：《庄子》；《斐多》；生死观

在人类的历史长河之中，生老病死已是常态，于某日托母胎而生，与某日又不幸而遭病痛灾厄而死去。对普通人而言，能明白生于世界即是一种存在，该做的只不过是在最终的死亡之前掌控好存在时的价值，就是一种对生死比较清晰的认识了。然而哲学家、思想家不会仅限于此，要探寻生与死本身所包含的意义，我们为何而生？为何而死？二者是不是矛盾呢？为了较全面地了解这些问题，秉持着“博雅”而学的态度，阅读了《斐多》和《庄子》两部经典，望从苏格拉底和庄子身上找到这些问题的答案。

一、生死的认知

《庄子》中表达了生死不是人力所能左右的必然性生死观，生死由天定，人所能做到便只有顺应自然。自人出生降世起便须知“安时而处顺”①，走向死亡是每一个人的一生的必然结果，就算无可奈何也无法改变既定的事实。此外，《庄子》中还认为生死与“气化”有关，也就是认为，气聚即是生，而气散即为死，

生死不过都可归因为“气”的变化，这也可以理解为庄子将生死视作为物质的变化，本质上也是一种“唯物”的观点，这也是《庄子》里生死齐同观点的表现之一，生死都依赖于“气”，“气”的转化造成了人的生死，“气”的变化还带着一种宿命论，将人的生死引向了一种必然。

与之相对应的是，在《斐多》中苏格拉底坦诚自己没有对死亡的确切的一种认知，按照苏格拉底的观点，普通人之所以害怕死亡，是因为他们自以为死亡便是终结。事实上，对死亡的存疑态度，能在心理上有助于深入探究死亡本身价值及死后世界的遐想。的确，苏格拉底自身也不确定是否存在所谓“阴曹地府”，若是存在又会是怎样的一幅场景？但也正因为如此，苏格拉底能够用一种类似于宗教信仰的方式，在对死亡进行想象的同时注入哲学的光辉，在《斐多》中指出生死可以相互转化，死后人的灵魂不朽，可以说，这里与《庄子》的生死观具有很高的相似性，生死齐一是二者的共同认知。

二、生死的态度

如果说在对生死的认知上二者有较高的相似性的话，在面对生死的态度上二者之间将呈现出一些差异。《庄子》中明显表达了一种“恶生向死”的观点，这里最为有力的例证即是其中《至乐篇》中讲述的骷髅的故事：骷髅宁愿一直保持着死亡的状态，也不想去承受人间的诸多痛苦。这里不禁发问，《庄子》为何会有乐死这般“厌世”的观点？事实上联系庄子所处的时代背景，便可知当时社会动荡，战乱不止，面对这样支离破碎的社会，庄子心怀批判和各种不满，而生即意味着承受这诸多的痛苦，因而会产生厌恶生而向往死的观点出来，但反过来说，看似这是一种“厌世”式的生死观，实质上又何尝不是庄子无奈之下一种洒脱？一种对死亡看破后的一种坦然？只不过和接下来要讨论的苏格拉底相比是一种主

① (晋)郭象、(唐)成玄英：《庄子注疏》，中华书局2011年版，第70页。

动的坦然罢了。

反观《斐多》，庄子和苏格拉底，对生死的态度的差异性将体现出来，苏格拉底始终对死亡怀着一种“视死如归”的态度。苏格拉底被控告后在法庭上被投票至判定为有罪，最后被处于死刑。事实上，苏格拉底的死亡悲剧理论上是可以避免的，比如诚恳地表达悔改之意，提议更改处罚方式……但他就凭作为一个哲学家对生死观的独特理解，表现出了从容赴死的“高风亮节”。视死如归的潜在内涵是，苏格拉底在自己将面对死亡的可能性时，会主动放弃求生的机会。死亡于他而言永远都不是所谓终结、所谓痛苦的了，因而他也没必要去畏惧死亡。甚至他说过“真正的哲学家一直在练习死”①，死亡对他而言是存在价值的一种新的实现方式，是探索哲学的一种新的方式。

但也要注意，庄子的向死恶生和苏格拉底的视死如归有着本质的区别。如果说庄子是批判现实后的一种不满，那么苏格拉底便是接受现实的一种坦然。前者对死亡怀着向往之情，而后者不过是平静地面对即将到来的死亡。庄子能在向死恶生中坦然地对世界表达愤懑，而苏格拉底则坦然面对现实，这两种坦然可以说也存在着差异，相对而言，前者是相对消极、厌世的，后者是相对积极、乐观的。同时须知“学习死亡”正是苏格拉底在认识到死亡的必然性后克服对未知的死亡的方式，而苏格拉底同时也坚信这与哲学也有着密不可分的联系，这也就引出了即将要讨论的生死的意义方面的问题。

三、生死的意义

有关死亡的意义方面的论述苏格拉底和庄子都讨论过有关“超越生死”之后永恒的东西。庄子认为真正的超越生死是“天地与我并生，而万物与我为一”②，这是一种精神境界上的超越，能够以真正地做到所谓生死齐同的境界，但所谓齐生死，真正而言应是忘生死，要想做到超越生死，需要一定的“修炼”，达到“物我为一”的境界。实际上这也是庄子生死观中反复出现的关键词：永恒和不变，生死不过是“气”的变化，死亡也不过是“气”变于他处。在变化中始终有所不变，苏格拉底和庄子再一次有了相似的观点，其在《斐多》中提出了灵魂不朽的观点，有学者指出：“‘灵魂不死’是苏格拉底一生行为以及整个苏格拉底思想的‘阿基米德点’。”③灵魂不朽可以说是苏格拉底生死观中最重要的内容之一。人类不仅仅只有肉体，还有依附于肉体之上的精神存在，而当人死后承载着精神的灵

① [古希腊]柏拉图：《斐多：柏拉图对话录之一》，杨绛译，辽宁人民出版社2000年版，第19页。

② （晋）郭象、（唐）成玄英：《庄子注疏》，中华书局2011年版，第44页。

③ 陈坎：《对话与练习死亡——苏格拉底死亡观的政治与哲学意蕴》，《海南大学学报（人文社会科学版）》2016年第5期，第19~25页。

魂不会因肉体的死亡而消失殆尽，相反其将得以永恒而存，这也就是“灵魂不朽”。

四、总　　结

《庄子》和《斐多》的中的生死观有相似之处，也有明显的差异性。类似的死亡必然性的宿命论以及都认为生死齐一、本质互通、可以相互转化；但不同之处在于由于时代背景的差异性，庄子和苏格拉底面对死亡的态度和对生死意义的认知有所差异，这种差异不是绝对的，二者在同样认为死后可以到“超越自我”之境界的情况下，承认可达“永恒”之境。只不过前者依旧强调“物我齐一、生死齐同”，而后者则强调“精神永恒，灵魂不朽”。但这一比较无高下之分，二者提出的对生死这一人类永恒话题的观点，是人类历史上共同的珍贵的精神财富。

笔者认为苏格拉底是纠结的，法律对他来说是一个代表正义的符号，是抽象的意义。他必须遵守。但是法律本身的内容有误，他也不愿意苟同，于是服从判决但不认罪就是他的折中选择。

《斐多》中的苏格拉底是一位侃侃而谈的智者，妻子在他面前哭泣，朋友们询问他怎样照顾他的孩子们，他对这些都不甚在意。智者总有他不平凡的思想，一如中国的孔子和庄子。思想上的高度也同样决定了他能果断在世俗和心中大道中选择后者。

“世俗人”不是只有封建中国社会才有，西方也有，现代也有。我们当然都活在世俗当中，自然也就不可避免的成为世俗人。只是我们并不会、也不能成为《红楼梦》中目无法律的世俗人。我充分理解现代社会中不时钻钻法律空子的贾雨村们，也能接受少数对法律“免疫”的王熙凤们(如引起全网公愤的许可馨)的存在。但是他们终将消失，法治社会的建设终将完成。

“殉道者”也不是只有苏格拉底一位，古今中外都存在这类愿意置死生于度外，愿意用生命去践行心中原则和信念的人。我同样理解并尊重。但自知无法达到那样的思想高度和境界，最终也只是理解并尊重而已。以我一个俗人的角度来看，如果法律不能给我公正，那么我也做不到去服从它的判决。

我们当今的法律建设已渐趋完备，细处可能还有缺陷。我们不再需要为维护法律权威而献身的“殉道者”，我们也正在逐渐摆脱“世俗人”的观念。但是在中国人情社会和法治社会依然会长期共存，如何正确对待法律在其中的地位与作用依然是一个值得考虑的问题。

大士何曾有生死

——关于中西生死观的哲思

安澜　弘毅学堂（2019301051061）

【指导教师评语】死生事大。杰出人物对生死的态度让普通人叹服甚至不解，中西概莫能外。安澜的文章以大河文明与海洋文明为立论的起点，阐发了“中西大士”各具气象的生死识见。这些识见看淡生死，超越家庭与家族的狭窄视界，实现了个人命运的突围。在文章的结尾，作者表达了见贤思齐的渴慕。文章在文体上略有不足：摇摆在散文与论文之间，抒情与议论并行，各呈其彩，却又相互钳制，不能尽善。这反映出作者尚处在中学与大学的过渡期。（哲学学院教授　苏德超）

摘　要：自古至今，对生死的探索与论辩从未止息。这种思考在不同生命个体、不同地理区域上又焕发出不同的智慧光彩。本文从大河文明与海洋文明的历史渊源出发，分析了中西大士各具气象的生死识见；随后又对生死抉择的两难处境进行讨论，探索出大士不落窠臼的大格局视野；最终，在充分理解生死的基础上，拟探寻中西博雅的立命之书。

关键词：生死观；中西异同；司马迁；苏格拉底

一、引　言

对生死的忖量贯穿于人类历史的每一个角落。从屈子“亦余心之所善兮”（《离骚》）绽放生命之华彩，到大儒张载“横渠四句”增添责任之厚重，或是海德格尔“向死而生”①探寻理性之激荡，有多少时间沉淀，就有多少对生命的叩问与哲思。生存于世，究竟持何种姿

① 张汝伦：《〈存在与时间〉释义（下）》，上海人民出版社2004年版，第637页。

态面对生死，以何立命，才能不负人间一趟？依笔者之见，苏东坡一语契合了笔者心中理想的生死姿态："大士何曾有生死？"①大士者，胸膛中早已怀揣超脱生死之上的价值理想，对生死的恬淡，仍化为千年后的嗣响，涛声依旧。

二、以使命超越生死的高度

生死观的构建，从一个民族的发源之始起便在潜移默化中扎根生长。因而，谈起生死观，首先要从不同民族的文化历史渊源出发。或许，中华民族的生死观，在大河沿岸的劳动者于开垦后的黄土地上播下第一颗种子之时，已萌发嫩芽。川流不息的江水为劳动人民携来万物生长的希望，也塑造了中华民族独有的品性和特质。人们"日落而作，日落而息，凿井而饮，耕田而食"②（《击壤歌》），在贫瘠的土壤上种出生命的希望，化荒芜为生机。许多学者认为，大河文明让中华民族被框限在狭窄的河间土地，导致其带有极强封闭性、保守性的地域特征。但笔者认为，不朽的大河文明更多地是赋予中华民族因子以厚重的责任和使命。广阔的土地与连绵不绝的江河勾绘出包纳天地的广博胸襟和超越时间的代际关怀；接连不断的水灾和部落联盟的生活联系方式给予其精诚团结、上下一心的自觉意识和责任担当；岁丰年稔的繁荣图景和自给自足的农耕经济塑造了足履实地的踏实本分和安稳持重的心理特征。河流的连续性让我们生于当下，却又不忘前事，心怀后世。正是这样独具特色的自然地理环境，孕育了中华民族独特的使命感和责任感。即使再微小的生命个体，也有他独特的责任担当；再微弱的力量也因为肩负使命而铸就强大气魄。宋代张载有言："存，吾顺也；没，吾宁也。"③此句意为，人活着的时候应努力尽自己的社会责任，当他离开人世的时候是安宁的、问心无愧的。在这种极具中国文化特色的责任意识下，上至帝王将相，下至黎民百姓，每个生命个体都有了更加深刻自觉的一面，中华民族的生死观也依托着骨子里的使命而得以铸构。

司马家族便是中华民族高度的使命感在个体生命上的一种投射。他们之所以能作为中国生死观的一种代表，其中一部分原因源于其史官身份的独特性——求实求真，代代相传。司马氏父子皆担任太史之职，虽未掌大权，亲身参与决策，但以史官的身份见证诸多历史事件和重大变革，身为局外人，在一些方面比外人更透彻清晰。因此，司马谈始终对撰史之事念念不忘，临终执其子手而泣曰："余死，汝必为太史；为太史，无忘吾所欲论

① 李国强，王自立：《历代名人与庐山》，江西人民出版社 2006 年版，第 69 页。
② 万光治：《先秦两汉诗》，天地出版社 1997 年版，第 2 页。
③ 唐凯麟，邓名瑛：《中国伦理学名著提要》，湖南师范出版社 2001 年版，第 271 页。

著矣。”①于是，父亲的遗言和史官独特身份所承载的特质，在司马迁个体生命上累加了一份使命。

大众对司马迁的评价和认识大多集中在他受宫刑后忍辱负重著书之举，但笔者认为，在思考其个人与悲惨命运的抗争之外，我们更应该把关注点放在其生死抉择之因以及撰史过程中始终追寻使命的本心。当使命成为原因，司马迁的一切行为好像更易被理解。接受宫刑并非畏惧死，而是面对必死宿命的自我选择，是历史使命和文化抱负所致。选择宫刑，需要比选择自杀更大的勇气和意志。同时，身为中国史学的奠基者之一，司马迁在宣泄命运不公和愤懑之外，有着更为广阔的史学胸怀，能够超脱时代和现实政治，转而以“《诗》《书》隐约者，欲遂其志之思也”②的方式书写历史的细小与阔大。使命令他完成了灵魂的蜕变，超脱于个人生死命运之上。

既说“大士何曾有生死”③，那么司马迁心中超越生死、得以立命的，便是“网罗天下放失旧闻，考之行事，稽其成败兴坏之理，凡百三十篇，亦欲以究天人之际，通古今之变，成一家之言”④的厚重使命。克罗齐曾提出历史哲学领域的一个经典观点，“一切真历史都是当代史。”⑤人们在为历史作撰、研究历史的过程中不可避免地与现实和自身结合，为当前现实服务，夹杂着自身的历史之悟和志向所在。基于此理论，我们有理由相信，在司马迁的“发愤著书”中必然有历史与现实视域的交织，存在着司马迁个人对生命的理解，他诸多对人生、对生死的感悟也在其论赞中有所体现，笔触下的人物同样也是使命以立命的影像。书中大士虽性格各异，但皆在面临生死抉择时表现出达成使命的坚定。纵使项羽妇人之仁、匹夫之勇的悲剧性格为人诟病，纵使他在这场命运纷争中输的一败涂地，但只要回想那位为完成灭秦使命而奋勇杀敌的少年，那句无所畏惧的“彼可取而代之”之语时，他已经完成了自己肩负的历史使命，过不过江东，是否继续生存下去，对他来说已无意义。他率真、纯粹地追寻自己的使命和理想，令人肃然起敬。“威震江东，历一代兴亡，自有光辉标史册；歌传垓下，定千秋功罪，莫将成败论英雄。”心有使命，又何言成败，何惧死亡？同样，《刺客列传》中的大士之人甚至通过自残的方式达成使命。躯体在他们看来，仅仅是完成使命的工具，随时可以丢弃，死亡则是使命达成后最好的归宿。史记中众多活生生的人物都承载着独有的历史责任，使命让他们超脱生死之上，成为不朽的传奇。

在中国千年历史长河中，每一处都闪耀着不惧生死的大士之人。陆游的生死观也别有特色，他在《示儿》中感慨：“死去元知万事空，但悲不见九州同。王师北定中原日，家祭

① （西汉）司马迁：《史记》，中华书局1999年版，卷一百三十，第545页。
② （西汉）司马迁：《史记》，中华书局1999年版，卷一百三十，第545~546页。
③ （北宋）苏轼：《子由在筠作〈东轩记〉，或戏之为东轩长老》。
④ （西汉）司马迁：《史记》，中华书局1999年版，卷一百三十，第545页。
⑤ ［意］贝奈戴托·克罗切：《历史学的理论与实际》，商务印书馆1982年版，第2页。

无忘告乃翁。”①作家石英曾就此提出，尽管理性认识上是’万事空’，但在情感上仍然至死不忘收复中原失地，这是作为伟大爱国诗人一生最大的希冀。不是哀哀于一己生命的丧失，而重在家国理想之实现。② 这便是超越生死之上的使命之所在。独特的生死观让中华民族能够千年不绝，人因使命而立，中华民族因使命而延续万代。

三、以智慧延展生命的长度

相较大河文明，海洋文明又有之别具一格的生死观。同样毗邻海洋，中国以南是望不见尽头的太平洋，茫茫无向，故而自成独立连贯的文化体系；西方的海则狭而窄，国家隔海相望，文明、智慧激烈冲撞。独特的地理环境和小国寡民的聚落特征使西方民族走上海洋贸易、战争扩张的道路，也孕育了西方人独有的浪漫自由和智慧理性。与东方对社会群体的强调不同，西方重视人的独立人格、现实价值，努力构建一个以人为本、富涵人文主义精神的社会。在这个被哲学发问声和辩论声覆盖的时代里，苏格拉底对生死观的呼声亦显清澈嘹亮，照耀着古希腊城邦，成为古希腊文明史上璀璨的隋珠，让人凝眸。

说到苏格拉底的生死观，便离不开苏格拉底之死。德国希腊哲学研究专家策勒尔曾说：“苏格拉底之死是其事业最伟大的凯歌，是他一生无尚的成功，是哲学和这位哲学家的礼赞。”③当一个人大限在即之时，其表现出来的行为举动更能真正地反映其内心所持的价值。苏格拉底的死亡，亦是丰碑，亦是传奇。从《斐多》篇中，笔者看见了苏格拉底身上焕发出的生命华彩。纵观此篇，让苏格拉底超越生死的，一是他对法律和民主的由衷维护，二是他对理性与智慧的至真追求。首先，他一生操心于雅典民主政治，为城邦民主感到担忧，并视实现美好的政治理想为责任。他曾说，“城邦犹如一匹高大的骏马，因为它的体形而行动迟缓，注定被牛虻叮咬——所以，我相信这个城邦赋予了我这样的使命，成为一个不断唤醒你们的人，告诫并斥责你们每一个人，让你们能够拥有美好而悠长的生活。”④由此可见，他的观念与中华民族生死观有共通之处——以使命增添生命的重量，用生命以达成维护城邦政治的使命。其次，与东方不同，他在思想智慧上的造诣及不落窠臼的“灵魂不朽不死”论又为他的逝去增添了西方生死观中独特的理性色彩。有学者认为，苏格拉底对于自己即将死去的现实握有一种主动的“欢迎与配合”⑤。在苏格拉底与其弟子关

① 刘逸生：《陆游诗选》，三联书店 1984 年版，第 257 页。

② 石英：《生命的吉光》，中国青年出版社 2018 年版，第 56~57 页。

③ [德]E. 策勒尔：《古希腊哲学史纲》，翁绍军译，山东人民出版社 1992 年版，第 176 页。

④ [德]艾克哈特·玛腾斯：《哲学之美》，北京联合出版公司 2018 年版，第 21 页。

⑤ Sam Silverman：*The Death of Socrates*：*A Holistic Re-examination*[J]. *Omega*, 2010, 6, p1.

于死亡的畅谈中，他通过种种精妙比喻和概念之究，表明他对“灵魂不死”的坚定和不疑。在他看来，人追索的生命极致应该是摆脱肉体而重获自由的灵魂，而死亡则是达成这一目标的绝佳途径。一个生命个体，只有在有生之年淡然肉体之欢愉，专注灵魂之升华，他的灵魂才有启程前往另一个世界的资格，而这才是真正意义上的不朽。他的行为是对“哲学就是练习死亡”①的至真诠释，他是死亡这场考试中最优秀的答卷人。当他将灵魂生活看作生命中唯一永恒价值之时，就已经用智慧击败了死亡。

苏格拉底的生死观在人类历史上呈现出非同寻常的浩然气象。在大多数人看来，死亡如同天上的太阳一般：即使不敢直视，其光芒总是存在着，在每个人身后投下巨大的阴影。我们天生对死亡感到畏惧，是因为我们习惯了活着，却从未死去过。哲学家同样也不愿死亡，但他们高人一筹处便在于，当死亡降临之时，他们有足够的智慧和勇气让自己冷静地面对死亡。拉罗什福科曾说过，“死亡的必然性造就了哲学家们的全部坚定性。”②因此，苏格拉底才会思考死，并创造出独特的死亡视角。在他的生死观里，死亡并非生命的终结，反而是美好的开始，他在“预见到死后另一个世界的美好而唱出幸福之歌”③，赋予死以诗意的阐释。这样视生命为“相互交错的生死质态”④的理解给予了后代以新的生命思考和诠释方式。

四、“何曾有生死”之路上的两难处境

无疑，大士们淡泊生死的生命观令人钦佩。但结合时代和社会细想，这样的生死观与家庭伦理、亲情又似乎格格不入。当死亡悲剧可以用种种手段去避免，孤傲的灵魂仍然执着于智慧而拒绝生的邀请。苏格拉底无视了妻子和朋友的请求，抛下尚未成人的子女，他也承受着感性和道德上的谴责。这样的现象放在中国强调家庭、伦理的社会里，连“身体发肤”都“受之父母”，无法弃去，更别求能够为追求自我理想人格而舍弃生命的权力。士人是如何思考和处理这种现实与理想、理性与感性的两难处境？

笔者认为，家庭、情感固然重要，但能够超脱于传统格局之外，以大格局大眼光看待责任，是大士走上生死辽阔之路的关键所在。苏格拉底和司马迁虽担负家庭或家族的责

① 杨绛：《斐多：柏拉图对话录之一》，三联书店 2011 年版，第 13 页。

② ［法］拉罗什福科：《道德箴言录》，《文化：中国与世界》编委会 2001 年版，第 6 页。

③ 周国平：《周国平论人生》，长江文艺出版社 2007 年版，第 132~133 页。

④ 田方林，魏榛：《苏格拉底的生死观及其当代阐绎》，2019 年 6 月 25 日，https：//kns. cnki. net/kns/detail/detail. aspx？QueryID = 1&CurRec = 4&recid = &FileName = CQSB201903007&DbName = CJFDLAST2019&DbCode = CJFQ&yx = &pr = &URLID = &bsm = QS0104.

任，但他们心中有更大的道义和使命。当他们把眼光放大在整个人类历史发展之时，家庭、家族便显得微不足道了。事实上，以家族和家庭为界的视角在一定程度上维系了人与人之间的情感纽带，但也限制了大格局思想的发展。大士们正是实现了对个人命运的突围，转而思考人类命运，他们对生死的看淡，并非轻视生命，放弃责任；相反，这是一种更大的道义，这是对生命价值的无限延展，以达成生命“不朽”之境。

五、探寻生死之上，谱写博雅的立命之书

回首古今中外大士的生死辽阔之见，我们可以探寻出其中共同的生死观底色：模糊生死的边界，为生死之上的价值和理想立命，以至“何曾有生死”之境。当投身于自己理想人格和使命的追寻时，生和死的区分便不再重要，肉体只是高贵灵魂的临时容器，“太上有立德，其次有立功，其次有立言，虽久不废，此之谓不朽。”①大士们已经逝去，却又从未逝去，他们或是持至高智慧坦然接受死亡的结局，或是克服艰难险阻为使命存活于世，他们的灵魂已达成“三不朽”之境界，实现了精神生命的超越，在“白驹过隙”般的短暂生命时光中实现了生命光彩的辉映，打破了生死的边界，让生命有了永久的延续。

这样的生死观在当今社会仍值得被细细思考和揣摩。生于斯，长于斯，我们最后又应以何种态度死于斯呢？笔者认为，即使无法达到历史不朽之境界，我们仍应时刻走在迈向大士“无生死”的道路上。正如武汉大学哲学学院苏德超老师所说，对于哲人之思，我们不当止于作粉丝，当作同路人。在成为中西理性之音的忠实倾听者之后，更应踵事增华，追寻大士之豪迈步伐，博观中西之学，雅正生命己见，谱写血气和博雅的立命之书。

---

① （春秋）左丘明：《左传》，岳麓书社1988年版，第226页。

西佛莱希士如是说

——各文明死亡意象及其启示

胡天一　弘毅学堂（2019300000042）

【**指导教师评语**】文章的主体是哲理散文，是散文诗。行文有明显的节奏感，意象神秘，意味深长。关于死亡与生命价值，不同文明有不同的阐发，作者对此的叙述既有深度也有广度。但他害怕读者不能理解，又写了“跋”来解读。而其“跋”的解读，限于篇幅，宣扬态度的多，阐述道理的少。既然如此，倒不如专门写篇论文，或者把散文(诗)写得更深刻一些。(哲学学院教授　苏德超)

序

我被诗一般的描述引入那个陈设着无数伟大心灵的博物馆，便不得不用同样的诗意发出粗浅的回应。死生亦大矣，对死亡不同观点基础性地存在于不同民族的心灵中，毋宁说，生命和死亡以及对他们的看法，孕育了这个无比缤纷的世界。

正　文

无尽之海的风，越过整片大陆。轻抚着永恒之树的枝叶，沉郁的沙沙声仿佛在低吟一首神秘的赞歌。来自各个宇宙和位面的旅人和探险者，都聚集在永恒之树的绿茵下，他们匆匆而来，希冀聆听智者的布道和游吟诗人的传奇故事。

悠扬的长笛声响起，一个阴影从巨大的树冠中缓缓出现，他每走一步，就有成群的鸟雀迎接他的步伐，他每走一步，曼妙的歌声环绕着永恒之树，他每走一步，都唤醒全宇宙的律动。

这位诗人是西佛莱希士，传说他了解每一个宇宙的每一个角落的每一件事，从晶歌森林水晶树枝桠反射的璀璨霓光，到浩瀚洋云层下海鸥讴歌的赞诗，从阿美尼赫特的圣甲虫光荣的纹路到帝喾的甲骨惊惧的裂纹。要么是他明亮的眼睛出生起就能穿透宇宙的混乱和现实的迷雾看到一切，要么就是他亲身穿过永恒之树的每一个通往异界的树洞，并踏足一片又一片的沙漠、森林、山川和河流。这是一位伟大的智者，这是一位伟大的诗人，这是一位伟大的哲人。

他就这样在笛声里静默着，等待旅人的提问。

一个年轻的旅人站了起来，他满怀着迷茫和狐疑，问道："最智慧的西佛莱希士啊，人们传说您拥有这世间最广博的学识，能解决这世间最艰深的难题，我恭敬地请你注意到我，解答一个困扰了我很久的疑惑。"

西佛莱希士站了起来，长笛和鸟鸣都逐渐沉寂，但我们并没有损失分毫，因为西佛莱希士的声音比任何音乐都动听：

"我并不拥有过人的智慧，只是我听过那些智者的故事，且问吧，年轻人，让大家聆听你的困惑。"

年轻人问道："最智慧的西佛莱希士啊，我的问题请您姑且聆听。我看到可怜的蜉蝣日落就丧失活力，兴茂的草木岁末就枯萎衰败，繁荣的城市几个世纪就只剩残垣断壁，洪荒的宇宙也终将化为虚无，万物都匆匆从何处前来汇聚于此？又默默无闻地逝去何方？既然一切终将湮灭，您伟大的教诲纵使随着永恒之树的根须传遍世间，又有什么必要呢？如果我的生命这样归于虚无，我又该如何面对这毫无意义的一生呢？"

西佛莱希士发出了温和的声音："如果世间还有什么可以称作宿命，那么只有那寂静的死亡，你的问题的确发人深省，我的智慧还不足以做出解答。但是我听说过不少智者的故事，也许从中你能获得启发。

据说就在一片叫做爱琴的海洋，浪花低语着一位哲人的故事，就在女神庇佑的城邦，住着最好、最明智、最正义的男人。他询问身边的匆匆过客，希望验证一条光辉的神谕。他异常的睿智触怒了愚民的自尊，他被判处提早飞升。惊惧的朋友纷纷求他离开，为世间留下最高尚的灵魂。没有什么比理智更可贵，没有什么比反思更值得，深沉的思考为我斩断了枷锁，拥抱长此以往的生活。在生命之前我们的灵魂已然存在，朝向智慧、高贵和永恒，若是一生践行灵魂的本质，死亡就将我们导向彼岸，没有纷扰的永恒沉思，灵魂长存伟大的哈迪斯。即使身体烟消云散，然而灵魂永生不朽，我们来此人世游历一遭，灵魂战胜肉体的玷污，通向彼岸无尽的乐土。他的生命转瞬挥手告别，可他对于死亡的论述久久回响。

不朽的灵魂，理智的生活，光辉的彼岸，两颗心灵在此处汇聚。① 从自足的神庙到无

① ［德］奥斯瓦尔德·斯宾格勒：《西方的没落·第一卷·形式与现实》，吴琼译，上海三联书店2006年版，第25~27页。

尽的高塔，延申出难以言说的伟岸。从阿卡德米的学徒到伯利恒的救世主，从科尼斯堡的哲人到卢瓦尔的沉思者，何人不是永恒的信徒？从信仰的王国到科学的天空，从法律的精神到正义的规则，那个不是理性的朝圣者？用理性纵贯过去和未来，历史学家吟咏叹息着的，尽是这关于死亡的有尽论述的无尽的注脚。那位沉默寡言的骑士低语：‘我从地狱来，要到天堂去，正经过人间。’”

西佛莱希士说完陷入沉默，笛声就又一次婉转回旋，有些听者大受启发的姿态，起身离开。

年轻人依旧满脸困惑，西佛莱希士笑着又唱起了歌：

“愿来世的伟岸指引他们，祈祷他们能过理性的生活，然而这只是一位贤人的回应，智慧的人不会迷信一种生活，美好的承诺纵然令人神往，但无人能证明彼岸的天国，我们暂且把这个答案束之高阁，听听东方的另一重见解。

东鲁的春风悄悄拂过，讲述夫子对生死的回应。死亡如此神秘而深邃，令人不禁充满困惑，然而此处的生活莫不更为重要，值得我们更耐心地探讨。也许有终极的主宰，也许有崇高的教条，但对于凡人无法企及的神秘，只当保持谦卑和尊敬，此时热烈而精彩的生命啊，更值得我们好好歌颂和践行。对师长的尊敬，对知音的友爱，对父母的尊敬，对君王的忠诚，克制泛滥的欲望，恢复礼制以达到至高的仁。上承天地的使命，下泽生民的幸福，在此世呼应着远古，在今日开创着未来。①

南华的秋水暗暗滋长，传扬真人对来去的解答。死亡如此自然而平常，令人恐惧却无处躲藏，然而死亡与生命并无什么差异，不过是万物发展的规律。若自比宇宙洪荒，难不慨叹生命的须臾，若能自比蜉蝣朝露，则你我在世间已为永恒，一切对逝去与离开的恐惧，不过是外物牵绊的顾虑，抛下对死亡无端的颤栗，自由的徜徉在道的领域，不是忘却，而是接纳，脱离身体的成见，拥抱缤纷的宇宙和生命，心灵感受自然的大道，消除纷扰的过去和将来，无古无今，不生不灭，当下即是永恒，此刻即是一切。②

春风和秋水滋润那片土地，对来世的抛弃孕育着另一颗心灵。无边无际的宫殿和包罗万象的园林，沉淀出难以表述的高贵。从西京的明鉴到北海的旌节，从洞庭的忧乐到崖山的决绝，尽是春风催长的柳枝。从江滨的钓台到山下的园圃，从山阳的放浪到赤壁的逍遥，尽是秋水滋生的兰草。伟大的志向或是崇高的境界，只有此生能毕力追寻。怀抱使命修编订立，史官长久记述评判着的，尽是关于有涯生命的认识的无涯实践。那位踌躇满志的士人笑语：‘我从此世来，归往此世去，正在此世间。’”

---

① 参见《论语·先进第十一》《论语·卫灵公》。

② 参见《庄子·齐物论》《庄子·养生主》《庄子·逍遥游》《庄子·大宗师》《庄子·至乐》《庄子·知北游》。

西佛莱希士的声音又停了下来，更多的聆听者得到了启示，踏着坚毅的步伐，走向自己的生活。

年轻人紧皱的眉头稍稍疏解，旋即他又一次陷入困惑：

“最智慧的西佛莱希士啊，您的故事的确发人深省，不同的心灵不同地看待生死，来世与此生所编织的故事，指引个人以至整个文明。然而新的困惑却在我心中滋长，缠绕住我脆弱的心灵。我在这里向您提问，若是存在这样的心灵，他们既不接受来世的承诺，也难拥抱今生的价值，生死的变化千千万万，难道人类只有两条信仰？若是最博学的您也听过其他故事，求您不要吝啬您动听歌谣。”

西佛莱希士哈哈大笑，再次唱起迷人的歌谣，他的兴致越来越高涨，以至于歌声也变得高昂：

“普通的心灵只求一个答案，也许此生就能向善，若是能持之以恒的践行，那么幸福就在身畔。好奇的心灵渴求第二方案，智慧之光就变得璀璨，纵贯东西的目光闪烁，锐利的心驱散愚昧的寒孱。而你啊，我亲爱的孩子，一颗孜孜不倦的心灵正在跳动，既然你如此诚信的发问，且与我一起观赏属于人类的波澜。

此世间自然不止两种心灵，生死也不存在标准的答案。

智慧之光第一次在人类的头顶照耀，先祖就曾慨叹生命太少，英雄之王历经千难万险，最终摘取永生的仙草，然而小小的疏忽和大意，永生就再难寻找。最早的人类如此认识，死亡指向生命的终了，即使最伟大的乌鲁克之王，面对死神也无处可逃，唯有此生无上的荣耀，能向众神把生命乞讨。史诗的主角独自哀叹：‘我从诸神来，要往幽冥去，正经过人间。’①

阳光稍稍偏向西方，金字塔反射灼目的光，法老保存自己的心脏，期待一场伟大的复活，今生的财富要持续保有，待等再世重新享用，一切的骑手，一切的战车，都要听从我永生的意志驰骋在沙漠，阿美尼赫特的灵魂比猎户座还要高，并永远与我们同在他伟大的居所，一切的功业不能被遗忘，历史便永恒铭刻在道路的两旁，每一次出生，每一次死亡，都要最细致的留下不朽的刻痕。神圣的大祭司高呼：‘我从太阳来，要向永恒去，立辉煌人间。’②③

圣河的流水缓缓流淌，人们在夕阳下迎接死亡，生而为人的苦难蒙蔽了双眼，唯有解脱是他们的期盼，灵魂来自悲惨的前世，投入轮回的茫茫浊流，今生的欲望，明朝皆不再

① ［古巴比伦］《吉尔伽美什》，赵乐圣译，译林出版社 1990 年版，第 78、95 页。

② ［美］布奇：《埃及亡灵书》，京华出版社 2001 年版，第 191~192 页。

③ B. Watterson：*the gods of ancient Egypt*[M]. London B. T. Betsford，Ltd. 1984.

有，唯有修行燃尽无休无止的业①，灵魂才能在轮回里终结。梵即是我，我即是梵，唯有精神能超俗脱凡，历史皆是世间无意义的轮回，又何必书写浮生的琐碎，树下的行者心中默念：‘我从虚无来，要往虚无去，正在轮回间。’②

世界若是我主的造物，一切都有命定的天数，逝去只是向主的回归，期许最终永恒的裁决，今世和彼岸同样重要，面对生命更要铭记死亡，在此世间团结起来的兄弟们，指引生命的唯有虔诚，图尔的铁骑，勒班陀的风帆，以至维也纳的烟火，为安拉而战，就能到达彼岸。③

世界若是永恒的斗争，你就是诸神的军队，斯潘达．曼纽和安哥拉．曼纽的斗争终将结束，我等皆迎来最终的清算，自由的意志若想去天堂，唯有听从伟大的琐罗亚斯德，那么生命就是一场抉择，践行伟大的道德。④

世界若是通往永恒的旅途，人生就只是重生的前奏，牺牲的玉米神升往永恒天界，邪恶的坏人被逐去西巴尔巴，我们从自然中来，便归往自然里去，为神而牺牲的人们，终将化作花山茂盛的可可。⑤

类似的故事无穷无尽，就看你是否愿意无尽地聆听，人类的智慧无穷无尽，生死的意向永不终结，每一条论证，信仰或是判断，都孕育了诗歌，艺术，和帝国，暂且窥视这伟大的图景，也许对如何处置自己的生命有所启发，足够广博地认识人类，方能更好的认识自己。”

高亢的嗓音重回平静，西佛莱希士略显疲态，他满意自己伟大的布道，听众们兴奋地散去，唯有那个最初提问的青年仍在原地：“我的孩子，你还有什么问题没有得到解答。”

年轻人再次发问，即使其他听众已经散尽：

“我敬仰这些伟大的智者，也感叹生命变化的意向，但是人类的生命毕竟短暂，我们对生死的态度也为之所限，如果化为乌有不再是人类的宿命，我们又将怎样看待生命，最广博的西佛莱希士啊，如果你不只曾见过人类过去的命运，那么是否能为我们的未来做出指引。”

西佛莱希士的眼睛闪过犹豫的光，但他仍然压低声音奖励年轻人的好奇：

---

① ［美］罗伯特·所罗门：《哲学导论：综合原典阅读教程》（第九版），陈高华译，后浪出版公司 2012 年版，第 141~144 页。

② ［古印度］《薄伽梵歌》，张保胜译，中国社会科学出版社 1989 年版。

③ 《古兰经》，马坚翻译，中国社会科学出版社 1981 年版。

④ 贾利尔·杜斯特哈赫选编：《阿维斯塔——琐罗亚斯德教圣书》，元文琪译，商务印书馆 2005 年版。

⑤ 李默然：《天界与花山：玛雅贵族的归宿》，2019 年 9 月 16 日，http：//www.cssn.cn/kgx/sjkg/201909/t20190916_4972011.shtml.

“你的思考并非无端，也并非没有文明享受永恒的生命，我且将他们的故事说给你听，也许对人类有新的启示。

马雷基斯统治着他黑暗的王国，在哪里一切都短暂除了他本身，无尽的生命考验这样一位永生的王者，所有的志向和欲望都被永久的思索，永生带给妖王无上的权威，他的子民爱戴也恐惧这位君主，过长的生命让他的智慧积累，但对他人的生活他早就冷漠，统治就是他始终的义务，永恒的哲人王是否能带领人类走向辉煌？①

斯卡文魔都地下的废墟，议会垄断着永生的魔石，生命作为资源自由地买卖，就会有一个阶层掌握社会的命根，生死已然分化成两边，没人能越过这样的分层，没人能将他们拉下权威的神坛，因为最强大的制裁已不复存在，诸神就是诸神，蝼蚁就是蝼蚁，岂不能警醒浑浑噩噩的我们？②

也许永生成为每个人的权力，正如泰达希尔庇佑的精灵，生命不会成为开拓的动力，失去了边际的人们是否还会垂死挣扎，生命的意义若是对抗死亡，失去了对手是否就失去了意义？难怪人们爱恋百年的沉眠，在梦里打发永恒的时间，他们掌握了力量，还是陷入了颓唐，抑或指向着辉煌的彼方。③

这些故事都也许是无意义的幻想，但未来不知会驶向哪个方向，不同的思考在歌声里交织，生命的赞歌在此奏响，时间已太晚，我的孩子，他人的生命终究只是启发，人类的未来等待你们开创，时代的钟声振聋发聩，去吧，去吧，去吧……”

西佛莱希士消失在阴影里，永恒之树的枝叶依旧葱郁而茂密，年轻人启程，不舍地回望，一切都为乌有，莫非不是幻想，记忆永存这场伟大的布道。

跋

西佛莱希士即 civilization，年轻人向文明发问以希冀获得关于生死的解答，而文明向他描述了不同的文明基于不同生死观念而发展的宏伟图景，书写本文主要想表达三重思考：

其一，对生死观念的思考，生死观念始终都是不同文明发展，不同文明思维方式的底层逻辑。这其中包含着对死后的看法，从各个文明伟大的墓葬文化和陵墓建筑中就可见一斑，对死亡之后的不同认识和期许决定了一个文明对待死亡的态度。

① *Warhammer Codex*：*Dark Elves*，London，Games Workshop，the eighth version.

② *Warhammer Codex*：*Skaven Factions*，London Games Workshop，the eighth version.

③ ［美］克里斯·梅森：《魔兽世界编年史·第一卷》，刘媛译，新星出版社 2018 年版。

笔者粗略地对各个文化的死亡意向进行简单的概括(笔者在这里对各个文化的称呼借用斯宾格勒的说法)。人类历史上的死亡意向大概分为五类:

(1)信仰彼岸(古典文化、浮士德文化)这一类信仰相信死亡之后人会前往一个永恒的场所;

(2)信仰轮回这一类信仰相信死亡以后会一次又一次地转世,直到某些特殊情况发生人才能脱离轮回(印度文化);

(3)信仰重生(古埃及文化、玛雅文化)这种信仰相信短暂的死亡之后,人会重生并拥有永恒的生命;

(4)信仰最终清算(波斯文化,伊斯兰文化,北欧神话的诸神黄昏也有类似的特质)这种信仰相信世界最终会终结,在终结之时有一场最终的清算(虽然其他文化也提到人死后要由上帝,阿努比斯或者其他神祇来进行审判,但在这种文化里这些最后的审判被集中在世界终末时)

(5)或者信仰此世(中华文化,苏美尔文化),这类信仰相信死亡就是生命的完结,人更应该思考如何过好此世。

除了死亡各个文明对灵魂不朽的看法也各不一样,即使都相信灵魂不朽,也存在论证式的灵魂不朽(古典文化和浮士德文化),前提式的灵魂不朽(印度文化),和信仰式的灵魂不朽(伊斯兰文化)。当然也有文明压根就不认同灵魂不朽(中华文化和苏美尔文化),在这个问题上也不同文明也各有不同,我不一一赘述。

对死亡的不同理解从根本上决定了不同文化中生命的意义,或者说是决定了人世间的生活在一个自我的生命里到底处在什么样的位置。可能是理智和道德的生活会把灵魂引向永恒的幸福(古典文化和浮士德文化);也可能是在今生要积聚足够的财富来为重生后做准备(古埃及文化);也可能是积累善行来应对最终清算(波斯文化);也可能是要用足够的精神苦修来跳脱轮回(印度文化);也可能此世和彼岸具有相同的重要性都要虔敬地生活(伊斯兰文化);更可能是在此生要行仁义,兼济天下来惠泽后世来实现自我价值(中华文化,现代文明的普适看法)。

我们知道什么是死,了解如何面对死,从而决定要过怎样的一生,这就是生死意向的普遍逻辑(现代文明很多的看法都打破了这条逻辑链,我们更注重生的价值,以生为逻辑链的开端,但不可否认死亡逻辑对于人类文明早期的各个文化都具有极强的适应性)。

其二,对多元文化观点的推崇。要想更深刻、更全面地认识人类以至于找到自己的道路,视野就要宽广,视角就要多元。对一种文化思维方式的死守往往造成落后(近代中国)。不同文化思维方式的冲突是今日世界的主题,去西方中心化的思潮自上个世纪萌芽,如今正值西方社会陷入困境之中,这一思潮可预见地会走出西方的反思语境,在广大发展中国家迎来爆发。但是如果一味地采取一种拮抗的态势,对西方文化采取排斥的观点,势必是一种愚昧，这从本质上是从一种西方中心化走向中国中心化，而任何中心化都是对缤纷多彩的世界文化的一种抹杀。了解西方思想，并与传统中国文化对比研究已然成为主流，但若是希望能够在当代主流中再进一步，那么广泛地研究世界上曾出现的其他思维方式，并赋予他们和主流中西思想平等的地位，大概是最好的方法。

其三，是对假想文明价值的肯定。人类始终受生命有限逻辑的支配，所有人类文明也都以此为底层建设，但是随着科技发展，人类有可能以某种形式或者某种方法脱离死亡或者极大程度地延长生命，除了层出不穷的科幻小说具有指导意义之外，很多成体系化的对拥有一定程度永生特质的假想文明的构想都具有启发价值。人类永生的形式会是个体或阶层的结构性规律？或者是持续使用的延长生命的产品，这会不会造成一种恶性垄断？或者是人类群体性的脱离了死亡的命运，这又会不会造成一种生命虚无主义？总之，假想文化可以，并且可能成为一种极具启发性的思想实验，而一个又一个脱离人类固有限制逻辑，并自由发展的假想文化，私以为也是多元文化的一部分，具有一定的研究和思考价值。

打开一个又一个美丽的文化的大门，看看对生命和死亡不同的思考，从而形成自己的生死态度，我们的生命也会因此多姿多彩。

梦中身：当孔子遇见苏格拉底

刘昊宇　遥感信息工程学院（2019302130112）

【**指导教师评语**】中西文化的对比一直是个迷人而又颇具挑战的话题。回溯到中西哲学的古典时期，孔子和苏格拉底是两位绕不开的思想巨擘，因而关于两人思想差异的讨论本非一个新颖的话题，但刘昊宇同学的论文以梦境的形式让两人完成了跨越时空的思想交流，颇具想象力。值得肯定的是，论文并不试图以结论式的方式告诉读者孔子与苏格拉底为代表的中西文化差异是什么，而是以理解式的方式去探寻不同文化背后的心灵感受，特别是努力体会人本身在社会和生活中的心灵困境，以及中西对于这种困境的共同探索和不同解答。（哲学学院副教授廖璨璨）

摘　要：孔子与苏格拉底，一个生活在风云变幻、礼崩乐坏的中国春秋时期，一个生活在政治混乱，城邦摇摇欲坠的古代雅典。他们是轴心时代遥相呼应的两颗耀眼星辰，虽身处不同时空，却为东西方的文明宝库留下了不朽的文化遗产。试想若他们相遇，会是怎样的一场思想的碰撞。

关键词：孔子；苏格拉底；生死观

一个阴沉沉的午后。天上本应是灼人的日头，此时却是愁云惨淡。雅典的监狱里，一个老者身旁围满了人，年轻的、年长的、男的、女的，他们眉头紧锁，面色悲戚，像极了此时的天气。

还有不到两个小时，送毒酒的狱卒就要来了，面对即将到来的死亡，这个叫苏格拉底的老者显得分外轻松。他有些疲倦，刚刚跟自己的弟子解释了那么多，讲了那么多的道理，为什么他们那么固执呢？又跟妻子交代了身后事，着实有些口干舌燥。酒怎么还没送来？苏格拉底下意识地舔了舔干燥龟裂的嘴唇，不再说话。监狱里的空气好像凝固了一般，只听见心中仍然充满不舍的学生和亲友难以抑制却拼命掩饰的啜泣声。

“我走了之后，雅典下一个最聪明的人会是谁呢?”苏格拉底暗自想道，“要是他也像我一样，硬要做一只牛虻，那他也就离回到神的身边不远咯，这社会……”虽然心里一片坦荡，他还是叹了口气。

监狱狭小的窗户突然剧烈地抖动起来，外面刮起了大风，出乎意料地，不像往常那要下大雨的前兆，那些压抑的黑云被风吹得四散逃逸，阳光横冲直撞地从窗户射进来，昏暗的监狱如同一瞬间点满了明灯。

另一位老者走了进来，大家充满了疑惑。奇异的衣着，陌生的长相，不明的来历，他是谁?这位老人径直走向苏格拉底，一言不发，苏格拉底抬起眼睛，两位智者深邃而闪亮的目光相遇，如同两颗星辰运行到同一轨道。他们开始了灵魂的对话。旁人对这一幕感到惊诧，一句话也不敢说，也不敢上前去问到底怎么回事。

“您好，先生，您看起来不像是我们这里的人，请问您从哪里来?”苏格拉底对这个闯入者充满了好奇。“吾名孔丘，字仲尼，鲁国人也。”介绍极其简练，苏格拉底一时没有适应，便试探性地接着问：“那您为何来到这里呢?”孔丘不紧不慢地说：“前日梦中听闻西方雅典有一智者惨遭诬陷，欲自尽，今日再梦，想必此乃吾梦中之身矣。”苏格拉底笑了：“所以您是来劝我听从我学生的建议，按照他们提前找好的密道逃走，继续活下去吗?”两人都沉默了几秒，苏格拉底低下头，叹了口气，说道：“我选择死亡的理由，跟我的朋友、我的学生都来来回回、反反复复地说了很久了，我并不后悔，相反我感到很轻松，这是一种解脱……您从您说的鲁国远道而来，如果您也跟他们一样劝我的话，那不好意思，麻烦您白跑一趟了!”苏格拉底再次看向孔丘的眼睛，由于衰老，眼角低垂，但是眼神中的沉静、温和、明亮让苏格拉底确认他确是一位智者，苏格拉底有点后悔自己刚刚说的话，似乎对眼前这位神秘的不速之客不太尊重。

孔丘依旧缓缓开口：“死生有命，富贵在天。生死乃人之常情，吾尝谓弟子‘朝闻道，夕死可也’，惟愿天下太平，仁义备至，此乃道之所存。吾不知君之道，愿君忖度再三，君之亡可达道乎?”苏格拉底似乎不太明白孔丘所说的“道”是什么意思，或许是真理?或许是理想?再或许是命运?他沉吟了一会儿，说道：“如今雅典的城邦满目疮痍，愚蠢的人一拨拨地走向政坛，乌合之众把城邦的秩序弄得乱七八糟，几乎没有人独立地去思考问题，随随便便就会被花言巧语迷惑，那些什么所谓的智者不过就是会用花哨的语言骗取一般人的追随……我想改变，但是我的力量实在微薄，神谕说我是雅典最聪明的人，但那又有什么用呢?我宁愿回到神那里去，摆脱肮脏的肉体的羁绊，让我的灵魂自体自根地思考，岂不是一件更好的事吗?”

他看向孔丘，孔丘也沉默了一阵子，像是在回忆什么，神情有些失落，苏格拉底一时间不知道该不该继续说下去。最终，孔丘还是说话了：“先人有言‘太上有立德，其次有立功，其次有立言，虽久不废，此之谓不朽。’立德者，古今达之者少也；立功者，生于乱世，欲行其道，何其难也，吾之境遇有类于君，深知不得志之悒郁。然而毕竟有立言之力，亦可为不朽之功，何不为哉？至若君之所言神灵，未知生，焉知死？请君试想，若所谓神灵不愿人之魂魄沾染肉身之污浊，何以使魂灵降生于肉身之中邪？”孔丘一次性说了很多，苏格拉底被问得愣住了，好像有那么一点说得通，是呀，人在活着的时候，是可以做很多事的吧，或许我留下的思想可以对后世产生影响呢……正想着，孔丘继续说道：“魂灵自体自根之思考，于社会无义，无人知晓君之魂灵所思所感所言，君果餍乎此？”

“你……”苏格拉底感到不悦，但又确确实实觉得这个老者说的有道理，但是是自己错了吗？苏格拉底仍然觉得他所坚持的是真理，他想提出更多的，原来和弟子一遍遍解释过的理论来反驳孔丘，但是他真的疲惫了，什么七弦琴说，什么灵魂外套说，什么回忆说，这些他认为无懈可击的分析刚刚涌到干裂的唇边，就被推了回去，想一想行刑的时间也快到了。末了，他一字一句地对孔丘说：“城邦的法律让我在这里出生，成长，接受教育，组成家庭。法律本身也是神圣的，智慧的，正义的。如果我自己都没有尊重法律，遵守法律，我所坚持的正义和真理又有什么意义呢？”

孔丘说：“人皆心有所守，法之于君，仁礼之于吾，皆可舍命求之、捍之。然何谓真法，何谓伪法，需慎明之。人法乃人所定，而天法无言，人法行之必有偏差，偏差之细微，尚可通行无碍，偏差之巨缪，则天理不容也。君既言国政之乱，肉食者之昏庸腐朽，所定之法安可行哉？此法非君之所信天理也！吾所处之列国，假仁与礼犯上作乱者不在少焉，若吾从之，岂非同流合污者乎！”苏格拉底明白了，当时孔丘沉默良久，原来是想起了自己的经历，看来也是同病相怜，也是坚守心中真理的人，在他所说的国家，他也应该算是一只“牛虻”吧……眼前这个人的话语和大致的经历在苏格拉底心中业已平静的水面激起了一点水花，自己的选择，究竟是不是如自我所认为的那样正确呢？

一阵粗野的脚步声闯入，苏格拉底扭头一看，是狱卒带着毒酒来了，再回头时，早已不见孔丘踪影。云都散了，太阳西斜，夕阳的颜色细碎洒进窗户，天色渐渐暗了。眼前依然是满眼悲伤与不舍的亲友。刚刚失了神的眼睛缓了过来，他愣了愣神，苦笑了一声，转身拿起酒杯，缓缓将毒酒从容饮尽。“能够与您对话，或许是神的安排吧……”

在遥远的东方，清晨阳光照进了另一扇窗，孔丘微微睁开眼，头有些疼，昨晚做了好长的梦，很模糊，说不出来的感觉，只是隐隐约约记得，梦境发生在一间幽暗的监狱，一位长相奇特的老人在与自己长谈。“死生有命呵……”

两人的时空便再无纠缠，只留两个不朽的名字在人间。

致空有理想却依旧浑噩的自己

——浅谈博雅教育中的人格塑造

简玥　弘毅学堂（2019301051202）

【指导教师评语】简玥的自我剖析，情真意切。文章描绘了较为典型的大一生活：有目标，但这目标没有内化，是外在的；能努力，可这努力往往半途而废，自我控制力弱。作者将这种状态归结为席勒的自然状态，这多少有点夸大其词，不过其可类比之处是明显的。作者希望进入到席勒的审美状态，做一个自由的、自我规定的人。言辞平易、意趣盎然是文章的显著特色。需要指出的是，文章对儒家的表述并不确切。（哲学学院教授　苏德超）

亲爱的自己：

展信佳！

从你下定决心把刷了三个小时的手机锁了的那一刻起，我知道你在困扰着什么；从你抱着一堆图书馆借来的书回宿舍却又原封不动还回去时起，我知道你在懊恼着什么；从你上着课思绪就不知道飘到何处的时候，我知道你即将为什么担忧；从你打着这段文字时不知不觉间鼠标又控制不住点开微信那一栏时，我知道你哪里出了问题。

亲爱的，你可以把自己的问题归结于不自律、不专心抑或是习得性无助，这都没错，我相信你在知乎上搜到的方法也可以帮你解决。但我希望你可以看得更深入一些，现在这种表面勤奋实则没有思考、用战术上勤奋来弥补战略上懒惰的状态，这种每天晚睡早起、控制不住自己玩了一天手机然后熬夜补偿性学习的状态，这种把成绩当作唯一评价指标、考完期末就把学习抛诸脑后、疯狂玩耍一个假期的状态，这种神不知鬼不觉的走神偷懒而自己又没有意识到的状态，明明很困了还是被刺激和欲望驱使下刷 b 站的状态，不正是一种无意识的自动驾驶状态，如席勒所言的，一种被感性支配的物质状态吗？

在目的上你永远是单一的，在判断上你永远是变化无常的，你自私自利却不自主、不受约束却不自由、是奴隶却不遵守规则。在这个阶段，世界对你来说只是命运，而不是对象。①

---

①［德］席勒：《审美教育书简》，转引自李建中主编：《人文社科经典导引》，武汉大学出版社 2019 年版，第 264 页。

你缺少个体性，平时活着都是被感性冲动支配，缺少对自我状态的感知和自由地自主控制自己，只是被感觉支配，被时间拖曳着前行的存在，因为我的人格性在此期间已经被废弃。我缺少状态中的形式冲动，让我进入审美状态，让我感觉自己，意识到自己。

我知道你胸怀壮志，高考前你多少次在名言本上写："为有牺牲多壮志，敢教日月换新天"①，在那些玫瑰色的高中生活中你多少次和同道中人谈论时政、"粪土当年万户侯"②、"士不可以不弘毅，任重而道远"③。儒家的入世思想早已刻入你的灵魂深处；无论是"恭、宽、信、敏、惠"还是"仁、义、礼、智、信"的品质要求，你在日常生活中也有积极践行；同学们都评价你是认真负责的班干部，朋友们都认可你的忠诚善良。

我也知道你从小在博雅教育理念的浸润之下长大，从 4 岁开始被父母送入各种辅导班，钢琴学了 8 年，芭蕾学了 7 年，画画学了 4 年，旁人都觉得你多才多艺；从小学三年级就被妈妈陪着去图书馆看书，以一周五本的借阅速度横扫书架，小小年纪通晓人情世故，其他家长都夸奖你博闻强识、冰雪聪明。可只有你知道，弹了 8 年的钢琴上练了好久的琴谱背后摆的是一本漫画书，被老师下压青蛙腿的时候咬紧牙关，最终被夸有毅力是因为自己争强好胜的心理作祟、想比旁边那个长得更可爱的妹妹显得更能吃苦，而去图书馆看书的兴趣从初中起，就被在天涯上看娱乐八卦的爱好替代。

这些是父母给你的选择，你没有任何考虑就答应了，你知道这么做会让你变得多才多艺，你也能把什么"陶冶情操、培养高尚人格、摒弃低级趣味"等理由背得滚瓜烂熟，可也仅此而已了，你不知道这么做到底是为了什么；你或许能把"情操""人格"等定义阐述清楚，但你不知道这对你意味着什么。你只是一个被动学习、被动生活的人，只会昏昏沉沉地度过日子，接受外界的刺激然后做出应对，随着互联网的发展你接触到了 B 站和知乎，空余时间你会沉浸其中寻求更强烈的刺激。初高中的应试教育你如鱼得水，在大小考试中你游刃有余，考试是你奋斗的目标，也是你逃避对人生进行深入思考而偷懒的借口，你也难以理解为什么有出国党会休整一年四处旅游去思考自己人生的意义。于是，你现在空有人生的远大理想，可缺少发自内心的认可、投入和理性的自我控制，这些年来，你一直活得浑浑噩噩。

教育，或者说博雅教育的目的是人之生命完整性，这意味着人终极的圆满存在，是人

① 毛泽东：《七律 · 到韶山》，臧克家主编：《毛泽东诗词鉴赏》，河南文艺出版社 2005 年版，第 222 页。

② 毛泽东：《沁园春 · 长沙》，臧克家主编：《毛泽东诗词鉴赏》，河南文艺出版社 2005 年版，第 25 页。

③ 曾子：《论语 · 泰伯章》，张燕婴译注：中华书局 2006 年版，第 109 页。

们对肉体与精神、个体性与社会性和谐统一的永恒追求。① 你在儒家范式的博雅教育下，如今已能熟练掌握与人、与社会相处之道，可你不知道怎么作为有自我意识的人来和自己、和这个世界相处；你从其中也习得了更广阔的世界为何，树立了更远大的志向，学会了一些才艺技能。但这一切习得只是物质状态中一种"条件-反射"的机制而已，于你而言，博雅教育还少了席勒提及的"一种有利的自然"，帮助我从昏沉地对外部世界无感知、只被原始欲望冲动推着走的状态中解放，帮助我有意识的去思考这些技艺对于我的意义、从而以一种主动学习、兴趣至上的姿态享受它。

这大概就是儒学和席勒美育思想两种教育范式的不同了，席勒美育思想注重从人本主义的角度诠释人如何实现完整，教育的理想是应全面、自由、和谐地发展人的特性②，从形而上的角度探讨人和对象以及自己的关系。以生活中全面的感知来感觉当下，应对各种各样的状态，同时又有自我觉察、自我控制的自由。既能意识到自己的冲动和欲望，又有至高的理性来掌控自己，让全面的状态统一于自己的人格，让不同时间的状态和谐地处在同一个自我之中；既能接受自己的本能和感情，又能获得自主权摆脱被本能驱使和被欲望驾驭的创造，以游戏冲动的方式，在创造中去接受，在接受中去创造③，当感性冲动和理性冲动和谐地统一于人本性之中，惟有如此，人本性的自我才能完整。

拿期末复习举例子，我希望你对生活是感知的，你坐在图书馆敞亮的自习区里，你能感知自己内心烦躁和焦虑的心绪，你能感知自己脑海中杂七杂八人事的反刍回忆，你懊恼过去又在忧虑未来，但你的感性冲动意识到你的状态不处在当下，形式冲动意识到你走神了而这不利于你的复习，这时你深吸一口气，让你六神归一，把思绪拉到眼前的题目上，拉到当下，你给自己设立解题的一个个小目标，像在游戏打怪一样，在这之中没有过去未来的忧愁，而在一步步解决的过程中你思考怎么充分运用自己的聪明才智，你感觉自己是存在的，在思考中存在，而不是和别人比较竞争中存在，此时你是自由的。

而儒学的教育范式，更加注重的是人的社会性，从每个人都生活在一定的与他人关系的角度出发，探讨如何维系良好的人际关系，如何处理好生活、工作、家庭的问题，无论是对待他人要将心比心、宽容关怀为主，还是观察他人要学习对方的优点，看到他人缺点

---

① 石璐：《论人之生命完整性与教育》，2007 年 5 月 1 日，https：//kns. cnki. net/KCMS/detail/detail. aspx? dbcode = CMFD&dbname = CMFD2007&filename = 2007145147. nh&v = MTAwNzgvUFYxMjdHYks4RzlESXFKRWJQSVI4ZVgxTHV4WVM3RGgxVDNxVHJXTTFGckNVUkxPZVplZG1GeUhoVUw=，2019 年 12 月 19 日。

② ［德］席勒：《审美教育书简》，转引自李建中主编：《人文社科经典导引》，武汉大学出版社 2019 年版，第 249 页。

③ ［德］席勒：《审美教育书简》，转引自李建中主编：《人文社科经典导引》，武汉大学出版社 2019 年版，第 256 页。

要反思自己并加以改进。哪怕是对自我的思考和关怀，也是从和他人的关系出发的：儒家的社会性和席勒美育思想的人本主义相结合，方能实现人的完整性。你从小背着“己所不欲勿施于人”①长大，也会处理人与人之间的关系，你也认同这些道德规范，但践行起来总有些不够真诚、有些犹豫和顾忌，那是你内心的感性冲动发生排斥，你的社会性没有与个体性相统一，空有道德准则，但和感性冲动相分隔，只停留在形式冲动的永恒正义，没有上升到一种本能的感觉；儒家的人的社会性必须是经过人的游戏冲动，经过感性和形式冲动的结合后才能直触心灵，成为生命旋律中的和谐音符。

反思你一直以来接受的儒学范式下的博雅教育，儒家说有高尚道德品质的是君子，你想成为君子，于是你这么做了，实现了社会性，但儒家没有告诉你个体对于自我应该持怎样的态度，你会妥善处理人与人之间的关系，可你丧失了自我人本主义的发展。从小到大，只有临近考试时，你才能意识到自我的存在，意识到有一个和他人割裂、不相关的目标等你奋斗，这时候的你才会反思自己脑中哪些知识没有掌握，才真正关注审视起自身来，从被自然刺激奴役到变成自然刺激的掌控者，原来作为强力统治你的东西现在在你评判的目光前成了客体，而一切对你来说是客体的东西，都不再具有统治你的力量，因为要成为客体，它必须经历人对其施加的影响②。而如今我读了《审美教育书简》，席勒弥补我多年接受到的儒家教育的不足和缺憾，从人本主义的角度诠释人的个体性如何通过游戏冲动来到达完善，第一次，我开始深入自己的本性，以形而上的方式审视自己和对象之间的关系。

是的，博雅教育通过让学生接触多学科、学习多技巧来塑造君子品格，实现人的完整性。采取博观的手段没问题，重点是别忘了引导学生自主思考，从自在状态转变到自为状态，从物质状态变到审美状态再到道德状态。思考、运用你的理性堪比跨越式进步，“这称为飞跃，因为在这里一种全新的力在行动，因为在这里立法的精神第一次混入盲目的本能活动中，它使想象力的任意行为臣服于它永恒不变的一体性”③，他真正成为了自己的主人，脱开了欲望的阴沉压抑的枷锁，轻快地走向属于自己的人生发展小路。博雅教育首先是教育者的博雅启蒙，然后是学生自我的博雅意识觉醒，以游戏冲动和儒学道德修养的结合形式来实现个体性和社会性的统一。

亲爱的，我希望你是一个完整的人，一个完整的人应有高贵远大的理想，能清醒自由地掌控自己的生活，而不是浑浑噩噩地陷入不知所措和纵欲过度的茫然、或者是假勤奋后

---

① （春秋）孔子：《论语·卫灵公篇》，张燕婴译注；中华书局2006年版，第241页。

② ［德］席勒：《审美教育书简》，转引自李建中主编：《人文社科经典导引》，武汉大学出版社2019年版，第269页。

③ ［德］席勒：《审美教育书简》，转引自李建中主编：《人文社科经典导引》，武汉大学出版社2019年版，第274页。

失败的习得性无助。当然，这并非易事，还记得上次团课，几乎全班的人都认为掌控自己的生活是排第一位重要的，可见不是只有你有这种疑惑。同样，你要接受这个事实，实现完整人性的最黄金的教育期已经过了，但是“种一棵树最好的是十年前，其次是现在”，这时发挥你的感性冲动吧，把你的无限可能性规定到当下的存在，去做，去大胆地做，去游戏地做吧。

亲爱的，我知道你很要强，初高中六年你的目标和奋斗方向就是做到比他人成绩好，考试考取前几名是你的价值感的主要来源，这是以“冲突——反应”为主要表现的让人浑浑噩噩的自然状态。大学第一个学期，你仍处在这种状态中，没有审美地思考怎样提高效率，没有审美地思考怎样发展自己，你一个周末都泡在图书馆，看似勤奋，其实只有你知道自己在逃避着大学自由鲜活的舞台。

还记得那年初二寒假放假回校，和同桌交流后发现他用一个寒假在练习演讲与表达，而你在寒假疯狂玩 iPad 游戏，得知这个事实时你震惊的心情我现在仍然记得，这不仅是震惊自己竟然虚度了宝贵的寒假时间，也是震惊同学不是“应对——反应”的活着，而是有目的地向更好的自己奋斗。如今的他身在全球顶尖大学学习，成为他自初中起就想成为的人；而你，甚至都不知道自己想成为什么样的自己。不过不要紧，你还年轻，你还有四年的大学时光待我探索，你可以成为任何我想成为的人。

爱你的：自己

人生三境

韦佳　土木建筑工程学院（2019302100048）

【指导教师评语】通识教育根本上是一种提出何以成人的问题，并引导学生通过学习、思考独立地作出回答的教育。回答“何以成人”不仅需要追问“我是谁”，还必须面对人应该如何度过一生、何谓理想人生的重要问题。文章借用老禅师对学佛经历的三个阶段的总结来比照人生境界，进行重新阐释，跳脱出佛学的思想框架，化用中西思想资源，思考通向圆满人生的道路，推陈而出新。作者不取比较中西文化异同的视角，而是广采博纳，融通中西，打通虚构(小说人物)与真实，兼容并包不同类型的著名人物的人生价值取向和生命态度，提炼自己对于人生境界的理解。人生三境并无高下之别，然而通过作者最后的总结，我们也确乎可以体会到从少年之时不染尘垢的赤子之心到历经百转千回的追求之后达至成熟的有容乃大、顺乎自然、全性葆真，其中彰显了生命随着岁月的沉淀走向圆融、通透的进境。(文学院副教授　叶李)

摘　要：古往今来，许多的先贤都会对人生进行思考。有老禅师在回忆自己一生的求佛经历时说到了三个阶段，分别是：看山是山，看山不是山，看山还是山。细想，人生确实应当这样，尤其是在如今这样的纷扰世界。本文将结合贾宝玉、苏格拉底和庄子三个著名人物来理解这三个境界，希望能够引起人们对自己人生的思考，怎样才能让人生圆满。

关键词：人生；贾宝玉；苏格拉底；庄子

王国维先生曾经说过，成大事者必历经三个阶段。这与老禅师在一定程度上是不谋而合的。看山是山，没有经历过世事，内心纯洁无瑕，别人告诉你，眼前静止着的是山，于是就会不假思索地以为看到的就是真实的；看山不是山，这个世界并不完全如同你想的一样，世人的看法也不一定正确，眼前所见也不一定是真实；看山还是山，一朝顿悟，返璞归真，山依旧是山。

一、看山是山——贾宝玉

在《红楼梦》中，贾宝玉出生在一个封建的大家庭——荣国府。他作为嫡派子孙，自然从小便是不愁吃喝，在所有人的保护下长大，也就形成了他看山是山的特点，看到什么便是什么，不会与别人虚情假意。对于自己喜欢的，就给好脸色，不喜欢也是直接表现出来。

在林黛玉首次进入贾府，也就是宝黛初次相见时，贾宝玉就直言："这个妹妹我曾见过的。"①之后，更是直接想要帮助林黛玉取字，完全不吝啬对林黛玉的赞美。可以说此时的贾宝玉是非常高兴的，但是当问及林黛玉是否有玉后，就直接发狂般摘下自己佩戴的玉佩往地上扔去。前前后后隔不了多久，所以可以看得出来，不管是什么样的情绪，贾宝玉都会直接表达或者宣泄出来，不会隐藏自己。当薛宝钗劝他熟读四书五经以考取功名利禄时，他也是直接表现出了逆反心理，完全不听。在今天看来，就相当于别人奉劝他好好读书而已，并没有什么过错，但是，贾宝玉对人对事只会考虑到自己的内心，不喜就是不喜，哪管什么对错。也因此，他就更加喜欢陪她一同玩乐的林黛玉。

曹雪芹先生在《红楼梦》中评价他的诗中有这样一句："无故寻仇觅恨，有时似傻如狂"②，这里也可以看出贾宝玉的随心而动，随性而为，看山便是山。

二、看山不是山——苏格拉底

苏格拉底的看山不是山并不是如同芸芸众生一样看到什么都觉得不是真实的，而是看到了事物背后的真理。在《斐多》一书中，记载了苏格拉底去世前与其他哲学家的谈话。苏格拉底看待死亡不像世人那样畏惧死亡或者逃避死亡，在他看来死亡可能就是脱离身体桎梏，从而可以追随自己的主神以及更好地对真理进行探索。虽然他的想法在今天有些人看来，或许会有点荒谬，因为我们许多人都是坚定的无神论者，但是无论如何都不能掩盖苏格拉底在哲学方面的重要地位。

---

① （清）曹雪芹：《红楼梦》，人民文学出版社 1982 年版，第 49 页。

② （清）曹雪芹：《红楼梦》，人民文学出版社 1982 年版，第 48 页。

贝克在看望苏格拉底时，替厄文努斯质问苏格拉底为什么在监狱采用了伊索寓言和致阿波罗神的“序曲”的风格创作了抒情诗。在厄文努斯和其他部分人看来，这是苏格拉底在在与他们竞争，而苏格拉底看到的只是自己内心的需要，为了发现某些梦的意义，借此纯洁我的良心，我总是得到告诫要实施这种技艺①。苏格拉底看到的已经不是世俗的名与利，而是自己内心的需要。

在苏格拉底面对即将来临的死亡，他的妻子克珊西帕禁不住大声哭泣，他的朋友们也纷纷表示不舍。但是苏格拉底却没有表现出任何的不开心或者恐慌，哪怕是在喝下毒药后依旧如同平常一样与朋友们一起探讨问题，没有任何异常。死亡对他来说也许不是一件悲伤的事，而是一个可以让他更好地探寻真理的途径，他觉得灵魂在身体帮助下想要对某事物进行考察，身体显然就会把它引入歧途。他还说：“当灵魂能够摆脱一切烦扰，比如听觉、视觉、痛苦、各种快乐，亦即漠视身体，尽可能独立，探讨实在的时候，避免一切与身体的接触和联系，这种时候灵魂肯定能最好的思考。”②这些都是他在面对死亡时看到的，所以他不会对死亡感到恐惧，甚至对自己的灵魂回归到主神身边充满期待。

看山不是山可以理解成混淆黑白、是非不分，但更应该如同苏格拉底一般，看到的不是世俗的功名利禄，而是内心的宁静致远；不是对死亡的恐惧，而是死亡背后的追求与意义；不是艰难险阻，而是自己执着追求的真理。

三、看山还是山——庄子

庄子是继老子之后，道家最有代表性的人物，也是一个如同老禅师一样到达了第三个境界的人。庄子追求自由于超脱的人生，对俗世的功名利禄并不关心，在他看来，真正的生活就应当是顺其自然的。

庄子早年担任过宋国地方的漆园吏，但是他却没有选择继续在官场打拼，而是游历各国，对各个学派的学问进行研究。随着博览天下书籍，庄子的名气也开始在各个诸侯国传播。于是，楚威王派使者便携带重金并且许诺他丞相的官位，但是庄子却完全不为所动，因为在他的眼中，俗世地追名逐利已经毫无意义。于是凭借老乌龟的故事将使者打发走了。后来，庄子选择了隐居，归隐山林。不是如同陶渊明一样为世道所迫，而是遵循自己的内心，也可以说它是已经看破了红尘，就算身处红尘之中，看到俗世的喜怒哀乐，也觉得与自己无关了。外界风云变幻，都会显得没有意义，庄子的内心都不会为之所动。

---

① ［古希腊］柏拉图：《柏拉图全集·第一卷》，王晓朝译，人民出版社 2002 年版，第 56 页。

② ［古希腊］柏拉图：《柏拉图全集·第一卷》，王晓朝译，人民出版社 2002 年版，第 62 页。

睡觉时，庄子梦到自己变成了蝴蝶，醒来了之后非常惊慌，便产生了“不知周之梦为蝴蝶与，胡蝴蝶之梦为周与？”①的疑问。在看到没有使用价值的树木反而能够存活下来，庄子便言：“人皆知有用之用，而莫知无用之用”②。

庄周梦蝶是一种超然物外，更是对人生的感悟，何为真？何为假？假作真时真亦假，没有人能说得清；无用之用是洗尽铅华后，明白自己的内心真正的需要，是经历世间的繁华后，依旧能够守住初心。任你红尘滚滚，我自一笑了之，看山还是山，山就是初心。

四、结　语

在现代社会，充满了各种诱惑，人心变得越来越浮躁。不少人执着一生，违背初心，忙碌一生，终究是大梦一场空。有的人如同贾宝玉，一直在长辈父母的保护和关怀下长大，无法摆脱第一个境界，当然，不是说看山是山的境界不好，而是我们必须学会成长，否则就可能如同贾宝玉一样，面对家道中落终是无能为力；更多的人则是处于第二个境界，有如同苏格拉底一样追求真理，但更多的是改变了自己的初心，而是追求功名利禄，追求富贵……最终能够达到第三个境界的就相对就少，追求一生，却忘记了自己的初心。所以，我们不得不思考，如何才能在世俗的洪流中达到第三个境界看山还是山，如同庄子一样知道自己真正的需要，超然物外。

圆满的人生就应当经历三个境界，缺一不可。年少时，纯洁无瑕，赤子丹心，看山是山。及至入世后，历经世间的喜怒哀乐，处在熙熙攘攘的人群中，追求的是真理也好，功名也罢。只要最终能够一朝顿悟，山还是山，人本是人，不必刻意去做人，归来仍是少年，如此，便是圆满。

① （战国）庄子：《庄子今注今译》上册，陈鼓应注译，商务印书馆 2007 年版，第 109 页。

② （战国）庄子：《庄子今注今译》上册，陈鼓应注译，商务印书馆 2007 年版，第 166 页。

无 名 园 记

袁佳晨　测绘学院（2019302141309）

【指导教师评语】本文以梦幻小说的形式记述了庄子与苏格拉底的对话，巧妙地嵌入了《庄子》与《斐多》篇的内容，通过“我”参与二位圣贤的讨论，追问肉体与灵魂的关系，探寻生与死，感官与理念等概念，文章结构合理，文字行云流水，不仅反映了作者本人对两部经典的理解，也展现了奇妙的想象力。如果文章能首尾呼应，细节处理得更贴切，会更有感染力。(历史学院教授　潘迎春)

一

只记得，那天晚上，我看着一张陈旧的照片，照片里一个老太太抱着四岁的小娃娃，老太太微笑着，小娃娃也笑着，老太太坐在一把老藤椅上，藤椅旁边是张古朴的八仙桌，桌上放着瓜子、花生、糖块儿。桌子靠着一面墙，墙上挂着一个圆圆的钟……意识逐渐模糊起来，好像听到楼下的狗在空荡荡的街道上叫唤，又好像那个声音是从别处传来的。

突然，我感到身体在下降，仿佛是匀速下降的，又仿佛越下降我的空间位置越上升。最终，竟止在了一团云雾里。

飘渺的思绪回到了我的脑子里，只见前面有两个老者，周遭浓浓的雾气让他们的样子显得很模糊。

我走近了那两名老者，他们一个身材有些胖，鼻子扁塌，鼻头肥肿，一个身形瘦小，脸也干巴巴的。

他们正在谈论着什么。

“肉体是一种可以改变和分解的存在，但是灵魂就是与之相对的，永恒不变的，不朽的存在。‘灵魂’若是和肉体彻底分开，就和不变交融在一起，到了天神那里去。和你说的

‘无所待’也有些相似，都不依赖于外物，彻底地获得自由，但是我更倾向于它是一种智慧的状态。”那个有些肥胖的老者说到。

这时，他们发觉了我的存在，一齐把目光转向了我。

我却并没有感到恐惧，他们似乎有一种魔力，让人想与之攀谈。“抱歉打扰了，但我也不知道这里是哪儿，我是怎么在这的。”

瘦削老者说，“这里并没有什么名字，但是偶尔也会有人来访，你今天到这里，也不是偶然。正好，来听听我们两个老头子的废话吧。”

他说完，我也没有多想，就呆呆地站在那。他们便自顾自说起来了。

二

我听着他们交谈，竟是那么的熟悉。那不正是饮下毒酒的苏格拉底，另一个不是在梦中化作蝴蝶的庄周吗？可是他们是怎么相遇的呢？我又是怎么见到他们的呢？《斐多》和《庄子》里的画面在我脑海中闪现，周围的迷雾淡了一些，我对他们的相貌看得更清楚了些。

这时，只听到苏格拉底说：“我觉得用感官去研究事物，是危险的，是不真切的。”

“我们终于有共通之处了。”庄子说，“世人用自己的眼光去评判事物，就好像以管窥天，以锥量地，自以为到了通达的境界，其实什么也没有看到。”

“你的比喻很有趣，用观感去追寻事物，就好像是追究事物的影子。我觉得，如果要追求真相，就应该依靠概念。”苏格拉底说。

“概念？”庄子问。

“概念，就是一些绝对的东西，像是‘至大’‘至美’。”苏格拉底说。

他没有注意到庄子的嘴角微微扬起了一下。若有所思地捋了捋胡须，“从前我隐世而居，虽然写过一些荒唐之言，无端崖之词，但却是不屑于和人争辩这些的。”

“您是认为这些不存在？”苏格拉底有些疑惑。

我忍不住插嘴道，“庄先生，其实您这话也不对，您并非对于一切的学说，所有世人都如此，您对待惠子就不是这样的。”

他的神色有霎时间变了，不像是忆起故人，而像是见到了故人一般。

这时苏格拉底说话了，“后世人看前世人的故事，总是看不完整，我先前听庄先生讲述他和惠子的交往，就知道一定是至交好友。后世人读《庄子》，便觉得庄先生只是在讽刺惠子。”

“是啊。”我表示赞同地看了苏格拉底一眼，又对庄子说：“我起初也这么以为，先生你言辞那么犀利，你的话语读起来确实是有讽刺的味道，但是我细读之后，才觉得你是把惠子当成挚友的。你和他的对话，与你和其他贪恋权势功名的人是不同的。”

“哎，惠施喜欢打比方来反驳我的观点，他爱拿葫芦、大树来激我，我又用猫头鹰来回击他。后人看我们两个，大概觉得惠子辩不过我，其实，来来回回的这么多次，我们谁也不曾改变自己的主张，谁也没有说服谁。”

孔子门下学生成百上千，苏格拉底也有无数追随者，庄子没有那么多同时代的学生，没有那么多追随者，但是他却不比他们缺了什么，因为他有惠子，我心想。

三

“说起惠施啊，苏格拉底先生，你倒是和他有点像。”庄子说。

“哦？我刚刚所说的，难道惠子也与你辩过吗？”苏格拉底问。

“你们都执着于一些绝对的事物，他一生咬死了‘坚白论’，而你呢，认准绝对的美，绝对的善，绝对的大。把一些东西孤立出来。”庄子答道，“而我以为，其实天下莫大于秋毫之末。世上种种恢诡谲怪，都是浑然一体的。”

苏格拉底流露出惊异的表情。

庄子又说：“什么东西都可以是无穷大的，什么东西也都可以是无穷小的，这取决于你从什么角度来看。而对于美丑，善恶，我想用先辈老子的话也可以解释。”

“天下皆知美之为美，斯恶已，皆知善之为善，斯不善已？”《道德经》里一段玄妙的文字出现在我的脑海里，我忍不住说了出来。

“然。”庄子说。随后他将老子之后的那段话语也说给苏格拉底听。

苏格拉底的表情一点点从惊异变成欣悦，他从前向来喜欢逻辑链式的论证，他的诘问也总是让人们怀疑自己原本的主张，但是庄子这一番相对性的论证，却和他以往的习惯不同。

我在一旁听他们的谈话，也不觉得枯燥，也不知道过了多久。只觉得那雾气一点点地薄了下去。

四

终于，听他们二人无数相悖的思想后，旁观许久的我忍不住开口说话了。

“但我认为，你们二位的思想也是有许多相似的地方的。”

“我们不过是普通人罢了，这也是自然的。”庄子又捋了捋胡子，呵呵笑道。

“不，比如你们对于死亡的态度，十分相似。但不是普通人能看透的。”我说。

“哦？我正打算和庄先生说说，既然你来了，又好像知道些什么，那你就说说我们两人怎么相似了？”苏格拉底饶有兴致地问。

“我也不敢说是不是真的明白你们二位的想法。”我说，“其实你们的态度相似，但是又有点不同。相似的地方在于，你们都认为死后并不会去往一个痛苦的地方，而且也不会彻底寂灭。你们都认为死后是去享福的。你们临终前，都不在乎自己的身体将会被如何安葬。”我顿了顿，觉得自己说的话在两位智者面前实在是太浅薄，不好意思地看了他们一眼。

但是他们都用目光鼓励我继续说下去。于是我接着说道，“可你们的分歧在于，苏格拉底先生，你认为，生和死是相反的两件具体事物，相反而相生，肉体的生命就像轮回一样。但是灵魂不会消失，是稳定的。它会在再生的时候回到肉体上。”

“但是庄先生的观点是，在最初的时候，什么都没有，后来有了一种‘气’，团成‘元气’，一点点变成可以摸得到的形体，然后又变化出生命，生命死后并不是和苏格拉底先生说的那样，处于生的对立状态，也没有什么类似于灵魂的永恒不变的东西，而是回到最初的状态，安卧在天地之间。”我努力地回忆着《庄子》，把记忆抽取出来。

听我说完，他们二人开始交谈了一番，但说了什么，我又听不真切。只是看着雾气越来越淡，身体的失重感越来越明显。

我有些急切地问：“你们刚才讲了什么？我没有听到，能不能再讲一下。”

苏格拉底温和地说：“我与庄先生的谈话非常愉快，但是有些东西，比如思想，或者是庄先生所说的——道，都不是我们能直接告诉你的。我并不想把什么教诲直接灌输给你，其实，你得出的只能是自己的结论，而不是我的。”

我突然想起，眼前这位老者，素来有“思想助产士”之誉，但还是不愿意就此放弃。

“苏格拉底先生，我还有一些问题想要问您，你说万事万物如果不是循环发展，只是单向度的进行，就会全部走向死亡，您是因为这样的结局不好而将这种可能性舍弃吗？具体的事物一定相反相生吗？比如破镜难圆，覆水难收呢？如果你发现了反例又会改变想法吗？”我一口气把疑惑吐了出来，似乎预感到周遭的雾气快要消失殆尽了。

对于我的问题，庄子却接过话说：“今天你听到我们的谈话又怎么样呢，听了苏格拉底本人的回答又怎么样呢？其实先前你已经听过了。但是听过又如何呢？你方才是想知道我们的观点是正确的还是错误的，而且你一直想将我们两个人的学说做比较、分彼此、划异同，想让我们告诉你什么是‘道’，但是这真的有助于你了解‘道’吗？你的心里依旧有许多界限，怎么能接近‘道’呢？”

“您的意思是‘大道不称，大辩不言’？”剧烈的失重感让我又想起了一些文字，虽然

‘道’无处不在，但却不是语言能够说明的。我一时觉得羞愧，从前拜读《庄子》或是《斐多》，最初是因为其名气，之后真正被其吸引，但是对于其中一些观点却以自己的认知边界加以评判或是一股脑赞成，我自己又思考过什么呢？遇见二位之前我没有思考过，遇见二位后依旧没有自己的思索。

苏格拉底见我有些愣了，便和蔼地对我说，“和庄先生交谈许久，我想他的意思大概是这样吧。你有了空明的心境，才能掌握事物的本形啊。”

是啊，或许所谓的“道”，或是智慧，唯有“悟”吧……

“总有人说您的思想有消极的一面，但是我觉得，倘若我能拥有您的智慧，那么世人眼里的那种‘消极’又算得了什么呢？”我对庄子说道。但是身体却又不知为什么向上飘，我似乎发不出声音了。

忽然，心脏抽动了一下，我猛然间清醒过来。心下有些怅然，望了眼窗外，快要破晓了。没有注意之前的相片在哪儿，只看到一本书掉在地上。

我还是不知道梦里的那个地方是哪儿，就叫作无名园吧。

浅议《坛经》与《斐多》的生死观

秦思涵　国家网络安全学院（2019302180143）

【指导教师评语】 古代中国的禅宗思想家与古希腊的苏格拉底，都通过思考死亡问题而探求生命的真谛，追求永恒的智慧。无论是神秀的“菩提树”和“明镜台”，还是苏格拉底的灵魂不朽说，都蕴含着超脱肉体和尘世的人生智慧。而继承五祖衣钵的慧能，用“无念”说彻底消除了成佛、求智的执念，似乎指向了更高的人生境界。不过，慧能究竟在何种意义上“超越”了苏格拉底的生死观，作者的论述给人意犹未尽之感。慧能的“自性成佛”与苏格拉底的“哲学就是练习死亡”未必不是对普通民众的本心、慧根或理智以及日常生活的重视。（哲学学院讲师周可）

摘　要： 很直观地去看，《坛经》告诫自己要戒除肉体的懒惰与贪婪、舍弃名利的诱惑，而去追求智慧，去追求真、善、美、公平等理念。《斐多》告诉我们不要着眼无常的未来，不要囿于某些执念与欲求，要专注当下的“自在状态”，要“自性成佛”，这两种处世观念不仅没有问题，相反，都是值得称颂的大智慧。

关键词： 彼岸；修行；我即是佛

一、“彼岸”与“修行”：从《斐多》谈北宗禅与苏格拉底生死观的共通

柏拉图对话《斐多》的主题是灵魂不朽，这里的“不朽”不单纯将灵魂看作一种生命，指灵魂永远活着，而将其解释为灵魂永远存在，即把灵魂看成与真、善、美等真理共生的永恒不变的理念。

对于“存在”，《斐多》中隐含了它的三个层次：物理性存在、生命性存在、哲学性存

在。肉体便是第一个层次上的存在，即纯粹物质的存在，任何无生命物都仅有这个层面的存在。如一张白纸，只要不被撕毁、灼烧或用其他方式毁坏，那都是存在的。生命则是第二个层次上的存在。古希腊哲人将灵魂看作肉体的生命，认为灵魂和肉体是不可分的，只有二者结合才诞生所谓生命。人死亡时，身体会因失去灵魂而逐渐腐朽，灵魂也因离开了身体而消散如烟。至于受苏格拉底引导的另外两位青年哲学家，他们对灵魂的理解虽然超越前人，但实际上也停留在这个层次。齐贝将灵魂之于肉体比作琴音之于琴声，他接纳了灵魂是接近理念的存在，却仍认为灵魂依托于肉体，二者不可分割；辛弥亚则将其比作老织工之于衣服，接纳了灵魂主宰身体且二者可分的观点，但却仍认为灵魂就好比人的生命，无法永存。那什么是对于“灵魂”的真正理解呢？

苏格拉底将灵魂看作一种与肉体可分的，位于第三个层面上的永恒不变的存在，接近于真、善、正义等理念。为了论证这个观点，他首先以回忆说为前提证明灵魂从某处来，在与人的身体结合之前就存在：回忆说的核心理论即在人出生之前已有知识，且这种知识不是一般的认知，而是对理念这一类被称为“本身存在”的认知，人一生对真理的追求不过是一个不断回忆的过程。苏格拉底认为这类理念是无法用感知来认识的，但从回忆说又可以得出这些理念是一直存在于我们灵魂之内的，那也就恰好说明了灵魂是在出生之前就认知了它们，并和这些理念一样永恒存在。然后他又借助灵魂是生命的分有者以及生与死的相悖关系证明了灵魂不灭，这里不多赘述。

关于彼岸世界、关于灵魂不朽的终极看法，禅宗、西方哲学和其他宗教是形似的。慧能和尚讲：“世人性净，犹如青天”，因“妄念浮云盖覆，自性不能明”。其弟子神会也讲：“无明与佛性，俱是自然而生”，“烦恼与佛性，一时而有”①，禅宗以为众生的本性清净，北禅宗认为人应当追求通过努力的修行而复归清净本心，这与苏格拉底的回忆说是极为相似的。而佛陀直观人生真相，发现的一个关键字是“苦”。生、老、病、死、怨憎会、爱别离、求不得、五蕴俱，一生坎坷，都通向苦。人要是无法从欲望、从生死中解脱，就永远处于苦海之中，而只有神与形离、超脱轮回才能解脱。所以佛教也有彼岸说，主张“形尽神不灭”，认为肉体固然走向腐朽，但灵魂可以永存，死后的灵魂将通往与苦难的此岸截然不同的彼岸。

基于以上的理论，我们再来看禅宗思想和苏格拉底的生死观的共通之处。

首先，苏格拉底认为，学习哲学、追求真知之路，都会途经死。用“途经”，是因为“死”对于哲学家来说不是生命的终结，而是生命的升华，因为灵魂不朽，死后的灵魂会进入另一个充满真知与智慧的美好世界，所以苏格拉底不畏“死”，认为“死”并不是一件坏事。但这并不意味着苏格拉底提倡自杀，他认为哲学家的死是好的，这是有前提的，其中

① 惠能：《坛经》，巴蜀书社 1996 年版，第 105 页。

最重要的一条是要因为外力而死，是要因为有价值的事情从容赴死，即要经历一个“生的练习死亡”。在生的时候要去锤炼灵魂，反思自我，才会有死的幸福，这是一个前后相继的过程。正因此，苏格拉底并未向陪审团和法庭低头，甚至反过来向劝他逃跑的人陈述人生的原则。这是他练习死亡，超越生死的表现。佛教也讲不畏死，要将众生从执着于生死的无尽苦难中解脱出来，他认为死并不意味着“色身灭时，四大飞散”，反而这个过程中神通向了彼岸，实现了永恒的幸福，借此要求众生看空生死，着眼当前与可见的未来，明悟本心。所以惠能行将圆寂时，见众弟子悲泣，反失望而斥之，缓道：“汝等悲泣，即不知吾去处；若知去处，即不悲泣。”

其次，苏格拉底认为灵魂是和真、善、美、正义等理念具有同等地位的永恒不变的存在，灵魂向往智慧，而肉体则是累赘，它使我们充满了贪念、惧怕以及各种不切实际的追求和愚昧。哲学家应当由灵魂主宰肉体，以对智慧和真理的追求鞭策自身而非沉溺于肉体对享乐的欲求，只有这样，灵魂才能摆脱肉体的桎梏，才能进入理念的纯真世界，这种修行自我的观念与北宗禅的生命审美也是类同的，神秀作偈：“身是菩提树，心如明镜台，时时勤拂拭，莫使有尘埃。”要求世人时常反省自己的身心，不要让俗世的尘垢蒙蔽了光明的本性，二人都是把所追求的理念或者佛性看作独立于俗世之外的、致臻无上的义理，并强调通过一种反思自我，锤炼灵魂的方式去生活。

显然，北宗禅和苏格拉底的生死观不是一种对灵魂的科学解释，但他们提供了一种相信彼岸世界，相信灵魂不朽的超时间观的思想，这是一种新的生活方式。身处时间与空间的坐标，我们无时无刻不感觉到一种无形的力量，推动着世间的万事万物行进在一条终将奔赴死亡的大道，仿佛一切生成都将化为乌有，一切存在的最后都会不复存在，仿佛所有的对智慧的追求、对灵魂的洗练都失去意义，哲人与普通人的肉体，最后不过都是黄土一抔。而在超时间观的思想中，我们仍要弃俗向圣，致力于追求真、善、美的至高理念，追求智慧与真知，不断反思自我、锤炼灵魂，因为“灵魂不朽”，存在一个彼岸世界，圣洁的灵魂可以幸福安宁地生活，即所谓“死的幸福”，这种思想是值得我们当下人好好珍惜的。挣脱肉体的桎梏，追求哲学，追求智慧。唯有此，我们的生命通道才会打开，生命层次才会扩宽到不同领域。

二、“菩提本无树，明镜亦非台”：从《坛经》谈南宗禅对苏格拉底生死观的超越

五祖弘忍最终传衣钵给写“何处有尘埃”的惠能，而非写“时时勤拂拭”的神秀，是因为惠能真正参透了一个“空”字。死生为空，执念与约束为空，世间的一切物态现象和身心

现象都是空，都空而不实，似有实无。

在神秀看来，人心往往被世俗的东西污染，要清除就要不断擦拭，通过反思自我、锤炼灵魂，慢慢地达到解脱，是所谓‘渐悟’，他将俗世和佛性绝对地对立起来，把污染看作外在的因素，将人心引入一个超凡的世界，但惠能却将佛性导向现实，认为染净圣凡关键在于自心一念，心生善端即为善，心生恶念即为恶，心性自然，本来清净。对于“空”，他认为污染也是虚幻的，不用抵御，表达了般若无所得、不可执着的思想。他把自我约束、修行、戒律抛弃，达到心境上的解脱，意念上的转化，实现了所谓“自如、自由、自在之心”。

神秀和苏格拉底的想法是很类似的，恪守自我设定的清规戒律，一味地追求去如何超脱俗世，用外法约束自我，却反而使这种想法成为了一种执念，被这种执念禁锢其中，迷失真我。这和世人陷入的欲望旋涡是没有区别的。众生苦，苦在为欲望所驱使，为执念所困扰，一生奔赴却又无法到达，为之绞尽脑汁为之苦思终日，但其实所执念的、所追求的万事万物，其本性都是一个“空”字，财富、名利是空，所谓的佛性、理念也是空，这也就是惠能要讲的“我即是佛”，不在乎外界、不在乎信息、不在乎区别、不在乎历史、不在乎未来、不在乎争斗、不在乎挑战、不在乎任何外在的形态和内在的执着，所作所为皆出本心①，达到“无念”的境界。当然，惠能的观点是建立在人人皆有佛性的基础上的，“自性迷，佛即众生；自性佛，众生即佛”。

三、结　　语

去比较苏格拉底、北宗禅和南宗禅的生死观并不是要辩一个绝对的好与坏。很直观的去看，前者告诫自己要戒除肉体的懒惰与贪婪、舍弃名利的诱惑，而去追求智慧，去追求真、善、美、公平等理念，而后者告诉我们不要着眼无常的未来，不要囿于某些执念与欲求，要专注当下的“自在状态”，要“自性成佛”，这两种处世观念不仅没有问题，相反，都是值得称颂的大智慧。在生活中权衡着两种生死观念，找到适合自我的生活方式，这是我们世俗人要去做的。

① 余秋雨：《余秋雨散文》，长江文艺出版社 2016 年版，第 248 页。

苏格拉底与司马迁死前的对话

姚博严　哲学学院（2019301130017）

【指导教师评语】 博严同学的文章，末尾有一句："二人停止了呼吸。"真神来之笔也！苏格拉底与司马迁，在"停止呼吸"之前，居然神奇邂逅，司马氏向苏氏讲"人固有一死"，苏氏向司马氏讲"灵魂不死"，这种"关公战秦琼"式的对话虽然纯属杜撰，但给读者的启示却是多方面的：关于死亡的思考与对话，既是跨时空也是跨语言的。所谓思考死亡，无问西东。（文学院教授　李建中）

（这里有一座山，山上云雾缭绕。云雾里行走着一个人，他笨拙矮小，相貌丑陋，但一双眼睛透漏出对智慧的爱，他是苏格拉底。走在半山腰的路上，看不清前路，也看不清来路。他因此表露出一副困惑的神情。）

苏格拉底： 这是什么地方？（环视四周）不会是雅典，阿提卡没有这样的地方。佛基斯、墨伽里斯、阿尔戈斯、拉科尼亚……也没有这样的地方，这不是希腊世界。我为什么会到这里？（思索）

（云雾中又走出一人，他身材精瘦，面不生须，目光坚定、正直，他是司马迁。他扫视着这里，试图寻找出路。他看见了苏格拉底，露出惊讶的表情，但很快恢复，向他走去。）

司马迁（走到苏格拉底面前，拱手）：敢问阁下，不知此为何处？

苏（保持思索的动作）：这里是哪里？说实在的，我也不知道。（抬头，看司马迁）一个东方人？莫非这里是波斯？

司： 阁下误会了，我并不是波斯人。但这里是否为安息，却也并非我所知。

苏： 安息？一个新名字。我还不知道波斯人还会在波斯以外的地方生活。尽管我对你说的地方非常好奇，但是我们最好还是先了解一下对方，毕竟通常人不会觉得与一个不知来历的人谈话是好的，你赞同吗？

司：阁下所言极是。

苏：东方的朋友，我是雅典的苏格拉底，你呢？

司：原来是苏先生(拱手)。鄙人姓司马，名迁，字子长，从大汉来。

苏：汉？又一个新名字，看来你来自于一个我不知道的地方。不过你的希腊语说得真好，难道你到过希腊的某个地方游历？

司：希腊？恕我孤陋寡闻，我未曾听闻此地。苏先生，此事虽奇，可当务之急是找到离开此地的出路，你可知如何走出此山？

苏：抱歉，司马，和你一样，我也是一个迷途中的旅人。

司：苏先生既从路的那头来，不知可有出路？

苏：那边和这边一样，雾气遮掩了一切，找不到离开的路。

司：(在一瞬间面露失望，但立即恢复平静)苏先生，既然你我二人皆受困于此，不如结伴而行，去寻出路。

苏：司马，我很愿意与一同走呢，路上我们还可以聊一聊那些对各自来说陌生的东西，虽然那些东西大部分称不上是知识，但我们或许可以在探讨中找出些可信的东西。让我们一道走吧。

(二人结伴寻找出路，其间二人交谈不断，二人都表现得愉悦，但司马迁在愉悦中又隐隐透露出忧虑。二人在寻路的过程中又绕回原地。)

司：苏先生，此处你我是否来过？

苏：这是我们相遇的地方啊。你看，(指向地面)那是我留下的脚印。

司：或许方才是走了错路，走这条路试试。

(不久，二人又绕回原地，长时间的走动和食物的缺失使他们变得虚弱起来)

司：又是此处！(面色焦虑)

苏：你在担忧什么呢？

司：我惟恐此为绝地，你我二人要命终于此。

苏：死亡？这是一件平常却沉重的事，司马，你畏惧死亡吗？

司：人固有一死，死，何惧之有？只是，我惟恐我的生命没有价值。

苏：所有凡人在他们生命终结的时候都要面对死亡，可是一般的人畏惧死亡，因为他们贪恋生命。你对生命同样看重，却不害怕死亡把你的生命剥夺，我很想听听你的理由。

司：苏先生，死非我所畏，我所畏者不过是在《史记》一书未完成罢了。

苏：《史记》？你是要成为希罗多德那样的人吗？他是一个吟游诗人，去过很多地方，把那里的故事记录到手稿里，他曾经到过雅典，写了一些好诗，伯里克利和索福克勒斯都喜欢他，他也想要完成一部记载历史书，他说他是“为了保存人类的功业，使之不致由于年深日久而被人们遗忘，为了使希腊人和异邦人那些值得赞叹的丰功伟绩不致失去它们的光彩，特别是为了把他们发生纷争的原因给记载下来。”①你是这样要保存人类的功业和教训的人吗？

司：是，可在此之上，我还想要究天人之际，通古今之变。这是我的追求，所以我要完成《史记》，我还不愿死。

苏：究天人之际……(思考这句话的意义)这么说，你是要追求知识、追求智慧，那些永恒的东西，而不是追求流变的意见，那些暂时的东西，你认为永恒的真理与暂时的意见相比才是真正值得追求的东西，对吗？

司：然也。我不愿在《史记》未成前死去，若是如此死去，吾生也不过如鸿毛之轻。

苏：你说得很有道理，而且高贵，没有人会在面对你这样高尚的人时不为你的理想动容。但我还有疑问，既然你追求的真理，那么你是否同意，相较于满足于肉体享乐而不曾有思想的人、对大众的观点不假思索地接受并视之为准则的人、靠着貌似合理的意见获取他人赞美的人，通过理智把握到真理的人是最幸福的？

司：确实如此。

苏：那么你大可以不必忧虑，安下心来，让我们愉快地探讨真理，在对真理的把握中淡然面对死亡的到来，那是幸福的。而且——我希望我接下来的话会对你有所安慰——在我看来，灵魂是一个永恒的东西，灵魂是不死的，而我们的肉体相反，是暂时的、可朽的。在我们所生活的现世，我们的灵魂被肉体所累，被短暂的、无理的、永远变化的欲望影响，往往不能处于理智的状态，因此与真理间隔着一条深深的沟壑，而当我们死去，永恒的灵魂脱离可朽的肉体，因而也摆脱了那些可朽事物的纠缠，摆脱了尘世的喧闹，灵魂在此得到了解脱，轻快地飞向了永远安宁的哈德斯，回归超出我们可感经验的美好来世，在其中安享理智与真理的愉悦，难道你不觉得这是一件值得高兴的事吗？

司：我虽不知你所说的哈德斯和来世是什么，但是若如此，也足以为乐。可是苏先生，我固然愿意相信你的话，面对死亡之事，你的境界确实高于我，死于我不足畏而已，于你却不足悲，甚至以之为乐。然而，圣人说：“未知生，焉知死？”②在你看来，死是可喜的，可是在我看来，生却更加重要。况且，死固非你我可知，何以言死？

苏：你说的话听起来在理，但是——我接下来的问题可能会因为太简单而冒犯到你，希望你不要生气——你是否同意，我们如果只接受我们看见的事情，是不能得到真理的，因为我们看见的东西并不一定是正确的，也不会是完全的？

司：同意。

---

① 希罗多德，《历史》，王以铸译，商务印书馆1959年版，第6页。

② 《论语·先进篇》，见杨伯峻《伦语译注》，中华书局1958年版，第112页。

苏：为了获得真理，我们必须借助我们的理智来追溯到现象之下的隐藏着的东西，对吗？

司：对。

苏：对于死亡，要弄清楚它是怎样的，我们是否也要这样运用理智呢？

司：若以此法可知死，自当如此。

苏：死不是我们这些活人可以经验的，但是我们可以运用理智尝试去认识它，你觉得呢？

司：你尽管去尝试。

苏：好的。我问你，你同意生死是相反的也是相互依存的吗？

司：我同意。

苏：生是因为有死才能是生，死是因为有生才能是死，生与死相互生成，对吗？

司：对，先贤所谓“有无相生”①也正是此理。

苏：那么，我们的死亡并不是一件脱离我们生命的事，当死去的时候，我们的灵魂脱离我们的肉体，当出生的时候，我们的灵魂进入新的肉体，生与死是一体的，死亡不在我们的生命之外，而是我们的灵魂在它永恒的存在中所必经的一个过程，你的灵魂将在隐入哈德斯之后，再一次地显现。

司：苏先生，恕我直言，你不过是在胡言乱语。如你所说，生死相存，无生则无所谓死，无死则无所谓生，然而你所言貌似有理，却有违于世间常理，生者自然要死，死者又何以复生？人之亡也，或归九泉之下，或升苍天之上，或居泰山之中、蒿里之间，于斯长存。或有人曰，死者魂魄可附于活人之身，然而止于依附而已。死者已往，何来死者复生之理？何况死者的魂魄再得新生又有何意义？即便我死后魂魄再此得到生命，我的记忆也不会存在，我的《史记》依然未成，吾道仍未得以传。

苏：常理并非真理，每个人都有他们自己的意见，主人有主人的意见，奴隶有奴隶的意见，他们都把那些当作常理，但是他们的常理是不同的，而且这些被叫做常理的东西经常随着时间变化，可见那不是真理。如果你不接受我的这些有违常理的话，你又怎么解释生命的产生？

司：天地生之，父母生之。

苏：生命诞生之前呢？

司：“无名，天地之始；有名，万物之母。”②无中生有。

苏：无是如何产生有的呢？

司：不可多言。“名可名，非常名。”③微妙难辨，当敬而远之。

---

① 任继愈：《老子绎读》，国家图书馆出版社 2015 年版，第 4 页。

② 任继愈：《老子绎读》，国家图书馆出版社 2015 年版，第 2 页。

③ 任继愈：《老子绎读》，国家图书馆出版社 2015 年版，第 2 页。

苏：既然你这样认为，我有些怀疑你是否是真正追求真理，还是说你只是一个玩弄语词的智术师。

司：我所求非现世之外的鬼神天命之理，我敬鬼神，然而鬼神非人可测，你以理智思之，所得无非有违常理，常理有可变者，亦有不变者，你却一概而论。我的志向在于人事之理，世间不变之常理亦在其中，人事方为可思考揣度之事。人之生前，人之死后，都不是我们可以想明白的。

苏：常理中确实有蕴含真理的，可那些都要小心地思考求证。而且人的出生之前与死亡就是人事，对于每个人都相当重要，这是所有人无一例外地要独自去面对的东西，每一个懂得思考的人都会去思索它，去练习死亡。另外，我认为，死亡是可以思考得到的，因为知识其实就是回忆，我们的知识其实早已存在于灵魂之中。

司：为何如此?

苏：我们在现实的生活中找不到一个标准的正方形，在哪里也看不到，谁也画不出，你同意吗?

司：然也，普天之下，方形无数，却多少有偏差。

苏：但是，我们却可以在我们的心中构造出标准的正方形的概念，你不觉得奇妙吗，你不好奇这样的观念是如何建立的吗?

司：你莫非想说，这样的知识来自于回忆?

苏：是的，否则它从哪里来呢?我们从未看见过一个标准的正方形，所以这个知识不是我们从外界得到的。既然它不是从外界来，那么它只能源于我们的内部，来自于我们的灵魂。如果不相信生死轮回的说法，又能怎样解释呢?

司：言之有理，可生死轮回之说实为怪异。你我都没有死亡的体验，死者也不能告诉我们它的体验，你的话固然有理，却无证据可言，我不知其真，也不知其假。与其在这样不可把握的问题上纠结，不如致力于可把握的现世。

苏：理智难道不能成为证据吗?我本想这么说，可是面对死亡这个东西，我却有些犹豫了，理智是否真的可靠?但是我清楚地知道，如果理智不可信，那么除了神，一切都不再可信了。

(二人沉默。在争辩的过程中，他们早已因为体力的消耗不能再保持站立，现在坐着都困难。他们躺倒在地上)

苏：(气息微弱地说)司马，我大概要死了，我坚信灵魂不死，现在快到验证的时候了。

司：(同样气息微弱)我不信，然而我也不悔。

苏：你不关心你的《史记》了?

司：人之一生，或重于泰山，或轻于鸿毛。《史记》不成，我生不得有泰山之重，此为一大憾事。世间之事，多为人力可成，若有成《史记》之机，我当以全力成之；可若天命如此，我也无法违抗。死既不可免，我又何必哀叹？不如淡然接受。

苏：(轻笑)哈哈，你的思想虽然与我不同，你的人格却引起了我的共鸣。好吧，让我们来迎接死亡吧，生存和死亡，哪个更好，只有神知道了。

司：(笑)苏先生，你我既要死，那死也就非神所独知。

苏：你说的对。(会意一笑)

(二人停止了呼吸。)

(迷雾笼罩的山上，二人死去的身体被突然密集起来雾气包裹住，雾气又在不久后散去，二人的身体却消失不见。远远的迷雾深处，又一道身影悄然浮现，他左顾右盼，徘徊不前，显然处于迷惑之中，但是他忽然像是发现了什么，朝着一个方向走去，他挥动着他的右手，似乎是在向某人打招呼……)

燕小乙梦中问生死，入云龙盘道解中西

陈禅澍　社会学院（2019301170004）

【**指导教师评语**】这是一篇书写颇为巧妙好文，其妙处有三：一是续《水浒》之妙，文章假借《水浒》之后的燕青、公孙龙之口传自己之意，情节巧妙，语言的道，续写自然；二是解《庄》《斐》之妙，文章以古人语解《庄子》《斐多》之生死观，观点把握恰当，且别具一番韵味；三是融中西之妙，文章对《庄》《斐》之中西生死观的融通阐释，以自己之语解之，有自己之独到见解。所思所写，颇少成见，难能可贵！（文学院教授　高文强）

且说这呼保义宋江率一百单八梁山好汉招安后，南征北战，平田虎、王庆，安定江南方腊等地方割据。然而宋廷内部梁山势力亦损十之七八，余下之多数功臣，也难逃奸臣之毒手，死于非命。余生不过解甲归田者、云游修仙者、四海为家者、遁入空门者。

那北京大名府浪子燕青征讨方腊一战后，劝主人卢俊义急流勇退，并以汉高祖之事告诫，奈何卢俊义坚守本心，意向朝廷。燕青便也不再劝说，八拜恩主卢俊义，并给宋公明留下一封书信，当夜不知投向何处，从此浪子天涯，竟无人知其下落。然这浪子毕竟为人，却非上天入地之神仙，行走天地间，何尝不见世人。燕青当然自知，缘是其多年隐于武陵桃花境内，此乃东晋陶潜所谓世外之地，却人人通晓世事。一日，狂风骤雨，天地昏沉，燕青酒足饭饱，醉卧草埔，仰面朝天，耳畔依稀仍可听得那箭雨纷飞，将士呼号之声。这年月，地方势力宛如潮水，一波未平一波又起，苦战何时了，吾辈该当如何？正想着这番，忽见眼前一飘飘道人，头绾两枚，松双丫髻，身穿一领巴山短褐袍，腰系杂色彩丝绦，背上松纹古铜剑。白肉脚衬着多耳麻鞋，绵囊手拿着鳖壳扇子。八字眉，一双杏子眼；四方口，一部落腮胡。怔得一下，燕青愣了半晌，此人看的这般熟悉，走进些，道人由隐及现，原是那曾经同在梁山的天闲星入云龙公孙道人。“小乙兄弟，许久不见，近日可好？”那道人竟先开口问道。“哈哈，小弟近日还好，可混的那半点留宿之地，不知公孙先生如何，又怎能与小弟在此相见。”公孙胜轻轻笑道：“小乙兄弟，你自以为淹没于世上无人处，便可得一生之平静不成，桃花境寻路实则不易，而寻人未必须以目视，而以神遇即可。吾观乎武陵地方，有心事大乱者，本无心扶持，却料想此人必困乱甚久，未得解脱，忧民忧己，终寻来，却发现乃自家兄弟。”二人相视大笑。

“公孙先生果然神人也，不妨我们坐下倾茶一杯来叙。”“请。”请二人盘坐林间，边呷边谈。燕青道：“公孙先生有所不知，小乙自辞别我家主人以来，日日不得安眠，时常忆起兄弟们的不同境遇，有拼刀剑而战死者，得畅然之死；有遭遇冷箭暗器者，得无知觉而死；有遭敌人千刀万剐，得愤怒屈辱而死；亦有为朝廷奸臣陷害，含冤而死；为兄长尽节，自决而死；坐化于大刹，神升而亡者。其次，便是先生你我云游隐居者，孤独至死罢。吾思来想去人终究一死。然听的外世仍纷乱不堪，吾等死于无闻，倒不如明理后再出世，寻英明一派，保不得那万世太平，也可尽绵薄之力一份，也好圆了主人和公明哥哥未了之本心。但世间谁人又真仁人，实圣主。明察不得，反又屈辱半生，助纣为虐。乱，乱，乱，今日公孙先生到来，还烦先生请为小乙，一解何为生死，如何生死之玄机。”燕青说完便跪于公孙胜面前。公孙胜急步上前：“燕青兄弟，快快请起。”轻挑着那络腮胡，“既然小乙欲寻求生死之道，贫道就献些拙见，兄弟稍取一二便可。”“好，先生请”，“吾从老庄之道数十载，所得生死之见，吾以为不可用于小乙这般侠义习武之人，老子千年前点出万物之本原，释之为道，然仅粗略点出，终也未道出何为道，只缘‘道可道，非常道’。后世道人，前赴后继欲求祖师之顺道而生死，多湮灭。《庄子》横空出世，引以道乃衍生于自然，顺道行事，乃效法自然行事，凡是自然，便是必然，顺天而行，齐物而逍遥，若你我不在世间而生于天界，空无一人，自寻生存之道，自遂庄子之言。实则不然，花花世界耳濡目染，人人便持有成见，扼制顺天之道，因而破‘吾之成见’是故重中之重。破成见之法则，却又无定论而言，贫道大抵于庄子天性观中求得一字。”燕青道：“公孙先生快言此字为何？”“此字便是‘淡’，其所谓，有也淡，无也淡，美也淡，丑也淡，得也淡，失也淡，毁也淡，誉也淡，生也淡，死也淡，能看淡一切，便是道心。真正有了这种淡泊之道心，观世事便也不在偏执，生死者，本就一气之聚散。生则善生，德尽则死，有德则生，无德则死。不必好生恶死，自然更不必好死恶生。道家一派虽难于登上朝政，却可将小乙兄弟之心境平复，切勿逆天而行，因无用之思，损有生之性命。恕贫道说一句大胆妄言，公明哥哥当年上梁山时便早有招安之念头，其虽为人忠义，广结天下豪杰，终究官吏出身，极度信任于圣上，因而杏黄大旗上打出得四个大字“替天行道”背后蕴藏的深意是“只打贪官，不反圣上”，可却不曾想，初进朝廷的梁山集团怎敌那高俅、蔡京之徒，名义上是为梁山兄弟谋得出路，实则未必不是哥哥内心对名誉、功绩的过分追求，终究必然将兄弟的头颅抛洒在战场与断头台之上。当年拉拢你家主人卢俊义上山，又未尝不是借你主人在朝廷中的声望、犹豫的报国之心，为招安大计推波助澜。吾料想南征方腊，虽会损失惨重，然势必得胜而归，届时封官加爵，推辞不得，便先行告退，云游四海，无一刻不挂念兄弟之命途。”“公孙先生所言即是，小乙便想知那智深大师，一生历经官吏、僧尼、戎马，坐化而终，是否可谓顺天而行。”“非也，顺乎天理，并非为所欲为，不可凌驾于他物，所谓齐物，即万物众生平等，智深大师前半生生性鲁莽，虽爱打抱不平，然太过执着倔强，无所拘束，酿出很多祸患，随出家为僧，却不守法度，破坏佛门清规。然智深大师坐化刹那顿悟，这一刻大师可谓顺天性而行，然已仙逝。”

燕青扶手慨叹：“世人通晓如何生死者，鲜矣；通晓者而能为其者，鲜矣；能为其者而存于世上者，甚鲜矣。芸芸众生，何尝不是迷茫痛苦枉过一世”。“小乙兄弟，亦不必过分哀伤，此乃道教一家之言，可信而不可尽信”。

“小乙兄弟有所不知，征战后随贫道云游者还有神行太保戴宗戴院长、神机军师朱武兄弟，前日戴院长有意暂退西求高术，翌年而归，成果斐然，一展吾等之眼界，所传箴言前所未闻，既是自家兄弟，吾将其传于你，然切勿外传。”“烦请先生放心，小乙洗耳恭听，所得之论只用得那今生余路指点迷津，未有散播传授之心。”

“善，话说太保兄弟擅用神行术，日行八百，不出数月便抵达那吾所谓‘极西之地’，遂与当地布衣习得口语、文字、经典、风俗，并绘制了天地图一张，小乙且看，向来我们认为大宋乃至中原是万国中心，吾皇号令天下，四方之内皆夷狄，实则不然，西方且有希腊诸国，虽支离破碎，然文明极其发达，有如春秋战国之诸子百家。戴院长远道而归，不便携提，仅持一本奇书，唤为《斐多》，关乎生死人伦，自成一派。”

“《斐多》何足为奇？”

“其载曰相传西地不置朝廷，不选天子，凡天下之事，皆有万民执掌。有一圣人唤为‘苏格拉底’，学富五车，好坐而论道，灭神性而倡逍遥，与众人意向相逆，见于处死。然恰逢西方节日，不可问斩，月末执行。‘苏格拉底’之徒设计助其出逃，然遭‘苏格’断然拒绝，终坦然赴死。此人于你我及梁山众兄弟看来不过刚毅者、孤傲者、从容者、释怀者、愚者其中之一。然通读《斐多》吾深感此人于生死存亡洞察之透彻。苏格一切言论仍基于其背后之独特神明观，其认为生死背后分别受制于生神与死神，死亡不过生神之所属期至，灵魂由生神移交至死神处掌管，非命定之死，即自裁，便是与生神之不敬，灵魂必将受生神之处罚，实质你我亦是如此。小乙兄弟，梁山一百单八兄弟上应星曜，各有归途，你若主动弃世而去，便亦是对天巧星宿的不敬，唯恐来世不顺。然其刚提及灵魂一词，其认为你我众生皆有肉体与灵魂双方合成，肉体即你我所见所触所感之机体，灵魂即控制你我所想所行之主宰。肉体只为载物，像天闲星下方灵魂于一副简单皮囊便成了我今日之公孙胜，数年之后，未必灵魂不可附着于野犬之身而谓之旺财，肉体之变，而灵魂未改。肉体充斥着欲、恐惧、幻觉，肉体的感官亦不可攫取真正智慧，肉体是圣人获取真知之障碍，唯有脱离了肉体的束缚，在全然灵魂之下，方可寻得纯粹智慧。是故生前凡人修肉体，圣人修灵魂，自损不可取，天损何足惧！”

“依公孙先生之见解，灵魂乃一成不变者，盗生而为盗，王生而为王，何以修魂。”

“非也，所谓肉体可腐，而灵魂不朽仅指纵深之时间，无关乎横向之意义。肉体暂且不在话下，灵魂而言，自然会有肮脏与纯洁之分。而《斐多》中以灵魂是否因肉体所障碍为本，区别其肮脏与纯洁。肮脏者，以为世间唯独有形者方为真实，要可见、可触、可闻、可尝、可满足欲望，而对虚无之恐惧、公正之事件，则持以抵触之心、厌恶心情对待。纯洁者，依附肉体活于人世，不甘与肉体混为一体，尝躲肉体，把持自身，追求正义。此灵魂未受肉体所污染，是谓纯洁。何以修魂，不言自明。”

燕青沉思片刻。

“况老庄道学曾有，万物元素相反相成，水火不容，水灭火，而水亦成火。所谓水灭火，未灭其本，火灭此处，而生异处，积火成焱，水则无用也。同理，‘毁灭’并不可摧毁灵魂之永恒与不朽，就如水确乎永远无法灭净世间之火，‘毁灭’最多结束肉体，然灵魂升华。抛去流派，只求其用，老庄《斐多》本就浑然天成，异源而同根。”

“面对激荡，不惧激荡；面对残喘，放下残喘。燕小乙，余路抉择，尽在你掌中。”

燕青大彻大悟，思忖不足须臾，起身欲拜谢公孙先生，却只见那飘飘然入云龙，恍然化作桃花风，幻化而去。

浪子惊起，忽觉此事一场梦，而那异族战吼依旧真切回荡，若无平息，恐余战殃及桃花境。

遂巡河而去。

问何物以相随？

一书、一剑、一笛箫而已。

力与智的向死而生

谭梓欣　计算机学院（2019302060051）

【**指导教师评语**】首先，本文立意很有创意，主旨发掘较深，通过虚拟东方“项羽”与西方“苏格拉底”相遇的形式，让他们展开一场灵魂对话，借以彰显生命意义和价值，以及死亡的意义，启人深思。项羽是一代之“力”的悲剧霸主，苏格拉底则是“智”和“思”的化身，而二人都主动选择死亡。苏格拉底和项羽并非轻贱生命，所以舍生命者皆因有灵魂在。而他们的不同在于，苏格拉底相信神无处不在，就算死亡也是神的召唤。项羽所以不回避死亡也是相信天命，心中终究“渴求着成为胜者，而不是作为悲剧英雄被铭记。”其次，本文构思新颖，形式新颖。借用苏格拉底式对话，将东方之“项羽”采用对谈的方式，以澄清彼此观念和思想的方法。这种对话模式，犹如戏剧，拥有无比的张力。尤其穿插轻松、诙谐的语调，屡屡让人陷入推理的自我矛盾中，在山穷水复中给人柳暗花明之极致畅快。（文学院教授　曹建国）

苏格拉底：我的友伴啊，我等皆是肩负使命、寻求正义、选择死亡之人，今日相见于这抛弃了肉体、欲望以及一切污染灵魂之纯净的所在，一定要抓住这难得的机会，探讨一下使命、正义与死亡了。

项　　羽：项羽一生征战，所学甚少，怕是并不能回应你的期待。

苏格拉底：无妨，我曾无数次与雅典的市民们在街头巷尾探讨，他们也只是说出自己对于问题的真实想法罢了。

苏格拉底：《伊利亚特》中记载了一位名叫阿喀琉斯的英雄，拥有健美的体魄、英俊的容貌和勇猛的武力，和你一样，不允许任何人主宰自己的生命。不愿碌碌而生，宁愿壮阔而死①。

项　　羽：“不愿碌碌而生，宁愿壮阔而死”吗……

苏格拉底：少时的你想过成为英雄吗？

项　　羽：怎可能不想？曾狷狂不羁，妄言“剑一人敌，不足学，学万人敌”，高谈“彼可取而代也”，怀着“楚虽三户，亡秦必楚”的信念踏上征程，就是为了作为英雄青史留名。

苏格拉底：成为英雄是你的使命吗？

项　　羽：不。我的使命是诛灭暴秦、复兴楚国，将那王座之上的人取而代之。

苏格拉底：既然如此，你又为何选择了在乌江结束自己的生命，而非成就王霸之业的一线希望呢？这说明在你心中有比“成就王霸之业”更优先的使命。

项　　羽：乌江之畔就是我的葬身之地。天之亡我，我何渡为？

苏格拉底：究竟是什么让你如此执着！我的友伴啊，你想成为英雄，是为苍生，还是为名利呢？

项　　羽：我盼望着能够凭借自己的手终结天下乡亲父老的疾苦、迎来铸剑为犁的那一天。可天真的我以为，只要咸阳城破、秦地人亡，这个梦想就能实现，却没有料想到，西楚霸王项羽却成了残暴无度的另一个代名词，自负膨胀成傲慢，勇武变异成暴虐，给人民带去了新的苦难，醒悟之时已于事无补，最终导致了自己的灭亡。兴许“为苍生”是借口罢了。如今想来，项羽之志从来不在成就王霸之业。项羽希望暴秦得诛、天下安宁，也享受诸侯的仰视、溃围斩将刈旗的快意，却从来不曾想过若有朝一日真的坐上帝王的宝座，该如何处理繁杂的政务、暗流涌动的权斗……

苏格拉底：以你的心性，只怕能坐上那个位置，也无法长久吧。

项　　羽：……

项　　羽：你呢？作为被万世敬仰的哲学家，你的使命应当是探寻智慧、追求真理、达到至善吧！

苏格拉底：这是我作为哲学家的使命，不是我作为雅典公民的使命。正如你作为霸王应当夺取天下，作为你自己也有坚守的东西，当这两者矛盾的时候你选择了坚守自我。比起你来，我幸运那么一点点，得以有机会同时完成这两项使命。

项　　羽：那你作为雅典公民有什么使命呢？

苏格拉底：雅典好像一匹大马，虽有力量，却懒惰而缺乏活力。我则是一只神灵派来定要雅典这匹马的“牛虻”，不断刺激它。使其民主氛围保持健康。①

项　　羽：这样的你必然是受到尊敬的吧，又为何会被控诉为渎神、败坏青年呢？

苏格拉底：你果然是个率真的人啊。不正义者的日子总比正义者过得好得多②。不过我确实违反了雅典的法律。任何人的地位都不得高于法律。尽管我自己比谁都清楚我确确实实是正义的，但严守法律是人民的幸福、城邦强大的保证，其价值远远高于个人的生命[③]。我的友伴啊，让你觉得远比生命更重要的究竟是什么呢？

项　　羽：我从来不认为自己会失败，也从未思考过身后之事。巨鹿也是，彭城也是，暴秦是弱者，刘邦也是弱者。最后打败我的是天道罢了——我知道你要说什么，追求真理的男人啊。

苏格拉底：那我就直言不讳好了。你觉得自己为什么会被刘邦打败？

项　　羽：目光短浅、刚愎自用、多疑易妒、残暴不仁、自矜功伐，我已经背下来了。他们概括得挺好的。

苏格拉底：这个不是我们今天讨论的重点，你不必那个表情——如果灵魂有表情的话，你现在脸色一定很难看——你大可放心，今天的话题是使命、正义与死亡，所以这个问题才是重点：你觉得自己为什么会被天道打败？

项　　羽：我没有。

苏格拉底：？

项　　羽：我没有脸色很难看。

苏格拉底：……

项　　羽：项羽始终认为允许"不正义"存在的天道有罪。刘邦本是与我一同灭秦的诸侯之一，事成之后却背叛了我，不仅撕毁鸿沟之约，还离间我与亚父，更以四面楚歌之计乱我军心，实乃"不正义"。项羽不愿为不正义之事，因此鸿门之宴不杀他，伏弩射之也未杀他。在杀刘邦这件事上，项羽从不后悔没有听亚父之言。

苏格拉底：东方有句古话叫"兵不厌诈"，好的计谋总被万世称颂：孔明在平川道上燃起炉灶，诱导曹操败走华容；吕子明白衣渡江偷袭荆州，使蜀国三郡尽失。按照你的观点，"运筹帷幄"就都是不正义了，可后世人只会称赞这些谋士的智慧，而不会责怪他们的"不正义"。

项　　羽：是，但我永远无法认同"兵不厌诈"，以谋取胜，胜之不武。我只认同堂堂正正地一决雌雄，这才是我的正义。

苏格拉底：这是你的正义，不为世人尊崇、也不被遵守。

项　　羽：每个人都有每个人的正义，而我要坚守我的正义。纵然后世认为"欲以力征天下"，刘邦小子说"吾宁斗智，不斗力"，都不会改变我的正义。

苏格拉底：这么说来，你的正义就是"真剑[①]决胜"了？确实是不被大多数人所理解的执着啊。

项　　羽：说成是执着吗……似乎真的是这样的。

项　　羽：那你的正义是什么呢？

苏格拉底：我从来不认为我知道正义的样子。肉体总是阻碍着灵魂的思考，使我们一直都被困在黑暗的洞穴内，看着洞壁上移动的影子，认为那就是善、正义，以及美好的东西。

苏格拉底：为什么你的双眼能够看见物体？

项　　羽：为什么问这个问题？

苏格拉底：那换一个，在黑暗中你能看见物体吗？

项　　羽：看不见，在朔日之夜行军是很困难的。

苏格拉底：所以你的双眼能够看见物体是因为有光照射在物体上。

项　　羽：嗯，是这样的。

苏格拉底：所以你之所以能够感受到正义——我指坚守你的正义——是因为有某个存在照亮了它。

项　　羽：因为有这样一个存在，乱世才不至于一片黑暗，至少有星星之火在燃烧，吗……

苏格拉底：嗯，这是只有抛弃了肉体对灵魂思考产生的一切阻碍，才能够在哈德斯"看见"的"善的理型"。追寻照亮世间正义的光芒，这就是我作为哲学家的使命，可以为之付出生命的代价——不，我觉得一个真正在热爱智慧中度过一生的人有理由向往、有信心取死，并且满怀期盼，一旦终了之后，在那边会获取最大的好东西。

项　　羽：你是说死亡是幸福的吗？

苏格拉底：因为人是会死者，是有能力"死亡"的存在。我们知晓并理解生命的有限、不定和短暂，因此我们能够珍惜活着的时光，以此来追寻智慧、不至于终日被束缚在世俗伦常中。当死亡降临，肉体消灭，我们就拥有了不灭的灵魂。拥有绝对、单一、永久[④]、不受肉体干扰的纯净灵魂，难道不是幸福吗？

项　　羽：死亡不是幸福，死亡意味着覆灭，我心痛、我不甘、我在死前仍有遗憾。我选择死亡不是选择"死亡"本身。这是对正义的证明，是对命运的抗争：坚守正义的西楚霸王不败，连死都是他自己选择的，在他面前所有人都是失败者。我明白我的正义被视作天真无知、一腔孤勇，更明白在此乱世靠着所谓"君子之风、贵族之度"是无法生存的。是的，死亡是必然的。虽然我从来不认为自己会失败，也从未思考过死亡，但我知晓生命只有一次，我想用这仅有一次的生命将正义坚守、践行、证明。至于我的灵魂是否因此不灭，就交给史学家、说书人、小说家们代代评说，都与我无关了。

苏格拉底：吾友啊，你确实拥有了不灭的灵魂呢。你通过死亡证明了你是"你"，不是众人眼中的"霸王"。死亡让你摆脱了功利世界的一切利益纷争，使你意识到"你"的"在"，可以说是幸福的吧？

项　　羽：何来此言？

苏格拉底：因为你选择了死亡，西楚霸王身份之下的项羽才显现出来，使你除了楚汉争霸的失败者之外多了“你”的身份。因为死亡，率真如你才从功利世界中解脱，作为你的本真而存在，作为“证明了正义不败”的灵魂而不灭。

项　　羽：即使这样，死亡也是不可美化的覆灭，我不会认同你把死亡称作幸福的说法。在这绝对、单一、永久的灵魂世界里我也感到不甘：尽管胜者的战利品并不是我所追求的，我仍渴求着成为胜者，而不是作为悲剧英雄被铭记。

苏格拉底：看来英雄无法理解哲学家对不朽灵魂的追求，哲学家也无法理解英雄对青史留名的执着，唉。

苏格拉底：但我相信，太阳还在山冈上没落下哦[①]。

项　　羽：?! ……

项　　羽：……是啊，世界某处一定存在我们的理解者，叹惋我们的死亡，理解我们的选择，传颂我们的不朽。

苏格拉底：所以，太阳还远远不会落下呢。

生死观：孔子的人文情怀与苏格拉底的理性思考

肖荷荣　信息管理学院（2019301040201）

【指导老师评语】作者以《论语》与《斐多》两部经典的阅读经验，讨论其中的生死观。关于这两部经典的生死观并不全然是授课内容，作者选取的主题体现了他自主学习的成果，值得鼓励。作者分别讨论了孔子、苏格拉底的生死观特点，拎出"人文情怀"与"理性思考"两个关键词，并比较二者的异同，欲从中寻找古代哲人思想对现代人的启示。不论其中是否有未尽之处，亦已超迈同侪。（文学院副教授　汪超）

摘　要：人类作为有独立思想的生命体，从古至今，对生与死的思考从未停止。本文探讨《论语》一书中所表现的孔子的生死观及《斐多》一书中苏格拉底的生死观两者各自的特点，辩异求同，并从中找到对现代人的关于生与死的启示。

关键词：生死观；孔子；苏格拉底

所谓生死观，是指人们对生与死的根本看法。生与死是一切生命必经的过程。对除人类外的其他生命而言，趋生避死的本能就是它们与生死概念的唯一关联。而人类作为有独立思想的生命群体，却能对生与死有特别的思考。中西方的思想家们在不同的时空维度里，从不同的思维角度，产生了或截然不同、或不约而同的生死观。孔子作为对中国的思想道德影响最大的圣贤，苏格拉底作为被广泛承认的西方哲学的奠基者，他们的生死观更是值得探讨。

一、孔子：富有人文情怀的生死观

中国古代，思想家们对生与死的观点各有不同。杨朱提出"贵己""重生"，主张以保全个人的生命为人生理想，认为死亡是“吾生”价值的丧失。庄子视“悦生而恶死”为人生的一大桎梏，认为要获得人生“自由”，就必须超脱死生之变；提出“以死生为一条”，否定生与死的界限，甚至把死亡作为人生自由、幸福的最终实现①。而孔子在社会转型的特殊背景下，也形成了自己独特的生死观——一种富有人文情怀的生死观。

《论语》中，季路问死，孔子回答：“未知生，焉知死。”②

孔子“未知生”，因为未知，反而刺激了孔子对生的意义的不懈追求。经无数学者对《论语》等相关古籍的考察，孔子思想的核心是“仁”。孔子的生死观也必然与“仁”相关。“君子无终食之间违仁，造次必于是，颠沛必于是。”③在生的状态下，孔子以追求“仁”、践行“仁”作为贯穿生命始末的目标。“富与贵，是人之所欲也；不以其道得之，不处也。贫与贱，是人之所恶也；不以其道得之，不去也。君子去仁，恶乎成名？”④在生的时间维度里，孔子承认人的欲望，但是当不正当的欲望诉求与“仁”相冲突时，孔子愿意放弃欲望、宁愿处于逆境而维护“仁”。孔子对“仁”的信仰还不止于此——“志士仁人，无求生以害仁，有杀身以成仁。”⑤孔子不会因为贪生怕死而损害“仁”，更是愿意为了成全“仁”而放弃自己的生命。“仁”对于他来说是信仰。孔子求“仁”，是承认人的合理欲望，是宣扬人的独立与尊严。看似被礼教缠身的“仁”，其实是充满人文情怀的。

在生这个维度，孔子求“仁”至死不渝；而在死这个维度，孔子对“死”这一自然状态持乐观态度，孔子之语“焉知死”即是一个有力的论证。如上文所论述，在对生与死的理解中，孔子将关注的重心放在了生的意义上。而对死亡这个概念，孔子也并没有避讳死亡的思想负担，反而是认为既然一切生命都要经历死亡，死亡也不过好比回归泥土。但是，即使怀抱这样的态度，也并不表明孔子对生死完全超然。至少他没有像庄子为亡妻鼓盆而歌一样为逝者手舞足蹈，对人，他依然怀有喜生悲死的世俗情感。《论语》中记载，在颜回死后，孔子的表现是：“子曰：‘噫！天丧予！天丧予！’”⑥由此可见，孔子对死亡并非无动于衷，相反，他是支持生者对死者怀有悲哀的情绪的，并且身体力行。《论语》中孔子对“临丧不哀”者的抨击，以及严格的丧礼制度，直接表现了孔子为死而悲的感性的一面。

二、苏格拉底：充满理性思考的生死观

在生与死这个哲学问题上，苏格拉底的思考也是不负盛名。不同于孔子“未知生，焉

① 朱贻庭：《伦理学大辞典》，上海辞书出版社 2010 年版，第 61 页。
② 杨柳岸导读：《论语·先进篇第十一》，岳麓书社 2018 年版，第 137 页。
③ 杨柳岸导读：《论语·里仁篇第四》，岳麓书社 2018 年版，第 46 页。
④ 杨柳岸导读：《论语·里仁篇第四》，岳麓书社 2018 年版，第 46 页。
⑤ 杨柳岸导读：《论语·卫灵公篇第十五》，岳麓书社 2018 年版，第 195 页。
⑥ 杨柳岸导读：《论语·先进篇第十一》，岳麓书社 2018 年版，第 136 页。

知死”，苏格拉底首先在自己的逻辑系统中给“生”和“死”下定义。“我们认为死就是灵魂和肉体的分离；处于死的状态就是肉体离开了灵魂而独自存在，灵魂离开了肉体而独自存在。”①从定义开始，苏格拉底对生与死展开了系统的思考。既然苏格拉底引入了“灵魂”与“肉体”这两个概念，那么对其生死观的讨论也不能脱离“灵魂”。

在《斐多》中，多次出现了“热爱智慧”这个概念。苏格拉底认为，人生的终极追求是知识与智慧，只有智慧是可以在死亡之际被灵魂带走的。从这个设定上说，真正追求智慧的是灵魂本身。而为欲望和感官所困的肉体成为了灵魂的羁绊，干扰灵魂，使得灵魂无法用纯粹的思想获得真知。那么，灵魂如何能够得到真正的、纯粹的智慧呢？苏格拉底给出的答案是：“如果思想集中，不受外物干扰——一切声音、形象、痛苦、喜乐都没有。尽量撇开肉体，脱离肉体的感受，专心一意地追求真实。”②这恰恰是死亡的设定。死亡，正是灵魂离开肉体，去往一个可以用纯粹的思想追求智慧的世界，灵魂在这个世界里要远比在世俗世界中快乐得多。因此，苏格拉底认为死亡是不可惧的，他能够从容地面对死亡。

但是，假如依此草率地认定苏格拉底追崇死亡，这是绝对不可取的。即便在苏格拉底的逻辑设定里，死亡对灵魂来说是更幸福的去向，他也绝不鼓励轻易放弃生命。相反，苏格拉底认为，世人是神的所有物之一，自杀是忤逆了神的。只有当死亡成为必然时，世人才需坦然接受。在这里就产生了疑问：为什么本可以逃亡的苏格拉底却选择了赴死呢？这样的死亡难道是一种必然吗？一种可能的原因是，他要向当时的雅典证明，雅典的所谓的“民主”是错误的。七十岁的他，批判雅典民主宣扬正义最有力的方法，恐怕就只剩下死亡。从这个角度来说，苏格拉底也是在死亡成为必然的情况下，坦然赴死。在面对生与死的抉择时，他依然用理性做出了选择。

三、二人生死观的比较

在面对生与死这个人类根本问题的时候，孔子给出“未知生，焉知死”这一模糊的答案，而苏格拉底则是对此运用理性的逻辑思维进行思考和解答。“未知生”，表明的是孔子对生的意义的不懈探求与追寻。与此类似，苏格拉底也表现出了不断追求意义的态度。虽然二者追求的对象不同，但是他们的追求态度都是无比赤诚与坚定的。他们毕生所追求的在他们看来都是可以超越生命的信仰。

与孔子基于人本身的生死观不同，苏格拉底对生死做出了一种可以说是高屋建瓴的阐

① ［古希腊］柏拉图：《斐多》，杨绛译，生活·读书·新知三联书店2011年版，第13页。
② ［古希腊］柏拉图：《斐多》，杨绛译，生活·读书·新知三联书店2011年版，第15页。

释，富有西方哲学的理性特征。对于死亡本身，孔子与苏格拉底不约而同地表示出了坦然的态度。只不过，孔子的坦然是基于对自然规律的把握，而苏格拉底的坦然是基于对自己所思的灵魂纯粹的向往，并且，苏格拉底是真正为此感到愉悦的。

在“生”这一维度中，孔子与苏格拉底都有对于欲望的思考。不同的是，孔子承认通过正当途径而满足的欲望，而苏格拉底则是否定了身体的一切感官与欲望，以求灵魂的绝对纯粹。

非常重要的一点是，孔子与苏格拉底都鼓励珍惜和尊重生命，并没有表现出厌世、厌生的情绪。

四、启　示

孔子和苏格拉底身处对世界文明影响最大的贤人群体，他们的生死观也必然对当代有所启示。

在生的状态下，人要讲求人生的意义，尤其是对社会的意义。追求“仁”于孔子，热爱智慧于苏格拉底，首先是二人对自身的要求；而为了国家和人民，二者又努力向外延伸自己的追求。苏格拉底曾言：“我的朋友不是城外的树木，而是城内的居民。”将个人命运与国家和人民相关联，生命的意义将会得到提升。而在个人与国家人民的关系之外，个人是否有比求生更重要的信仰，此处并不急于比较择生择死两者境界的高低，而是认为这更多属于个人主观上的考量。

“欲望”也是启示的关键词。欲望对人的行为具有激励作用，是推动社会发展的不竭动力。孔子和苏格拉底对于欲望的不同理解对现代人各有启示。一方面，在法律与道德的约束条件下满足自身的欲望，这并非一种原罪，反而是值得尊重和鼓励的；但另一方面，尽管是在灵魂的存在无法得到确切论证的情况下，人也要注重追求精神的自由，不应该为欲望所奴役。

按照现代科学理论，尚且只能认定，生与死是一种自然过程，无法比较生与死的幸福感。出生、成长、衰老(广义)、死亡，缺少了任何一个环节，其实都不应该称作生命。因此，人不必对死亡有所避讳和恐惧，只需要在生的过程中珍惜生命，在死亡成为不可避免的必然时，坦然面对即可。

历史的车轮滚滚向前，人类对于生与死的讨论也将永远持续。

苏格拉底与贾宝玉的生死之谈

叶令远　经济与管理学院（2019301051321）

【指导教师评语】中外经典的比较研究，可以有很多视角。本文以《斐多篇》和《红楼梦》中的生死问题为切入点，选题很有意义。以苏格拉底和贾宝玉的生死观为中心话题，论述范围比较集中，具体行文也显得收放自如。在“如何面对死亡”“死后去往何处”“何谓死得其所”三个方面，分别比较了苏格拉底和贾宝玉的异同，最后上升到东西方传统文化的异同。这是典型的“小题大做”，入口小而出口大，是一种很好的写作方式。（文学院教授　鲁小俊）

摘　要：生死问题是人类亘古不变的重要话题。《斐多篇》中，古希腊圣哲苏格拉底就生死、灵肉等问题提出了许多经典观点；《红楼梦》中，贾宝玉对于生死问题的态度与看法也深刻影响了众多读者。本文从如何面对死亡、死后去往何处、何谓死得其所三个方面比较苏格拉底和贾宝玉对生死问题的看法，为贯通中西经典智慧探寻一条幽径。

关键词：《斐多篇》；红楼梦；生死观

一、如何面对死亡

《斐多篇》详述了苏格拉底在狱中喝下毒药前的情景。亲友们为其无罪而被诬受愤愤不平，更为其即将被迫饮鸩、离开人世深感哀伤，而他却展现出了与亲友截然不同的态度。

面对死亡，他冷静淡然、毫不畏惧。妻子任娣抱着儿子哭喊，苏格拉底丝毫不为所动，平静地让友人把妻儿送回家中，并泰然自若地同朋友和弟子进行最后的交谈。

面对死亡，他轻松愉快。苏格拉底一如既往的风趣幽默，与朋友谈笑风生，一再安慰亲友不要悲伤。接过毒药后，“高高兴兴、平平静静地干了杯”①。

面对死亡，他表现出了无限的向往和追求。他强调，“我正要跑到另一些聪明善良的天神那儿去；那边还有已经去世的人，他们比这个世界上的人好。”②他深信，死亡能够使他到达更美好、更幸福的世界。

在《红楼梦》中，可卿病故、金钏投井、尤二吞金……死亡事件可谓层出不穷。面对鲜活美好生命的消逝，贾宝玉表现出了复杂的情感。秦可卿去世时，他极为震惊、痛苦，甚至口吐鲜血，坚持连夜赶赴去宁国府痛哭，以抒哀恸之情。得知金钏投井自尽的消息后，“心中早又五内摧伤”“茫然不知何往”③、恨不得自己也追随金钏马上死去。晴雯去世后，丫头为安慰宝玉，称晴雯变成了芙蓉花神。宝玉起先感到一丝宽慰，不久后又触物思情、越发伤感，亲自撰写《芙蓉女儿诔》，表达了对晴雯无尽的哀痛和思念。

对朋友们的死，贾宝玉极尽哀痛；然而对自己的死，他却表现出释然，甚至有一丝向往的意味。他希望自己在贾府荣盛、亲友皆在时死去，与其说体现了追求解脱的心愿，不如说是表达了不愿再见到身边好友死去的期望。总的来说，他对死亡还是抱有相当的抗拒情绪。

综上所述，苏格拉底和贾宝玉在对死亡的态度上存在着较大差异，而这种差异源于对死亡有着不同的理解。苏格拉底信奉向死而生的唯灵主义，将死亡理解为去往更美好世界的必由之路，因而欢迎死亡、向往死亡；贾宝玉将死亡理解为美好生命的消逝，因而惧怕死亡、厌恶死亡。

二、死后去往何处

在《斐多篇》中，苏格拉底认为，人是由肉体和灵魂组成的。肉体会衰老死去，灵魂则得以长久。因此，讨论人死后往何处去，实际上是讨论灵魂的归宿问题。

苏格拉底指出，“人死了还有一份储藏等待着他呢。”④死后的储藏，可以理解为生平的性格与行为的总和，它决定了灵魂的归宿。依据生前所思所为，苏格拉底将世人分为三等，他们死后有着不同的归宿。

第一等是哲学家。哲学家一生追求知识、追求美善，他们死后，灵魂是纯正而洁净

① ［古希腊］柏拉图：《斐多》，杨绛译，辽宁人民出版社2000年版，第99页。
② ［古希腊］柏拉图：《斐多》，杨绛译，辽宁人民出版社2000年版，第11页。
③ （清）曹雪芹、无名氏：《红楼梦》，人民文学出版社2008年版，第439页。
④ ［古希腊］柏拉图：《斐多》，杨绛译，辽宁人民出版社2000年版，第11页。

的，能够与善良的天神交往。他们的灵魂始终以追随智慧为己任，摒弃愚蠢的人情与肉欲，摆脱人间一切丑恶，永不消散，永远和天神住在一起。

第二等人遵守道德规范、温和正直、品行优良，但他们并不精通哲学，并不具备理性。他们死后会托生成为有社会生活的温和的东西，例如，蜜蜂、黄蜂、蚂蚁或者稳健的人类。

第三等是一味追求功名利禄的卑鄙之人。他们永远无法摆脱物质欲望的束缚，贪欲把他们禁闭在肉体的笼子中，使他们来世投生为同类性格的东西。那些贪吃、狂荡、酗酒、缺乏自制力的人会转世为骡子，专横残暴的人则成为狼或鹰。

《红楼梦》蕴含了古代中国颇具影响力的释道转世托生思想，这一思想在贾宝玉身上也多有体现。晴雯去世后，贾宝玉相信丫头的话，认为风流灵巧的晴雯会成为芙蓉花的守护神。《芙蓉女儿诔》高度赞扬了晴雯品质之高贵、心地之纯洁、容貌之娇美，想象了她在一众神灵的簇拥下降临凡间的情景，寄托了宝玉对她的美好祝福。

综上所述，在死后去往何处这一问题上，苏格拉底和贾宝玉都存在着转世思想，且这种转世思想一定程度上都体现了善有善报、恶有恶报的观念。晴雯生前聪慧善良，贾宝玉相信她会成为天仙，在没有污秽的仙界续写美善的篇章；苏格拉底则以三种人死后的不同境遇表达了生前作为决定死后境遇的思想。

三、何谓死得其所

苏格拉底认为，真正的哲学家终其一生都在学习死，学习处于死的状态。他们净化了自己的灵魂，使自己到了另一个世界后，能够找寻到纯粹的智慧，永远与真理为伴。他们此生的肉体已经消亡，但他们的灵魂却是趋于成长、臻于完善。对他们而言，死亡这一过程实际上是为灵魂的进一步升华提供了途径。他们以灵魂净化为最终目的，向死而生、以死为生，因而毫无疑问能够做到死得其所。

与之相反，那些生前被肉体牵制、迷惑，以至于丧失理性的人，他们死后，灵魂不会得到进步，仍然围绕在污浊的肉体周围，处于被蒙蔽的境地，因而其死亡没有带来积极意义，不能称得上死得其所。

贾宝玉对这一问题的看法，则与当时的主流价值观格格不入。他无视森严的等级制度和的尊卑观念，拒绝把等级身份看作评价死亡价值的标准，金钏、晴雯等地位不高的下人死后，他都非常悲痛、深切缅怀。他还认为，所谓文死谏、武死战，皆非正死，这都是为了沽名钓誉、博取忠烈的名声，在国家真正需要的时候，这些人并不能起到救国救民的作用。他对死亡的愿望是：趁好友都在的时候死去，并得到大家的真心怀念，随风而去，再也不托生为人。贾宝玉的这些观点，无疑对儒家传统价值观的无情讽刺。在他看来，一个人是否死得其所，并不取决于是否追求到了高官厚禄、是否赢得了忠烈美名，而是决定于是否享受到了真正的快乐与自由。他从不把自己的人生价值寄寓于主流价值观的认可，而将知心好友的理解与怀念作为价值的体现。

怎样的死才算有意义，这是事关人生价值的重要问题。苏格拉底和贾宝玉在这一问题上的看法都冲破时代的局限，蕴含了在当时具有先驱意义的价值观。不过，两者价值判断的侧重点并不一致，贾宝玉把不羁和友谊视作视为评判人生价值的重要标准，苏格拉底则把智慧看作衡量生命意义的根本尺度。

四、结　　论

综合上述三个方面的比较分析，我们不难看出，苏格拉底和贾宝玉对生死问题的看法存在不少差异。这与两者的性格特征、人生阅历、所处时代背景等因素的区别有着密切关系，更可归因于东西方文化传统的巨大不同。

尽管两人对生死的看法表现出较大差异，但从本质上看，他们的思想都体现了对美善和追求和对自由的向往。只不过，两人对美善和自由的理解不尽相同。

在苏格拉底看来，知识即美德，美善是寻求无穷无尽的知识，因此他愿通过死亡促进对知识的追寻；对贾宝玉而言，美善是与知己好友长相厮守，美善是美好的生命得以长存，因此他不愿见到死亡。

在苏格拉底看来，自由是灵魂上的纯洁无瑕，不为肉体所蒙蔽，因此他向往为求知而死；对贾宝玉而言，自由是心灵上的无拘无束、不为世俗所牵累，因此他反对为虚名而死。

美善与自由，是人类社会的普世价值，是千百年来无数仁人志士的共同追求。西方圣哲苏格拉底和东方巨著中的经典人物贾宝玉，围绕生与死这一永恒话题，表达了自己的人生观与价值观，同时也突出体现了对美善与自由之岸的向往。两部中西经典中蕴藏的伟大智慧与深厚情怀，正是在这探真求美、无拘无束之境得以交融。

《红楼梦》中的“世俗人”与《斐多》中的“殉道者”

陈佳慧　经济与管理学院（2019301051165）

【指导教师评语】 文学映照现实，作者从《红楼梦》琐碎的细节中，提炼出中国古代世俗人对法律的态度，具有强烈的批判意味，与之照应的则是《斐多》篇中苏格拉底的“殉道者”形象。通过作者的论述，中西之别的意味被削弱，而自己提炼出的“世俗人”与“殉道者”差异则鲜明起来，从而完成了一种对中西经典融通的有益尝试。（历史学院副教授　鲁家亮）

摘　要： 中西方社会中人们对待法律的态度不完全是一样的，特别是在较早的时期，差别更是明显。本文将选取《红楼梦》中的部分统治阶级的法律观念和《斐多》中的主角苏格拉底对待城邦法律的态度进行对比，并简要分析形成差异的原因。

关键词： 世俗人；殉道者；法律

一、引　　言

在西方的文明史中，以民主政治闻名的古希腊时期是一段非常光辉灿烂的历史。《斐多》中的主角，苏格拉底，就生活在雅典民主的“黄金时代”，民主公正很大程度上需要法律来保障。中国的法律也是有相当长的发展历史，据传中国第一位法律制定者是生活在舜时期的皋陶。然而日趋成熟的法律体系并没有让古代中国以民主闻名。这其中的原因比较复杂，我认为主要原因是中国的等级制以及人治传统根深蒂固。本文将对比《红楼梦》中“世俗人”及《斐多》中苏格拉底这位“殉道者”对法律的不同态度，并简析原因。

中国的社会是个什么样的社会？如今我们都宣扬着要建设法治社会、建设法治中国，可是落到了现实中，我们最为认同的，还是人情社会。中国社会中法律的地位很微妙。一边有“天网恢恢，疏而不失”的教育，一边又有不少人坚信特权阶级对法律“免疫”。

二、《红楼梦》中统治阶级的法律观

充满了美感的《红楼梦》里也有着黑暗的官场纪实，有官官相护无视法律的现象。最典型的两个人物就是王熙凤和贾雨村，这两人分别代表的无视法律的大贵族以及利用职权钻法律空子的小官员。

王熙凤“弄权铁槛寺”一事，因为有3000白银的好处，又因为老尼一句激将，便叫她说出了“从来不信什么是阴司地狱报应的，凭是什么事我说行就行”这样狂妄的话。后来抄检大观园，王熙凤贾琏房中搜出多少违规银票及房契地契，不需点明我们就可知其后一桩桩违法乱纪的不平事。王熙凤、薛蟠为代表的部分统治阶级不尊法、不守法，将金钱利益至上的世俗之气发挥到极致。

贾雨村之流则是手握一定权力的地方小官。虽然自身不能完全凌驾法律之上，但他们会歪曲、利用法律。薛蟠打死冯渊一案贾雨村畏惧四大家族势力，利用职权糊弄了过去。贾琏抢石呆子扇子一案贾雨村更是主动以权谋私送人情。

对于特权阶级来说，法律是完全不存在的吗？也不是。该利用法律保护自己权益的时候，法律便又成为了他们的保护伞和武器。这一点从夏金桂之死就可以看出来。夏金桂害人不成反毒死了自己，夏家人不明真相只管要赔钱偿命。惯常无视法律的薛家人到了自己吃亏的时候，私了什么的也不愿意了，只管搬出法律这块大牌匾。作为实实在在的“世俗人”，能维护我的权益的东西才叫法律，约束我谋利的就只是一张白纸罢了。召之即来，挥之即去。只要落不到自己头上，就是虚无缥缈一纸空文。这便是《红楼梦》中及其“务实”的贵族眼中的法律。

三、苏格拉底对法律的维护与反抗

《斐多》中几乎全部都在讨论灵魂与肉体的关联以及生死的转换之类相当哲学的内容。苏格拉底将自己比作天鹅，快乐地迎接死亡，这其中当然很大一部分原因是他追求灵魂的解脱、思想的自由。全书大概只有快到末尾讨论灵魂的罪行的部分有涉及他赴死的另一个原因，不违背城邦法律。他说：“他的灵魂不用装饰，只由自身修炼，就点缀着自制、公正、勇敢、自由、真实等种种美德。”笔者的理解中，苏格拉底的自制便是坚持自己的原则，正义即是坚持心中的真理。关于判刑之前的申辩及为何不逃跑，《苏格拉底的申辩》和《克里同篇》要更详细和全面些。《斐多》更多的是他的哲思。所以我主要参考了前两篇的内容。

《申辩》和《克里同》中多处记录了苏格拉底捍卫法律的态度，笔者以为，这便是他的原则之一：无论法律是利己还是损己，都维护它的权威。申辩中，他说“我却拿定主意，必须为法律、为公道而冒一切险，不愿因畏缧绁、斧锯而附和你们于不义。”克里同极力劝说他越狱时，他说：“若用这种可耻的方式逃跑，以错还错，以恶还恶，践踏自己与我们订立的协议与合约，那么你伤害了你最不应该伤害的，包括你自己、你的朋友、你的国家，还有我们。”

违背城邦法律即是违背了苏格拉底自己的原则，违背原则而苟活是他决不愿做的。审判的全过程完全是按照雅典城邦的法律来进行的，尽管“披着民主外衣的雅典司法背离了司法自身的灵魂”“当多数人的意志认为个人的自由已经损害到了城邦的集体利益乃至安危时，雅典民主政体就会毫不留情地剥夺个人的自由和权利，甚至生命。”①苏格拉底依然选择用生命去殉道。所殉何道？笔者认为既是心中的真理，也是城邦的法律。既要维护法律权威，又要反抗错误判决坚持真理，想二者兼得，就只能选择死亡。

笔者认为苏格拉底是纠结的，怎样做到既破且立？怎样做到既无愧城邦公民身份，又保有追求真理的原则？从《申辩》中的据理力争，到《克里同》中选择接受判决，再到《斐多》中拥抱死亡。这其中苏格拉底思想的奥秘笔者自认还没能领悟透彻。

四、“世俗人”与“殉道者”选择的背后

首先，中国的人治传统历史悠久，根基稳固。以维护统治阶级利益为目的制定的法律规则本质上也带着阶级色彩，无法做到公正平等。

其次，是文化熏陶。重德轻刑的儒家文化环境使得官员们普遍缺乏法律素养，养成了一帮以考取功名为目的，以攀附权贵为手段，不懂法、不尊法的官员。

再次，几乎历朝都存在的举荐制度。《红楼梦》中贾雨村就是借着贾政举荐才上任的。着间接造成小官员们主动利用自己的职权为大贵族们服务，以博得好感。这也是人治社会的一个特征。

最后，是普通百姓在长期得不到法律公平保护下，对此等贵族凌驾法律之上的现象麻

---

① 王琦：《民主自由与法治——从苏格拉底之死说起》，《中山大学研究生学刊》2004 年第 4 期，第 83~88 页。

木了。“我国法律文化传统是义务本位的，重义务的履行，缺乏对权力的关怀。”①《红楼梦》中被薛蟠打死的店小二的家属，被抢了扇子的石呆子，最终都没有拿起法律武器维护自身权益，石呆子更是因此身死。民众法律意识淡薄也助长了贵族蔑视法律器张气焰。

至于古希腊，由于小国寡民，很难形成长期稳定一家独大的局面，人民富有冒险精神和民主意识。即使有着等级制度，也在统治者自觉主动的改革中逐渐淡化，平等与正义的观念深入每一位公民的心中，包括苏格拉底。

另一点，苏格拉底与《红楼梦》及中国古代部分统治阶级不同，他自诩智者，多的是对理想社会的设想，缺乏对俗世物质的追求。因此他自愿成为殉道者，这也是一种与现实中民主但是缺乏正义的社会的无声对抗。

有一位学者有这样的观点：“苏格拉底洞悉雅典民主社会的根本缺陷，他敌视民主制度，他要用自己的生命来证明民主制度的荒谬。如果判他无罪，就证明了民主制度的正义，这不是苏格拉底想要的结果，只有引诱雅典民主社会来处死他，才能证明这个社会的非理性和荒唐。”

① 李祥贵：《红楼梦与中国古代司法文化》，湖南师范大学学位论文，2006年，第9~13页。

精神成人：新冠疫情下对生命与使命的追思

肖杰　经济与管理学院（2019301051173）

【指导教师评语】论文从《史记》和《斐多》的文本出发，阐述了作者面对新冠疫情时的自我观察与感悟，与现实结合较为紧密，作者试图打通两部经典所涉及的不同关键词，将青年人对生命的看法和对使命的担当融通到精神成人这一层面，具有一定的深度，也促使读者反思自己是否也完成了真正意义上的成人。（历史学院副教授　鲁家亮）

摘　要：庚子年间，一这场迅速席卷全球的新冠疫情，给整个社会造成了巨大动荡，也给每个个体的精神世界带来了影响。生与死的界线被打破，个人应该如何看待生命，每个个体应当担负什么样的使命与责任的话题也被广泛提及。本文从此次新冠疫情对个体精神世界造成的冲击出发，表达对生命与使命的思考，最终深入分析每个个体如何实现精神成人，从而通往博雅之境。

关键词：新冠疫情；生命；使命；精神成人

一、由新冠疫情产生的追思

作为近一个世纪以来破坏性最大、波及面最广的一次世界性灾害，新冠疫情对我国以及整个世界的政治、经济、社会等造成了严重影响。但是除了这些宏观影响外，个体的精神层面受到的影响同样不容忽视。

首先，随着确诊患者的不断出现以及部分患者的死亡，生与死的话题随着发达的大众传媒被不断放大，焦躁不安的情绪似乎与每个个体如影随形。生与死的界线被打破，一个人由生存到死亡仿佛就在那一瞬间，这使我们不禁感慨起生命的脆弱与世事的无常。但是，我们有必要畏惧死亡吗？我们生命存在的意义到底是什么？如何在我们短暂的一生将有限的生命焕发出无限的光彩呢？这些问题都值得细细深思。

其次，使命与责任感在特殊背景下更加突出。以众多医护人员为代表的前线人员勇敢肩负起抗击疫情的重大使命，在精神层面弘扬正能量，引领社会潮流。同时每个个体都参与到抗击疫情中来，从主动居家隔离到积极参与志愿者，从网络辅导医护子女到自发筹款捐款。在这样的大背景下，个体与国家的联系更加紧密，我们每个个体开始感受到我门肩膀上担负着责任，个体开始站在国家的高度思索自己应该担负什么样的使命。

何以成人？除了物质层面肉体的成长外，精神的成熟同样重要。余以为，对于新冠疫情下展露出对于生命与使命的思考对于精神上的成人具有重要意义。

二、对于生命的思考

芸芸众生，孰不爱生？生命是一切的出发点，但是活着却并不是生命的全部，死亡有时也是生命的另一种延续。

柏拉图《斐多》篇中记载了苏格拉底被判处死刑前，与来看望他的门徒探讨了有关灵魂不朽的问题。他本可以接受朋友的提议而逃亡他乡，不必免受死刑，但是苏格拉底最终还是为了自身的信念英勇赴死。作为古希腊的哲学家，苏格拉底对于自己一生不懈追求真理，探索哲学的终极奥义具有坚定的信念，他这一生都致力于追求自己认为对的事情，因而面对死亡十分坦然。苏格拉底说："我这一生尽我所能，做我应做的一切以努力使自己成为一个真正大彻大悟的哲学家。我做得够不够，成功不成功，如果天从人愿，等我不久到了那个世界便可分晓……我离开你们和离开这儿的主宰的时候，之所以不会惶惶不安，就是因为我相信那边比这儿能找到更好的主宰和朋友。"①

苏格拉底对于死亡的无畏值得我们深思。我们每个平凡的个人并非哲学家，但是我们在生命中照样可以追求自己的信念，追求自己的原则，以达到灵魂不朽的境界。确实，与宇宙的无限漫长对比，我们每个个体是那么的渺小，个体生命是那么短暂。同时由于包括有如新冠疫情之类的灾难，我们很容易产生出一种消极情感，即人生苦短，及时行乐。我们也很容易产生一种错误的人生导向，即极度追求物质上的优越条件。

拨开笼罩在生死之秘外的那层迷雾，我们会发现及时行乐和极度追求物质条件都不过是追求一种肉体上的短暂欢愉，这不过是一种低层次的生命存在。人生或者说生命真正的意义应当在于有着自己坚守的信念与原则，并且能够不断追逐于自己所信奉的真理或是自

① 曹婷，丁晓璐：《〈斐多〉——论灵魂不朽》，《科教导刊(中旬刊)》2013年第2期，第151~152页。

身的理想，从而达到一种灵魂的不朽，精神上的成人。当我们一生都在追寻我们认为正确的事情，我们的生命就是有意义的。新冠疫情中涌现的有如李文亮医生为代表的抗疫者，用生命铸就起一道坚实的防线，那么他们的短暂生命就是富有意义的。以灵魂不朽为依托，我们就可以不必去执着于荣华富贵，不必执着于功名利禄，更不必执着于生生死死。如果可以做到如此，我们也可以坦然地面对死亡，可以将短暂的生命效用最大化，让有限的人生焕发出无限的光彩。在有限生命中追求真善美，我想这也许是精神成人的第一步。

三、对于使命的思考

生命真正的意义是在于不断追逐于自己所信奉的真理原则，那么什么样的真理原则才是值得我们去追求的呢？我们可以引入对于使命的思考。

司马谈在其临终之时遗憾地对司马迁说："幽、厉之后，王道缺，礼乐衰，孔子修旧起废，论《诗》《书》，作《春秋》，则学者至今则之。自获麟以来四百有余岁，而诸侯相兼，史记放绝。今汉兴，海内一统，明主贤君忠臣死义之士，余为太史而弗论载，废天下之史文，余甚惧焉，汝其念哉！"司马谈在去世前的这番话对于司马迁整个人生观和价值观造成了巨大而深刻的影响，他将一个伟大的文化使命赋予给了司马迁，乃至于司马迁明确地表示："小子不敏，请悉论先人所次旧闻，弗敢阙。"①由此，司马迁生命的意义就在于传承中华历史的根脉，就在于其肩膀上的文化使命。

在此之后，司马迁游历大江南北，亲耳聆听老者的讲述，四处搜集散落的文化典籍，找寻历史的真相。但是历经这千辛万苦后，司马迁却深陷李陵事件，触怒君主，惨遭牢狱之灾，更是经受惨绝人寰的腐刑。我们可以试想，一个正常人遭受如此大难，恐怕早已无法承受，有可能就此结束了自己的生命，更何况是在那个极度重视礼义廉耻的时代，腐刑简直是一个奇耻大辱。但是司马迁不同，他身上肩负着文化使命，他的灵魂的高度早已超出了世俗之人的认知。他不惧刑罚，对于艰苦的牢狱生活甘之如饴，在狱中著成了"史家之绝唱，无韵之离骚"——《史记》。《史记》以人为核心，将楚霸王、汉高祖等历史人物、历史故事生动地呈现在了普罗大众的视野之中，并对今时今日中华文化的发展都产生了深远影响。这就是司马迁生而为人的文化使命。

由此可见，使命是支撑一个人的精神支柱。当然，使命并不局限于文化使命，也不局限于个人。一个国家有自身的使命，一个社会有自身使命，一个家庭也有其自身的使命。

① 张强：《论司马迁的文化使命与〈史记〉的着力点》，《南京师大学报(社会科学版)》2011 年第 1 期，第 65~71 页。

使命有多个方面，如政治使命、经济使命、生态使命。而对于新时代下的个体来讲，站在国家的高度思索自己应该担负什么样的使命是精神成人的应有之义。为什么那么多的白衣天使不惜牺牲自身也要阻止疫情的蔓延，为什么八十高龄的钟南山院士再次出山，为什么武汉人民毅然决然封城不出？原因在于他们肩负有对国家的高远使命。苏格拉底英勇赴死的原因，除了其认为一生追求真理，死后自会超脱之外，是不是也有着对于维护希腊城邦法律制度的使命感呢？

人固有一死，或重于泰山，或轻于鸿毛。(司马迁《报任安书》)在我们有限的生命中不仅要追求我们认为对的事情，更要担负起我们在时代大潮的使命，不懈努力，以精神上的成人之态睥睨艰难困苦。

四、精神成人，以通博雅

生而为人，我们首先要对生命的意义有着积极的看法。生命是造物主对于我们最美的馈赠，因为有着生命的存在，世间从此繁花似锦。但是生命最重要的价值不是其本身，而是其能够创造出比更大的价值。精神成人的第一步从正确认识生命开始，我们终其一生追求真善美，最终灵魂得以升华，死亡也不过是生命另一种方式的延续。同时，无论你走到哪，你还要去往何方，请不要忘记你最初的使命。你所坚守的对国家，对历史，对文化多方面的使命有如那一盏明灯，照亮你精神成人的康庄大道。从这个意义上来说，一个人在有限生命里不断追寻的真善美不就是你所肩负的使命吗？

有学者指出，人的成人有三个层面：生理层面的成人、法学层面的成人和精神层面的成人。① 此次新冠疫情对个体精神层面造成的冲击将精神成人的重要意义再次突显。从生命之谜的荒芜走向肩负使命的苍茫大地，我们的灵魂不断上升超脱，我们的精神境界不断自由伸展，我们最终以一颗赤子之心走向成人，走在这条博雅之路上。

---

① 任静：《精神成人与博雅教育》，《市场周刊》2019年第12期，第154~155页。

审美之思

悲剧的成因与价值
——以苏格拉底之死与宝黛爱情为切入点

陈可欣　法学院（2019302060066）

【指导教师评语】选题角度新颖，通过对"时代之悲"的解读来阐释东西方文化的博雅之意。文章整体逻辑清楚，论据充分，每一部分都从多维度来解读，是一篇好文章。(文学院副教授　刘春阳)

一、引　　言

白发苍苍的苏格拉底在日暮饮下鸩酒，从容赴死，只留给全人类那个"灵魂不朽"的背影，一声声叹息在亘古的历史长河上空回响；焚诗病逝也好，泪尽而亡也罢，宛如将亡的荆棘鸟，是这对红楼一梦中的痴情爱侣的最后一次无力而无奈地挣扎反抗，爱情消逝，繁华不再，只留"满纸荒唐言，一把辛酸泪"。伟人离世，爱情消逝，两者都是中西方文化史上引发无数叹息的悲剧，剖析两起悲剧的起因与经过，我们能从中发掘出悲剧产生的共同点以及悲剧的价值

二、苏格拉底殉道之悲

雅典法庭以"不敬神"和"腐蚀青年"两大罪名对苏格拉底提出控告并完成了对他死刑的审判。黑格尔说，苏格拉底的遭遇是高度悲剧性的，"他的遭遇并非只是他个人的浪漫遭遇，而是雅典的悲剧，希腊的悲剧，它不过是借此事件，借苏格拉底表现出来而已"。①苏格拉底之死，不仅是他个人的悲剧，更是雅典民主政治与雅典社会之悲。

---

① 黑格尔，贺麟，王太庆：《哲学史讲演录》，第 2 卷，商务印书馆 1960 年版，第 44 页。

（一）个人之悲——赴死是智者看清现实后的最终决定

苏格拉底一生致力于充当一只“牛虻”，希望通过不断刺激雅典这匹“大马”，使之不断保持活力。然而曾经充满活力的雅典人民，那些权贵们，却日渐麻木。苏格拉底反复传授的学说，自证清白的申辩已经失去了刺激的作用。沉默之中，苏格拉底不再为自己辩解，他选择用最后一死，用尽所有的力气，再进行他生命中最后一次呼唤。

苏格拉底一生忠于自己的思想，他至死都忠实信奉着自己的信念，然而也是他的信念终结了他的生命。有人称他为历史上“为真理殉道的第一人”。① 实际上，历史上处死苏格拉底的两大罪名“不敬神”与“腐蚀青年”，在当时并未达到处以死刑的程度。而是苏格拉底在法庭上的口出狂言，举止间的傲慢与不屑将陪审团推到了自己的对立面，最后判处死刑。因为他不屑于向徒有其表的民主政治屈服，他不愿违背自己心中对民主制度的信仰，因而选择一死。在法律面前，苏格拉底也终究没有选择逃亡，因此，人们把苏格拉底这种对法律的忠诚、对法律的信仰说成他是为这种信仰和忠诚而殉情死的。其实，他们在这里仅仅是看到了苏格拉底忠诚或信念的表面，深层次的根源在于：苏格拉底对法律的这种信仰，是源自于他的哲学思想与人格理论的。可以说，苏格拉底之死很大程度上是其自己个人选择的结果，是其自己避生趋死、为了个人信念的“殉道”。②

（二）雅典社会之悲——民主制度江河日下，死刑是法制的悲剧

苏格拉底身处的雅典已经不再是伯里克利执政时的鼎盛时期，当时的民主政治已经日薄西山，公民大会成了贵族利用“少数服从多数”的定律操纵政治的工具，而陪审团也只是由一些社会上空闲人员组成，缺乏独立思考的意识和民主政治的素质，常常因辩护者的慷慨陈词而改变立场。在苏格拉底看来，这只是“非正义的民主制”和“庸众的暴政”。在一个崇尚民主与自由的城邦，一位老人因为“亵渎神”和“腐蚀青年”这样的“言论自由罪”而被判处死刑，令人唏嘘。而透过表面，苏格拉底之死真正的社会悲剧在于，城邦以一种极其程序正义，极其符合民主法制要求的流程完成了审判，目的是维护城邦的利益，然而带给苏格拉底的却是极其荒谬而失正义的结果，而他为了维护城邦的利益，维护城邦的正义而选择了服从这个不正义的结果。城邦的审判流程没有错，苏格拉底的坚持也没有错，然

① 牛德，丁佳：《为真理殉道的第一人——苏格拉底》，《新西部》2013 年第 21 期，第 108 页。

② 李朝东，王立宗：《苏格拉底之死与殉“道”》，《科学·经济·社会》2006 年第 2 期，第 76～79 页。

而双方矛盾的立场，最终造成了不可挽回的悲剧。是雅典号称民主的法制，造就了这样的悲剧。

三、宝黛爱情之悲

“一个是阆苑仙葩，一个是美玉无瑕。若说没奇缘，今生偏又遇着他；若说有奇缘，如何心事终虚化？”①虽然在曹雪芹的原著中，作者并未写下这对眷侣的最终结局，然而他们的悲剧结局已在前文中得以窥探一二。他们对爱情纯洁，崇高的追求，注定了他们的爱情只能是一个乌托邦，永远虚幻，永远不可能指向圆满的归宿；而他们所处的封建社会，仕途经济的背景，又注定了这个乌托邦只能是昙花一现，稍纵即逝。一切美好终为虚无，一切圆满终不得长存，二者相互融合，共同成为宝黛爱情中的悲剧色彩。

(一)孤独之悲——纯粹之爱幻化为个体的孤独

宝黛之恋，是中国文学史上绝无仅有的自由伦理下的爱情，刻骨铭心，叛逆世俗。然而这样的爱情，又无比脆弱，它无法在现实生活中实现。宝玉厌恶封建礼教，认为女孩嫁了人就不再美好，然而另一方面，他们又渴望婚姻的结合，渴望得到封建礼教下的认可，成为真正的眷侣。这种矛盾，暗示着他们的爱情只能像隔着一条清澈的小溪——两人都看着小溪里倒映的对方，默默地思念。然而跨过小溪之后的现实生活，举案齐眉，相敬如宾，会将这对爱侣的火花消磨殆尽，最后化为一滩死水。他们的爱情纯粹，却注定不能结合，他们各自站在小溪的一侧，只有一个人的孤独。

(二)污浊之悲——纯洁之爱深陷污浊

宝玉在七八岁时就说“男子浊臭逼人”②，本质上是宝玉对封建礼教，对追名逐利的厌恶，男子生来就有考取功名，追求利禄的使命，所以在他眼里男子生来污浊，而那些闲读诗书，坐听戏曲的女孩子们是唯一的净土。他和黛玉的爱情，也建立在他们共同的对仕途经济的厌恶之上，宝玉那句“林妹妹不说这些混账话，要说这些，我也和她生分了③”，意

① 曹雪芹，高鹗：《红楼梦》，中华书局2005年版，第36页。
② 曹雪芹，高鹗：《红楼梦》，中华书局2005年版，第28页。
③ 曹雪芹，高鹗：《红楼梦》，中华书局2005年版，第433页。

味着他们对对方产生了认同感，成为彼此的精神慰藉。然而大观园里都是追求功名利禄之人，何处没有算计，没有权谋，上至贾母，贾政，下至袭人，紫鹃这些小丫鬟，处处都为自己的利益算计着。即使他们不愿陷入功名利禄的世俗中，即使他们不愿在算计中纠缠，四处的流言蜚语，现实的巨大压力也会一次次地把他们拉入这个泥潭之中。他们渴望不受世俗纷扰的纯洁的爱，可生在尘俗的他们注定深陷污浊。

（三）消逝之悲——爱之红消香断

“花谢花飞花满天，红消香断有谁怜”，乌托邦固然可悲，但也可成为心灵之慰藉。然而乌托邦在封建社会的制度礼教中不堪一击，随着青春年华的逝去，现实扑面而来；青春稍纵即逝，乌托邦彻底坍塌，爱情也沦为昙花一现。封建制度里的理想婚姻，是利益的纽带，是加固利益关系的工具，是博取功名利禄的一环，它可以有很多含义，唯独不能是爱情。而宝玉生在大观园中，他的身份，他的家庭，注定将他推向这样的理想婚姻之中，年少时的爱恋，共读西厢的情感，只能在现实封建家庭，传统礼教面前分崩离析，不得长久。

四、悲剧之成因与价值

（一）悲剧源于与时代的不一致

苏格拉底之死，宝黛爱情的消逝，两者都是中西方文化中刻骨铭心的悲剧，而两者的产生原因，都源于悲剧个人思想超越了时代主流思想，不被时代所接受，现实扑面而来，将他们推向不可挽回的悲剧。

苏格拉底之死是个人超前政治思想与时代的落后民主法制不一致的悲剧。苏格拉底看到了雅典民主政治中的种种弊端，在苏格拉底看来，民主不应该是“少数服从多数”原则，不应是没有是非判断的民众自治，不应是未经审查的苟同；民主应该体现公平正义，应该经过审视思考。当时的时代主流却没有意识到这些问题，他们仍然沉浸在民主政治的光环之中。“众人皆醉而我独醒”，无法被时代接受的苏格拉底只能慷慨赴死，用生命推动时代思想的前进。

宝黛的爱情消逝，是两人超前的爱情理想与时代封建制度思想不一致的悲剧。宝黛的爱情是自由的、纯粹的，然而这种自由纯粹的爱情是在现代社会都具有现实困境的理想爱情，在当代社会都有可能被磨灭，更毋论腐朽森严的封建社会。两人的爱情不被当时世人理解，又被世人错解，两人也在环境的影响下不断对自己的爱情产生误解和怀疑。于是爱情只能一瞬，于是“一朝春尽红颜老，花落人亡两不知”。

（二）悲剧的价值在于引发人思考生存的深层意义

“悲剧是把人最有价值的东西毁灭给人看。”①悲剧是毁灭的艺术，它让我们思考我们为什么悲剧中的主人公，似乎明明有很多选择，最后却走向毁灭。并不是天命注定，而是使命注定。他的追求和目的使他一步步走向毁灭，有的主人公甘于毁灭，愿意享受这样的悲剧性结尾，像苏格拉底，以自身肉体毁灭实现学说完满，推动法制前进；有的主人公悲于毁灭，是苦苦挣扎无果后最后一声对现实无力的控诉，像宝黛的爱情，焚诗，出家，意味着对制度的反抗，意味着即使消逝也绝不屈从；有的主人公悔于毁灭，是痛苦于最有价值的东西最终错付，毁灭是对错付的反抗，像怒沉百宝箱的杜十娘，以一死痛斥负心汉。叹完毁灭，这些悲剧也让我们思考，我们为什么而活，什么东西值得我们即使自身毁灭，也在所不辞？这不仅仅是我们每个人活着的意义，这更是人在世间生息繁衍，不断前行的过程中反复思考的，最深层问题。

① 鲁迅：《再论雷峰塔的倒掉》，《语丝》周刊第 15 期，1925 年 3 月 23 日。

爱情的悲剧：
莎士比亚与曹雪芹的跨时空对话

蔡怡伦　测绘学院（2019302141010）

【指导教师评语】沙翁与曹翁，中外文学史两颗耀眼的星辰，在一个夏夜的傍晚碰撞出思想的火花。怡伦同学的这篇习作，想象奇妙，文字优美，思绪开阔，叙事跳跃，对爱情，对生命，对人性，对文学，有自己的思考，虽然这些思考还带有一些来自中学应试教育的成见和稚嫩，但毕竟是真实和一己的。（文学院教授　李建中）

冷风如刀，大雪纷飞，今晚正是除夕夜，曹雪芹独卧在病榻上，茅庐外，是一片片嘈杂喧闹的人声。有吆喝声，喝彩声，问候声，还有喜庆的拜年声。爆竹声隐约入耳……

不知道从什么时候开始，他的手已拿不起笔，更别说去完成那未竟的事业，那一盏油灯昏黄的光芒渐渐暗淡下去，仿佛迟暮的老者缓缓走向自己生命的终结。

也许是知道自己命不久矣，曹雪芹的眼角流下两滴浑浊的泪，不是因为即将失去生命而哀叹，而是因为那本尚未完成的书——《红楼梦》，他用尽自己最后的力气，高声念道："满纸荒唐言，一把辛酸泪；都云作者痴，谁解其中味。"

他缓缓合上了眼睛。

那里是一片令人绝望的漆黑。

长久的黑暗后……

一、星辰闪耀

曹雪芹一身素色衣袍，虽然打着补丁，眉眼间却依稀能看出曾经那个锦衣纨绔、富贵风流的大家公子的模样。

莎士比亚沉思着，眼里时不时流露出睿智的光。

二人寒暄一番，畅谈过后，只叹相见恨晚。

夏末的傍晚热意渐退，缕缕微风送来些许凉意，曹雪芹悠然地躺在竹椅上，望着渐渐变得暗下去的天空，“今夜无月，方能见星。”漫天星斗下，莎士比亚也不禁感慨，“你我二人有缘在此相遇，不如聊一些更有价值的话题，就用你我二人最经典的爱情之作来做比较，看看咱们笔下的人物有何不同的境遇与爱情，你认为如何？”

曹雪芹答：“善。”

于是，两位中外文学历史上耀眼的星辰，就在这样一个夏夜的傍晚，擦出了思想碰撞的火花。

二、爱情之间

“中国人对于爱情，想到的可能是洞房花烛，花前月下，也可能是凄凄婉婉，缠缠绵绵。”曹雪芹道，“宝玉，黛玉之间的爱情，因前世之缘一见倾心，又在红尘浊世中历经坎坷，无疾而终；宝玉和宝钗之间的并不是纯粹的爱情，宝玉认为他真正的爱情全部给了黛玉一人，但是他也为宝钗的明眸皓齿，肌骨莹润所倾倒，为她的博学多才、蕙质兰心而倾慕。依我愚见，情之一字，难解，难解。”曹雪芹摇了摇头，叹了口气。

曹雪芹缓缓起身，道：“在宝玉眼中，人都是平等的，人只有真假美丑善恶之分，而无地位之别。宝玉喜欢随心所欲的生活，对女性有一种天然的热爱；同时，他不想按照家族的安排考取功名，迎娶宝钗，封妻荫子。他和黛玉追求自由平等的爱情，但是他性格的软弱决定了他无法对封建的伦理道德做出有效的回应与反驳。所以，他的爱情，必然会受到来自社会和家庭的种种影响。真正自由而平等的爱情，在封建社会是难以存在的。”

莎士比亚自信地笑道：“罗密欧与朱丽叶也是这样，二人在互不知晓身份的时候相识，进而相知、相爱，在知道彼此的身份之后又能不顾一切地追求自己的爱情，即使他们的爱情是不被祝福，甚至是不被允许的。他们最后选择殉情，来化解两个家族间的世仇，也正是一种为了追求自由的爱情所做出的努力和牺牲。”

“既然我们的主线都是追求自由平等的爱情，那么这其中又有何不同？”

“罗密欧与朱丽叶二人的性格极其相似，都是热情似火，敢于直接表达自己的心意，勇敢地追求自己的爱情；在一见钟情之时就能够倾诉爱慕之情，最后又为爱殉情，并以死来使两个家族达成和解。相比之下，你的作品里，二人始终没有直接的倾诉心意，这点实在是可惜，可惜。”

莎士比亚看向这柔和静谧的夜空，周围的一切都安静下来，只有周围昆虫的声音隐隐响起。

曹雪芹不禁叹了口气："确是如此，从《诗经》中'关关雎鸠，在河之洲，窈窕淑女，君子好逑。'到柳永《蝶恋花》中'衣带渐宽终不悔，为伊消得人憔悴'，含蓄而有距离感的爱情是中国式爱情的底色。而宝玉和黛玉本就不是善于表达心意的性格，黛玉对自己和宝玉的爱情充满了担忧，但是她又不会将自己的心事直白地表达出来，只能'使小性子'，采用各种近乎无理取闹的方式来表达，二人就在这种互相倾慕，互相爱恋，却又不得成全的状态中煎熬。直到最后黛玉香消玉殒，宝玉出家为僧，在青灯古佛中了结一生。"

曹雪芹摇头感慨，"如此，如此，只能说人与人之间的爱情并不相同。其实爱情本身并不复杂，只是因为掺杂了我们的欲望，掺杂了世俗与功利，才变得不再纯粹。"

三、悲喜选择

"宝黛之间的悲剧，是历史的必然，是封建家族衰落过程中的一个剪影。宝、黛、钗这个三人间恋爱，婚姻的悲剧，本质上，其实是封建社会的黑暗与罪恶。"

曹雪芹深深地叹了口气，好似想起了他的一生：在锦衣玉食中潇洒纨绔的少年生活，历经人世浮沉，甚至到最后"举家食粥酒常赊"，个中甘苦，无人可知，而正是这些经历，才成就了如今的他。

"在我所处的封建社会的后期，封建制度已然大厦将倾，但是封建礼教仍然深入人心。贾宝玉和林黛玉在封建婚姻观的压迫下，也必然无法追求自由平等的爱情。而在追求爱情的主线之外，却又与之紧密相连的，是具有代表性的'贾、王、史、薛'四大家族的兴衰，同时也有整个社会的黑暗现状，在整个宏大背景的前提下，这出悲剧就从单纯的爱情悲剧变成了腐朽的封建统治和快要崩溃的封建制度的可悲，是整个时代的悲剧。"

曹雪芹道："我早已预知到封建社会必然走向衰亡的命运，而我在《红楼梦》中也始终在暗示读者封建制度的腐朽堕落。可惜，可惜，这样不稳定的社会制度居然依旧存在了那么多年，真是令人唏嘘啊。"

莎士比亚点了点头，又摇了摇头，继而开始阐述自己的观点："罗密欧与朱丽叶之间的爱情其实并不可悲，可悲的是偏见，仅仅是因为家族的敌对和世仇，就能阻止两个大胆追求爱情的年轻人的心吗？显然是不能的。但这样的现实却不是他们两人所能改变的，更多的是一种无奈。即使两家的矛盾难以调和，他们的爱情，他们的追求，他们的赎罪与奉献，也应当是有意义的。意义就在于他们希望用爱情来化解两家的仇恨，并且最后取得了成功。从这个方面来看，追求自由爱情的斗争起到了一定的作用，这也给整部剧作增添了喜剧的色彩。"莎士比亚的脸上挂起了微笑，似乎是对这样的结局十分满意。

"只有悲剧才能让世人警醒，你所创作的最后的喜剧结局，是我想要让读者们去做到的，从这个方面来看，你我二人也确是不谋而合。”曹雪芹的手中不知何时拿起了一把扇子，他摇扇捋须，缓缓解释道：

“宝玉黛玉之间的爱情悲剧，其原因更多的来自于封建观念的压迫，贾府的长辈们并非对林黛玉没有感情，而宝玉和黛玉的结合，其实与他们也并没有冲突或者矛盾，只是他们每个人都在朝着自己认为对的方向行走，因为在封建观念深入人心的时代里，每个人都默认的选择了符合当时社会条件和社会观念的方向，最终导致了这个爱情的悲剧。”

“罗密欧与朱丽叶的爱情悲剧，其实还是偏见带来的矛盾和冲突，在这部剧里，两个家族的关系更加针锋相对，更加难以调和。通过矛盾和冲突来深刻地刻画人物形象，倒是我更胜一筹了。”

“两相比对之下，倒是确无高下之分，不过莎兄你所在的那个自由而奔放的环境，真是我一直向往的了。”

“哈哈，我的朋友，时势造英雄，若没有见惯那些世态炎凉，你又何以能够写出那么经典的传世之作呢?”莎士比亚宽慰曹雪芹道。

“是我痴妄了。”曹雪芹摇头失笑，起身望见那满天星斗。

四、离别之时

他们的相遇只是偶然，他们的未来和命运远不止这些，他们都奔赴在追求文学的更高境界的路上……

“莎兄，那么，我们就此别过。”曹雪芹拱了拱手，“我的朋友，我们有缘再见。”莎士比亚也对曹雪芹报以温和的一礼，两人四目相对，又同时大笑起来，“哈哈哈哈……”两人爽朗的大笑仿佛穿透了夏夜的云霄，越过了时光的长河，跨过千山万水相遇在一起。两位不朽的天才，两位文学，艺术的巨匠，在此刻，不论境遇，不论命运，不论成就，跨越百年光阴，成为了彼此的知己。

曹雪芹洒脱地转身迈步，歌声苍凉而悲壮：“眼终究要看尽沧桑，心终究要味尽凄凉，此生爱恨，皆为红楼一梦！红楼一梦……”他的声音最终还是消失在了夜晚的微风里：“说到辛酸处，荒唐愈可悲。由来同一梦，休笑世人痴！休笑……”

君子之路

郭挺　国家网络安全学院（2019302180053）

【指导老师评语】文章探讨什么是君子的问题，开篇明义点题说“以博雅为切入点，探寻君子之路”。作者选取《红楼梦》与《审美教育书简》组合对比论述，以《红楼梦》的内容印证《审美教育书简》的观点，视野融通，自有所思。而其叙述从日常生活逐步上升到君子的内在修养，层次分明。虽然所论未必深入，行文及标点皆有偶失，但仍有可观。(文学院副教授　汪超)

摘　要：君子，中华五千年来人们不懈的追求。何为君子，君子该如何生活，本文通过《红楼梦》与《审美教育书简》借鉴中西文化探讨君子的博雅，从生活层面，文化层面、以及内在审美层面，由表及里，探讨什么是君子，我们该成为成为什么样的君子。

关键词：《红楼梦》；《审美教育书简》；君子；博雅

当代社会，何为君子，仁者见仁，智者见智。论语言：“文质彬彬，然后君子。”《红楼梦》描绘了典雅的生活，《审美教育书简》探讨将美德深化到内在的重要性，鲁迅在《朝花夕拾》中赞赏讲到君子“不知海内博雅君子，以为如何？”可见博雅与君子形影不离，本文便以博雅为切入点，探寻君子之路。

一、物　之　雅

“院中点缀几块山石，一边种着几株芭蕉；那边乃是一个西府海棠，其势若伞，丝垂翠缕，葩吐丹砂”①山水苑木，涌入眼帘，寥寥几笔，丹青生灵，仅仅是外屋的描写，曹

① （清）曹雪芹著，（清）无名氏续，（清）程伟元，高鹗整理，中国艺术研究院红楼梦研究所校注：《红楼梦》，人民文学出版社2008年版。本文所引《红楼梦》原文，皆出于此版本，不另注。

雪芹便呈现出了大观园的极美精致，再往房内看去："其隔各式各样，或天圆地方，或葵花蕉叶，或连环半壁。真实花团锦簇，剔透玲珑。"在大师笔下，"虽由人作，宛自天开"的建筑借助明暗高低和形状相异产生流动感，显示节奏与旋律，如诗如画，宛若音乐一样影响人的精神世界。① 曹雪芹呕心沥血练就的笔法功底，使得生活环境的典雅气息跃然纸上。

衣食住行，生活中的点点滴滴显出雅致。从刘姥姥二进大观园吃的"茄鲞"到奶子糖粳米粥，再到鹅掌鸭信。从元妃到王熙凤的精美服饰。红楼梦将古人生活的典雅气质描写到了极致。其质彬彬，君子之好。这些生活上的博雅，对应的正是席勒《审美教育书简》中提到的"自然人"，自然人对生活层次的觉醒，便会导致人去追求更高的生活品质。而席勒通过对"游戏"的阐释，对生活中的"审美"，自然起得到净化心灵，指出一条朝着席勒描绘的君子"道德人"前进的道路。当然君子生活的雅并非仅仅现于大富大贵，生活中的雅，源自对生活的热爱，在于从"自然人"状态的觉醒。因此并非人人大富大贵，但将生活打理的更精细一份，生活的雅，也便多了一份。如李清照微醉后"争渡争渡，惊起一滩鸥鹭"亦是出行的诗意。君子之路，始于生活的雅致。

二、文 之 雅

仅仅是生活上的雅，对于君子们追求的博雅远远不够。而诗文的文化之雅，正是君子们共通的追求之一。《红楼梦》中众人爱结社，海棠诗社有"咏白海棠斜阳寒草带重门，苔翠盈铺雨后盆"；桃花诗社有"莺愁蝶倦晚芳时，纵是明春再见隔年期"书中少男少女们借诗抒情。诗词是文人的精神家园，更是人类的精神家园。曹雪芹借诗表达人生哲理，折射出君子的文雅之美。

作为中国古典小说的巅峰之作，这样高的成就不仅属于《红楼梦》，也更属于它的作者曹雪芹。曹雪芹的一生可谓跌宕，锦衣纨绔、富贵风流的少年时期纵然昙花一现，却是他生命里不可或缺的光芒，也给他提供了大量的素材，这是他经历的一种生活。家道中落后感受到世态炎凉，让他经历了另一种与少年时期几乎截然相反的生活。巨大的落差让他思考，让他得以跨越了两个阶级去看这个复杂的社会。与此同时，他涉猎良多，能诗属文、善书画、知园林，此外从中医、织补到工艺、金石、饮食，无所不好。广博的学识海洋与他丰富的体验碰撞在一起，"莲花有舌泪凝珠"博雅无双的《红楼梦》诞生了。而美育之父

① 何劲虹：《凝固的音乐，心灵的色彩——〈红楼梦〉与爱伦·坡作品的景物美》，《山西煤炭管理干部学院学报》2011年第4期，第56、57页。

席勒，既是诗人又是剧作家，同时精通哲学和历史。历史的智慧与哲学家的沉思，给予了席勒对自己生存的时代的反思，透过上层阶级与普罗大众的不满，以及发过大革命的失败，开始了对美育的讨论。君子学识渊博，才华横溢，从不局限于一科一类，博而文雅。

相较于《红楼梦》中通过描写大观园中宝玉与各姐妹们的文雅生活强调文学之雅，席勒直接在《审美教育书简》中直接强调了“审美生命”作用之一是可以美化周围环境，及君子之文雅对社会可能起到的作用。无论中西，君子文之雅对自身对社会，都是得益颇高。君子之路，行于文雅。

三、博之雅

才高者进士及第，秦桧之杀忠割地；奋斗者终成党魁，阿道夫血染犹太。古往今来，生活富足，博闻强识者众，博雅之君子少。正如当今饱受诟病的精致利己主义者，他们的生活雅致，品味高雅，学识渊博，但他们却缺少一份对社会的热爱。他们对“雅”的追求仅仅限于自身。

论及《红楼梦》对君子内在的刻画。贾宝玉有钟鸣鼎食之家的贵族身世，容貌清秀，才情颇高，待人真诚。而贾宝玉的高尚品质，却主要体现在对《红楼梦》中“水做的”女孩们的疼惜呵护上。与之相比，君子内在的美德，更应该体现在社会层面上。如关公的义，文天祥的忠。而贾宝玉一味地逃避入仕，其对社会的责任感明显缺失。而《红楼梦》所写官场作为的男如贾雨村、赖荣之流，都是有才无德之流；至于贾府众人，要么无耻享乐，要么平庸无能。因此，可以说《红楼梦》中君子的形象是缺失的。或者说，贾家的败落与君子的缺失不无关系。① 《红楼梦》是以无君子，在写君子。18 世纪的曹雪芹，看到了时代的现实，以写实的手法，道出了当时的社会的悲剧意味。君子何在？中华人民追寻了五千年的君子，似乎仅仅到了生活与才识层面，对于雅的广博，仍然局限在物质层面。

同样生于 18 世纪的席勒也对同样的社会现实感到悲怆。欧洲并没有“君子”的概念，所以席勒同样是在以“无君子”说君子。席勒将人类社会的进步分为“自然人”与“道德人”两个对于美育的认识。而当他意识到人类暂时还无法完全到达“道德人”层面的时候，“审美层面”这一概念顺势而出，席勒把美的事业与人性完整以及人类生活幸福紧密联系在了一起②，将博雅拓宽到伦理美学，或者说伦理美学的思想中，不再仅仅停留在物质生活领

① 朱小枝：《论〈红楼梦〉中君子形象的缺席——从〈世说新语〉中以玉为譬喻的名士到贾宝玉》，《文学·语言》2010 年第 5 期，第 54~56 页。

② 张玉能：《〈审美教育书简〉中的美学思想——美论与人性》，《青岛科技大学学报(社会科学版)》2014 年第 1 期，第 49~66、75 页。

域或者浅显的知识领域，试图以此为解决之道。

对于18世纪的世界，曹雪芹和席勒在东西方都分别感受到了社会的君子的缺失。曹雪芹著文，以小说的形式反映了现实的悲怆与变革，以悲剧反思了社会问题。而席勒，在感慨社会问题之后，则是著书去探讨了解决之道。正如席勒在书中第一封信所讲："我要论述的题目，同我们幸福生活的最好方面直接相关，并且同人类本性的道。道德高尚也相去不远。"当将君子的讨论延伸到审美领域并在社会实践中基点为人类的深层审美心理之后，就可能通过君子的美德发挥作用，促使社会不断实现从必然王国向自由王国的跃进。① 君子之路，在心中的高尚中走向对社会的救赎。

四、结　　语

在18世纪，面对社会上"君子"的缺失，两位分别从现象和解决办法入手，讨论了君子之路该如何行走。从生活雅致，文化典雅，到君子胸怀，为我们展现了立体的君子形象。君子之路，路漫漫兮，当上下求索。

① 刘颜玲：《席勒美育在中国当下的普适性——从〈审美教育书简〉谈起》，《内蒙古电大学刊》2011年第3期（总第127期），第94、95、100页。

怀雅者之志，译天下文章

——基于中西经典对比简析翻译艺术

史霁尘　外国语言文学学院（2019301020106）

【指导教师评语】人文社科经典导引的课程论文，如果没有很好的积淀，很容易写空，泛泛而论之作不少。本文的可贵之处在于，巧妙地将自己的翻译专业、严复的翻译三重境界与所学的《斐多篇》《红楼梦》的中译、外译结合在一起，最终与“博雅”的主题贯通起来。全文论述固然有宏观内容的介绍，但结合文本的细读让文章出彩，如杨绛对《斐多》开篇对话和“天鹅之死”的翻译，霍克斯和杨宪益对红楼梦“月满则亏，水满则溢”翻译的对比，比较有说服力，让人印象深刻。（文学院副编审　宋时磊）

摘　要：本文试将翻译“信达雅”的原则与“博雅”相联系，通过简析三原则的内涵以及具体对比我们学习过的中西学经典，不同中译英和英译中译本中遣词造句和传达文化思想的异同来揭示翻译的艺术。并联系翻译专业学生的信仰与未来，简述“博雅”对其的影响与重要性。

关键词：双语对比翻译；信达雅；语言的艺术

一、译者之“博雅”

一谈到译者翻译的原则，无论是业内人士还是门外汉都会想到三个字“信达雅”，足以见得此说法流传之广。“信达雅”的翻译原则首次由清末新兴启蒙思想家严复提出，他在《天演论》中的“译例言”讲到：“译事三难：信、达、雅。求其信，已大难矣！顾信矣，不达，虽译，犹不译也，则达尚焉。”①可见，在严公看来，翻译西文首先要意合，即既不遗

① ［英］赫胥黎：《严译名著丛刊——天演论》，严复译，商务印书馆2017年版，第11页。

漏也不曲解原文内容；进而要形活，即不拘泥于形式，调换语序来使句子更简明通顺。此二重境界已足够考验一名译者的水平优劣，但严公还提出了追求的最高境界——“雅”。近年来总在社交媒体上看到一些批判严公“雅”境的文章，大多指责“雅”过于追求文学性，容易造成辞藻的堆砌，若原文语言风格偏向生活化，那再将译文“雅”化，岂不是背离原意？

实则不然，此类批判并未窥得全貌便妄加揣测，严公在后文中解释了“雅”的几层含义，固然有语言优雅，但也有文化内核的传递。而且从严公的叙述逻辑中可以发现，三个境界是递进式上升的，没有“信”“达”，何谈“雅”。在我看来，“雅”中涉及文学性的部分的确需要酌情考虑，但其中有关文化传递的内容放在任何时代都不会过时，我在日常翻译练习中也将其奉为圭臬。

在当今时代，我更希望把最高境界中“雅”的深层含义理解为神似，即将原语言书写的文化内核，通过译者的翻译，传递到另一种语言中去。所谓“博雅”，可以是进修学识，可以是端正品行，也可以是传播多元的文化与思想。每一位译者都应将“雅”念融入到自己的译作中，为之博学广识、为之奋力一搏。

二、“雅”在英译中译作中的体现——以《斐多篇》为例

《斐多篇》是古希腊哲学家柏拉图的名著，借老师亚里士多德死前在狱中和他人的对话来阐释生命的意义。这篇文章篇幅并不长，但是其中两种描写方式的杂糅十分难以处理：一方面，整篇采用的都是对话体，有口头语以及很多语气助词的存在；另一方面，在对话中包含着大篇幅的说理，即使作者运用了比喻或者拟人等手段使之生动化，但逻辑严密的哲学论证依旧晦涩难懂，铺陈过多会挫伤读者的阅读兴趣。笔者读过的三个译本中，杨绛先生的译文最能打动笔者。

杨绛先生在序言中也提到，为了翻译此文，参考了五个英译版本，还特意缩短了繁复的古希腊人名。翻译是极考验译者对语言的运用能力的，而杨绛先生不愧为文学大家。在开篇的对话中，有这样一句：“For I could hardly believe that I was present at the death of a friend, and therefore I did not pity him.”①课本中选用的译文为“因为，我没有悲戚不已，即便面临的是我必须的人的死。”②虽然既信也达，但读来有些拗口，文学气息浓重。“悲戚不已”用在此处显得语气过于沉重，颇有拽文的意思。“必须的人的死”连用两次修饰，显

① ［英］Benjamin Jowett：*The Havard classics*, Grolier Enterprises Crop., 1980, p. 4.

② 刘小枫：《柏拉图四书》，生活·读书·新知三联书店 2015 年版，第 312 页。

得句子成分过于繁复。杨绛先生的译本则为“如果我看到一个朋友要死了，我心里准是悲伤的，可是我并不。”①其中并没有故意使用高深的词汇，全部用朴实的白话来讲，更贴近原句交谈的语气。更巧妙的是，将原文中隐藏的“朋友死去人一定会感到悲伤”的意思清晰地表达出来。

千万不要小看补充的这短短半句话，实际上体现的是英汉双语表述习惯上的一个典型差异。英语习惯使用单一名词来表达双重含义，尤其是形容具象化的事物，但汉语更偏向于将双重含义都表达清晰。例如此句：“The complexity of a sentence is determined by its length.”我们很容易直译成“句子的复杂程度由它的长度决定。”但对比二句不难发现，原句读来很有画面感，但翻译版本却过于古板，像在宣告结论。若考虑到“言外之意”，修改成“句子的长短决定句子的繁简。”原句的画面感便跃然于纸上了。很多人认为中文是“含蓄的”语言，英文更为开放直白。但从上面论述的例子可以看出，英文也有“含蓄”之处，需要译者运用敏锐的洞察力来为之填补空白。杨绛先生对原文的补充，要比我举的例子更高明，因为原文中“悲伤”的感情不是具象化的，细小的差别更难以捕捉到。译者，以雅为志，洞悉不同文化习惯之间的差异，才能译出好文章。

除此之外，传播多元的思想是“雅”者的另一个特征。在论述灵魂与肉体的说理部分，《斐多篇》中最著名的片段非“天鹅之死”莫属。杨绛先生的译文为：“天鹅平时也唱，到临死的时候，知道自己就要见到主管自己的天神了，快乐得引吭高歌，唱出了生平最响亮最动听的歌。可是人只为自己怕死，就误解了天鹅，以为天鹅为死而悲伤，唱自己的哀歌。天鹅是阿波罗的神鸟，我相信它们有预见。它们见到另一个世界的幸福就要来临，就在自己的末日唱出生平最欢乐的歌。我一丝一毫也不输天鹅。我临死也像天鹅一样毫无愁苦。”②不再赘述其文学功底，你是否觉得此段传达的哲学思想有点似曾相识？在中国古典名著《庄子》中也有类似的比喻，庄生晓梦迷蝴蝶，苏公赴死念天鹅。他们都是以物化的手段，来叙述自己对生命的看法。有相似之处，又各有千秋。各位译者对《斐多篇》的翻译不论好坏，单从文化传播本身来看，他们都是“雅”者，只不过是谁更“雅”的区别。众多看不懂希腊文和英文的国人，因为他们的译本，得以习得不同文化与思想中的精华，也可以说是“博雅”精神的传播扩大了。优秀的精神是有感染力的，借助译者的媒介，相互交流与碰撞，世界文化之林才能变得更繁荣。

---

① ［古希腊］柏拉图：《斐多》，杨绛译，辽宁人民出版社2000年版，第4页。

② ［古希腊］柏拉图：《斐多》，杨绛译，辽宁人民出版社2000年版，第50页。

三、“雅”在中译英译作中的体现——以《红楼梦》为例

《红楼梦》作为中国古典小说的巅峰之作，有着极高的文学价值和文化价值。曹雪芹行云流水的文字，令人遐想的隐喻，机关构巧的情节，入木三分的独到思想，构成了这部荡气回肠的佳作。尽管文风已经近似白话，但因为其中大量的诗句和蕴含中国传统文化的词汇，翻译工作十分艰难。纵观三十年来《红楼梦》的英译历史，从篇幅来看，从片段选译到节译再到全书翻译，内容与文化的传播完整性逐步提高；从文化内核来看，从作为对外国人语言学习的参考书目，到为他们展现一个富有异国风情的爱情悲剧，再到充分再现原著的文学文化价值。这些进步，都是译者对“雅”的追求。

如霍克斯把原著第十三回中的一句习语“月满则亏，水满则溢”译为“The full moon smaller grows, the full water overflows.”而杨宪益将其译为“the moon waxes only to wane, water brims only to overflow.”二者的译文均有“信达”之水平，但在“雅”上却有差距。若按文体来看，霍译更有外国诗歌的韵味，音律感很强。然而反复品味后，我更推崇杨译。杨译并未把它处理成西方诗歌的格式，但也做到了对仗工整。从传达的文化内核来看，杨更胜一筹。归根究底还是中英语言文化上的差异，其有“显性(overtness)”和“隐性(covertness)”之分，即中文中省略掉的时态、语态、分句间关系在译成英文时需要补充。对比两个译本，霍偏向于直译，而杨用“only to”的修饰，既完整了对仗又补充了因果关系，更加贴近原文的文化内核。

四、小　　结

作为翻译系的学生，在学习“导引”这门课时，我十分乐于将中英优秀译本对比欣赏。同时也发现了译者的重要性。语言是文化和思想的桥梁，优秀的译作让人读来津津有味，字里行间流露出与原作共情的思想，传递了原作的文化价值，而有些译作读来则味同嚼蜡、晦涩难懂。联想到严公提出的“译者三难”，其文章中对“雅”的部分描述与我的想法不谋而合。

“导引”的文化核心是向我们传达“博雅”思想，望莘莘学子内化于心外化于行，成为“博雅”之人。大到“文法理工农医”各行各业，小到翻译专业，我们应博览博学，怀雅者之志，赤子之心。

雅　　集

杨涵　经济与管理学院（2019301040067）

【指导教师评语】作者以与历史人物和学者对话的形式表达自己的感悟和思考，想象极为丰富，有些地方也比较深刻，行文较为流畅。但涉及的思想内容太多，无法深入阐述。（历史学院教授　何元国）

我不满足。

我不满足于将一本两本经典解构得支离破碎，美其名曰“我注六经”；我也不满足于用盈篇累牍的借鉴和引用掩饰头脑的空空如也，美其名曰“一句一典”。那不是君子行事。

【序·滥觞】

我的小小书斋，是我的果壳。而我，是端坐其中的君王。

有如实秋先生的“雅舍”乍看不过是陋室，我的“书斋”，看似不过是小小的一方桌案，而我竟能“说服”家里满柜爱书中最割舍不下的菁华同来大学，伴我整夜清谈清梦，何其幸运，何其奢侈。

图书馆是我真正的蓝海。与之相比，小小书斋好似芥子一粒。然而这芥子，是可纳须弥的永远港湾。慎而又慎地选择新的成员加入，不是历史的精魂，不足以迈入我的书架；而凡是得以在我书架的群星中有一席之地的，必是弱水三千中永不干涸的那一瓢，是我一读再读、一解再解的原典。

我这样固执地对我的书架施以严格准入，以至于曾有长达两年的时间，我的小家庭没有增加一个新成员，不是因为没有读书，只是因为那些书注定无法陪伴我走到人生的尽头。可谁能想到，短短数月的导引课下来，被“导引”进我的视野，然后一路畅通无阻地进入我的小书架的经典，就有六册之多，还不包括小学就快被我翻烂的绣像脂评《红楼》和被我重新线装过以免散架的《史记》《论语》和《庄子》。

文言文体或许会成为论文的亮点，“对话体”可能会有许多人用。但我不会因骈句的华美而炫耀自己的文言水平，也不会因对话的平白而弃之不用。这些执念，有时会成为我与大师和读者交流的障碍。是在我的陋室一隅还是在流觞曲水，在见心黄夜还是喧闹白昼，用文言还是白话，都是形式，都不重要。破除这些“绊”与“槛”，我只想让读者毫无负担地读懂我所想展示的。

我也不想用深奥的论述阐述我的想法，而想借一些大多数人耳熟能详却“不知其二”的风流人物，以“独手戏”(既是对手戏又是独角戏)展现自我释惑、自我圆融的片段。那更接近我阅读时“心领神会”的状态。读经典之于我，不是匍匐于地，被动接受，而是“你来我往”，主动索求。

你以为这里静寂无声，其实这里百家争鸣。

这是我与他们的雅集。雅士之雅，博雅之雅，雅正之雅。集谈之集，集妙之集，集中西之集。

【永遇乐·子瞻】[1]

恰是明月如霜，好风如水的夜晚。与风清月朗形成鲜明反差的，是这黯黯梦云里，寂寂黄楼畔。

苏子盯住我道：“为什么选在这里？”

我嘻嘻笑道：“借盼盼的好地方，最可展现你的矛盾了。看似怀‘楼中燕’这样的文士酸题，又有多少人明白你‘怀’的究竟是什么？”

苏子笑笑，眉头却轻轻皱了：“你懂？说来听听。”显然是不相信我会懂。

我绕着他大步转圈圈，故意拖长调调：“曲港之鱼，声不悄，人不静，则不跳；圆荷之露，更不深，露不重，则不泄。我当初自喜得趣，后来才知顾随先生早我八十年便说了出来。你嘛，一边乐得夜深游园，无关风月，观喧嚣白日不能得之美景，寻凡夫俗子不可见之美人，得天真之乐；一边却又放不下故园，放不下官场，只觉寂寞之苦，见逐之倦；一时梦醒，又觉尘世皆空，百无一趣。你‘怀’的又是匡世济民的报负，又是全身养性的逍遥，又是破除执障的解脱。你说，你乱不乱？”

苏子这才展眉：“虽不中，亦不太远。”

---

① 苏轼的《永遇乐·明月如霜》是本章情境。

我打断他即将开始的长篇大论："顾随先生又说，你是精于'出字诀'，黄老至性。我倒从这一阕看出，您老可不只是居士。你也好，香山居士也好，自号'居士'，干的可都是穷道达儒之事，和俗人别无二致。你们还走得更远。香山被贬江州，居然晨叩齿夜坐禅，一手檀经一手道经起来①。道也好，释也好，岂不沦为你们对现实的逃避了么？尘世行走，六欲俱全；离了官场，又空明灵澈起来。儒释道三头想占全，倒是美得你！"

哪知苏子被我这一番尖酸刻薄，居然越听越乐，大笑起来："少年人见识不深，口气倒是不浅。也好，我见你们同龄学生，有些口若悬河，实则满腹填草，外行奉之弥高，内行又不屑与之论争，以致颠倒是非；有些缄口不言，动辄'我没有资格评论'，实则既是懦弱，也是对前人的神化。你一上来，一口一个'你'，言辞冲撞，像是将我当了一个可以嬉笑怒骂的朋友，不跟我玩讨厌的繁文缛节；提的问题倒不失严肃，是向学的真性情，也是对我最大的尊重。

你对儒释道的看法过于割裂，这也是许多人意识不到的通病。将仁性、天性、悟性分列，固有道理。却容易让初学者忽略他们的相互交叉，不可分割。

先讲释与道吧。《坛经》讲究'破执'，求真正该求的佛法，忽略不重要的云烟。佛法又是通万物之理与情，照自在之空与蕴，渡众生之苦与噩。前二者通《道经》《庄子》：《老子》自不必说，世界影响甚至大于《论语》，重要原因就在于对世界普遍逻辑的朴素思辨，是求世界与自我之'真'最初的出色尝试。《庄子》'无用之用'，本有三层含义：其一，具体事物总有尚未发现的具体用处，如不龟手之药，此处漂絮只值数金，彼处吴军渡河，一鬻百金②，恰似你们生物学说的'潜在价值'，然而终究还只是具体的功利用处；其二，'有用'是于他人而言，这份以自有资源对他人的满足，却难免损及身性，招致祸端，如漆木桂木③；其三，'无用'状态，才是万物初生时的本真状态，是人与自然最为和谐的时刻；既不必损他人，也可以全自己。万物都在对彼此'无用'的状态下自由发展、全面发展，在庄子看来才是理想境界。

由此观之，悟性可寓于天性，二者的根本同为此三者：求知欲，渴望不断破障破执，照见自我本真和世界全貌；'冷眼'的理性状态，让精神站到塔的更高层，置身事外地俯瞰

---

① 白居易：《斋戒满夜，戏招梦得》"纱笼灯下道场前，白日持斋夜坐禅。无复更思身外事，未能全尽世间缘。……"《味道》"叩齿晨兴秋院静，焚香冥坐晚窗深。七篇真诰论仙事，一卷檀经说佛心。此日尽知前境妄，多生曾被外尘侵。自嫌习性犹残处，爱咏闲诗好听琴。"原文精简起见，方便论述；此处严谨起见，附其出处。下同。

② "宋人有善为不龟手之药者……则夫子犹有蓬之心也夫！"见陈鼓应注译：《庄子今注今译·逍遥游》，商务印书馆2007年版，第34页。

③ "桂可食，故伐之;；漆可用，故割之。人皆知有用之用，而莫知无用之用也。""樗、栎以不材终其天年，桂、漆以有用而见伤夭。"见陈鼓应注译：《庄子今注今译·人间世》，商务印书馆2007年版，第166页。

人间；'热肠'的包容悲悯，庄子站到了现世的上一层，下面的一切何其片面，何其可笑，何其短暂，但他并不因此忽略个体的特性，而是主张保全各自本真，用宏大的视野尊重和理解你的'有限'，笑言'彼亦一是非'，不能'以己养养鸟'①。"

我激动道："是了是了！给你的论述举两例吧。达摩初祖自天竺东渡中土，便有不附权贵，普爱众人的言传身教，为南梁佛教乱象破一大执，暗合道家'俯视的悲悯'，也开禅学中国化先河；僧璨三祖，一言弃'分别之心'即可成佛，颇有庄子'齐物'之妙；二言方便法门无需自残，超越苦修的形式，也与道家'全身养性'不谋而合。"

苏子拈髯微笑："可见，你平日心中攒的素材不少，只是支离破碎，没个统领。今日我为你提纲挈领，说一大'法'，你今后自能举一反三了。

再说儒释，则在'渡众生'的修罗场上并肩作战。释教既入中土，便与那印恒河畔的母亲成了两码事。社会影响上看，从只求个人来世的偏狭和野蛮恐怖的残存中解脱，逐渐被改造成社会治理的重要因素，你说梁武帝的佛也好，武则天的佛也好，都既是致治的辅助手段，也是百姓的精神慰藉；教义本身上看，从西天二十八祖到东土六祖的分野，无论是终极追求上还是修行方法论上，更离不开儒家价值观的参与改造。解救众生苦厄，成了他们共同的最高宗旨……"

我与他相视一笑："如何不是呢！有一传说，四祖七日念经，拯救吉州全城百姓，不论真伪，也能看出自魏晋入隋唐禅宗追求的变化之大；五祖则在三祖的方法上走得更远，提倡日常起居皆是修行，颇有'君子无终食之间违仁，造次必于是，颠沛必于是'遗风，经由慧能六祖'人有南北，佛性无南北''定慧一体''心转法华'的阐发而成熟，又下启陆王新儒学'人人皆可为圣贤'②一脉。儒释脉络，由开到阖，互为启发，酣畅淋漓。妙哉，妙哉！"

苏子被我打断，也不恼："悠然心会，何须再与君说！儒道的关系也大体如儒释，只是开始更早罢了。从老子的'无为'到淮南子的'无为'，意思早已从消极的'不为'变成了积极的'不妄为'，其间二家互相论证互相吸收，不消详说。

你天天看书，只听你念些'中华文化复合多元'，却原来是小和尚念经，未曾把书读活。前面举例驳杂，林林总总，不过一句话：中国文化总能在漫长的历程中将外来与本土的多种因素相互杂糅，不分主次，儒释道三家恰似少女的麻花辫或缠枝花鸟，从各有源流，各不相干的三股，到既互为师友，又相对独立的一辫，正因如此，才能保持其微妙平衡与生生不息。

---

① "昔者海鸟止于鲁郊……此以己养养鸟也，非以鸟养养鸟也。"讲述鲁国国君给海鸟人类的最高礼节，供奉，奏乐，食肉，海鸟三日而死的故事。《庄子今注今译·至乐》陈鼓应注译，商务印书馆 2007 年版，第 530 页。

② 《传习录·卷下·门人陈九川录》："人胸中各有个圣人，只自信不及，都自埋倒了。"

这样的特质不是凭空而来，也不可能抽象存在，总是要在我们这样的文人身上展现。回到你刚开始的问题：我三家并用，是否矛盾？我便自辩一番：《论语》讲用之则行，舍之则藏，我倒问你，夫子可有讲如何‘藏’？终其一生，夫子可曾允许自己‘藏’？《论语》没讲的，庄子却讲了，将官场险恶之时，如何藏得逍遥江海，藏得自我圆满。并不是所有人都有机会一辈子‘知其不可而为之’，那么到了必须退出台前的时候，何不趁机好好全身养性，怀山抱水，寻得遗忘许久的自然和自我呢？《论语》又讲‘智者乐水，仁者乐山’，可论天人关系的完满，不能只有儒的现世，也要有释道的思辨。天人之思是人看世界的两只眼，走天下的两条腿，只有出入三教，才能求得完整的答案。这恰恰是对现实的‘倒屣以迎’，何来对现实的逃避一说？”

我笑道：“我今日才算对‘文化结构’的宏观和微观意义有了感性和理性兼备的认识。文化结构奇妙的地方在于，文化发展的历程常会在个人的成长历程中精确复制。我的成长正是不断内化外来的刺激，你的人生，更是对文化结构的精妙缩影。不如就给这种结构起名叫‘麻花’吧！也算是我们不成熟的发现。”

苏子大笑：“俗！……不过我喜欢吃麻花。”

我说：“灵感就是源于你最爱的崇阳麻花！”①

两人相视大笑。

【论教育·爱因斯坦】②

初雪的早晨。我慢慢地默念着梭罗的《冬日漫步》：“……玻璃上结了冰纹，光线恬淡而安静，更加强了屋内舒适愉快的感觉。早晨的安静，似乎静在骨子里”，一边伸手推开了他小小的屋门，壁炉特有的气味扑面而来。

小提琴声没有戛然而止，一直等到一曲终了，最后一个音符如雪花缓缓飘落，他才开口：“虽然拉得不怎么样，但我还是觉得我做一个小提琴手比物理学家出色。”

我挑了挑眉：“别这么妄自菲薄，都很出色，只不过都有一些技术上的小问题罢了。”

他懂了我的双关(弦论物理模型的缺失，小提琴灵性的演奏下技巧的缺陷)，露出顽皮

---

① 苏轼《寒具诗》：“纤手搓成玉数寻，碧油煎出嫩黄深。夜来春睡无轻重，压扁佳人缠臂金。”极言崇阳麻花之美。文士雅趣，是此文化结构命名来由之一。

② 一战后，由于爱因斯坦一向鲜明的反军国主义、反民族情绪政治立场和强烈的社会责任感，以及一连串公开文章、演说与奔走呼告，他成为希特勒黑名单上的头号人物。为躲避盖世太保追杀，更安全地发表他对国际政治问题的看法，爱因斯坦于1933年迁居美国普林斯顿的一幢小别墅，1936年发表《论教育》演讲，是为本章情境。

又羞涩的笑意，问了一个跟苏子异中有同的问题："为什么选择我来当这面透镜？"

我笑道："虽然大部分人都没看过《爱因斯坦》全集，但我看过呀。在我认识的人里，深刻理解西方文化脉络的人中最强烈要求通识教育的，也是将这两者共同精髓阐发得最清楚的，除了爱翁还能有谁呢？尽管与专业成就比起来，你'通才'的这一面鲜为人知，但正因如此，今天拜访你就更有必要了。"

他说："博雅教育在柏拉图、孔子和其他人那里都有不同层面上的定义，今天你想在哪个层面讨论问题呢？"

我道："毋宁说'自由七艺'和'六艺'分别是西方封建社会和中国奴隶社会对'君子'的具体技术要求罢了，今天的问题却远不止于技术层面。

开门见山地说吧，我们要探讨的'博雅'，中西语境下都适用：个体主动接触自己认知能力和擅长领域之外的广阔世界，培养广泛的兴趣与刨根问底的能力，不断扩充自己的理性与感性，从而养成圆满的人格。而我所理解的'博雅教育'，则包涵一切激励和帮助个体'博雅'的手段。在不同的语境下，'博雅教育'又有不同具体要求，比如对技术人才通过强调基础科学和逻辑的培养，提高人才未来的可迁移性；对文学人才，既要博观、厚积，涉猎古今中外，又要典正、薄发，成就一家之言；对自然科学人才，要求他具有人文素养；对人文社科人才，要求他具有自然科学思维方式。不知我的这一番解读，爱翁觉得是否全面呢？"

爱因斯坦点头，银发可爱地颤动："你补充了我在《论教育》中没有展开的一些观点。但我还要加上最终极的一点：博雅人才，或是'当代君子'，既要有独立思考的能力，又不能演变成利己主义和个人主义，而要将为公众社会服务作为人生的最终目标。"①

我表示赞同，又说："我们今天还有一个论题。将它们放在一起，也是因为我觉得源起西方的'博雅'一词，实则也是西方文化脉络的投影之一。一言概之，无论美学、史学、经济学、管理学还是其他具体科学门类，其实都建立在对理性与感性及其相互关系的发掘上，就拿管理学试举一例，从以泰罗为代表的科学管理学盲目追求'经济理性'，实现效益和生产力的最大化而忽视工人积极性这一感性因素，到行为科学等后续学派对'感性'因素的补充和对二者结合方式的深入挖掘，不就是这个过程的绝佳例证吗？

我们就以《斐多》《国富论》和《审美教育书简》这三本在时间上相互承接，具体领域又各有不同的著作为例，分析西方文化的主要命题吧。"

爱翁微微颔首："'文化结构'本身是一个过大的词，为了深入，你将它置换为'命

---

① 爱因斯坦：《论教育》"学校的目标应当是培养有独立行动和独立思考的个人，不过他们要把为社会服务看做是自己人生的最高目的。"见《爱因斯坦全集·第三卷》，许良英等译，商务印书馆汉译世界学术名著丛书 2016 年版，第 170 页。

题’，希望从此切入。我明白你的意思。与中国文化主流三家对‘天人家国’主命题解答的‘麻花状’结构比起来，‘理性’‘感性’这一对源起西方的概念，在大时间尺度上，呈现更为明显的线性发展结构。古希腊罗马时期从纯感性世界世界中觉醒，朴素理性开始成长；中世纪略过不表，文艺复兴、宗教改革和启蒙运动，伴随各国资产阶级革命席卷欧洲。这一时期，理性地位空前上升，人们将之奉至神坛，感性几乎没有立锥之地。其实这样做，又何尝不是树立新的宗教和偶像？卢梭最先大声疾呼，反对这种矫枉过正，强调以前的‘理性’一词过于狭隘，‘理性’和‘感性’都应是某种更大理性的必要组成。

这种理论分析或许过于抽象，你选择的三本著作就能很好地阐明这一观点：《斐多》代表古希腊哲人逻辑意识的觉醒和繁荣，看见什么都要对‘它背后是什么’‘背后的背后又是什么’问个究竟。人从匍匐于神的面前，到跳出本我，自觉‘自我’的存在，发展出对‘超我’理性永恒的追求，从此而始。苏格拉底对灵魂的缜密逻辑推导、对把握生命本质的宝贵尝试、对雅典民主城邦的超前认知和社会责任感与对‘与神为伴’的渴求，让苏格拉底之死成为理性发展史上的里程碑。他也让我们明白，每种具体的‘理性’认识与行为，每次对事物本质的揭示，其背后都有一种更大的感性在驱使：对真理之美的惊异与向往，而人类为什么会有这种神秘的感性元素，我们无法用理性解答。

你在《我的世界观》①中也鲜明地表达过这一观点，可惜，机械理性时期的人们最终忘了希腊三杰的宝贵传统。

总有一些事会被暂时遗忘，但人类总会重新记起。”爱翁的笑意有几分狡黠，“《国富论》是机械理性时期理性著作的代表，但你不能只读《国富论》，却忽略《道德情操论》同样重要的地位。如果我们将《论法的精神》《纯粹理性批判》或《实践理性批判》这类著作归为一类，就会发现人们以为绝对正确的‘纯粹理性’必然的残缺：不可能有人的理性是纯粹的，逻辑学也不是一门能解决世界所有问题的完美学科。任何建立在自诩‘绝对理性分析’自负上的著作，都会在被发现错漏百出或自相矛盾的时候听到真理的嘲笑。《论法的精神》中的粗糙、不实、偏见与矛盾之处，就是绝佳的例子。换句话说，如果真有‘理性主义者’信奉的绝对理性存在，人类的每次试图消灭感性的尝试，都会是对绝对理性的残害，都会让‘人’变得不再完整。”

我若有所悟：“《国富论》的理性经济人，是默认每个人都有最大化自利的能力。但谁

---

① 爱因斯坦：《我的世界观》“我们所能有的最美好的经验是神秘的经验。它是坚守在真正艺术和真正科学发源地上的基本感情。谁要是体验不到它，谁要是不再有好奇心也不再有惊讶的感觉，他就无异于行尸走肉，他的眼睛是迷糊不清的。……我自己只满足于觉察现存世界的神奇的结构，窥见它的一鳞半爪，并且以诚挚的努力去领悟在自然界中显示出来的那个理性的一部分，即使只是其极小的一部分，我也就心满意足了。”见《爱因斯坦全集·第三卷》，商务印书馆汉译世界学术名著丛书 2016 年版，许良英等译，第 58~59 页。

都知道这种经济人是不存在的。于是发展出阿罗的‘有限理性人’，其实就是对感性的承认和试图把握。这种理性与感性的交锋，在《道德情操论》中就展现得更为明显了：斯密不仅承认利他性和同理心这些感性因素与理性的并存，试图用理性去把握感性，用理性去规定‘合理的伦理’，也意识到了感性因素本身在理性发展中不可或缺的推动和约束作用。”

爱翁点头：“运用理性，可以不断深化对感性的认识和把握，而感性又是理性和求知的动力，也是理性健康发展的必要条件。随着两者携手并进，我们发现他们还有这样一层关系：在审美过程中，感性和理性由相对独立，到融为一体，共同塑造了绝美的灵性体验。这是成书略晚于《国富论》的《审美教育书简》揭示的‘游戏状态’的真谛。奇妙的是，书本身以理性而严谨的语言捕捉感性而跳脱的美感，而且非常和谐，炉火纯青。

总而言之，理性和感性，犹如西方文化的两大基石，对它们关系的演变和发掘，就是西方文化的主脉。其余具体学科门类的成就，都如同雅典娜神庙上华美的立柱和穹顶。这种文化结构，就以‘神庙’命名吧。”

我跳了起来：“是啊！博雅教育倡导兼收并蓄，独立思考的目的，不就是最大限度地和谐发展我们的理性和感性，让我们好奇、敏锐、柔软而开放，始终保持对真理、美感和道德的不懈追求吗？这不就是他们共同的精髓吗？能做到这些，不就是‘君子’了吗？”

爱因斯坦的银发映着窗外的雪光：“小家伙，这么多经典没白读！但也要始终记得我在《论教育》中写过的：‘言辞永远是空的，而且通向地狱的道路总是伴随着理想的空谈。人格绝不是靠所听到的和所说出的言语，而是靠劳动和行动来形成的。因此，最重要的教育方法总是鼓励学生去实际行动。’①”

我将一生躬行，先生。

【通史·斯塔夫里阿诺斯与马克垚】

这一次没有任何“境”在我的头脑中生发。我们只是在我的书架旁交谈，或沉思。

“在将自己浅薄的思考写出来前，我着实经历了一番辗转反侧，一方面，我希望自己的论文就一个小小的切口广泛整理材料，深刻挖掘内涵。当时我打算比较庄子与孟德斯鸠的‘自由’内向与外向的差异，另一方面我却发觉，所有小的文化问题最终都会被引向我学习通识课过程中对文明的整体观照，比如‘自由’的求诸外还是求诸己，不能不让人联想到在经济发展这样更大的问题上面，立足开拓殖民与深耕国内市场的选择差异；也不得不提

① 爱因斯坦：《论教育》，见《爱因斯坦全集·第三卷》，许良英等译，商务印书馆汉译世界学术名著丛书2016年版，第170~171页。

中国文化心理的‘内向倾向’‘赤子情结’与西方文化心里的‘外向倾向’‘刀锋体验’，于是我选择了文化结构对比及由此引发的对博雅教育目的的思考这样一个看似容易泛泛而谈的命题，但又怕覆盖太广，深度不足。您觉得我的选择合适吗？

诚然，在评价论文的学术水平时，相比广度，我们更看重深度。但我相信，作为一个尚未成年的学生，一所百年名校给予了你足够的包容，能在结课论文中将你在不长人生中无数次阅读经典、聆听受教、活跃讨论到准确输出的经历积累中对‘博雅’的宏观把握展现一二，自然能看出你的思辨水平；你选取近似小说和清谈的形式，方便他人检验你的感性触觉与美学素养。而理性思辨，感性发掘，美学培养，便是‘博’‘雅’的目的所在。”斯塔夫里阿诺斯的眼神，就是我无数次幻想过的那样，锐利却闪烁着孩童的好奇，凝重又洋溢着活跃的激情，是能穿透历史的眼睛。

“这一次我们不会再问为什么选择历史学家。”马克垚先生笑道，“其一，你深受我们的影响。在你眼中，‘历史’与‘博雅’本身有着天然的联系。还记得尤瓦尔·赫拉利在《人类简史》中举得那个‘中产阶级的草坪’的有趣案例么？如果你一出生就看到所有人门口都有一片修剪整齐的草坪，你只会习以为常，认为世界本因如此。只有当你问出了难能可贵的‘为什么’，了解‘门前草坪’的演变历史，才会明白并不是每个中产阶级的别墅门口都应该有一片草坪，才有了做出选择的可能(比如在自己的庭院里安排点日式枯山水而非草坪)。历史就是让你跳出原本的习以为常，允许你有真正的选择权，而不是被过去的‘规定’支配。这才是历史指引未来的凭借：让你跳出自发状态，独立思考，成为‘自觉’的人，拥有真正的‘人格’。我们通过研读过去的经典，把握未来的人生，实际上也是这种天然联系的重要体现。

其二，历史学家这一群体，最能对你论文那稚拙却勇敢的尝试给予精神上的鼓励。历史最严峻，你在阅读《全球通史》与《世界文明史》时，一定曾无数次为史学极端洗练的深刻而惊叹；但历史又最宽容，一切在她面前都有近乎平等的地位。因为与那宏大的结构比起来，一切元素既不可或缺，又渺小到了极点。我们从不会说自己对历史的揭示是正确的，我们随时做好推翻自己既得成果的准备，即使那可能有损我们的名利地位。但我们更明白，与是否正确相比，历史更在意你的不懈探索本身。”

斯塔夫里阿诺斯接起他的话头，“如果时间曾允许我发现自己书中对东方文明因史证不足导致的那些大小错误，我一定会将自己的改正公之于众。同样，我将对借鉴我的组织方式，在东方史研究上走得更远的马先生致以最崇高的敬意。小家伙，没有人比你更清楚，你的结论不全面甚至不正确。但你有相对广博的阅读，采取了严密的实证逻辑，能够将所学知识灵活迁移，有独立思考的基本素质，也敢于说出自己不成熟的看法以供真诚交流。这些基本素质，才是我们希望在各领域追求真理的当代人才身上见到的。希望你不要忽略自己潜力无限的萌芽，好好地去发展它。”

“我希望，这是人文社科经典导引通识课带给你的最深教益。”马克垚先生对我微微颔首。

【跋·小小的我】

可写的题目太多，角度也太多，控制不住自己“一鼓作气”的笔，字数一不小心远远超出了三千。

《雅集》选择两位中国名人和两位西方名人，刻意避开了教材中经典的作者。因为我选取的人物应当是他们间的透镜和桥梁，可以多面折射、多方架接。其中有趣的两个小点，选苏子很大程度上是对所谓“经典高考作文模板”对苏轼李白白居易等人反复玷污的反击：“通”不是“俗”，以及斯塔夫利阿诺斯与马克垚先生学术上的不解之缘，是我忍痛没有安排汤因比先生出场的重要原因。

其余结构上的安排，是我对整饬、雅致和圆满之美的小小追求。但形式美在内容表达的需求面前必须让步，我刻意没有用宋朝俚语腔调处理苏子，也没有把翻译腔强加给爱翁和斯氏，而是反复修改，尽量做到平白朴实，正是出于无障碍高效表达的考虑。

在我以后的人生中，大概不久就会在阅读中看到，一两百年前的某人就发现了我微不足道的发现，而且比我讲的清楚得多，或者我的发现压根就是不全面的，值得推翻重塑。但那些都不重要，重要的是，导引课给了我最基本的渔具，让我得以在广博与专精的路上走得更远。

愿“麻花式”和“神庙式”两大结构成为让思考架接中西的小小独木桥。撷取感性、理性、诗性(美学素养)之芳，我永远在“博”与“雅”的路上。

我永不满足。

有彼君子，和美通达

王朱安　物理科学与技术学院（2019302020182）

【指导教师评语】文章紧密围绕“博雅”这一关键词，旁征博引，重点从《审美教育书简》和《文心雕龙》两部经典著作进行挖掘，并将《论语》与《庄子》很好地融入其中，从哲学、历史和文化等多重维度对“博雅”进行了深刻的论证；文章结构完整、形式新颖、思路清晰、层层递进、逻辑性强、首尾呼应；行文流畅自然，文笔细腻，无矫揉造作之感；通过阅读，可以发现作者具有丰富的知识积累，对于经典文本理解具有自己的独到之处，并能结合新的时代特点赋予“博雅”更深刻的内涵，反映了新时代青年的理想与追求！我们相信：未来他们必定大有可为，大有作为！（物理科学与技术学院讲师　卢丽珠）

摘　要：本文用问答的形式简要叙述有关博雅和美育的观点。文中举西方席勒和东方刘勰为例，从《审美教育书简》和《文心雕龙》两部经典看东西方博雅及美育的异同之处，同时分别从博雅的兴起，实现博雅的方法和博雅理念的目的三个方面论述对博雅教育的看法。

关键词：文心雕龙；审美教育书简；美育；博雅

余居高楼方寸之间，常见闻雾聚笛鸣，而不知清溪古林为何物。不辨四时，不分五谷，茫茫然，惶惶然。一日，吾友往游山林，要同往之，欣然赴约。入林青碧翠玉，鸟声如铃，竟如桃花之源，来之忘反。忽闻水声潺潺，转顾崖端，白练飞泻，巧亭翼立。相视而笑，遂快步登临。亭内一桌，上置青盘白碗，青梅煮酒，春水煎茶。讶然。

忽闻老者三两声，抬首方见白须白发，眉慈目善，轻言：“小友何所来？”

对曰：“乘兴而来，兴尽而归。”

笑：“王子猷之遗风。”

问：“何为魏晋遗风？”

答：“博雅之谓也。”

吾二人有心求教，老者察之，遂置酒置茶而邀。

一问：“博雅何以兴？”

轻叩酒樽：“博雅其谓，自古有之，于今衰矣！昔席勒举美育以召。美，德之所蕴；释其本心，福祉之所来矣。人所为人，本我之人。”

“理工兴，文艺废。天下熙攘，利来利往。铁壳奔突，吞云吐雾。术业其有专攻，诚然如是，然极尽钻营于一隅而弃通达为弊履，则惑矣。故刘彦和提笔论文，亦论人所以美育。人所为人，天下之人。”

二问：“博雅何以成？”

曰：“如席勒所言，通情并理，此所谓游戏。游戏者，身心一体，此所谓美。庄周‘庖丁解牛’莫不为是：见其肌理，不疾不徐，心神不贰，物我合一，遂游刃而有余，怡然而乐之，施施然而得之。此所谓游戏之乐。美之所在，我之所在。庄周称其为逍遥，鲲鹏不逮，列子宋荣子不达，非无己至人、无功神人、无名圣人不可窥其玄妙。然吾以为人生在世，皆可游戏，亦可逍遥。”

“刘彦和谓博雅‘博观而雅正’①，通文书、缀画轴。其观文，一倡三恶。倡其雅正，典雅而正直。一恶诡异新奇，哗然而取宠者，不知其贻笑大方矣。二恶为文造情，须知虚情厌人，假意伤人，人本无情，文何具焉？文为衣表，情为骨肉，为文造情譬若衣衫绮丽而伪骨假肉置焉，岂不怪哉？诗经三百，字字见情，为情造文，千百世而不绝。孔子云：‘诗三百，一言以蔽之，曰：思无邪。’②震川先生睹物思人，遂有《项脊轩志》：‘庭有枇杷树，吾妻死之年所手植也，今已亭亭如盖矣。’③悼亡之切，如泣如诉。汤义仍为情而《牡丹亭》文成，曰：‘情不知所起，一往而深。生者可以死，死可以生。生而不可与死，死而不可复生者，皆非情之至也。’④此至情之文。为情造文者，待人必竭诚。三恶风骨无存。风骨者，端直也。魏晋建安风骨，刚健明艳，意气风发。白乐天有言：文章合为时而著，歌诗合为事而作。⑤ 此文人风骨。情与骨俱，则和与美成。”

“著述论说，必先博观而后达雅，务先遍览而后圆通。彦和所言：操千曲而后晓声，

---

① 李建中，李远：《博雅：中华美育关键词——以〈文心雕龙〉为中心》，《文化与诗学》2019年第1期，第2~13页。

② 龚笃清：《清代湖南朱卷选编》，湖南师范大学出版社2012年版，第500页。

③ 孙奇：《我是朗读者(第2辑)古代散文卷》，济南出版社2018年版，第119页。

④ 刘成群：《词说文学史》，北岳文艺出版社2016年版，第240页。

⑤ 梁诗正：《趣说字词句》，汕头大学出版社2016年版，第343页。

观千剑而后识器。① 古今未曾变其一毫。且观载舟之水，其若不厚，则其负舟也无力。故郭淳夫历草木遍山川方成竹于胸，王摩诘亲历千里之景遂方寸成绘。此博观而通达，通其理，达其情，博雅之所成。道术为道，方术为技，方术渐与道术等，庄周叹其悲夫。博观为道，一隅为技，弃博观而守一隅，此所谓惑也。"

"论晦明之变，四时之景，此皆美育，此皆博雅。花木山川，鸟兽虫鱼，怡情而悦性，和美而通达。和则无相悖，美则无相恶，通达则广相缀连。"

溪水之声渐起，鸟鸣山幽，似与方落话音，遥遥应答。

三问："博雅何所至?"

答："席勒之谓，释其本我，遂得福祉。彦和所言，博雅之道，君子之道。"

"'为天地立心，为生民立命，为往圣继绝学，为万世开太平。'②此陶庵老人之豪言，历千百载而不衰，实为君子之命。孔子谓天命为性，谓率性为道，谓修道为教。故中华美育，成其人也；博雅所教，成其君子也。文人一遇、相贱相轻，古来为贵、今人为贱，伪言横行、真知遂迷，弃实务华、轻文重武。此皆古来有之，然非君子之所为。通达所蕴，亦谓通情通理、通人通史。君子博学，仪表端庄而行事严正。内修德行，外修风骨，穷则述文以立志，达则有为以济世。君子其人，文武兼备，大才大通。"

余讶然无言，唯颔首以对。

大风骤起，树影参差，日月相接，星移斗转。转顾一桌，青盘白碗。青梅煮酒，春水煎茶。

日上三竿，不过一梦经年。余居高楼方寸之间，常见雾聚、常闻笛鸣。

恍然忆及问答二三，竟不觉遂知清溪古林为何物，以致辨四时，分五谷，倏忽明朗。文艺废而美育起，西学成自我之人，中学育天地君子。游戏逍遥，可得本心；真情风骨，俱成和美；博观圆融，遂成通达。自然风华，情理蕴之。

至此明其事理。有彼君子，和美通达；博雅之道，大道至简。

---

① 游光中：《经典散文名句》，四川辞书出版社 2018 年版，第 505 页。

② 茅家琦：《南雍咏史》，南京出版社 2017 年版，第 30 页。

博观至美书简，复归完整人性

刘昌黎　数学与统计学院（2019302010125）

【指导教师评语】本文借《文心》与《书简》论人之博雅，全文也颇有“雅”气。文章通过对二书的对比，提出“博雅”之道，在于“博览”—“有物”—“融心”—“圆照”，这一理解可谓颇得“博雅”三昧。全文虽仿论文之体，却颇具诗性之味，这一书写方式也较具博雅之气质。（文学院教授　高文强）

摘　要：对于“博雅”之人性，东方的《文心雕龙》提出了“雅正”的要求，而西方的《审美教育书简》提出了关于人“理性”与“感性”彼此回归的诉求。作者认为，二者关于人的心灵美好状态的探索与讨论其实是相互通融的。本章将就二者进行对比，旨在得出中西之间关于“博雅”的一些一脉相承的观点。

关键词：博观；美育；中西；雅正

一、非“博览”，不生“雅”

对于“雅”，《文心雕龙》论述：“典雅者，熔式经诰，方轨儒门者也。”①所以，人非生而“雅”，需要遍观群书，淬炼经典，方能形成雅正的气质。而西方的席勒在《审美教育书简》中也鲜明地表达了自己的论点，即初始的人性是分裂的，人们需要审美教育，使理性冲动与感性冲动转变为人性圆满的游戏冲动。这里，我认为，“雅”与“游戏冲动”是对应的，“熔式经诰”与“审美教育”也是一脉相承的。所以，席勒与刘勰虽然在探求至美人性的过程中走了不同的旅途，提出了不同的概念，但他们的论述所体现的人精神升华的过程

① （南北朝）刘勰：《文心雕龙》；转引自李建中主编：《人文社科经典导引》，武汉大学出版社2018年版，第113页。

是可以归为同一类的，即“博观”可以“雅正”，“雅”是博览经纶之后人性的自然流露。席勒认为，自己时代的人性是“上层腐朽，下层粗野”的，下层人民因缺乏美学教育，而一味追求占有、享受，殊不知这是官能给人性带来的桎梏；上层人民因忽视美学教育，而被秩序与法则等理性冲动占据了头脑。故席勒的著作透露了他对当时人性分裂、美学丧失的隐忧，从而试图用美学教育为人类点燃光明的火把。而《文心雕龙》提出的“雅”，也承载了作者意图修正人性，指明人性何所往的心志。其诸如“各照隅隙，鲜观衢路①”的见解，反映了前人文学理论批评的弊端，需要经过“操千曲而后晓声，观千剑而后识器”的博识，才能“笼圈条贯”，成雅正之才。这么看来，席勒所提的美学教育，可以理解为具体化的《文心雕龙》所述的“博观”。刘勰高屋建瓴，圆照通达；席勒鞭辟入里，直指时弊；二者都为“雅”指明了方向，给各自的时代带来了美学教育的呼唤。至于“雅”与“游戏冲动”，前者要求君子“内修道德，外修文采”，后者强调“人格完善，人性自由”；二者分别从精神气质与思想健全两个方面共同论述了如何成为“雅正”之人，可谓殊途同归，中西一脉。

二、“博览”，须览之有物

《文心雕龙》与《审美教育书简》都强调理想的人性需要经过心的淬炼，都提出了高尚的陶冶方法。刘勰论述到：“三极彝训，其书经言。经也者，恒久之至道，不刊之鸿教也。②”他将儒家经典奉为不用修改的至理，并告诫后人研习以获得典雅自如，通达晓畅的气质。刘勰无疑对美学具有深刻的洞察力，这使得他看待“雅正”这个话题时不再是务华而弃实，被看似优雅的靡靡之音所吸引。他把儒家经典中的鸿论视为美育，意味着他深入考察了人性之美残缺的原因何在，并尽己所能为现实中的人指明了君子之道，避免众人误入只注重文采而不晓道德修养的歧途。席勒基于他所处时代的混乱现状，提出了更迫切，更深情的人性复归的诉求。他论述道：“艺术正在从这个时代的瞎闹市场上消失。甚至哲学的研究精神也正一块接一块地攫取着想象力的领地。”③可以看出，前者是感性冲动的丧失，后者是理性精神的惨遭践踏。席勒为艺术、哲学惋惜的背后，是以它们为代表的美育的长期缺失。席勒所呼吁的美学教育，实质上是呼吁人们博览艺术与哲学经典等修补人性

① (南北朝)刘勰：《文心雕龙》；转引自李建中主编：《人文社科经典导引》，武汉大学出版社 2018 年版，第 114 页。

② (南北朝)刘勰：《文心雕龙》；转引自李建中主编：《人文社科经典导引》，武汉大学出版社 2018 年版，第 113 页。

③ [德]席勒：《审美教育书简》；转引自李建中主编：《人文社科经典导引》，武汉大学出版社 2018 年版，第 285 页。

缺口砖瓦，让分裂的理性与感性回归整体。被单一的感觉所支配的人，不能在道德和自然之间自如穿梭，不能称作“有教养的人”，而博览经典，则可以填充人性之间的空白，让人性回归自由与圆满。可以说，刘勰与席勒都为自己所处时代的人明确提出了提升心灵的方法，即二人都将博览自己所认可的经典视为对人性的净化，使其臻于完美，以图解决复杂的现实问题。从另一个角度来说，博览之物不仅可以靠先贤授于我们自己，更依托我们内心对有利于“雅正”气质形成的经典的诉求。如果我们自己不在意，任由自己的内心不断失衡，那么，即使开卷万册，也浑然不觉有所通悟或者满足，于是我们还是览之无物、味同嚼蜡，自如穿梭两种冲动都无法达到，更不能讲求“雅正”的气质。所以，我们每个人都应该有自由翱翔在知识的天空的能力，所览之处，皆为有用，并欣然纳之，这才是“雅正”之气质，才是人性健全的人。下面我将较为详细地对此阐释。

三、所览之物，须融汇于心

刘勰与席勒都为我们指明了通往君子之道的方法，即博观经典，览之有物。但如何锤炼，使自己成为博雅之人，还需回归我们自己内心。刘勰日夜追求博雅之理，以至于梦到：“予生七龄，乃梦彩云若锦，则攀而采之。齿在踰立，则尝夜梦执丹漆之礼器，随仲尼而南行。”①对于儒家至理，刘勰不是一种“等待投喂”的态度，而是意欲将其比作彩云，需要高攀以撷取；年方三十，甚至实现了与孔子心灵上的沟通，与圣贤一同在梦中神游。可见，“博雅”是君子魂牵梦萦之物，是隐藏在内心深处的对古圣先贤之道的崇慕与渴求。如果我们能重新发掘自己心中对君子之道的情感，我们或许可以重拾自由，遨游学海，不再“东向而望，不见西墙”，落入教育单一化的困境。再观西方的席勒，对所论述的审美教育，提出了“溶解性的美”与“振奋性的美”，旨在培养人们全面的感受能力，对感性之美和理性之美有着人性受到裨补之后的感化与触动，从而达到完整的人性。他曾言：“理想的艺术必须离开现实，用正直的勇敢超越时代需要。”②懂得审美使自己内心有了一把标尺，当我面对所览之物，比如艺术，哲学经典等，才不会被自己的欲望或者固有印象所歪曲，从而自如通达地看待理性冲动与感性冲动，让审美得到的营养均匀滋润于心中。所以，“审美”的含义不是看美，“博览”的含义不是泛泛而观，“博雅”追求的是自由，博识的教育，只有当我们从心底感受到“博雅”教育的美，才能日日夜夜为之神往，从而不受扁

① （南北朝）刘勰：《文心雕龙》；转引自李建中主编：《人文社科经典导引》，武汉大学出版社 2018 年版，第 112 页。

② ［德］席勒：《审美教育书简》；转引自李建中主编：《人文社科经典导引》，武汉大学出版社 2018 年版，第 285 页。

平观点的束缚，走上宽广自由的君子之道。歌德曾评价席勒的著作：“这些书简是那么美妙宜人，就像一杯可口的饮料，接触到舌尖就能调动起你全身的神经系统。我长久以来所认为正确的东西，我经历过的以及想要经历的东西，以一种如此紧凑、如此和谐的方式被呈现了出来。”两个君子的思想是相通的，“博雅”的品性对他们来说犹如“可口的饮料”，滋补心灵的田地，是人间一大快事。

四、心怀“博雅”，则万物皆可学

“博雅”，即博通雅正，更具体地说，是指君子能够自由广博地学习经纶书简，弥论群言，并且求根索源，使圆照通达的气质自然外露。刘勰提出“博雅”，是针对前人思维方式“各照隅隙”的弊端，其大多忙于敷理，而不暇举统。可以说，先贤的思想是超越时代的，他们关于人性根基处最质朴简洁的箴言，是人类历史长河中永远闪烁的明灯。把它们放在当今时代，我们可以发现，有多少人经典读物被尘封，有多少古代圣贤的风骨被遗忘。我们往往忙于一隅，做着自己专长的事，而忘记了自己内心其实已有干涸的的趋势。真正使人感到疲惫的不是广博的经典书籍，而是在一处驻留太久，没有感受到自由教育的拂面微风。“博雅”之人往往善于把握全局之理，并探寻统一的中心思想，而不是拆解开来，学西墙弃东墙。这样的学习是残缺的，分裂的，不能圆照万物，条贯全局。所以，通识教育的背后承载的是先贤思想的重振，其“博雅”一词使我们迷茫已久的眼睛发现了学海的浩瀚与自由，并促使我们寻找船桨去泛舟四海，重获自如。席勒曾言：“只有恒心可以使你达到目的，只有博学可以使你明辨世事，真理往往藏在事物的深底。”①我们只有博览群书，怀揣对真理的热望与渴求，自己的人性才能不落入天平的一侧，才能博学万物，笼络汗牛之书。

五、结　　语

《文心雕龙》的“雅”与《审美教育书简》的“游戏冲动”都可以视为一种博观群书之后获得的通达圆满的心境，且两个著作都在自由教育、美学教育上寄托了作者自己的希望，即人性的整体性与看待问题的统一性。在以后的人生道路上，我们要始终心怀“博雅”二字，以自由晓畅的态度行君子之道，守护完整人性。

---

① ［德］席勒：《席勒美学文集》，张玉能译，人民出版社2011年版，第302页。

人生路漫，梦似路长

——逆旅中的修行

张文清　基础医学院（2019305231019）

【指导老师评语】作者围绕"博雅"这一话题，中西并举、由远及近来论述，结构明晰。在文本的选择上，作者另辟蹊径，首先聚焦《论语》来展现孔子之博雅，能够加深读者对"博雅"的理解。以亚里士多德为例亦非常恰当，体现出作者在西方文化方面具有一定的知识储备。文章以中西圣哲为典范，最终落脚到自己如何能达致博雅，既分析了博雅的门径，又涉及心智的打磨，可见思考较为全面。行文流畅，思辨与激情兼具。虽有些微知识性的错误，但瑕不掩瑜。（哲学学院讲师　余婉卉）

引　言

鲁迅曾在《朝花夕拾·后记》中道："不知海内博雅君子，以为如何？"①博雅，即西方经典的 Liberal Arts Education，是指在古典时代对一个自由人而言一个十分重要的学科或技能，拥有这些知识后他们便能够积极地参与公民生活；而在当今社会中，关于博雅方面的教育，被广泛地认为是一种使人可以立足于社会而有所发展的通才素质教育。博雅的修行路，漫漫而艰，但大有裨益。总之，博雅教育一词常用于形容学习汲取知识和技能范围较为广泛的学位课程，那学习博雅又有何作用呢？其实，对自己而言，在人生逆旅中，修行博雅的之路可以增益我们所未开发的能力，磨砺出我们更崇高的人格，即使最后未能博雅，定也不同于世俗众生，心中自有云淡风轻，不动声色。再者对社会而言，博雅的人才数量的增加有助于人类文明这一整体在研究自然科学与探索人文历史的过程中探索出意想不到的知识与技能以及二者的随机组合，从而带来某个领域的发展，促生新的产业与领

① 鲁迅：《朝花夕拾》，人民文学出版社 2012 年版，第 87 页。

域，甚至极大程度上改变文明。

孔子心中的博雅

《论语》是儒家学派的经典作品之一，书中的语录无不透露着孔子对“博修其身，以致达雅”的追求。“博学而笃志，切问而近思。”是复旦大学的校训，改编自论语，从中无不显露出博雅对君子培育的重要性与必要性。孔子是儒家学派创始人，其博学程度不必多言。孔子的弟子颜渊曾经感叹说：“仰之弥高，钻之弥坚。瞻之在前，忽焉在後”，体现了孔子在当时的地位与其博学令人敬佩的程度。根据论语中记载，孔子曾将《诗经》重复的诗篇删除，并从编辑过的诗篇中选取合适的诗篇来教化学生，以传播礼仪，在探究夏、商、周三代礼仪制度的基础上，编定了《书传》的篇次与《礼记》，也为《周易》作了十翼。此外孔子还擅长声乐与乐器，其常欲与弟子们在沂水适逢溯水而来的和煦微风，迎着岸边低垂的新柳娓娓吹拂，柳枝翩翩舞动，并言：“莫春者，春服既成，冠者五六人，童子六七人，浴于沂，风乎舞雩，咏而归。”①根据其周游各国的经历，不难推断出其武艺不低，至少拥有在乱世中自保的能力。同时他也是一位历史学家，是先前优良学问的集大成者与一个好学者，认为“无常师”“三人行必有我师”，其“仁”的思想主要体现在其周游主要目的是解决人民的生命问题，解决所有人的痛苦，解决人们安身立命之大事。由此可见，他也是一位旷古绝伦的思想家。孔子在《论语》中的形象十分鲜明灵动、真诚稳重，嬉笑怒骂有之，悲痛扼腕有之，自黑自嘲有之，褒奖他人有之，但总的来说，他是一个对外界各种事物都充满好奇心并持续探索且不会因外界干扰而放弃自己理想的开拓者，其博雅的形象跃然纸上，并跳出书来映入了无数人的眼帘与心中。对知识不顾一切的追求，我认为可以称得上对真理探求的恒心毅力与勇敢勇气。

亚里士多德追求的博雅

亚里士多德一生勤奋治学，学术研究涉及逻辑学、修辞学、物理学、生物学、教育学、心理学、政治学、经济学和美学等，写下了大量的著作，被誉为百科全书式的学者，亦有“西方孔子”的美誉。首先，亚里士多德是个伟大的哲学家，他曾言“吾爱吾师，吾更

① 《论语·先进篇》，湖南大学出版社 2013 年版，第 112 页。

爱真理”，并著有《形而上学》来推翻了柏拉图所持的唯心主义观点。① 其在书中探讨了哲学对象和研究范围、对一些哲学术语做了释义、分析批判了以前的哲学家思想，重点批判了柏拉图的理念论，认为知识起源于感觉。在逻辑学方面，其著作主要有《范畴篇》《工具论》②，讨论了关于思维的形式和方法。他谈到概念的划分，指明逻辑和语言一样，平时感觉不到它有多重要，而只有在思想混乱一团时才感到其必不可少，并可用此来找到解决事情的突破口从而不断完善自己；并且认为逻辑才是整理思路和总结知识的框架，没有逻辑的支持，理论和科学都不会产生。《动物志》是亚里士多德关于生物学的一部奠基性著作，也是古代第一部按学术体系记录的人类关于生物学的广泛知识，对近代生物学的形成和发展影响很大，在科学史上占有很高的地位。作为一位经常活跃在初高中物理课本中的物理学家，其著作《物理学》也极大地推进了物理在西方的发展，并为后来牛顿经典力学的产生奠定了深厚的基础。当时人们对物理与自然界所知甚少，许多理论发展不全、认识短缺，所以在当时看来，亚里士多德的观点十分新颖，并已经在科学发展的过程中迈出了一大步。虽然其在物理学中的很多思想在近代都被证明为错误思想，但其在物理学方面的研究方法与探究精神极大地鼓舞了后来无数年轻的物理学家为物理学激扬青春、挥洒汗水，也激起了不少“好奇宝宝”对真理进行探求。更有人开玩笑地说：“后人对物理学的研究，大多数是从为了嘲讽亚里士多德开始的。”此话虽为玩笑，但无不体现了其言论的重要性与不可或缺性。

我眼中的博雅

综合来看，虽然两位学者对博雅的解读有些不同，但核心都是全面地最大限度的发展自己，并去帮助众生，只是二者研究推广的领域、特色不大相同。对于孔子而言，传承经典，延续文明，恪守正道，忧国恤民，此乃博雅③；对于亚里士多德，革旧迎新，探寻真理，热爱自然，理性思考，便是博雅。余以为一个人的博雅之路主要包括如下几个方面：首先，先尽可能多地了解人类现有文明成果，从文学到艺术到科技等，涉及不同领域的知识。学习知识时重视学习知识框架和处理不同知识时的共同方法和思想而不是局限于死板

① 紫光868：《亚里士多德的成就》，2015年12月9日，https://zhidao.baidu.com/question/1926346291261554987.html，2019年12月20日。

② 醉意撩人殇：《亚里士多德的著作有哪些》，2019年3月14日，https://zhidao.baidu.com/question/2272272419427054028/answer/3013689281.html?fr=index_ans，2019年12月20日。

③ 天义：《博雅精神与利己主义》，2019年12月10日，https://zhuanlan.zhihu.con/p/94693942，2019年12月20日。

的知识本身，同时将学习视为最珍贵的礼物，享受探索真理的过程，不轻易相信他人，建立自己的知识和记忆体系，诸如费曼的学习方式等；其次，尝试往某个领域深入研究，深入研究至无进展或者发现新的兴趣可以在某种程度上换一个新的领域去深入或者继续钻研，只要坚持，结果无不美好，正如化学学科的进步：一次次实验现象的积累与对实验结果的总结与分析逐步构成了化学这门学科，常会发生自己的结果与前人不同，这时就需要深入研究。其实化学的进步也正需要我们的钻研和总结并不断推翻那些旧的结论，探寻新的事物并解释前人无法解释的现象；其三，培养严谨、独立思考、有主见不盲从的思维方式，尝试使用批判性思维，不满足于现有的文化知识，探寻属于自己的理解方式并勇于创新，例如物理学需要个人一丝不苟的思维体系和具有特色的解题方式，从而探索最简便的描述世界统一性的方式；再者建立一个理性的独立人格，对偏激的事物心中不起波澜，客观评价事物而不带有主观意识，与马克思的哲学思想相似，只有不断的反省与自剖，探寻与揭露，才会逐步建立一个鲜活的人格。也正是拥有了这样的人格，马克思与其思想才没有在时间洗礼中被湮灭，成为了历史长河中一颗熠熠生辉的星辰。

我的漫漫博雅路

作为一名医学生，虽不求取得惊天动地之成就，但至少要做到“冀以尘雾之微补益山海，不觉自微；荧烛末光增辉日月，虽微仍光，热爱并忠于自己的事业”。再借用张旭东院长曾经对博雅学生的一句寄语：“在学理的思辩场上，聆听伟大心灵的娓娓教诲，文明的星斗在茫茫夜空中照耀脚下的路；在道德和情感的胸臆内，培养素朴正直的浩然之气，为家为国成就有用之材。”我不知道我选择的路是否正确，但不得不承认，学医真的太难了，在无数知识学术与责任毅力中还要学习其他领域的知识以此“博雅”。坦言，我可能一辈子都做不到博雅，我甚至都对自己的专业课所知甚少。但我还是在坚持，因为不服气，不想放弃，不想把机会留给自己看不起的人。面对冰山一角的“患者伤害甚至杀害医生与实习生”例子，足以让我细思而惊厥，甚至害怕自己在厚积之后的实习中连薄发都做不到。这路上有太多的质疑、迷茫、考验、痛苦、后悔，面对他人的不理解，自己又不够幸运、强大，试问自己是否足够坚强到可以坚持走下去。当我走过东湖，泪水与汗水一同浸润在湖水之中时；当我熬过无数个黑夜，躺在床上辗转无眠思考人生目标时；当我穿上白大褂，喊出“健康所系，性命相托”的口号时；当我踏入实验室，手持冰冷的手术刀俯身寻找所学的结构，被福尔马林过敏折磨得不知所措时……我内心波澜汹涌，我不敢回答，无法回答，没有充分的勇气说能，也不甘于草率地说不。龙应台说过：“不要以为你是大学教授，所以做研究比较重要；也不要以为你是个学生，不够资格管社会的事。”①博雅精神固然崇高，但说到底，不过是各种职业各司其职、各守其位：学生认认真真读书做人，老师兢兢业业教书育人，医生勤勤恳恳治愈病人，少一些浮躁和虚伪，多一些踏实和真诚。如果我们能做到这一步，其实博雅也就不远了。对呀，我说不出豪言壮词与慷慨激语，但我会吐露我的内心，希望我会对得起我的白大褂，去守护我爱的人，去完成我幼稚的梦。

选择博雅，就意味着不再私心自用，不再蝇营狗苟，而是决定坚守高贵的精神，担当社会的责任，肩负中国的未来；选择医学，就意味着不再疲惫气馁，不再轻松斑斓，甚至失去健康与八方之友，即使荆棘丛生，我也相信我一定熬过所有的磨砺、中伤而到达那个有可期，有所为的未来，前路的路漫漫而义无反顾。

① 龙应台：《野火集》，上海文汇出版社 2005 年版，第 17 页。

《红楼梦》的孤独主题

——《红楼梦》与《百年孤独》的比较

张正涵　国家网络安全学院（2019302180203）

【指导教师评语】《百年孤独》的书名清楚地标明了其孤独主题，它是整个家族在历史长河中的宿命，经由魔幻、荒诞的方式而呈现出来；而《红楼梦》的“孤独”是隐晦的，表现为宝玉、黛玉等角色的悲剧性命运。前者堪称家族式的孤独，后者可以说是个体式的孤独。作者从题材、叙事结构、写作手法和悲剧色彩等方面入手，揭示两部巨著中的孤独主题，跳出了以往多从集体主义与个人主义的对立模式理解中西文化的窠臼，颇有新意。如果结合文本的具体内容，进一步阐发孤独主题在两部著作中的异同，文章的立论会更有说服力。（哲学学院讲师　周可）

摘　要：在中西方的文学史上，《红楼梦》与《百年孤独》可以称得上分别是各自文化的巅峰之作。两者同样是描写了一个家族百年的兴衰史，《百年孤独》里孤独这一主题始终贯彻在布恩迪亚家族中，《红楼梦》因为中国文化的委婉含蓄让作者更多的注重了日常的生活场景和人物丰富的内心描写。但是，《红楼梦》也有一个不可忽视的孤独主题，只是有着不一样人生经历，体会着不一样的文化生活的曹雪芹用其他的方式来表达。从孤独这一角度作为切入点，分析它们的现实取材，叙事结构，主题表达上的异同，来探析孤独这一角度在《红楼梦》中的呈现。

关键词：《红楼梦》；《百年孤独》；孤独

一、引　　言

孤独来源于环境，只有人才能自我感知。孤独有千万种刻画，有身边人群熙攘却无论如何也融入不了这喧嚣中的无奈，有孑然一身度过晚年的凄凉，也有被命运审判日复一日年复一年永远也不能将巨石推上山顶的西西弗斯，也有不懂自己想法为世人难以理解的绝世天才。《红楼梦》和《百年孤独》这两部悲剧作品，都是通过一个大家族横跨百年的悲剧描写，直接或间接的表现出了令人窒息的孤独感。在它们的孤独的现实取材，叙事手法，主题表达上都有极为相似的地点。从这些相似之处分析，可以更有效的帮助我们理解两者之间的异同和孤独在两部作品中的体现。

二、神鬼和魔幻之外的现实取材

《百年孤独》作为魔幻现实主义的代表作，其内容上的核心也离不开自然的、社会的、客观的现实，或者整个民族心理的现实。①《百年孤独》的作者马尔克斯并不是凭空捏造，小说中的马孔多便是以作者的故乡为模型，更广阔地说，马孔多也是拉丁美洲无数个小村庄的一个缩影，也是作者的国家哥伦比亚甚至是整个拉美大陆的文化的典型。小说中刻画了一百多年的布恩迪亚家族从产生到全部消亡的悲剧，但它体现出的历史横跨拉丁美洲过去近两百年底层人民的现实生活和文化状况，从布恩迪亚家族中就可见一斑。在当时，拉丁美洲的人民生活困苦，人们相互隔绝，社会秩序也十分僵化，就像《百年孤独》中的布恩迪亚家族一样，马孔多长年来毫无发展，人们对生活也没有多大信心的增长，相反整个社会消极与邪恶依然充斥，黑暗的力量始终在消耗着人们的精力。马尔克斯通过《百年孤独》一书实则是在控诉那个黑暗的社会，控诉底层人民在拉丁美洲依然深处灭亡的边缘。无知的人们就在命运论的引导下一代又一代地体会着孤独和困苦，无论也逃不出被“命运”决定的笼子。

马尔克斯用一篇《百年孤独》魔幻想象享誉西方文学界，《红楼梦》则主要以曹雪芹的个人经历写成，融入了他毕生的心血成就了中国文学史上一颗闪耀的明珠。但是作者并没有单纯地写一个家族史，而是结合“女娲补天”的传说添加了神话色彩。书中的男女主人公本就不是凡人，但是他们各自所代表的形象又十分符合各自的人物特点。现实来源于神话，在时光的推移中不断发展，结果神话般的色彩结束，现实和神鬼题材的交融为曹雪芹提供了广阔的想象天地和发挥空间。曹雪芹个人本就生于很富贵的官宦家庭，但由于当权者的改朝换代，自己的家族也由辉煌逐步走向没落，这与《红楼梦》中贾府的境遇是相通的，所以书中的贾府败落和贾宝玉人物原型都是他自己一个人。在家族衰败的晚年，曹雪芹想通过自身家族的命运加上一些神话故事来隐晦的传达对腐朽封建制度的抨击，通过一

① 王芳：《〈红楼梦〉与魔幻现实主义——〈红楼梦〉与〈百年孤独〉比较》，《内蒙古大学学报(人文社会科学版)》2003 年第 4 期，第 54~58 页。

种轮回式悲剧的展开能够让百姓有所醒悟。对功名利禄的盲目追求也会在畸形的封建制度慢慢接受封建思想的毒害。也是在这样的生活环境中，对功名利禄厌倦的贾宝玉注定难以受到人们的理解，他注定是孤独的。除此之外，他人不会理解他对女性姐妹悲惨命运的同情。当贾府树倒猢狲散，宝玉抛弃凡事，最终选择卧佛青佛旁，继续品味着孤独。

三、闭环的叙事结构和玄幻的写作手法

孤独不是脱离整个故事情节单独存在的，或者仅仅通过一两件事的描写就可以完全刻画。站在全书的视角去看，孤独又可以分为个体的孤独和全局性的孤独。如何去讲好一个故事，无形之中也会给读者带来窒息的恐惧和无法逃离命运的恐慌感。在这一方面，两者在叙事结构层次有着高度一致的特点，都更深层次加深了孤独这一元素在作品中的呈现。

两本书都是在故事的开头用隐晦或者直接的方式暗示了整个故事的结局，营造了一种故事还未开始就注定凄惨的悲剧结局，这与它们曾出现的短小的繁华形成对比，深深地加重了故事的悲剧色彩和孤独意味。《红楼梦》书中的第一回就借用“女娲补天”的神话传说作为背景，交代了黛玉和宝玉不平凡的身份，一个是神瑛侍者的化身来到人间，另一个是绛珠草的化身为前世还泪。“沉酣一梦终须醒，冤孽偿清好散场”①，好一个梦和醒，好一个冤和孽，黛玉和宝玉之间的爱情注定不会有结局，只不过是前世未还清的恩怨罢了。现在声势极大的贾府回头看也是酒酣时的黄粱美景，黛玉的柔情似水也难逃疾病缠身。书中预示性的地点不少，如人物名的谐音也有一定的含义，金陵十二钗的判词也暗示了各自的结局，无时无刻不在把这种注定的孤独充斥在整本书中。

从写作手法来看，两部作品都是以玄幻、荒诞见长的，其中也穿插着抒情和诗意的写作。可能《百年孤独》因为复杂的人物关系和违背道德的人物行为，晦涩难懂、重复的人名让人难以把这部作品与书情画意联想在一起，可是在作者的文字描写功力方面是不得不承认的。即使他在描述最野蛮的事时都采用了最事实的语气，但马尔克斯的话还是能精挑细选，句子也被熟悉的撰写了出来。在何塞·布恩迪亚去世时，他这样写道：“不久之后，当木匠对棺材进行测量时，他们透过窗户看到小小的黄色花朵落下的小雨，他们整夜在寂静的暴风雨中跌落在小镇上，他们遮盖了屋顶，挡住了门，窒息了睡在户外的动物……”关于这一段摘录，我无话可说，那就是一幅典型的美丽影像，马尔克斯用有史以来最美丽的方式来构想图像，思想，经验，像一首散文诗，在黑暗的故事中增添了些许情趣，这是

① 李超然：《浅析〈红楼梦〉与〈百年孤独〉悲剧的相似性》，《中国校外教育》2019 年第 33 期，第 37~38 页。

《百年孤独》的另一种美丽。语言的作品之美也是产生排斥的重要原因。《红楼梦》被后世认为是研究作者所处时代的一部百科全书，因为作者在书中详尽的叙述了服饰、节日、诗词、地理、建筑等文化，并且每一部分都花费了很多心血，尤其是书中遍布都是的诗词、判词也让我们能领会到传统诗词的美好。同样也是在这样的美好中，贾府的树倒猢狲散，贾家的家破人亡，难以挽回的悲剧，也在对比之中更显凄凉。

四、孤独和宿命般的悲剧

俗话说，幸福的家庭大抵相似，不幸的家庭各有各的不同。但两部名著反应的是对立面不幸的家族大抵相似，伟大的作品各有各的不同。孤独伴随着布恩迪亚家族，每一个成员都无时无刻不体会到它。同时，孤独也是有利也有害，他们害怕一辈子困在孤独之中，而无奈地在反抗孤独，悖论的是他们生在这个世界上就注定与孤独为伴，它们希望孤独终究有一天会离去。一阵狂风吹来，马孔多最终在转瞬间在世界上不留半点痕迹，留下的只有我们对孤独的深切思考。

孤独自从贾宝玉降生以来就在左右，陪伴着他和身边的人。宝玉原本是顽石和神瑛侍者转世真身，作为神仙孤寂千年，生时便打下了孤独的印记。待到结局，赤条条的去毫无牵挂，宝玉最终又回到青梗峰下，依然是孤独的。“好一似食尽鸟投林，落了片白茫茫大地真干净”①，海市蜃楼和红楼一梦，高楼注定要在最后崩塌。

无处不在的预言，注定了逃不开的宿命。东西两位大师极为相似之处还在于故事的后期都把爱情的消亡，人丁的绝灭作为家族没落的标识。林黛玉吐血而死，第五代乌苏娜的血崩而死，两大家族唯一的爱情陨落，家族不久后走到了终点，以爱情消亡宣告家族的灭亡，这也是他们独特之处。

《百年孤独》中孤独是显性的，潜意识是黑暗的、深沉的和神秘的。每个形容词都是社会性的，构成了不透明、难以捉摸的关系，周围环境的潮湿无声，意味着掠夺性的原罪，人们在无意识中游荡，作者也故意让名字重复，混淆了读者对谁在做什么的概念。怪异的人或事，混乱的人际关系，无意识的荒诞也让这本书的孤独无处不在。相比于前者，《红楼梦》更加隐形，从具体事件入手，仔细发现才能体会人物底下各有各的孤独。热闹终归是热闹，再多的热闹也难以掩盖藏在每个人的孤独。如史湘云、王熙凤、林黛玉她们因为各自人生境遇的不同也感触不同。孤独也是这个神话化故事下的重要命题。

① 梁扬、谢仁敏：《〈红楼梦〉散曲论略》，《红楼梦学刊》2005年第1期，第129~144页。

知音结弦，听生之理

付卓　物理科学与技术学院（2019302020212）

【指导教师评语】文章从一到九，从九到一，从古到今，从中到西，从孔子的“仁”到苏格拉底的“理性”，从刘勰的“知音其难哉”到人生的七情八苦，并能结合新时代的特点，对生命的价值、生存的意义进行了深入细微的分析，具有一定的创新性；文章的框架特别具有新意，逻辑层次非常清晰，美中不足的是“九九归一”部分并未能提炼出文章的要旨和内涵。建议作者对这一部分进行修改，成为文章点睛之笔。此外，要对文字进行润色和修改，需使用书面语言。比如第一段中“而是从人如何在社会中立明的角度”，最后一段：才能心安理得地活着的吧，“也有些温柔过头了吧”。（物理科学与技术学院讲师　卢丽珠）

从古至今，中西方的众多先贤都对生命有自己的解释，而不同地域，不同时代的人们也在先贤的影响下，对自己生存的意义有不同的理解。要想深刻理解古人的观念，就要成为渊博雅正的“知音者”。知先人之音，结贤者之弦，明生存之理。

一 理 两 方

中西两方在对生命的理解上存在一定程度的差异。

中方代表孔子的关注点在于人与人之间的社会关系，用“仁”的概念诠释生命。在他的观念中，有天道的概念，也就是超越人的存在，但是他有意忽视了这种超自然因素对人的作用，而是从人如何在社会中立明的角度，建立的道德来约束人的行为，将人存在的本身，用超越生死的道德来描述。他提倡对鬼神敬而远之，对身边的人尽到自己的道德。

“德不孤，必有邻”①，这表明孔子的思想基础建立于社会人际关系之上。

西方代表苏格拉底则将理性作为前提，通过人们所相信的“神”，用严谨的论证来阐述生命的性质。他认为人会死，但灵魂不朽，他给予人们对死后的美好想象，消除人们对死亡的恐惧。同时为了让人们更加心安理得的活着，他用人是神的所有物的观点来防止人们产生自杀的想法。他的思想来自于绝对的理性，用理性手段，对人民所热爱的生命做出合理的解释。

同为人类，中西双方有着同样的生命。他们都创造了超脱生死的概念，激励人们不去害怕死亡，以积极的方式掌握自己的人生，这是全人类的生之理。

三问四证

苏格拉底和欧提德谟斯关于善行恶行的问答，这是一个有趣的典故，苏格拉底在不断的条件引导中，帮助学生解决了问题。通过理性的设问，表达的辩证的理性的看法：欺骗不一定是恶行，盗窃不一定是恶行，行为的性质具有相对性，这与道家事物的两面在某种条件下会相互转化不谋而合。

苏格拉底对灵魂不朽的证明是《斐多》中理性思维的终极体现。第一，对立物循环生成论证。因为相反者相生，这是大前提，然后生与死相反，这是小前提，则死后会重生，得出结论从而得出推论，而其中灵魂就不会在这个过程消亡。这是标准的三段论推理。第二，回忆论证。通过回忆的作用证明我们生来就有意识，从而证明灵魂存于生前，故由第一论证，灵魂存于死后。第三，类比理念论证。将身体于灵魂的关系类比成物体和理念的关系。这一点体现在柏拉图的理型世界与表型是世界的相对独立中，因为相对独立，所以一项的变化与另一项没有必然联系，因此事物变化，却不会影响其原理，身体变化，不会对灵魂产生影响。第四，灵魂本质的论证。苏格拉底将灵魂具象化，将其定义从来源去给出定义，指出灵魂与生命的本质相连，而无法与生命相反。用理性思维给它完整的定义，从而被人接受。②

三问四证充分体现了苏格拉底绝妙的哲学思维，其中的条理颇具深度，他能将我们看似抽象的善恶，灵魂具象化，给人对这些事物的直观感受，从而产生更为充分的理解。其意义不仅对个人，更是对时代，对历史都有着不可磨灭的影响。

---

① （春秋）孔子：《论语·里仁第四》；《线装经典》编委会编，云南人民出版社 2017 年版，第 36 页。

② 郭林卓：《〈斐多〉微见：苏格拉底“灵魂不灭”的论证是否合理?》，2019 年 3 月 12 日，https：//www.sohu.com/a/300835028_120066928，2020 年 5 月 30 日。

五弊六观

所谓五弊，就是人在审美过程中容易误入的五个弊端。

其中贵古贱今是最要不得的，因为我们的审美观其实是在当代的时代潮流下培养出来的，当我们仅以今人表浅而忽视当代文化，就会产生极大的缺漏。同理，我们也应杜绝贵远贱近。产生这两弊是因为更贴近我们生活的，往往能被我们更简便的理解，于是看上去少了内涵而被人轻视。至于剩下三弊：崇己抑人，信伪迷真，以及深废浅售，都是不具备全面且深刻的审美能力所致。看不到他人的优势，看不到真相的所在，看不到深层次的事物，这与见识的宽广程度有直接联系，博览能除此三弊。

知音其难哉！先除五弊，才只是“知”的前提，才只是有了鉴赏作品的资格而已。更重要的，是要掌握六观的审美方法。

一观位体。这是六观中最首要的一个环节，即一定要看清楚作品所处的历史环境，掌握作品创作的背景，从而准确提炼出作品的主题。这是一个作品的核心，一眼能正位体，就能拥有合适的价值观念去进行下一步的分析。而要做到正位体，就要达到博观的水平，只有博览群书，拥有宽广的知识面，才能把握作品的核心思想。后观置辞，通变，奇正，事义，宫商。这些要求就是从各个角度去鉴赏作品的优势，从语言的准确有文采，到结构的清晰有美感，再到故事的新颖且贴切等等。这样的鉴赏能力需要我们刻意去培养，做到化整为零，目无全牛。

笔者认为，人对文学作品欣赏的根本限制性在于社会意识形态的影响，其最明显的表现就是五弊，站在片面的角度看待事物。六观充分考虑到了“位体”，并把它放在首要位子，由此可见五弊的根本在于位体不正，即是社会观不正。刘勰对文学的时代性具有十分深刻的理解，他能站在一个视野开阔的角度去博观文学，这样之后，再把其中的美观，其中的价值融入到自身的创作中，所以他所写出的美文不只是空洞的美感，而是有着让人为之着迷的内涵，更蕴含了对整个时代文化的理解，所以他的作品美。

七情八苦

七情指的是喜、怒、忧、思、悲、恐、惊等七种情志活动，这七情是人在社会生活中不可避免的情感，所以我们要考虑存在的意义，就要考虑这几种情感。

在神话故事中，大德后土娘娘为了守护天地秩序，将自身化成六道轮回盘，建立了地府，安排孟婆喂灵魂孟婆汤来洗刷记忆，然后通过六道轮回盘来磨去感情，此后灵魂才焕然一新，方能加入六道轮回。可见中国古人认为，消除记忆并不能消除七情，人的情感可能更加接近人的本质，甚至超过记忆。同时，七情作为情志活动，也可作为病因，因为过于强烈的感情而导致肝脏气血功能失调而治病，这也跟当代的心理疾病会引起内分泌失调导致疾病相吻合。《素问》中提到：怒则气上……悲则气消……思则气结。还包括内脏病变而继发的病情。同时七情所致病理也有对应的七情的药物进行调控，从心到身，内外一体，天人合一，这是中国古人所信奉的为人之理。

佛曰：人生有八苦，生，老，病，死，爱别离，怨憎会，求不得，五阴炽盛。①

前四苦即为生老病死，生而为人，便是苦随一生，从生到死，历病衰老，一个有血肉之躯构成的人能在这充满业障的时间活多久？盖宇宙万象，生往异灭，周而复始，则勿自持，莫自卑，因果报应，不出六道轮回。这是一种豁达与开朗，不为自身命运所愁，不为他人遭遇而忧。

若说前四苦为天意，后四苦则是人为。与相爱之事物别离之苦，与厌恶的人相遇之苦，苦苦索求却得不到之甚苦，苦中生苦之炽苦。何以回避，不爱方无离，不憎方无会，不求方无失，无苦之源，则无苦可生，方为佛。

九九归一

不论东西，无论古今，不同宗教，归根到底，都在寻找对生的解释。生，于社会；生，于理性；生，于求证；生，于博雅；生，于七情；生，于八苦……甚至我们每一个个体都有一种对生的理解。

所以，人本能地寻求着解释，或者说人就是靠各种各样对自身存在的解释，才能心安理得地活着的吧。而且，从历史看来，理性解释的优先级高于感性解释，理性成分越多，感性成分越少，就越容易被人接受。但现阶段而言，理性解释的成分依旧十分薄弱，而感性解释才能作为生存的动力，比如“命运”“未来”“信仰”……或许，有遥远的未来，理性的发展已经接近完备，感性解释也就没有必要在一个健全人的认识中发挥作用，那样的社会，有纯粹理性来指导着向前发展，有着高度的秩序和超高的效率，人们无喜、无悲，成为了过去人们口中的神明，也不过就是一团有序排列的物质罢了。

人心的善意，人情的美好，社会“告诉”我们何为美，并给予我们追求美的能力，给我们标准，引导我们行事，这样的世界虽不尽善尽美，也有些温柔过头了吧。

---

① 佛教，《人生八苦》，2014 年 2 月 27 日，http：//fodizi. com/fofa/list/8616. htm，2020 年 5 月 30 日。

从中西美学角度看表情包的流行与影响

文天　药学院（2019303060067）

【指导教师评语】美，是中西文化热衷讨论的永恒话题。表情包，是现代社会表达丰富而隐秘情绪的出口。文天同学从表情包为切入点，将中西美学大家的“美的原理”外化为我们日常生活耳熟能详的表达方式。让我们在游戏中升华，在直觉中体验，在悠久的传统文化中沉淀。(历史学院讲师　吴兆丰)

摘　要：随着互联网飞速发展，许多新的交流方式在年轻人群体中百花齐放。其中新兴的表情包文化可谓大放异彩。本文选择李泽厚《美的历程》，席勒《审美教育书简》和克罗齐《美学原理》三本美学经典从中西不同的美学思考角度入手，多元分析表情包文化的流行及影响。最后从表情包文化中寻找中西美学思想的共同点，并以此探讨互联网时代审美的发展方向。

关键词：表情包；直觉美学；席勒美学；中国传统美学

一、席勒美学和克罗齐美学

席勒的美学与文艺理论研究正值德国文学由浪漫转入古典的过程中，继承文艺复兴时期的人文主义传统，从资产阶级人性论出发，关注人性的完整。席勒在《审美教育书简》中将美分为了融合性的美和振奋性的美两种，分别对应美学范围的“优美”和“崇高”。利用融合性的美消除精神力和感性力带来的双重紧张，利用振奋性的美强化人的意志，使人的理性能力得以扩大到外部感性的现实世界。通过两种力量的美调和人的感性冲动和理性力量，从而追求人格的完整。席勒倡导“游戏说”，认为人的艺术活动是一种以审美外观为对象的自发游戏冲动，且人身上持久不变的理性主体和外部容易改变的感性情境在经验世界是分裂的，而游戏冲动则可以使分裂的感性冲动和理性冲动达到和谐完整的状态。①

意大利美学家、历史学家克罗齐则建立了直觉美学体系，认为直觉可以作用于不同的外部事物而又不受自然经济主体的干扰。② 其核心观点为艺术即直觉，直觉表现的成功的艺术就是美。克罗齐的思想体系中直觉是作为脱离人的主体意识而存在的，所以直觉的活动可以作为单独的美学活动而存在。随着社会发展其美学思想为后人褒贬不一，但其思想确实为后世美学研究提供了思路与借鉴。

二、《美的历程》中的中国传统美学

李泽厚先生的著作《美的历程》可以说是一部中国美学发展进程的历史著作，着眼于社会背景对美学文化的塑造和影响，向读者展现了中国历史上不同阶段的美学成就。其立足于中国源远流长社会发展的不同阶段的时代特色，结合当时社会的政治状况、经济水平、思想主流等，揭示了美学发展与外部社会难以分割的关系。对中国传统美学的研究有巨大的贡献。③

从原始部落开始，巫术、图腾就作为超越物质的精神寄托存在，敲开了人类追求美的大门。诗、乐、舞以及神话传说成为当时人们借由想象力畅游美学世界的载体。青铜时代的巫神则更多被统治者利用，单纯的神话也开始背负人的色彩。与此同时社会生产力不断提高，人们的目光开始逐渐聚焦于人性。诸子百家的发扬光大，秦朝的理性思维，汉朝的豪放雄迈，魏晋的思辨风气，佛教思想的禅宗化，盛唐的强大国力带来的文化领域的百花齐放，宋朝的山水小品绘画，明朝反映市井百态的小说，清朝动乱闭关带来感伤忧郁。可以看出，中国传统美学与社会发展有千丝万缕的关系，中国以其独特的历史积淀为美学研究提供了宝贵的视角和证据，也孕育出别具一格的中华美学。

---

① ［德］弗里德里希·席勒：《审美教育书简》，冯至、范大灿译，北京大学出版社1986年版，第27页。

② 韦欣、覃会优：《论互联网生活中表情包的直觉美学》，《设计美学论坛》，2019年11期，第13~14页。

③ 李泽厚：《美的历程》，天津社会科学出版社2001年版，第10页。

三、表情包文化发展及现状

表情包是互联网时代信息差距逐渐减小，生活节奏变快所带来的产物，主要表现为表述方式由单纯的文字向文字加图像或符号甚至纯图像的转变，使网络交流得以承载表达更多的情感情绪，使网络交流的手段变得更加多元化生动化。网络符号表情主要经历了四个阶段的发展，分别为ASCⅡ、颜文字、绘文字、表情包。1982年美国卡耐基·梅隆大学的Scott E. Fahlman教授首次使用了符号于发言之中，表达发言者是在开玩笑。此后ASCⅡ码表不断扩充，日本网民在此基础上发明了颜文字，将美版符号表情的侧面去向变为正面，使表情更加直观生动，得以传达使用者的更多情感。emoji的出现引发了再一次更强烈的表情狂潮，emoji是日本“绘文字”的缩写。随着苹果公司IOS5输入法系统的发布，emoji逐渐席卷全球，成了每部手机输入法中不可缺少的基本表情。网络聊天中加入表情辅助表达逐渐成为常态，兔斯基、阿狸等卡通形象的丰满也扩大了表情的界限，图片加文字的表达方式悄无声息地成为新一代的霸主。从外国的“假笑男孩”到韩国小朋友“民国”，表情包不再需要很高的专业水平才能设计，生活中的人物、动物都可以成为表情包的一员。让人捧腹的图片配以脑洞清奇的文字，将网络聊天盘活。表情包给人带来更为直观的交流体验，可以恰到好处地传递双方情绪，甚至可以产生面对面聊天的效果，其毫无疑问地成为当代年轻人网络社交的主流。

四、中西美学思想在表情包中的体现与分析

(一)表情包背后的精神传递

在席勒美学中，人需要“游戏”来调和分裂的感性冲动和理性冲动，从而获得完整而和谐的人格，而审美就是其作用的对象。表情包作为网络社交中的信息传递载体，在一定程度上也契合了人们“游戏”的冲动。来源广泛生动贴切的图片作为“融合性的美”，让局限于空间距离和表达方式的网络社交得以摆脱过于理性化的枯燥表述，让面前的荧屏也能有些许温度。脑洞大开一阵见血画龙点睛的文字则是作为“振奋性的美”，给图片注入灵魂，让表情包不仅可以作为娱乐消遣的工具，更可以具体传达某些意义，或表现生活，或针砭时弊，向外渗透出一种文化，向内形成一种内核。从席勒美学角度，表情包的确是网络社交中符合审美的方式，并且其具有足够的力量促进网民在使用表情包的过程中获得愉悦的

“游戏”体验，从而达成一种和谐的目的。情感在表情包的承载中既获得与新型社交方式的融合，也得到了一定程度上的加强。

克罗齐美学中强调的“艺术即直觉”也在表情包中得到体现。直觉内涵为一种情感能力，外延就生产出了艺术。而直觉和艺术又都可通过“抒情”而传递。表情包相对于文字首先给予人更强的直觉冲击，好的表情包更能快速地触及人的内心，激发情感共鸣。① 其次互联网时代信息的爆炸式传播不允许人们花大量的时间从安静和欣赏中把玩艺术，人们只能从快速的信息交互中汲取艺术感作为内心的养料。表情包刚好具有生产速度快、信息传递直观、受众广泛等特点，可作为互联网时代人们在快节奏变化的时间夹缝中与艺术连接的纽带。表情包的创作者可以将自己的直觉印象融合进创造中，而这种直觉形式又外延为一种艺术传递给他人。分享表情包的过程既可以理解为是分享者抒情的满足，也是接收者通过直觉内化艺术的抒情共鸣。

（二）表情包背后的时代风貌

中国传统美学告诉我们每一阶段的美学发展必然有其独特的孕育土壤。表情包在中国迅猛发展，首先得益于汉语言的内涵性和简洁性。图片中的文字往往是一个表情包的灵魂所在，一句话、一个字有时可以达到巨大的表现效果。唐代国力强盛，多元文化形式共同发展，这给了诗歌创作无限的素材与灵感。互联网时代以其庞大的数据和快速的信息更新速度催生出许多网络用语，这给了表情包文字很多参考。例如一些网络口头禅“妙啊”“奥力给”“确认过眼神”等成为无数图片的配字。如同花蜜喂养昆虫，昆虫传播花粉，网络用语与表情包相辅相成，促进了网络亚文化的快速发展，形成一个自产自宣的循环。

其次，互联网的时效性、全民性和匿名性是文化多元自由的肥沃土壤，在这里大家可以尽情说、向不同人说。同时快节奏的社会生活带来巨大的身心压力，每个人都有一吐为快的冲动。“吐槽”便快速成为了一种新时代的风气。人们通过“吐槽”用一种巧妙委婉的方式或自嘲，或讽刺，或抱怨，放松身心减缓压力结交朋友，而表情包无疑是一个优良媒介。不管是将时事评论穿插在表情包文案中，还是将生活窘态处理成图片分享给周围的人，表情包都能以一种幽默诙谐独到的方式满足大家“吐槽”的快感，给快节奏的生活压力带来一支舒缓剂。

---

① 韦欣、覃会优：《论互联网生活中表情包的直觉美学》，《设计美学论坛》2019 年 11 期，第 13~14 页。

五、结语：互联网时代的审美发展

表情包作为一种互联网亚文化，其火爆的趋势也可成为一面镜子帮助我们窥见互联网时代的审美发展。

第一，互联网凭借快速的信息更新和交互，使审美变得“快餐化”。许多职业的要求及工作量不能允许人们拿出大把的时间欣赏几幅优美山水画的笔法或几首抒情诗的意境，甚至不允许人们潜心阅读一本厚重的纸质经典著作。表情包、网络用语等具有快速更新、好理解、来源广的特点，得以消耗欣赏者更少的时间去掌握使用。审美“快餐化”的弊端是无形中让美变得浮躁，导致真正需要投入时间精力品味的美无法进入大众视野，大众审美内涵趋于表层化。一个很好的解决方法是迎合时代特点，将文物、艺术品等高审美作品与表情包等当代手段相结合，降低艺术品的门槛，让人们更容易亲近艺术品，从而愿意自发地探寻其背后的艺术内涵。例如“甲骨文手机表情”“萌萌哒故宫文创”等都是传统艺术与新兴传播方式的成功结合典范。

第二，表情包领衔的互联网亚文化以其低门槛、大众化的优势得以广泛传播，自然也会带来审美的差异，容易使人难以辨别，造成审美误导。其中以网络丧文化、低俗文化为代表。以“葛优躺”为代表的一系列表情包，与很多青年的精神状态吻合。学习累了“葛优躺”，减肥坚持不下去了“葛优躺”，自嘲与无奈的背后是丧气和消极心态的快速蔓延，极其不利于培养青年艰苦奋斗的正能量，由此延伸出来的如对“佛系”的变相解释使丧文化渗透进当代青年的生活。另一些表情包用带有强烈不良暗示的图片或文字，给低俗文化带上“幽默”的包装大肆宣扬①，其在红线边缘的试探和禁忌的神秘让大众尤其是青少年难以抵挡这种打“擦边球”快感。显然与当前社会主流思想相悖。

总之，互联网时代催生出的一系列亚文化愈发成为当今社交的主流。面对其提供的机遇，我们应提高创新意识加以把握。同时针对其不良影响严加打压。一种文化能否得到最终发展很大程度上取决于其是否具有足够的美学内涵。以表情包为代表的一系列网络文化从某些角度来看符合当今审美发展趋势，可以满足人们日常生活中的一部分审美体验，中和人们内心的焦躁与压迫。但其并不能作为高价值艺术的替代品。快餐只能解一时之饥，恒久的养分还需要从传世经典中不断汲取。

---

① 杨镇渊、刘济良：《表情包对青少年价值观教育的消极影响及对策研究》，《河南科技学院学报》2019年第6期，第53~56页。

试访生命之途

——承经典，品生命之美

刘皓琰　信息管理学院（2019301040056）

【指导教师评语】人类有精神生活，追求真善美，自比其他生命高出一个层次，的确是大自然中奇迹！该文用抒情的笔调礼赞了生命之美，精神生活之美，文笔较为优美，论述较有层次，但说理还显不足。（历史学院教授　何元国）

序章　生命之花

“不要温和地走进那个良夜。”①如夜一般缱绻低婉的笔调叩响了终点的门扉，光消逝在狄兰·托马斯沉重的哀伤里。或悲痛地怒斥，或安然地拥抱，或绝望地呜咽；在最后一刻来临之前，人间百态自有体现。良夜降临前，是那爱与恨交织、起与落迭起、真与假相融的充满着无数难预测跟不可控的白昼。这一段旅途，我们将它定义为生命。

生命，从来便是人类亘古不变的论辩之重，也是一个从未被解开过的究极谜题。无数讲述起源的神话，斯芬克斯谜题，对极乐世界的不同想象……从萌芽到消亡，这是每个生灵的必经之路。当人类的自我意识觉醒，当一个种群在代代传承中开始找寻自我安存之地，当思维之花在血肉之躯里粲然绽放，生命自身、对生命已知与未知的探求便成了联系起全人类的亲密纽带。生命观甚至生命哲学的形成，究其原动力，皆与人之本性、人之角色有关；返观来路，其路径会因外在环境和思维模式的影响有所不同，但那相似的孜孜不倦的求索和赤诚坦率的迷恋，又使得东西方的生命观分支往往殊途同归。

生命之花在异地摇曳，展现出截然不同却又同根连理的姿态。

---

① ［英］狄兰·托马斯：《不要温和地走进那个良夜》，巫宁坤译，《军工文化》，2018 年第 C1 期，第 127 页。

同生命一般，美也是一个着实玄妙的词。许慎《说文解字》道："美，甘也。从羊大。"①除了这种更偏向于实用价值的美以外，从对山水写意画的欣赏和对温润君子的推崇中能看出，中华民族对美的定义与品鉴里还暗含着其独特的生命哲学和精神追求。古代中国有着层次极为丰富、底蕴极为深厚的美学思想，但美作为一门独立的学问面世，还是在西方。与理性的思维模式密切相关，西方对美的讨论率先走向了理论化、专业化、系统化。相较于中国偏重的功能性、感受性、过程性，西方谈美，多更带有本质性、分析性、纯粹性的色彩②。席勒认为世界上存在溶解性的美和振奋性的美，前者让我们与自然、自由言和，后者带我们走向观念的世界。他在《审美教育书简》中谈道："美是从两个对立冲动的交互作用中、在两个对立原则的结合中产生的"③，人们可以同时期待美带来的松弛或紧张的作用。纵观东西，关于美最大的争论无非交锋于主观与客观之间。但不可否认的是，客观事物与主观意识在美的感知过程中缺一不可：倘若没有客观条件提供的触发点，质料也难以进行自然属性的被"克服"；倘若没有具备感知能力的观赏者存在，便是"有雪无诗俗了人"④，高山流水不过对牛弹琴。而无可争议地，生命必然是天地间最广阔的画卷之一。它承载着无数精妙绝伦的美的触发点，呈现了万千可能性，是人类世世代代也无法穷尽的美之宝藏。有个体生命的情感之美，有群体生命的历史之美，有超越普通物质存在的精神生命的思想之美。错过对生命之美的体悟，便无异于错过了自我发掘及成全的最好契机。

因此，对待生命及生命之美，我们实须广博览阅、参照、汲取东西方前人的经历情感、思想精髓，体味其中对生命美学的诠释，以形成雅正、包容而富人情味的生命观及健全人格。

第一小步　小人物之死——个体生命的爱恨

但生命二字并非高在神坛。刻板而言，它是由高分子的核酸蛋白体和其他物质组成的生物体所具有的特有现象；平淡而言，它是每个人短暂的几十年光阴。世界之前，每个人

---

① (东汉)许慎：《说文解字》，陈才俊主编：《说文解字精粹》，海潮出版社2014版，第342页。

② 张旭：《Form · 象 · ViŠhvarūpa——东西方美学比较札记》，《兰州学刊》，2016年第9期，第5~10页。

③ [德]弗里德里希·席勒：《审美教育书简》第十六封信，冯至、范大灿译，北京大学出版社1985年版，第83页。

④ (宋)卢梅坡：《雪梅·其二》，张鸣主编：《宋诗选》，人民文学出版社2004年版，第506~507页。

都是小人物。无论贫穷或富贵、低贱或显赫、孱弱或健康，斯芬克斯因子将我们聚集到了同一个世界，“人性”成为最大的共通点。尽管占比和体现方式有所不同，但无论再如何冷酷无情或疯狂暴戾，也终究无人能够摆脱那份与生俱来、深藏心底的感性侧面。

而在人性中，情感可以说是最耐人寻味又极富魅力的部分之一。广义的情感指内心有所触发，进而产生某种特定的心理反应；其中，爱与恨是尤为突出的两种基本情感。而悲剧又是表现爱恨的最具张力的形式。中国古代的悲剧文学跟西方有着很大的不同，受传统中庸以及天人合一等思想影响，中国古代很讲究“哀而不伤，乐而不淫”的分寸①：从《孔雀东南飞》最后的梧桐鸳鸯到《窦娥冤》的化解冤魂，笔者往往会在破碎的尽头缝补几针，让故事不那么断肠。而西方的悲剧则显得似乎更为残酷直白几分，从俄狄浦斯王的绝望之恨到玛格丽特的香消玉殒，“完美的布局应有单一的结局，……其中的转变不应由逆境转入顺境，而应相反，由顺境转入逆境”②，命运色彩在其中更显突出。然而，它们的内核实质上是相通的——“悲剧是将人生有价值的东西毁灭给人看”③。撕碎、毁灭的方式不尽相同，但其间所流露的对爱恨的思索与珍惜都有着类似之处。

个体生命的爱恨之所以能够触动人们的内心、引发人们的思考，在于共情力的存在。共情，也称神入、同理心，是一种能够设身处地地站在他人的立场，感同身受地体会和理解他人情感的能力。共情力既有天生的成分，也有后天加以培养的成分。《红楼梦》被王国维称为“彻头彻尾之悲剧”④，是难得的跳出传统才子佳人的团圆模式、贯彻悲剧精神的经典著作。葬花洒泪、龄官划蔷、绛珠魂归……虽云他人之情，实触听者之心。许多记忆以情感的形式储存在脑海深处；除了自身的亲历之外，还保留着他人的故事。缘于共情力，情感上共鸣所带来的冲击感能够滋养人们自身的情感能力，加深某种情绪的体悟，或是揭示某种被遗忘的触动，继而更立体饱满地认识生命。

在清峻绮丽、偏安一隅的大观园内，以宝黛之恋为主线的情感网络自由而又困顿、张扬而又隐秘地萌芽生长，讲述的远远不止是单纯的爱恨别离，还有隐于情感背后的人格悲剧、社会根源。情，之有所起。据统计，书中描绘了包括皇帝、妃子、各级官员、仆人、丫鬟以及市井村夫等共 774 人⑤，可谓是当时社会的缩影；而蕴含在建筑、服饰、称谓等中的“礼”文化也彰显得淋漓尽致。高低有序的房屋结构、体现地位的品服着装、考究谨慎

① 程亚玲：《试论悲剧——西方悲剧与中国古代悲剧之异同》，《天水行政学院学报》2012 年第 2 期，第 114~117 页。

② ［古希腊］亚里士多德：《诗学》第 13 章，陈中梅译，商务印书馆 1996 年版，第 97~105 页。

③ 鲁迅：《再论雷峰塔的倒掉》，《鲁迅杂文集（上）》，煤炭工业出版社 2018 年版，第 98 页。

④ 王国维：《红楼梦评论》，《〈红楼梦〉宝藏六讲〈红楼梦〉评论〈石头记〉索隐》，江西教育出版社 2018 年版，第 198~202 页。

⑤ 孙蓉蓉：《从“上下”空间隐喻看〈红楼梦〉中的“礼”》，2019 年 12 月 19 日 09：04：23，http：//kns. cnki. net/kcms/detail/42. 1617. G4. 20191218. 1646. 030. html，2019 年 12 月 27 日。

的亲属互称，无一不隐喻着封建社会中严禁森然的礼制等级秩序。中国向来是礼仪之邦，"礼"已然不仅是外在加于人的束缚，还是一种深入人心的特定思维模式。而这，也是大观园内爱恨纠葛产生或激化的重要诱因之一。纵使宝黛二人被视为中国文学史上绝无仅有的自由伦理下的爱情，却仍然难以脱离封建礼教的束缚，依旧将家长认可、明媒正娶的婚姻当作合理的归宿。除此之外，其爱恨悲剧的背后，还暗咏着各个人物的人格悲剧。宝玉的"疯""愚""痴""呆"，黛玉的多愁善感……人格与人格的碰撞，人格与社会的碰撞，最终导向了那悲欢离合、兴衰际遇。由此观之，读红楼、品爱恨，究其根本所在，沉思之，便会发觉世间爱恨所缘大有不可控、不可测的内外因素。无论是人与人之间的个性摩擦，还是外部社会无法逃离的影子，太多枷锁叠加于一处。有此认识，或许反倒更能教人领悟"宽恕"二字的意味。眼前清明，胸中了然，对所谓的命途与情感的窠臼或许便不那么执着，"因空见色，由色生情，传情入色，自色悟空"①，便能品鉴那情感背后的生命之美。

正如《红楼梦》第一回所言，几个"异样女子""或情或痴，或小才微善"，不求世人"称奇道妙"，只愿他们闲来一阅"换新眼目""省些寿命筋力"。每个小人物的挣扎与妥协、反叛与归顺、执着与放弃，并非什么壮阔史诗，但皆为构成人类群体生命蓝图不可或缺的一部分。人类的情感是相通的。个人生命的情感之美便在于它既能够滋养人柔软感性的部分、使人格更加健全，进而守住内心深处最具人性魅力的方寸之地；还能够将世间百味以最润物细无声的方式展示出来，揭示道理，引发共鸣，教会人宽恕。

生命之花，在小人物湮于爱恨的牺牲中绽放。

第二小步　众星闪耀之歌——群体生命的跋涉

"那些数不胜数的事件也都往往像避雷针的尖端集中了整个大气层的电流一样，集中在极短的时间内发生。那些平时慢慢悠悠顺序发生和并列发生的事，都压缩在这样一个决定一切的短暂时刻表现出来。……这种充满戏剧性和命运攸关的时刻在个人的一生中和历史的进程中都十分难得；这种时刻往往只发生在某一天、某一小时甚至常常只发生在某一分钟，但它们的决定性影响却超越时间。……但我丝毫不想通过自己的虚构来增加或者冲淡所发生的一切的内外真实性，因为历史本身在那些非常时刻已表现得十分完全，无需任何后来的帮手。历史是真正的诗人和戏剧家，任何一个作家都别想超过它。"②

① （清）曹雪芹：《红楼梦（插图本）·上》，凤凰出版社 2012 年版，第 3 页。

② ［奥地利］斯·茨威格：《译林名著精选：人类群星闪耀时（插图版·增补本）》，高中甫、潘子立译，译林出版社 2018 年版，第 1~3 页。

人类并不孤独。“没有谁是一座孤岛……无论谁死了，都是我的一部分在死去，因为我包含在人类这个概念里。”①人的生命之所以美，还美在它的群体性，美在它不仅仅是它自己，美在它的生生不息、奔腾无止。而历史，无疑是承载这份生命厚重的最富才华的使者。人们是如此地重视历史——千百年来，无论东西，《史记》《历史》等书写来时足迹的绝唱皆在岁月洗礼下熠熠生辉。作为一个种群，人类跋山涉水、风雨兼程而抵达当下此刻。更迭与浮沉无可避免，漫漫历史长河中有人迷失、有人陨落、有人崛起、有人奋进，站在一个高于个体的群体观角度去瞭望，方会渐渐体悟这份独属于全人类的生命的醇厚之魅力。

纵观历史群像，不难发现：人类往往是在苦难与折磨下奋起反抗，或于身体发肤，或于物质基础，或于思想精神，追求生存与自由的伟大生命精神深深熔铸在每个人的骨髓之中。《历史》中对雅典的平等参政进行赞扬：“一旦得到解放，个个都扬眉吐气，就要成就点什么了”②；《史记》将陈胜、吴广事迹载入世家……共通的追求下，方式和道路却有所不同。受儒家传统道德思想影响，中国历来奉行利他价值观、强调集体利益。子曰：“已欲立而立人，已欲达而达人。”这种价值观凸显出的正是群体性价值诉求。“这是自我与他人、社会发生联系的桥梁，也是儒家展现其入世面相的理论基点。从本质上看，这一儒家利他价值观要求自我主体不应只关照自身的存在和发展，还应该将这种意识推及他人、他群体和他文明，最终实现儒家的大同世界。”③因此，历史上中国人对解放、自由和幸福的追求，都常常更具备一种他人关怀性、社会服务性和自我牺牲性。与之相对的，西方更加强调与注重的是个人利益。“在个人利益最大化的趋势下，西方文化中的合作性是短暂且是以利益为前提的，只有双方有共同的利益，才会有阶段性的合作。”④在商品经济的影响下，西方最初的价值追求主要偏向于个人的自由，“西方文化追究个人的物质生活和精神生活，认为个人利益应是决定行为的主要因素。强调个人的自由的个人权利的重要性。反对一切形式的压迫，特别是政权对个人利益的压制。”⑤

无论东西，若从中抽离后以旁观者的视角去品读历史，便会发现它们看似殊途，实则同归，便更能体会到其间共同闪耀着的生命光辉。停滞不前也好，迎难而上也好，一切都

① ［英］约翰·多恩：《没有谁是一座孤岛》，《时代英语：高三版》2018 年第 6 期，第 1 页。

② ［古希腊］希罗多德：《希罗多德历史：希腊波斯战争史》第五卷第 78 章，王以铸译，商务印书馆 1997 年版，第 379 页。

③ 张永路：《论儒家的利他价值观——从“立人达人”说起》，《社科纵横》2016 年第 7 期，第 96~100 页。

④ 钱星宇：《比较中西方文化个人价值取向的差异》，《佳木斯职业学院学报》2018 年第 3 期，第 77~78 页。

⑤ 钱星宇：《比较中西方文化个人价值取向的差异》，《佳木斯职业学院学报》2018 年第 3 期，第 77~78 页。

被历史这个沉默是金的见证者记录下来。它宛如一条长河，在跋涉中包容一切，在浮沉间暗自芬芳。

第三小步与终章　思维之逃离——精神生命的求索

“前不见古人，后不见来者。念天地之悠悠，独怆然而涕下！”①

幽州台之叹惊醒了多少沉睡的灵魂。太多太多人将这短短廿二字视作中国古代宇宙生命意识的大觉醒，“惟天地之无穷兮，哀人生之长勤；往者余非及兮，来者吾不闻”②，这已然并非个体的感叹、甚至并非群体的感叹，而是以天地间之一“存在”的感叹。人的认知就如同一个圆，画得越大，未知的边界反而越宽广。物质生命的群体角度而言，人类并不孤独；然，若从精神生命的视角来看，孤独似乎又是个逃不开的命题。当思维的触角延伸向了无穷无尽的天地宇宙，落寞、虚无与恐惧便更加深刻。“然前瞻不见，后顾无睹，吊形孤危，百端交集，齐心同慨，不乏其人。西方浪漫诗人每悲一世界或世纪已死而另一世界或世纪未生，不间不架，著已渺躬而罹此幽忧。”③可见，这种超越了物质的思想精神的求索，是无关地域、种族或时代的。

“人是一根能思想的苇草”④——如今，物质生命的渐渐解放更加推动着精神生命的解放；然而令人讶异的是，在物质生命并未得到较大程度解放的过去，尽管受到了重重阻碍，但精神生命仍然顽强地在夹缝中破岩立根。思维从实见层面逃离，洞察现象背后的本质，渴求规律之上的法则。这种超越肉体的自我超越与博弈传递着生命最具有震撼力的美感，在万物史诗上深深地留下属于人类的烙印。我们在生命漫途中生发思想的藤蔓，又转而回首思考生命，前赴后继地求索着那终极的奥义。“热爱智慧者们的事业恰恰就是灵魂从身体解脱和分离”⑤——苏格拉底是人类历史上爱智慧、追求智慧的先驱之一，他认为人类的死亡就是肉体与灵魂的分离。“身体让我们充满爱欲、欲望、畏惧，以及五花八门的幻想和大量闲扯，所以，那个说法说得实在真实；在身体的作用下，我们在任何时候都没可能开启明智之思。”⑥灵与肉的辩论之下，属于生命的某种带有孤独气质的美悄然倾

---

① (唐)陈子昂：《登幽州台歌》，彭定求等编：《全唐诗(上)》，上海古籍出版社 1986 年版，第 214 页。

② (战国·楚)屈原：《远游》，(战国)屈原等著：《楚辞》，广陵书社 2018 年版，第 77 页。

③ 钱钟书：《管锥编》，中华书局 1979 年版，第 623 页。

④ [法]布莱士·帕斯卡：《人是一根能思想的苇草》，袁行霈主编：《普通高中课程标准实验教科书语文必修 4》，人民教育出版社 2006 年版，第 52 页。

⑤ [古希腊]柏拉图：《斐多》，王晓朝译：《柏拉图全集》，人民出版社 2002 年版，第 65 页。

⑥ [古希腊]柏拉图：《斐多》，王晓朝译：《柏拉图全集》，人民出版社 2002 年版，第 63 页。

泻。灵魂是否存在、来世是否存在似乎都已不再重要，重要的是在这无穷尽的疑问前，人们一意闯九天、孤勇入八荒的姿态。人们在思想的莫比乌斯环上不停息地奔跑，是西西弗斯，也是愚公。

“当苏格拉底的肉体走向死亡的时刻，雅典人的精神已经死亡了。”①而思想的深度却感召着每位后来者。苏格拉底走向死亡，遥遥与中国儒家文明舍生取义的生命观、价值观产生微妙的呼应。“未知生，焉知死”、庄子鼓盆而歌……中国古代传统思想在生命这个终极命题前百家争鸣。其中，颇为主流并影响深远的莫过于以“中庸”为代表的中国古典生命哲学。它讲究“辨证平衡”，更多呈现的是一种宽裕雍容、博大宽广的整体生命观。② 这种思想还在中医药文化中可见一斑。“今人乍见孺子将入于井，皆有怵惕恻隐之心；非所以内交于孺子之父母也，非所以要誉于乡党朋友也，非恶其声而然也。”③孟子曾论恻隐之心，如此般对生命的怜悯、珍惜和关怀正是中医药哲学对待生命的重要态度。究病根、顺病理，中医药哲学博大精深，天人合一，将儒、道、释融会贯通，具备“与生命相似的神秘感”，也充满“与生命相通的辩证法”。④ 一份仁性，一份洞悉，一份自然。朗润而深厚的生命观静静地注入中华民族的血脉当中，借着中医药等载体世代传承。

无论是东方向内追问的“无我”“真我”“赤字崇拜”，还是西方向外求知而衍生的荒诞感，人们皆是一刻不停地向那真理之地摸索着踽踽而行。在这漫长而盛大的路途当中，无数群像大喜大悲地涌现；在这寂寞而渺小的修行当中，多少小人物在爱恨里挣扎着紧握赤子之心。我们从原点出发，博览古今中外、大小是非的生命印记，纵然辙迹百般交错，回归的也终究是同一个“诗意的栖居”。

“倘若樱花常开，我们的生命常在，那么二者的巧合不会引起任何感动。”⑤

正因短暂，足显不易。

“夫天地者，万物之逆旅也；光阴者，百代之过客也。”⑥

许是逝者如斯，许是黄粱一梦，许是白驹过隙。若悟得爱恨、鉴得历史、恒于思索，品得这生命之美，也不枉一试，算有所成全罢。

---

① ［英］乔治·戈登·拜伦，《人文社科经典导引(第二版)》，武汉大学出版社 2019 年版，第 189 页。

② 李卯：《性—道—教：〈中庸〉的生命教育思想研究》，湖南师范大学，2014 年，第 65 页。

③ 《孟子》，中国文联出版社 2016 年 10 月第 1 版，第 52~75 页。

④ 尹鸿：《〈中华医药〉：传播东方生命观的魅力》，《中国传媒大学学报》2008 年第 5 期，第 94~95 页。

⑤ ［日］东山魁夷：《一片树叶》，《爱尚美术》2017 年第 4 期，第 78~81 页。

⑥ (唐)李白：《春夜宴从弟桃花园序》。

山林寻美

朱芸畅　信息管理学院（2019301040232）

【指导教师评语】该文围绕审美感知的主题，陈述了作者所认识的席勒美育思想。从形式上说，该文以小说的形式，通过“行者”的所遇所思所论，一一引出主题。在叙述过程中，作者将发现美的过程与美育结合。从结构上说，该文非常注意把握节奏，以三次“他在思索”转换空间场景，层层深入阐发。在开头，通过中国式的审美句子切入主题，颇具巧思。虽然行文中有知识性错误，也不免语辞炫技，但瑕不掩瑜。（文学院副教授　汪超）

行者在路上，他在思索。

走过平湖烟雨，岁月河山，从杏花烟雨江南到金戈铁马阳关，从飞檐琼阁玉宇到残垣断壁瓦砾，虽读万卷书，行万里路，但他仍未参透美的真谛。那些先贤哲人，见山而兴“荡胸生层云，决眦入归鸟”之感，见水而起“日月之行，若出其中；星汉灿烂，若出其里”之叹，见礼乐而发“志于道，据于德，依于仁，游于艺”之思；先哲的智慧固然令人高山仰止，但美又是何以被人感知，何以被人理解，又何以寓于教育？他一直追寻着、思考着。

行者在山间，他在思索。

山间的小路旁盛放着几朵野花，清泉汩汩流淌于山涧，嶙峋的怪石散乱地分布在前路，湿润的水气氤氲在山中的每一个角落，树木丛生，百草丰茂；清风徐徐吹过，树叶发出扑簌簌的脆响，一切都是那么的鲜活而生动，让他不禁生出几分陶醉。熹微的晨光斜穿过斑驳的树影，洒在他周身地面，空气湿润得刚好，水汽中混杂着泥土的芬芳和树木草本的气息，鼻尖有点轻微的酥痒。他沉浸在此番美与愉悦中，双目有些微醺。

一个声音在林间响起，是一位青年，嗓音舒朗，夹杂着低低的沉吟，其中有几分思虑。虽然听不清他在说什么，但在此间美景偶遇知音伴友，还是令行者精神一振，他循声走了过去。那是一个“骨骼奇异”的青年，金色的头发，深邃的五官，可以看出，他的穿着简单而考究，眉宇微蹙，似在思考什么问题，但他的双目又是那么明亮，似是同样为这山中之景赞叹。

一番交谈，二人一见如故，青年说着一口流利的中文。“我来自遥远的异邦，那里有着许多思想卓著的哲人，他们对美有着深刻的见解，而我的老师，是德国文学狂飙突进运动后期的代表人物，约翰·克里斯托弗·弗里德里希·冯·席勒。”他推了一下高高的鼻梁上的金丝眼镜，有些不好意思地说，“其实也不算老师，只是非常仰慕席勒先生，研读过他的几部作品，此番远足，也是想要深入探究他的美学思想，才寻至这片古老而美丽的土地。这些天来，我一直期待着思想上的碰撞与交流，也期待在这片钟灵毓秀的自然之景中发现美的真谛。”

两人结伴同行，地上的枯枝被踩出“嘎吱”的响声，在寂静的山中显得略有些突兀，连鸟鸣都是少有，“老师的看法不同于当时大多数的声音，他提出了一个观点，叫做‘游戏冲动’”青年娓娓道来，“当时已有‘物质的感性冲动’和‘形式的理性冲动’两种看法，前者指全部物质存在以及一切呈现于感官的东西，后者指事物一切形式方面的性质以及与这种思考力的关系①，老师认为这两种观点都不够全面而中和，因此老师提倡‘游戏冲动’，即人实现审美状态的意志、要求和活动，是感性冲动和形式冲动的统一②，老师认为‘只有当他的形式活在我们的感觉里，他的生命在我们的知性中取得形式时，他才是活的形象’③，可惜学生愚钝，不明老师的教诲。”

二人陷入了沉思。山林又重归寂静，绽放的野花似敛了余馥，反射着粼粼光影的树叶似乎也停止了响动，陷于梦境，水雾被阳光蒸腾，也悄悄地藏进了青石缝中，不知所踪。思绪收回，便无暇顾及这花、这山、这景了。

行者略感讶异，确实，这是他第一次听到如此新颖的论调，将审美看做一种冲动，再以“游戏”一词加以修饰，决不亚于一次新旧学说的对弈与碰撞。行者细细咀嚼着青年的话语，慢慢理出了些头绪。回想起路上的所见所闻所感，他如是想道：所谓“感性冲动”，是指我方才看见了这山这水，此时的一花一木、一时一境，皆因其自身磅礴之势、灵动之美、情境之合、意蕴之丰唤起了我对其美的感知，我喜悦，我沉醉，我慨然，我叹鬼斧神工应如是，我欲为之倾尽水墨赋三千，此乃其美我也；而所谓“理性冲动”，即我思我存，

① ［德］弗里德里希·席勒：《审美教育书简》，冯至、范大灿译，北京大学出版社 1985 年版，第 77 页。

② ［德］弗里德里希·席勒：《审美教育书简》，冯至、范大灿译，北京大学出版社 1985 年版，第 77 页。

③ ［德］弗里德里希·席勒：《审美教育书简》，冯至、范大灿译，北京大学出版社 1985 年版，第 77 页。

我以巍峨高山直入云霄为雄，以大江滔滔奔腾不息为势，以戈壁千里黄沙漫漫为伟，以断桥残雪湖静如鉴为秀，是以我见泰山而称其雄，我见黄河而叹其势，我见玉门关外英雄寞而赞其伟，我见西湖平湖秋色而称其秀，此乃我美其也。但是当这种“物质的感性冲动”和“形式的理性冲动”合二为一，融合成所谓“游戏冲动”时，又会是如何一番光景？行者默然。

青年缓缓开口，打破了沉默：“老师所处的时代，并不像如今这样太平，时代的烽烟，思想的变革，人就像一叶扁舟，裹挟在浪潮中前行。老师的思想远超时人，他想要通过审美教育改变时世，革除弊病，这种思想至今鲜有第二人提到。老师并不赞同‘启蒙运动’所提倡的‘理性思想’，他认为时代需要全面、自由、和谐地发展人的特性，才能有所进步；一个人只有感性与理性相结合，才能成为一个理想的人。而做到这一点，是需要通过美育实现的。”

行者暗暗惊叹于这位“席勒”先生的智慧，无论是从深度还是广度上来看，这种“美育”的思想都是极其深刻而先进的，通过对美的认识、欣赏、教育，使人做到全面、自由地发展，进而得到思想上的升华。思绪飘远，又想到年少时在先生的督促下枯燥无味地抄背八股，摇头晃脑地诵读“之乎者也”，整日提心吊胆害怕挨板子的“光辉”岁月，他有点想笑，嘴角也微微扬起——这些经历回想起来也是如数家珍。倘若那时有一位先生，不再整日背着厚重的书简、拿着细长的戒尺，而是迎着朝阳带着一群孩童到山林间听鸟语、解自然，午后带大家遍读经典寓美于教，那又该是多么有趣。

行者在林间，他在思索。

他低头沉思略久，揉了揉发酸的脖颈，抬起了头，笑意还未散去。恍惚间，他突然有了一种别样的体会：深绿色的叶子尽管不再扑簌，在阳光下静默，可叶面却仿佛镀上了一层金边，闪烁着别致的美；野花尽管好似耷拉着头，却仿佛沉睡了一般，梦境正恬；没有了那层迷朦的水雾，灿烂的暖阳似乎也有种澄澈的美。明明刚才还一片万籁俱寂、寂寥沉沉的山林，怎的突然又呈现出一种别样的美了？

行者似乎领悟到了什么，可又说不清楚。

两人并肩前行，峰回路转，有庙肃然立于林间。行者轻扣两下庙门，微微一推，竟是没锁。院里一个小沙弥执着高过头顶的扫帚，清扫着庭中落叶，举手投足间颇有禅意。

“阿弥陀佛，二位施主，可有难解之惑？”一位年轻的僧侣施施然上前，他两袖不染一丝尘埃，携微风随步伐飘动，自有一种世外清风。行者和青年都略感诧异。

“山中之景，可曾一朝一夕间变化？”半晌，行者小心翼翼地开口。

“不曾，”僧人缓缓开口，胸中自有成竹，“施主之惑，我或许可尝试解答一二。”

“多年前，一位大师曾在我寺修行，他虽不是敝寺弟子，却居此十余年，入仕后也常常回访敝寺，斋戒念佛，也时常于这山林间赏朝醉夕，悟道作文。这位大师在美学上有极高的造诣，此刻他若在这里，定能胜我千倍万倍。”

“施主可知，佛门有一偈语：‘一花一世界，一叶一菩提’。或许施主不曾涉猎佛门典籍，但应也明白花叶皆有生命，万物皆为活物。当施主审美之时，实际上是一个主客交互的过程。一方面，花的馥郁之气、山的巍峨雄伟、水的清澈涓秀可以从各个方面激发审美者的思绪和情感，如此看来，审美的过程就是心灵与自然交流的过程，神思契合，若流水行云，若山泉迸发，若私语低喃，若水乳交融，审美者在这个过程中顿悟，于是美便发于思而喻于文。另一方面，审美者自身也是一个思绪丰富、有血有肉的人，当他面对一个审美客体时，澎湃的心潮、回荡的思绪、倾泻的情感便会灌注在审美客体的身上，从而‘看花不是花，看叶不是叶’，此时的花是审美者心中的花，而非现实世界中客观存在的那朵花，或者说，此时的景是实景的升华，是一朵存在于物质和精神世界交接处的花，这样，他眼里的花、笔下的花便不再同于流俗，而是他眼里、心里、脑海里最美的那朵花。”

“大师还认为，美不单单是供人赏玩、娱乐世人的一种精神需求，它更是一种教育的手段。当一个人学会了如何审视美、感知美、运用美后，他便可将这种美寓于教育。在大师看来，美使人博观，经典使人雅正。经典中蕴藏的美学孕育了‘博雅’，而‘博雅’则成就了君子——一个内修道德，外修文采，穷时以文立志，达时驰骋疆场的至人。可以看出，大师以‘美育’造就的君子，不同于传统意义上的君子，而是一个更为全面、自由发展的人。我想，大师这种思想，在当世乃至现世都是极其少有的吧。”

行者暗暗惊叹，顿时有“初极狭，才通人，复行数十步，豁然开朗”①之畅快，而在旁许久不发一言的青年也恍然大悟——这位大师与自己老师的思想竟是如此的契合，“敢问这位小师父，大师现居何方？学生定当亲自拜访求学。”

“大师早已仙去多年，”僧人笑了笑，“偏殿中有大师生前整理的典籍和一些墨宝，或许可以帮助施主参悟更多难题。”

“那位大师定是位得道高僧，大隐隐于朝吧？”青年目光雪亮，语音犹带一丝兴奋，竟听出了微微颤抖之意。

“听说大师并未出家，一直留于朝堂之上，我未曾见过，但想来该是一位百年一遇的圣人。我在寺中念经打坐这些年，也仅仅只是读过大师的少许作品，略懂皮毛罢了。”

“大师名叫刘勰，著《文心雕龙》，早年家贫，于敝寺修行十余年，悉心整理我寺佛教典籍。”

……

将至日暮，两人终于要离开寺庙。

“阿弥陀佛，施主请保重。”僧人将行者和青年送出寺庙，徐徐掩上庙门，他的衣袖依

① （晋）陶渊明：《陶渊明集》，中华书局1979年版，第360页。

旧是一尘不染，在傍晚的微风中徐徐飞扬。

“登山则情满于山，观海则意溢于海[①]。”

行者望向远处，在夕阳的余晖下，远山近树都是那么的开阔辽远，明亮而又舒展，一如他此刻的心情，澄澈洞然。

① （南北朝）刘勰：《文心雕龙》，中华书局1980年版，第128页。

修身于游戏，广材于无材

林佳鹏　弘毅学堂（2019300003033）

【指导教师评语】关于如何提高个人修养的问题，作者结合席勒的“审美游戏”和庄子的“无用之用”展示了自己的思考与感悟。文章首先以对美的理解为序，继而着眼探讨游戏中的精神自由并落脚于审美教育，阐释“美即完善”的观点；随后作者在“有用之用”和“无用之用”的思索中回归修身，以不离世和不过分涉世的态度实现个人的完善。全文构思清晰、观点鲜明，论述逻辑严密且例证详实，美中不足的是前两部分的过渡与呼应稍显欠缺。(外国语言文学学院讲师张申威)

摘　要：有关个人修养，在《审美教育书简》与《庄子》之中均有讲述，并分别提出了用审美游戏和“无用”的观点来修养自身、完善人性。本文主要论述了审美游戏以及审美教育之中的美是什么，尝试找到美的特质，并提出个人对于美与审美在人性完善之中作用的理解。同时基于对《庄子》之中一些有关于处世观的篇章的理解，讲述了个人对于庄子“无用之用”“不材之材”处世观的理解，进而论述这种特殊的“无用之用”处世观对于修养自身的作用。

关键词：游戏与美；审美教育；完善人性；无用之用；修养自身

一、席勒的游戏之美与审美教育

提到审美，我们总能想到那句“人同美只应是游戏，人只应同美游戏”。而这里的游戏与我们直观感受或者经验记录的不同，其不同于追求物质的丰裕或者感官刺激的游戏，比如部分纯粹追求精神刺激的电子游戏，或者赌博之类。后者这一类游戏甚至可以说与审美意义上的游戏是完全不同的两类事物，是耗费精力消磨时光的工具，而笔者所说的游戏是指完善人性的审美活动。

真正审美的游戏是什么？我们先来考虑如何描述美。描述美，大致可以分为两种：一是经验概念的美，比如“大漠孤烟”之美，这是我们在不断认知世界时体会到带有某些特征的事物是美的；二是主观感受的美，如一见钟情，这可以被描述为一种主观感受，客观来看或许并不具备某些统一特质，但这足以引发赞叹、引起思索。前者是理性的，后者是感性的，而美应是在这两者之间的——美超脱了理性统一化的规定，美于感性的无穷变化之中又多了一些真实存在的规律。美使人自然地接受规定，美使人在物质世界的束缚中能够追逐感受带来的无穷变化。兼具统一和多样，这就是美的特点。因此，美和审美及其艺术使人们进入一种审美状态或者审美心境之中，从而形成一种自由的可规定性状态，进而把人们确定为一种全面发展的人性完整的人。①

由此可以回答提出的问题，游戏可以说是“精神自由”的代名词。何为精神自由？笔者认为应该是形式与内容的一体化，既不能脱离美的事物的客观形式而存在，也不能忘记主观意识所带来的在观赏物中所见的精神价值。“现实必须要消融在形象显现中”，这是席勒在《给克尔纳论美的信》中提出的。美不可否认具有某些客观的、物质的条件，但这些条件千变万化，同时掌握了这些美的客观条件不能使一个人成为品鉴家，不能让艺术家创造美的作品。物质的条件，主观的感受，才能实现美最为崇高的目的——完善人的性格。而游戏，或者说审美活动，又或者说创造美，无疑是将理性冲动与感性冲动相融合的最佳途径，既不脱离事物的客观性束缚，也不打破审美的主观感受，不去反抗合理的规则。没有反抗，兼具自由，就如同“随心所欲，不逾矩”一般，相融合相协调，就如同在现世的缝隙中游刃有余，达到精神的自由，将理性感性打碎重组，追求纯粹的美感。不去思考什么是美，不去思考美带来什么，只是去感受那种在一瞬间有无限变化的美感，进而体会到离完美人格更近的道路。

最后再讨论一些有关审美教育的话题。先秦“六艺”，古希腊“缪斯教育”，几乎是世界上最早的教育形式，将审美教育单独明确提出，似乎《审美教育书简》是最早的考证。教育的功能，就是生产和塑造人，或者说对人格的再塑造。审美正是担任这种类似“人的第二创造者”②这一形象。“美即完善”，这是一种被人认可的美学观点，何为完善？就是修身，就是完善人性、驱除兽性、挥散恶念，最终实现人的再塑造。而在《审美教育书简》中，我们看到溶解性的美可以消除理性的束缚与感性的压迫，可以构造人和谐一致的精神状态，以期在审美活动、游戏冲动中从理性世界走向道德世界，完成人性的完善过程。

---

① 张玉能：《〈审美教育书简〉中的美学思想——审美教育论》，《美育学刊》2014年第1期，第47~62页。

② ［德］席勒：《审美教育书简》，冯至、范大灿译，北京大学出版社1985年版，第106页。席勒在《审美教育书简》第二十一封信中提出“人的第二‘创造者’”。

二、庄子的无用之用与不材之材

庄子的哲学是生命的哲学，生命与个人的精神自由是其关注的问题之所在。考虑到庄子的时代，庄子的“无用”与“游”的思想是根植于对残暴统治的无奈和对一般民众和中层士人悲惨境遇的同情。在那个战祸不断，刑法严峻的时代，庄子提出了一种新的处世观——“无用”“处乎材与不材之间”。这是一种特殊的入世思想，即追求“心隐”境界。这种思想确实具有其消极之处，不过我们在此仅讨论其特殊的“用”之观点，以及“无用”对于完善个人的巨大作用。

要谈“无用”很难，无论是指道的“虚静恬淡寂漠无为”，还是指一种绝对的“无无用”，都有些难以解释。先来看看庄子的“有用观”。对于“有用”这一概念，在任何时代都存在类似的看法：有用就是具有具体功用和实际价值，或曰使用价值。① 而这种有些过分逐利的观点实则是将人物化、将物人化，人与物的无所分别最终恐怕无益于人性完善。而庄子所言无用就首先否定了这种纯粹逐利的有用观，将无用之用，或者说物的潜力、人的天性全部展现出来。翩然飞舞、婉啭轻啼……这是完整的飞鸟；紧锁笼中，终日啼叫，这是人为规定的物化的鸟，它脱离其自然原始的姿态，无形之中破坏了其潜力和美。或者说所谓无用并非无知无能，而是脱离物化的规定，人不是因为有利于他人才是人，人是因为在“无所以”中所通达的本性，又或者说追求人性的完美才是人。闹市闲读懒于生意，忙中偷闲煎茶阔谈，这些大抵就是无用之用。所做并非纯粹地追逐实际利益，所为不是单纯地满足某种欲望，这是一种处于二者之间的愉悦人性、完善人格的无为之为，一如先前所提及的游戏、审美。

既然否定了有用之用，一味地追求无用于人、无用于世就可以通达于道吗？显然不是如此。《人间世》一章中匠石评栎树“无所可用，固若是之寿”栎树托梦评文木：“此其能苦其生者也。”②足以见得一味地追求有用于人，物化自身只会招致灾祸。但是无材无用也会招致灾祸，《山木》一章中弟子问庄子“昨日山中之木，以不材得终其天年，今主人之雁，以不材死”。③ 那么何以处世？庄子也给出了回答：其一，“处乎材与不材之间”④这是一种面对外物的姿态，是指不能将自己物化，将自己作为有用之物呈现于他人眼前；同时不

① 罗安宪：《“有用之用”“无用之用”以及“无用”——庄子对外物态度的分析》，《哲学研究》2015年第7期，第32~37页。

② （战国）庄周：《庄子》，中华书局2007年版，第83~84页。

③ （战国）庄周：《庄子》，中华书局2007年版，第285页。

④ （战国）庄周：《庄子》，中华书局2007年版，第285页。

能刻意去追求无用，于自身、于世界真的无用之时也就真的会被世界抛弃。追求的是一种无用之用，如同栎社神一样，无用的是其作为木材的姿态，而大用在于其作为社树带来精神世界的美感。木以为材，这是世人对于树木的有用观，但是栎树却脱离这种片面的有用之小用，达到了另一种通达精神的无用之大用。其二，“无誉无訾，一龙一蛇，与世俱化，而无肯专为。”①这是一种省问自身的心灵境界，是指主宰外物而不为外物掌控的境界。此处所言外物不仅指自己对外物所具有的用以及外物对自己所具有的用，还包含对外物的态度、处世的姿态，即“不遣是非，以与世俗处”，通达精神世界的自由，追求个人的完善，不离世，不过度涉世，实现的是天性的美。兼具理性与感性的美与完善，这才是无用之大用，不材之大材。

三、结　语

教育的目的就是完善人性，融合单纯欲望驱动的纯粹兽性与单纯利益驱动的纯粹理性，使得人处在一个和谐融洽的精神状态和一个善而美的社会形态之中。而达到了这种理性与感性统一的状态下，人就自然地能够去审美，去创造美，去游戏。最终教育实现的目的总结后无非修身、广材。

儒家讲求“修身齐家治国平天下”，修身位列第一，修身就是完善人格，发展仁性，兼具人性之至善，顺随天性之至美。而这不正是能够审美的灵魂所具备的特点吗？修身先要褪去束缚，无论是对利益的追逐还是对欲望的满足，都不应该是修养培育的方向；溶解性的美，解放束缚、完善人格，这才是我们要修养的。修身与游戏，也就是如此了。

无论哪个国家、民族、宗教都不会否认知识的重要。知识不是技能，不是一种能完全向外人展示的事物，知识存在于人的内在之中。我们不因庖丁庖厨出身而轻视其“技进乎道”的超凡才能，我们不会因为孔子“累累若丧家之狗”而藐视其万古明灯的崇高地位。解牛并非什么足以惊动一国的神迹，但悟道养生却足以令人高看，庖丁无大用，唯长于解牛；然庖丁有大材，能畅游虚静。修养不必为一时毁誉，正所谓“廉则挫，尊则议”。追求无大用于外，成大材于内的清静无为的境界。广材于无材，正是如此。

① （战国）庄周：《庄子》，中华书局2007年版，第285页。

从《论语》《文心雕龙》《审美教育书简》看中西审美思想

刘思琪　基础医学院（2019305231068）

【指导教师评语】这篇文章的特点在于比较思维。作者将孔子的言行与席勒《审美教育书简》相比，探讨两者美育思想有何不同的指归；又将《文心雕龙》与《审美教育书简》相比，分析中西博雅观的差异。文章能较为自如地论述孔子事迹、《文心雕龙》底蕴、席勒哲学思想，理论意识突出，能够勾连博雅与自由，难能可贵。不过，孔子、刘勰与席勒所处的时代都相隔甚远，如果选择孔子、刘勰代表中国文化，选择席勒代表西方文化，必须说明这种选择的合理性。因此，文章有些观点显得武断；在人文学术规范方面也仍存在提升空间。（哲学院讲师　余婉卉）

摘　要：儒家乐教和《文心雕龙》与《审美教育书简》分别能够代表中西方的美育和博雅思想，本文从《论语》《文心雕龙》和《审美教育书简》来探讨中西美育和博雅思想的相似与差异，结合当代社会推行的通识教育以得到启发。

关键词：审美教育；博雅；自由

一、引　　言

在现代社会中，随着科学技术的进一步发展，人类社会的精神文化需求越来越高，同时，博雅教育也越来越盛行。在西方，古希腊是博雅教育最古老的源头；而在东方，先秦的六艺和汉以后的儒家教育则是博雅教育最初所展现的形式。博雅教育，也就是西方所谓的 Liberal Arts Education，在中国同时也叫作通识教育、素质教育等。但无论叫法有多不同，其共同的目的都是培养出人文社科知识和自然科学知识兼具的全能型人才，这些人才还拥有一种身心全面发展的社会理想的人格，或者说一种丰富而健康的内心精神，而不是培养出一些没有内在灵魂的专业学科家们。这避免了学生在校园里只学习与本专业相关的知识，而对其他领域的相关内容一无所知，出现“出了家门，寸步难行”的局面。博雅教育中最重要的一部分其实就是审美教育，因为审美教育能够让人的精神世界更加丰满，使人成为“完整人”。从《论语》和《审美教育书简》中，能够很好地比较，得出中西思想文化中审美教育的异与同；以刘勰的《文心雕龙》和席勒的《审美教育书简》为例，又能够窥见中西对博雅的不同看法或是要求。

二、中国的美育思想

自儒家学说创立两千五百多年来，儒家思想已经深深地刻在了中国文化中，成为了中国文化最具代表性的一部分。儒家教育的基本内容是四书五经六艺，从表面上就能够看出儒家教育要求学生全面发展，事实上，孔子是中国古代数千年历史上最早提出要德、智、体、美、劳全面培养学生的观点的伟大教育家。虽然孔子并未系统地建立美育的教育体系，但他六艺的教育内容，即诗、书、礼、易、乐、春秋，尤其是乐教，本就属于美育的范畴了。“子曰：兴于诗，立于礼，成于乐”。① 从这句话就可以看出礼和乐在孔子教学的过程中占据着多么重要的地位。

“子在齐闻《韶》，三月不知肉味。”②现在的人们已经完全无法想象，孔子到底有多么重视音乐。孔子认为，如果把握了音乐的形态美，就可以同时加深情感体验的丰富度，从而能够达到培养人的审美情感的目的。这就是孔子美育思想的核心。“若臧武仲之知，公绰之不欲，卞庄子之勇，冉求之艺，文之以礼乐，亦可以为成人矣。”③这句话是在说，拥有智慧、无欲、勇敢和多艺，再加上礼乐，就可以称之为“完人”了。孔子认为，没有经过音乐的教化，学生就不能够拥有完整的人性。因此孔子不仅自己热爱音乐，精通琴艺，喜欢歌唱和钻研乐理，他还将音乐作为熏陶学生，培养学生完整人格的手段，并将乐教贯穿于教育学生的全程中。孔子的学生子游，在二十多岁的时候就担任了武城宰，他在任时以诗书礼乐教化民众，使得弦歌之声处处可闻。后来孔子带学生到武城时，还听见城里传来弦乐之声。这足以见得孔子以音乐为重点的美育对其弟子的深远影响。

然而在当时封建社会“礼崩乐坏”的背景下，孔子推行乐教美育，培养完善人格的完整人的最终目标其实是为了社会的和谐。他认为音乐可以培养人的审美情感，从而达到个体

---

① 《论语》，中国民主法制出版社 2012 年版，第 124 页。
② 《论语》，中国民主法制出版社 2012 年版，第 103 页。
③ 《论语》，中国民主法制出版社 2012 年版，第 221 页。

自身的和谐，进而促成社会的和谐。孔子以音乐熏陶学生，并教化学生成为谨言慎行、止于礼仪、温柔敦厚的君子，更多的是想要建立起一种社会行为准则、一种温和的统治秩序，恢复王室的权威，行周礼，推行以教化为主的文治，来达到统治阶级更加方便地统治百姓，社会开明、稳定、和谐的目的。这种带有政治色彩的目标恰恰让孔子的美育对学生个体的自由形成一定的约束性。

三、西方的美育思想

《审美教育书简》是美学思想史上一本重要的著作，在书中，席勒第一次系统地提出了"美育"一词，并定义其概念。在席勒看来，实现美育的手段是美的艺术，《审美教育书简》就是其美学思想最系统的表达。席勒认为，艺术家的思想是纯净、美好、不受凡尘俗世的污染的，是与凡尘俗世间的一切完全脱离的，只有这样的思想才能感化人心，达到美育的效果。艺术可以让人的思想变得优美，甚至崇高，最终达到人性的高尚。艺术美能够体现人格的良好品性，人只有通过艺术的审美才能使分裂的人格完整，从而使人达到一种整体的和谐。

席勒强调美育，是基于他对人类天性的看法，因此想要在人性分裂和异化的时代，以美育来恢复人性的完整，使人得到全面自由的发展。席勒认为感性冲动和理性冲动是人类的天性。书中对感性冲动这样写道："这两种冲动中的第一种，我想称为感性冲动，它来自人的肉体存在或他的感性本性，它努力要把人放在时间的限制中，使人成为质料。"①而对于理性冲动"可以称为形式冲动，它来自人的绝对存在或人的理性本性，它竭力使人得到自由，使人的各种不同表现达到和谐，在状态千变万化的情况下保持住他的人格"。②物质的感性冲动将人限制于时间，剔除了人性，使人物质化；形式的理性冲动则废弃了时间，保存了人性，竭力追求自由。但这两种天性是分裂的，如果人只受一种冲动控制，那人格一定不是完整的，如果人性是分裂的，个体就不能自由全面地发展。席勒认为感性的人，也就是自然人，他们完全由感性冲动控制；相反，只由理性冲动控制的人是理性的人，即道德人。想要成就为审美的人、自由的人，就必须集感性冲动与理性冲动于一体，并有机融合，从而受游戏冲动支配。游戏冲动是感性冲动和理性冲动的中和，它可以平衡物质与精神，使人格完整，使人的天性达到和谐。而美育恰好可以改造人性，将感性冲动与理性冲动融为游戏冲动，克服人性的割裂，从而使人性走向完整。这样看来，美育就成

① ［德］席勒：《审美教育书简》，张玉能译，译林出版社 2009 年版，第 35 页。
② ［德］席勒：《审美教育书简》，张玉能译，译林出版社 2009 年版，第 36 页。

了感性人、理性人成长为审美人的必经之路。

通过艺术和艺术的审美来实现理想的美育，从而圆满完成人性，使人才成为完全的人。总的来看，从始至终，席勒都是立足于个体的人，以美育完善人性，追求个体的人的自由。

四、中西的博雅

审美教育是博雅教育的一部分，对应的，中西学者一致认为，审美也包含在博雅的范畴内。美育在成长为一个完整人的过程中有着举足轻重的作用，而“博雅”是与成“人”相关的核心关键词。“东海西海，心理攸同”。[①] 在博雅的看法上，中国历史上著名的文学理论批评家刘勰与德国伟大的文学理论家有着大同小异的观点。

刘勰的思想受到儒释道三家的影响。“予生七龄，乃梦彩云若锦，则攀而采之。齿在踰立，则尝夜梦执丹漆之礼器，随仲尼而南行；旦而寤，迺怡然而喜，大哉圣人之难见哉，乃小子之垂梦欤。”[②]这是刘勰在《文心雕龙》中记载的两次梦孔子，足见其对儒家思想的尊崇。刘勰在《文心雕龙》中还表达了对庄子观点的赞同，并化用其名句：“生也有涯，无涯惟智。逐物实难，凭性良易。”[③]他和道家思想一样，主张道法自然，顺随天性。至于佛家，刘勰皈依佛门后，跟随僧祐学习佛经并整理佛教典籍十余年，其著作《文心雕龙》便在此期间完成。因此刘勰深受佛家思想感染，并形成“圆照”之说。博者大通，雅者典正。正是由于刘勰思想中的兼宗三教，他对于博雅有更深的想法。刘勰在《文心雕龙》中提出了“博观”之说：“凡操千曲而后晓声，观千剑而后识器；故圆照之象，务先博观。”[④]他认为，没有广博的知识和深厚的积累，就无法达到才思敏捷，无法写出好的作品，熟读经典，做到博观，才能明事理，洞察万物之理，获得永恒之道。“博观”使人达到“圆照”的境界，并且逐渐形成“雅正”的气质。这便是刘勰的博雅观。

席勒推崇美育，是因为他认为人性是分裂的，同时美也有两种，即溶解性的美和振奋性的美，只有在美育的潜移默化下，人对这两种美的感知能力才能融合起来，人性才能弥合，人们才能够成为审美的自由人。“博雅”一词的拉丁文原意是“适合自由人”，因此席勒对博雅的看法除了和刘勰的相似的部分外，还有最重要的一点——自由。这与他所处的时代有关，而《审美教育书简》发表之时，法国正在经历大革命。他抵触暴风骤雨般的资产

---

① 钱锺书：《谈艺录》，生活·读书·新知三联书店2008年版，第1页。
② （南朝）刘勰：《文心雕龙》，中国人民大学出版社2008年版，第386页。
③ （南朝）刘勰：《文心雕龙》，中国人民大学出版社2008年版，第393页。
④ （南朝）刘勰：《文心雕龙》，中国人民大学出版社2008年版，第367页。

阶级革命，主张通过美育来培养人格完善的人才，以此寻求国家解放、人民自由之路。所以，对于席勒来说，博雅更是一种人文主义的人的理想：那就是全面、自由、和谐地发展人性。

五、结　语

以孔子和席勒为例，可以看出中国古代美育，特别是对于儒家来说，主要以乐为手段，来实现礼的教化，保证社会的和谐，创造理想的政治环境，而这种政治目的在一定程度上是对个体自由的约束；西方席勒更强调艺术的审美在美育中的作用，通过美育，实现个体的人的自由的解放。以刘勰和席勒为例，可以看出中西方对博雅的差距并不明显，都要求全面、广博、和谐，不过由于社会的原因，德国的席勒还有一个让个人、民族乃至国家获得自由的理想。

而对于现在，了解中西方美育与博雅思想的异同，是有非常重要的现实意义的。孔子的乐教美育、席勒的艺术审美，构建和谐社会与竭力追求自由；刘勰的“博观”“圆照”、席勒的人文主义理想。分析其思想的异同与合理性，从中探寻符合中国当代教育的美育与博雅，实现人性的完整、个体的自由、社会的和谐。这正是当前中国博雅教育在发展的过程中应该做到的。

弦外之音与逻辑之美

孟怡杉　经济与管理学院（2019301051192）

【指导教师评语】本文作者通过自己阅读中文经典的感受，归纳出《红楼梦》中“弦外之音”的表达方式，此正与红学所具有的独特魅力相合，在此基础上，论文进而与西方经典强调“逻辑”的表述方式加以比较，选取的切入点较为独特，是本文最出彩之处。（历史学院副教授　鲁家亮）

一、总　　述

毛姆说过：“培养阅读的习惯能够为你筑造一座避难所，让你逃脱几乎人世间的所有悲哀。”①阅读使人愉悦，阅读经典则能使人获得长久的快乐。在国文经典中我们可以览孔子之“仁道”“礼制”；可以读庄子之诙谐幽默、无为而治；亦可以通过《史记》纵横千古，看刘项之争，英雄热血和时代抉择。在西文经典中，我们可以瞻仰苏格拉底为了维护伦理哲学，慷慨赴死；跟随孟德斯鸠探讨民主权利和政体性质的利弊；在分工与协作中了解亚当斯密对生产和效率的分析。

书海茫茫，卷帙浩繁。我们需要探索出一种适合自己的方法去更有效率的读经典，也可以说是让自己感兴趣、能深入的方法，免去繁冗文字的乏味，探索文字背后所传递出的思想和美学价值。

下面就谈谈我对理解和探索中西经典的不同切入角度，使我有热忱和能力去接触更多的经典著作。

---

①［英］威廉·萨默赛特·毛姆：《阅读是一座随身携带的避难所》，罗长利译，北京联合出版公司2017年版，第5页。

二、弦外之音

我国文化典籍的可贵之处不仅在于它的言简意赅、句式骈散相宜、格局恢弘、哲理盎然，还在于它的弦外之音。

我们首先以经典名著《红楼梦》为例，来看看为何弦外之音令人魂牵梦萦，引得古籍研究者或者读者孜孜不倦的去寻求隐藏在字里行间背后的答案。

最初始的弦外之音——命名。国外小说中人物的名称往往是很长一串，虽然很多人名也有与之对应的象征，但是他们的名字似乎无法完整的讲述一个故事。而《红楼梦》中的很多人物名称却起到了诉说故事、阐明主题的作用。例如：贾雨村、甄士隐分别谐音作“假语存”和“真事隐”，即作者在有意的在模糊故事的历史背景，也在引导读者去关注小说的弦外之音。又如在引出“宁”“荣”二府的人物时是由一个名叫冷子兴的人告诉贾雨村的，冷子兴的姓“冷”蕴含了冷眼旁观的意思，当偌大的家族盛况展开，我们从诉说人口中便感受到了那种遥远孤独、人情淡漠之感。因而，我说红楼中的人名地名都是在诉说着故事的，是在诉说着人物命运的。它也从这一点体现了我国文化中含蓄内敛的表达方式，是弦外之音较为初始的体现。

当然了，仅有一些命名使读者像在元宵会猜灯谜一般是不够的。古人的运用含蓄内敛的手法可以说达到了炉火纯青的境地。所以在读国文经典时，总会让人有柳暗花明之感，又像《桃花源记》中写到的“山有小口，仿佛若有光”①在黑暗中的光芒引领我们去探寻表象背后的意蕴。例如《红楼梦》中贾宝玉来到太虚幻境的时候打开金陵十二钗又副册时第一眼看到的词句是写晴雯的，“心比天高”“寿夭多因谤毁生”②都在描写晴雯的孤傲和悲惨命运。这是否让人觉得有些熟悉，好像是在说晴雯但是也像黛玉的命运。曹雪芹在刻画主要人物的时候并不是单线记叙，而是采用了“镜子意象”，如晴雯、柳五儿等，她们有和黛玉相似之处。试想在生活中，性格相似的人也往往有相似的处理事情的方式和最终得到的结果。作者借描绘她们的个性、命运时也映出了黛玉的许多影像，让黛玉这个女主人公的形象更为饱满，也逐步的通过晴雯的死，柳五儿的冤屈为黛玉的悲惨结局蓄势。又例如写黛玉进贾府的时候，少有黛玉的心理描写，表面上你似乎看不出黛玉寄人篱下的那种不安和恐惧。但是作者通过写进贾府的诸多规矩，大宅院一进一进气派的景象，佣人身上的绫罗绸缎，将人物的主观情绪用客观的事物投射出来，用这种气派的景象去诉说黛玉的渺小和

① 陈庆元、邵长满注评：《陶渊明集》，凤凰出版社2011年版，第272页。

② （清）曹雪芹：《红楼梦》，四川大学出版社2015年版，第30页。

慌张。弦外之音在我国的经典典籍中并非个例，如《庄子》中许多的寓言故事，“庖丁解牛”“佝偻承蜩”等都是通过故事来谆谆善诱，让读者去探索更深层次的道理和思想。弦外之音最精妙之处在于每一个人都可以通过观看作品进行对作品的再创造过程，所以一千个人去读《红楼梦》也便会有一千个版本的《红楼梦》。

三、逻辑之美

与中文经典采用不同表达方式的西文经典，则更加侧重于逻辑和总结提炼。以《国富论》为例，其在介绍分工对企业生产效率的影响时提到“一个人抽铁丝，一个人拉直，一个人切截，一个人削针尖……如此一来，制针的流程就包含了大约 18 项操作。依每磅 4000 枚中号针来算，10 个工人日产针 4.8 万枚，平均下来每人每天产针 4800 枚。”①我们不难从中感受到作者的严谨和面面俱到，试想一下如果是一个普通人他很难做到像亚当斯密这样细致的观察工人的劳动，并且做出这么详细的统计。当然只有对工厂的调研是不够的，作者紧接着通过分析人类的本性，人生来有优势和缺点，需要通过契约等来交换产品来追溯分工的起因。最后，通过对历史文明的追溯和乡村与人口密集的城市的对比得出了分工受市场范围限制的结论。在西方经典作品中我们常常读到很多数据或者一些通过实验而得来的道理，而且每一部著作都好像画了属于自己的思维导图，只要你细心的分辨就会从一个段落的总起句后读出很多细分的观点。可能许多人和我一样在读西文经典的的时候，最开始总是觉得冗长乏味。但其实通读过西文经典就会有一种醍醐灌顶之感，而且一旦你真正走入其中，就会发现他们那种如钻石般将每一个剖面都做到精致无比的逻辑和智慧。

而从中文经典或者说是国内的一些研究领域来说，我们恰恰是缺少了那么一些严谨的逻辑和对万事万物刨根究底的精神。虽然说我国曾经有过彪炳人类历史进步的“四大发明”，但是我们对一些知识经验缺乏总结，没有形成完整的理论系统，似乎这就是因为我们习惯于收集一些碎片画的、灵感般的知识来源，或者说我们喜欢通过“悟”来拓宽我们的知识面。但是这样的知识积累是有很高的前提条件的，“悟”只能是通过一些智商情商超高的人或者是在各方面都有一定知识储备的人来实现。

但是经过完备的逻辑体系的总结的知识可以由浅入深的去阐释理论和道理。比如，在西文经典中作者常常通过举例子(如上文提到的针头生产)来帮助读者去理解很复杂的理论(如有效分工可以提高生产率)。这样就是很普通的人都可以理科了解他所表达的理论知识。那么我们也可以理解为，这样有逻辑之美的表达方式可以弱化知识壁垒，使普通民众

① [英]亚当·斯密：《国富论》，张兴，田要武，龚双红编译，北京出版社 2007 年版，第 1 页。

更易接受知识，或许这可以成为解释西方国家民众素质较高的一个原因。相对而言，我们在知识传授与表达方便面也许忽略了受众的问题。比如《红楼梦》中常常用诗句来隐含人物的情感或命运，如果没有一定的文化积淀的人无法感受到其中的玄妙之意。

四、取其一还是兼相顾

文中所述的弦外之音和逻辑之美其实都只是一种文化的表达方式，当然它也蕴含中西不同的思维方式。但是我觉得文化思想本身是没有高低的，中华文化所推崇的“道”和西方文化所推崇的“理”，人类的文明因此而闪耀璀璨。就像弦外之音和逻辑之美也是不分伯仲的，每一种呈现方式都有自己的优势和瑕疵。我们知道经典是经过岁月的洗礼而显得弥足珍贵，每一部经典都是前无古人后无来者的，是那个时代人类智慧的结晶。

我们现在所讲的传承其实是一件很难的问题，也是一项很艰巨的任务。我们想要达到的“取其精华，去其糟粕”和“创新创造”其实很难把握到那一个可行的点。比如我们蔑视“书中自有黄金屋”这样的话语，说它是糟粕。但是反观现在的社会现象，很多人学习真的是为了学以致用，为了用知识创造一个更美好的明天吗？他们一边唾弃着所谓的糟粕，一边叫嚣着创新创造，一边头顶“精致的利己主义者”的招牌，岂不让人忍俊不禁。

我觉得作为一名有素质的学生，我们首先应当尊重不同的文化。人云亦云是不可取的，如果想要发声想要创新和继承，我们一定要对他有全方位的理解。也许经典中的一些观点是不够正确的，或者说它已经不符合今天时代的目标和习惯了。那么我们可以自己批判的去接受经典中的内容，但前提是我的确有够了解它的含义。我想“博雅”想要求我们做到的就是遍通古今，博采众长，有自己的批判和思考，而不是做一个埋没在人声中的庸碌之人。

以审美铸就自由

——《庄子》与《审美教育书简》比较

丁琳珊　电气与自动化学院（2019302070277）

【指导老师评语】作者从庄子和席勒分别所处的时代背景入手，探索时空迥异的两位哲人如何面对日趋异化的现实，逐步得出结论：最终达到自由的途径是从他律到自律，回归自我，反思自省。可见作者颇为用心地阅读了《庄子》和《审美教育书简》，感受较深。全篇布局合理，语言平实有力。论文承认了中西思维的异质性，但仍主要借助西方文哲概念来分析问题，设立了"感性-理性"的二元框架，用席勒的理论来诠释《庄子》，尽管有"以西格中"之嫌，但能言之成理、切中肯綮，值得赞赏。（哲学学院讲师　余婉卉）

摘　要：走进《庄子》与《审美教育书简》，倾听庄子和席勒关于审美与自由的对话：面对充斥功利思想的异化现实，通过美的范导性作用，回归完整的人性，体味自然之大美，实现艺术性的生命。

关键词：审美；自由；本性；思辨

一、时代动荡，偏离自由：人性碎片化的德国与世俗功利化的春秋

一个动荡的时代常使人们质疑并改进既定的价值观念。

庄子所处的春秋战国时代礼崩乐坏，原有的价值体系崩塌，个体价值的觉醒使人们重新思索现存的观念，并把目光投向人本身。庄子批判如绳索缠绕的世俗功利思想，主张通过对世俗价值的解构来打造自由之境。

18 世纪末 19 世纪初的德国亦如是，席勒洞察当时的社会：人在社会阶层的分裂中逐

渐碎片化，过度的秩序化、标准化削弱了人原始的冲动，削减了人性的淳朴，使人的社会身份与地位分量愈重，人与人间真情淹没在在权力与金钱的浊流中，人们感性缺失而理性泛滥。因此，席勒盼望找到“人改造自然的天性”，使人达到感性和理性的平衡状态。

庄子和席勒虽地域不同，时代相距遥遥，但他们都面对着感性理性失衡的异化现实，即时代的“堕落”。一个时代“堕落”的根源在于人们抛却自主意识，将个人放在社会的框架之中而失去自身的判断，心甘情愿地与大众的步调保持一致。就如鲁迅笔下在刑场围观的愚昧大众，不明白也不关心行刑的缘由，却挤破头向前凑热闹，生怕错过“好戏”，面对那些荒谬的情景却不去思考是非对错，离自主意识愈来愈远。而席勒和庄子致力于为社会不完整的现象发声，投身于对自由与人性的追寻。他们借助审美的范导性作用，唤醒道德自由。

二、重视审美，领会艺术：感性冲动与理性冲动的平衡

人由理性与感性共同支配。感性理性共生，同时，两种天性具有排他性，两者相互对立：感性具有直接性，理性蕴含间接性；感性将人的意识置于有限的时间之中，而理性保留了超越时间维度的人格。这两种对立的天性在人们作用于外界时表现为一对对立的推动力——感性冲动和理性冲动。由人的感性天性而产生的感性冲动把人内在的理性变为感性现实，而理性冲动使感性内容获得理性的形式。

上文所述的时代的“堕落”意味着感性冲动与理性冲动的失衡，而美的作用就在于平衡感性冲动和理性冲动，使这两种冲动处于各自独立又和谐的关系中。审美打破了感性与理性的排他性，使它们都臣服于美的法则，从而创造了两种天性相容的可能。在审美的游戏冲动中，人性才能圆满完成：在审美的缓冲中和下，我们接纳天性赋予的朴实、纯粹，同时又以理性抗衡粗野的蛮力。于是，使得感性包容理性，理性接纳感性，两种天性的碰撞和平衡中交汇出道德自由的光辉，使人性圆满实现。

庄子与席勒的审美在理念上相互映射，都讲求关注个体生命，回归自然天性。

从审美的角度看，天地有大美而不言，这种超功利的大美便是真正的艺术。以《逍遥游》为例，“游”是艺术和审美本性的完成，揭示了作为艺术的本质特征，即自由本身。要使人获得自由，那么必须“游心于淡，合气于漠”，呈现本性、自然之大美，实现艺术性的生命①。在庄子看来，精神的自由是一种有无之间的逍遥状态，而天性的回归便是人在逍遥自由的状态的表现。无伤天性才能逍遥，而关注个体生命、获得心灵最自如的状态就是

① 杨洁：《审美视域下庄子生存思想探析》，唐山师范学院学报，2019年第2期，第110页。

无伤天性的真正大用，即无用之用①。自然生命通于天性，冲破形体对心灵的束缚，在无用之用的非功利世界中获得精神的自由，成为艺术性的生命。

“人生是一种较广泛的艺术，每个人的生命史就是他自己的作品”②，在审美意趣的浸润下，人慢慢建立起以自身价值观为构架的精神逻辑自洽的世界，它象征着人们自主意识和精神自由的回归，在这个世界中，人不需要终日汲汲于外界爆炸混乱的信息。这时，人将世界作为审美对象，达到情感与理智、主观与客观对立统一，去自主地感知和理解世界，体悟天地间“大美”。同时，审美意趣随人生阅历的增加和内心世界的丰富而不断完善，人将世界解读出不同侧面、赋予不同的色彩，使得这个世界有了深度，温度。通过审美的范导性作用，人们关注个体生命，逐渐实现精神的自由。

三、道德自律，意志自由：审美与人格建构

美在平衡理性与感性上起范导性作用，引人向善。审美是通往道德的必经之路，当每个个体对于美都有了自己的体会，达到对完善的人格和理性的建构的终点，人才能实现道德自律和道德自由，整个社会才能走向完整人性的理性王国。现代文明的发展，以及政治、宗教等人类理性的产物导致了人类感性的相对缺失，人类因此生活在一种焦虑的环境之中。而要摆脱物质的束缚成为道德自由的人，达到感性和理性的平衡，需通过审美实现。《庄子》通过寻求自由天性与自然大美之间的衔接点，解放人性；《天狗》刻画自豪热烈的青年内心，借气势磅礴的话语传达对人性完整的追求；《沉默》令极具刺激性的形象与人生来的对“完整”的渴望形成强烈反差，激发对完美自由的追求。这些来自不同时代，不同国家的作品，倾诉时代缺陷，呼唤人性光芒，通过审美唤醒完整人性和道德自由。

然而，美是我们精神自由发展的必经途径，但不是我们追求自由的终点。美无法提供具体个别的结果，它发现不了任何一种真理，甚至无助于我们完成任何一项义务。但是美具有庄子笔下“无用之用”的特质，它将人从任何一种有限的规定中解救出来，使人的价值和尊严回归未受规定的状态，将自由和人性重新还给人，让人是其所是。可以说，美对人性的塑造与第一创造者自然十分相似，它们都只是赋予人们取得人性的功能，而具体的结果以及这一功能的运用应该由唯一的支配力——自由意志来决定。而人是始于感性而终于理性的，人们追求的终点是道德自由。因此，美只是一种过渡状态，整个人类社会必须要经由美的王国来实现和谐完整的理想，从“理性之辩”达到“自由之悟”。

---

① 戴锐：《浅析庄子审美意境之“真自我”》，文化产业，2019年第7期，第28页。

② 朱光潜：《谈美书简二种》，上海文艺出版社2001年版，第31页。

《审美与教育书简》和《庄子》最终都通向自由通达的主题。他们主张：不执于名实，不寻求所谓本体，也不固求一个理念或定法。他们认为最终达到自由的途径是从他律到自律，回归自我，反思自省。外部世界的随心所欲恰好是不自由，因为它被任意性和欲望所操纵。要使人获得自由，必须“游心于淡，合气于漠”，呈现本性、自然之大美，实现艺术性的生命。自由的唯一判断标准是意志和行动上的绝对自律，这种自由的人性具有普遍性。同时，他们都没有弃绝感知的世界，但是最终实现的理想都是从杂多到统一。就如《审美与教育书简》最终目标不是审美的丰富性，而是理性、道德的统一性。

《庄子》和《审美教育书简》代表了中西两种“异质思维”：《庄子》体现的道家思想代表了“领悟”，强调整体把握、心领神会；《审美教育书简》体现的西方哲学思想则代表“辩证”，长于分析、综合、思辨、逻辑推理、范畴概念。而这二者的交汇点便在于对人的“自由”和“通达”的追求，推动人取得自我内部的统一与和谐，“异途同旨”，最终目的都在于为了人性最终自由通达的理想所做的反思。

两部经典从“悟”“辩”到自由通达的映射，是从“解除矛盾与困扰”到“化解问题本身”的过程，遵循破除名实对立，破除固见的方法，以“从他律到自律”作为自由与通达的唯一途径与最终目标，从而实现杂多对立到完善统一的理想，通过审美的过渡作用，实现人性的回归和道德的自由。

从近代中西碰撞略观“法”之中西异同

罗世龙　法学院（2019301060037）

【指导老师评语】本篇论文持通识博雅之志，究中西之际，辨析法理，考古今源流，由近代文化碰撞切入，从社会结构、社会观念等角度探寻中西之法在产生、内容等层面的异同，学术视野开阔，思考深入，资料丰富。但论题偏宏观，论证略主观，论点及层次不够清晰，没有涉及前人对此问题的研讨。若能进一步明确观点，厘清结构，加以细致严谨的辨析和理论材料的支撑，则更有说服力。（文学院讲师　李立）

摘　要：法作为一种维持社会秩序正常运转和调整不同社会关系的有力工具，广泛见诸于人类聚居之地，具有普遍适用性。然而法也极具地域性与民族性，从中西社会比较中不难发现法于两者间之差异。探究法于中西社会之异同既是一个值得进行的发现并解决问题的创造性认知活动，也是一个较有趣的发现自我、深入自我的过程——毕竟，西方是中国认识自己最重要的一面镜子。从近代中西碰撞略观法在中西社会之异同更于当下中国特色社会主义法律体系的完善有重要意义，而关于这一论题的探讨也在一定程度上体现了博雅的品格与精神。

关键词：家庭本位与个人本位；人伦与法制；威权与限权

自鸦片战争以降，中西碰撞日趋白热化，由此导致中西文化深度交融，而其中较明显的方面即法。虽言古代中国亦有法一说，然显与近代西方之法差异较大，这从中国法律近代化历程足见一斑。不同于西方法律内源性发展，近代中国法律发展终属外源性发展。在这一过程中，为了迅速完成法制化，借法律移植几乎将西方法律制度尽数搬来，于这一意义上说，现今所称法律基本为舶来品。但当我们蓦然回首，重观中西碰撞背景下中国法制近代化历程时，自然可看出由此导致的种种弊端。需要明确的是，不加筛选而盲目照抄外来法律制度最后当然会因与传统政治经济状况乃至整个社会架构和观念不相契合而“水土不服”。中国传统意义上难道无所谓“法”吗？当然不是。所以当我们急切地想加快法制化进程以达到法治效果时，是否应该在认清自我社会架构和传统法律特征与流变之后，再与西方法律制度和传统乃至其社会状况进行一番细致入微的比照而对西方法律进行优选与引入？因此，完全有必要在近代中西碰撞这一具体语境下进行法在中西社会之异同比较，其最终目的应不单止于对二者异同的发现，更是为了其后的有机结合以达致一理想效果。

一、从社会结构看中西之法产生缘由之异同

法是社会实践的产物，因此中西不同社会结构孕育了不同特质的法。尽管自近代以来，中国因借鉴西方关于法的部分经验而出现了众多所谓的宪法：钦定宪法大纲、曹锟的贿选宪法等，但从法的基本精神出发，这些宪法为标签性宪法，既不在规范上反映真实政治现实也对实际意义上的政治运作缺乏强有力规制。甚至，通过研读上述众多宪法，可以明显发现，这些宪法关于公民基本权利方面的规定少之又少，更多的则是对皇权或者威权的合法性、正当性的确认。由此，其实足以看出传统中国社会结构对传统中国法律的显著影响。当我们以一种宏观性的视角去研究传统中国社会结构时，我们大抵可以这样说：传统中国社会是皇权至上的社会，至少自秦始大致符合。那么，为了统治秩序的稳定运作，自然需要一种具有普适性的行为规则以规制不同身份、不同地位的群体，体现于传统中国的即礼法。在这一意义上说，中西之法的目的部分相通，那就是为了社会秩序的总体稳定、为普遍意义上的人类集群营造一种相对稳定的社会环境。

但皇权至上的社会特征又决定了传统中国之法实质为服务皇权的有力工具，这种法几乎就是奥斯丁“法律命令说”所定义的法，即法律无外乎是统治一完整社会的君主所体现的实践理性的某些命令①，它所在意的是如何维护皇权、震慑他人，至于他人权利如何维护自然不在其主要考虑范围之内。然而，近代西方的个人本位社会结构则产生了另外一种意义上的法，在人民主权说与社会契约论的语境下，法实质上为一契约，是每一个体为了彼此权利能够得到相对妥当之维护而同意让渡出自己的部分权利和利益而确立的一种应共同自觉遵守的行为准则。区别于古代中国，近代西方之法的有效性不在于威权的震慑性，而在于社会中绝大多数人的认可，而这种认可根本上是因法基于人民共同意志与利益而产生。

更进一步地探究中西之法的源起，我们或许可以说：它们都是因关乎政治权力而具有了实质意义。何为政治？笔者个人更加倾向于政治是处理关乎公共利益的各项事务的总

① 西方法律思想史编写组：《西方法律思想史资料选编》，北京大学出版社1983年版，第102页。

和，其目的为协调公与私的冲突以达到一种社会平衡状态，按照儒家的观念来说，就是“和”。必是存有政治的概念，法的出现才恰当而必要，法作为规定权利义务内容的准则也好，如传统中国般维护威权统治也好，都在处理公与私的关系中发挥着重要作用①，无论积极性或者消极性。

但因二者社会结构的差异，这种源起又有着显著区别。自然经济的生产方式决定了传统中国社会是扎根于土地而对自由权利没有明显概念的社会，同时由于农业生产需要一定的合作以维系，传统中国社会又是以家庭为本位的社会，那么此种情况下就导致了社会关系主要是关于家庭内部各成员之间的关系，即使是扩大化向外发展也是家庭与家庭之间的关系、族与族之间的关系，鲜有独立的人与人之间的关系，由此也可以说明《论语》重视孝悌之道的部分原因。因此，传统中国的法并不是自下而上自发性创制活动的产物，而是上层统治者为了自身利益的存在正当而免于侵犯而由上而下强制推进的强行性规则，它更多的是关于义务责任的规定。这显然与从重个人权益的西方社会中产生的法有着根本性质上的区别。从《论法的精神》中便可以看出，西方着眼于个人的权利自由间或甚于除此之外的一切，分权制衡原则的提倡根本上是为了贯彻现代法治精神，即规范公权、保障私权。

二、从社会结构看中西之法的内容异同

在法的内容方面，中西迥异。尽管在引入西方法律以推进中国法律近代化过程中，显现出规范各种社会关系的大批律令，即据以做出司法或行政决定的权威性资料、根据或指示，但往基层望去，依旧是传统意义上的道德法发挥着实质性效用。中华法系之法若仅限于皇权下辖而生的各种惩戒预防性质的律令，那么传统中国的法就显得逼仄化了，传统中国之法，至少应包含：皇帝的命令、儒家伦理纲常与人际关系中潜在地发挥作用的习惯。在一个总体上为专制社会的中国内，皇帝之令自然带有法律效力，由国家强制力保障实施。然而如果认真剖析传统中国社会架构，我们会发现的是法在上层社会与基层社会的含义及运作又是不一样的。礼，或者称之为有一定社会地位之人构成的阶层所普遍认同并遵循的习惯或准则，是法的一种特殊形式。虽然我们将之称之为礼以区别法，但是就社会功能而言，它到底还是法。以《论语》为代表的一系列儒家著作都体现出这样一种共同观念：刑不上大夫，因为所谓大夫都是经过教化而有教养已开化的知人，有甚于常人的认识判断能力与自我控制力。那么又如何通过一种方式来规制大夫们的关系呢？由此就有了礼。礼

① ［美］孔飞力：《中国现代国家的起源》，陈兼、陈之宏译，生活·读书·新知三联书店 2013 年版，第 27~50 页。

区别于法的较重要的一点是礼的强制力并不主要来自于上位者的威权，而来自于对传统对习惯的一种敬仰与信念。当违背礼的规定时，虽一般不会遭到严刑峻法，但是会受到普遍道德的强烈谴责，甚至会失去进入大夫这一上层集团的资格，此种后果也极其可怕。礼的传承性其实是非常鲜明的，虽大夫于今不再言说，但是官僚系统内的一套潜规则却是对礼的变相继承，它在一定程度上维系着官僚系统的运作。

除了礼，儒家伦理纲常也应是广义的法的重要构成，甚至在某些情况下高于律令。无论孔孟，从《论语》等儒家经典中可以明确这样一种观念：当人伦与法制发生冲突时，人伦高于法制①。那么由此也可说明道德法其实就是一种法，甚至是较于律、较于刑而言更高位阶的法，类似于原则性的东西，指导着其他法的制定、执行与适用。那么以此为据点来反观之，我们甚至可以说儒家伦理纲常也在一定程度上规制着君主的行为，然而，又何止人伦呢？那些存在于官僚系统中的某些知而不宣的潜在运作模式也无时无刻不在限制着君主的行为，关于此的精彩论述在孔飞力《叫魂》一书中有着详尽的体现。那么从这一方面来看，中西之法大抵还是有着共同之处的，即法的部分功能在于限制权力，尽管中国之法与此相关的表现较西方更少些。

在基层社会中，儒家伦理纲常的效用更是比严格意义上的法强上几番。不言而喻，人是社会化的动物；按马克思的观点，人是社会关系的总和。在基层，往往是人知伦理而不知律令，毕竟，伦理存在于日常点滴之中，从我们一出生始就已无形接触，虽我们不能明确表述伦理的全部内涵，但就是能够经验到伦理的存在。相比之下，律令更多是当我们无意或故意违抗主权者的命令时才被我们所真切感触到，自然更显陌生。因此，若以平时而论，当是伦理对人的行为的规制作用更加显著也更为有效。这也契合了儒家的一贯主张，由《论语》所透显出的仁爱本质上是孔子爱民的外化体现，而在传统中国的大环境中，法更多地是偏向于刑的范畴，因而对百姓是普遍不友好的甚至是残酷的。因而，孔子极力主张的是人伦而非法制，到底是为了爱民。基层一般不适用法律更因为中国基层社会是熟人社会，传统中国的农业生产方式自然将人们束缚在土地上，使得基层中人们的交际圈相对稳定。在这一固定交际圈中，每一个体之间知根知底，由熟悉感延伸出的则是一种信任感②，由此当彼此间发生某种关系时，人们首先想到的不会是预先定一契约以明确彼此的权利义务责任，而是秉持一种道义上的责任感去维持这样一种关系——当某一方违反了这一熟人圈子里所默认的惯例时，他自然会受到全体人的谴责，那么这意味着他的生计难以维继，甚至可能预判着其人生的过早终结。当这一违反惯例或者说违反人伦的人企图通过逃离本身扎根的地方而去往新世界以开启新生活时，这也不大可能，因为其他的新世界也

① (战国)孟轲：《孟子》，弘丰译注，中国文联出版社 2016 年版，第 297~338 页。

② 费孝通：《乡土中国》，人民出版社 2015 年版，第 25~66 页。

是熟人社会下的一部分，它们天然排斥着外来的陌生人，莫名中怀揣着对外来人的敌意与不信任①。综上，不难得出的结论是相比于上位者所发布的律令，儒家伦理纲常所发挥的实际效用更加深远而广泛。

儒家伦理纲常不仅为基层百姓所普遍认同并自觉遵循着，它也是上位者统治的有力工具。家国同构的特殊社会形态决定着传统中国的政权欲延续必须要从家这一基本单位上来扩大化，这就好比树干与树枝的关系。当每一家庭所遵循的家法家规都是以儒家伦理纲常为基础，都体现出《论语》中所倡导的仁时，这自然会成为统治国家的上位者所必须纳入的因素，否则，政权的颠覆与不得人心在所难免。这种伦理对律令的影响也非常明显，当某些人是因维护一种伦理规范而触犯律令时，他们大多数情况下是可以免刑的，史书中间或甚至以褒扬的笔法去赞美这些行为。伦理对律令的影响更可以从律令的宗旨中得以看出，伦理是律令原则性的体现，它在宏观上指导着律令。中华法系中无讼的观念更是受到了儒家伦理纲常的影响，《论语》等儒家经典中体现的“和”的思想使得无论是上位者还是普通百姓都向往着一种和谐的社会状态，这就导致当出现矛盾需要加以解决时，人们所想到的解决方式往往不会是法或者律，而是彼此间的自行协商与调解或者是第三人的类似于当前仲裁的方式。比如当矛盾发生时，当事人往往会找当地有威望的长者去就此“评评理”，这种“评评理”就是一种“权衡”的过程。那么天平两端的平衡与否的准确把握就靠着这里的第三者即当事人所找的长者，而长者往往凭借的则是其丰富的人生阅历与社会经验。

然而相比之下，西方之法的内容与中国之法的内容存有较大差异。尽管中西之法都有着道德法律化的共同倾向，但是，西方对道德的怀疑度是中国所无法比拟的，在关于道德与法律关系的问题上，这种谨慎态度却在中国之法中很难显现。与中国之法极其重视经验相比，西方之法传统上推崇着自然法的原则性效力，也就是说不是道德伦理指导着法规而是自然法的观念与神的意志指导着法律法规②，法律的基本价值与精神由神的意志、由自然法来规定，体现出人的普遍理性。然而，饱受争议的是自然法到底来说不是成文的法，它总是一种抽象的概念而无法也不可能具化——一旦具化，它就是法律，而不能算作自然法的范畴，那么，自然法的内容到底又该由谁来界定？又包含哪些？这些都难以解释清楚。相比将道德作为原则的中国之法，西方更愿意将哲学家们所言的自由等理论实践化而转为法的原则。这样一说，西方的法是精英阶层或者言知识阶层的理想王国的实践化产物，而中国之法则是孕育于下层人民实践的产物，它更多的是对传统习惯的一种确认。美国法的原则就不是来源于当地人的习惯或者伦理而来自于欧洲哲学家们关于人的属性、法的价值的深度思考，《论法的精神》中所强调并始终蕴含的三权分立与权力制衡原则最终成

① ［美］孔飞力：《叫魂》，陈兼、刘昶译，上海三联书店 2014 年版，第 59~60 页。

② 李龙、汪习根：《法理学》，武汉大学出版社 2011 年版，第 81 页。

为了美国法律的显著原则。同时，相比于传统中国将皇帝的命令，或者言政策视为一种法，近代西方对此持否定态度，他们严格区分着政策与法律①。无论是卢梭亦或孟德斯鸠，无论是《哲学通信》《论法的精神》还是《法律的概念》，西方一直强调着法的规范性与对法的精神的严格遵守与维护，这与中国完全不同。

三、从社会观念看中西之法之异同

在《论法的精神》中，所突出的是对个人自由的维护与国家权力的限制，因为西方人始终认识到个人相对于国家而言是相对弱势的地位，在西方的社会观念中政府不仅是管理者，更是广大人民利益的捍卫者。近代西方社会观念中普遍存在着对自由、民主与开明的渴望，哪怕因追求这些东西会使整个社会处于危害而混乱的局面也是在所不惜的。所以，他们所希望的或者说理想状态的法是公民权利的宣言书与保证书，而不是对威权统治予以确认与保障的文件。从西方对改动法律条文的谨慎态度也可以看出他们对符合法精神与基本价值的法律是持敬畏态度的，这与中国存在着显著区别。

在近代中国法律近代化的过程中，中国人对《中华民国临时约法》的临时修改明显不符西方法治精神，这也较明显地体现出中国人对法律的实用工具主义倾向，这就又不得不提到法律中的程序正义与实质正义之争的问题。在中国人的社会观念中，为了实质的进步与公平正义，有时是可以违反现行的法律规则甚至是一些原则性东西，即实质正义高于程序正义，而这明显区别于程序正义高于实质正义的西方人的社会观念。无论是临时修改《中华民国临时约法》改变中华民国的政体形式以限制袁世凯的权力还是五四运动时期爱国进步人士为了维护国家利益与尊严对当时之高官进行非法活动都较明显的传达出这样一种观念：为了正当的结果，手段的正当与否确实不必太过在意，这可能不利于中国法治精神的铸造与法制建设的进行。事实证明，确实如此。以追求正当结果为名义的暴力活动最终不仅摧毁了法制也未能达到初始所期望达到的正当结果，这或许是最坏的一种结果。

那么西方对个人权益与自由超乎寻常的关注难道在传统中国中找不到一丝痕迹吗？其实，倒也不是。《庄子》《道德经》等一批道家著作都显著地体现着个人自由与逍遥，然其与西方又有所不同，相比于企图用法律来维护个人看得见的自由，他们所倡导并注重的更多为一种精神自由与无拘束的生活状态。西方倡导自由的目的是为了自由，但是道家提倡逍遥的目的则是为了无为之为。从这一意义上来说，道家的无为之为与亚当斯密《国富论》

① ［美］罗纳德·德沃金：《认真对待权利》，信春鹰、吴玉章译，上海三联书店2008年版，第30~72页。

中关于自由对市场经济有序调整的理论阐述有着异曲同工之妙。道家的无为之为就是为了政府的有限作为，而这与近代西方有限政府理论也有极其相似之处。二者都相信：个人普遍具有理性，因而能合理安排自己生活，政府所要做的即顺应此种天性或称为规律。但是为了此种理想的实现，道家与西方所采取的措施又不同，道家所秉持的是道，是种难以言状的自然法则，有些类似于西方自然法观念；而西方所采取的则是明确的法律条文。

那么，为何差异如此大的中国之法与西方之法最终有着融合的趋势呢？我们不得不说的是根本原因在于中国经济模式的转变导致了原有社会结构的崩溃与重建①。工业文明取代农业文明导致了延续至今的大规模人口流动，由此导致了陌生人社会取代了旧有的熟人社会，中国的政治经济根基不再是农村社会而是新兴崛起的城市社会、市民社会。这些都导致了中国百姓的利益诉求发生了类同近代西方时的革命性变化，人们开始比以往任何时期更加注重对自身自由、权益的确认与维护。《论法的精神》中关于权力制衡原则的部分阐述也对当前中国法制建设有着积极性的一面。然而，《论语》等儒家经典乃至《道德经》《庄子》等道家经典对于当前治国而言都有着重要意义，其中也蕴含着值得为法制建设所汲取的合理性因素。实践中也确实证明了这一点，当前多元纠纷解决机制之发展有着中华法系无讼原则的影子，这也确实符合儒家伦理中"和"的因素。

四、从中西碰撞略观法在中西社会之异同中蕴含的博雅品格

如果我们不以一种包容性的态度对待世界各种文明，如果我们不是既对《论语》《道德经》《庄子》等传统儒道经典有一番见解又对《国富论》《论法的精神》等西方著作经典也有一定程度的了解，我们又怎能有着关于上述问题的有意义而又充满趣味的探讨？如果我们不是具备一定的比较思维与独立思考能力，我们又怎能发现其中的奥妙所在？在当前中国特色社会主义现代化的浪潮中，中国法制建设当然应中西兼采、海纳百川以求更加进步与完善。但是，如果我们没有对传统中国之法与近代西方之法异同的清晰认知，如果我们没有广阔的胸襟，我们又何谈中西兼采？这或许就是广博观天下、雅正以润己的重要意义所在。

"博雅"的意义或许既不在于"博"也不在于"雅"，其意义或更体现于当我们去探究某一问题时，已自然地运用自己所掌握的交叉学科知识去多维度思考与分析从而获得多面向、具备丰富内涵与韵味的认识和结论。就研究法在中西社会之异同，难道仅仅涉及法学知识吗？其实不然，其中当然涵盖政治学、历史学、社会学、心理学等诸方面学科知识，

① 张鸣：《重说中国近代史》，中国致公出版社 2012 年版，第 13~49 页。

所以在探究法在中西社会之异同这一理论命题时，我们自然要具备博雅品质与精神，否则，我们的探讨无法有效进行下去也会逼仄而意义有限。其实，当我们回溯人类知识滥觞时，不难发现如今所谓学科分类在知识初起时根本不存在，哲学一词或可囊括大部分；只是研究精细程度的不断深入与人类精力的有限性促使了学科分类与细化的出现，但这并不意味着我们只需精通某一细微领域而对其他方面知之甚少——毕竟，从知识源起上来说，各学科同根同底。当我们以博雅品格涉猎诸领域时，已不自觉间提升自我专业素养，只是这种作用因潜在性而不易察觉。

从中西碰撞略观法在中西社会之异同的理论命题最初引起笔者探讨兴趣的倒也不是法学著作，而是费孝通先生的社会学著作《乡土中国》与陈旭麓先生的历史学著作《近代中国社会的新陈代谢》。由此也恰说明了博雅品质的潜在性作用，它更多的意义在于自我素养的涵养与提升。由于时间紧迫、精力有限与专业知识不足，恐此次探讨是略之又略，还望见谅。

人性下的"仁"与"正义"

TAN POH YEE 陈保儿　经济与管理学院（2019326660203）

【指导老师评语】"仁"和"正义"都是美德，在中西方不同的语境下有着不同的表述，从而产生不同的理解。陈保儿同学的《人性下的"仁"与"正义"》一文指出，虽然中西哲学关于美德的概念表达的本质是相同的，但是"仁"与"正义"仍然存在着的"完全义务"与"不完全义务"、"抽象广义"与"具体狭义"、"自然"与"人为"等方面的差异性。这一观点较为全面且清晰具体地表述了"仁"与"正义"的区别。作者还以寻租行为为例就"仁"和"正义"在现实社会中存在的矛盾展开论述，体现了其对这一问题的深入思考。不过，文中虽然提倡有节制和理智的"仁爱"，但对实现何种"正义"及如何实现则还需深入讨论。(文学院副教授　汪超)

一、引　言

人文社科经典导引的学习过程中，"人"是重点围绕的关键词。一撇一捺，勾勒出的内涵与思想却是厚重且深邃的，是古今中外的哲学家用尽一生去探讨的。而美德，是做为人特有的能力，或者说是人特有的优点。蒙田说："再也没有比人行事的正确和妥善更动人和正当的了。而这种促使着一个人正确和妥善的强大力量，便是美德。"①围绕"美德"这个话题，本文选择了中方哲学中的代表作——孔子的《论语》，以及西方哲学著作——约翰·罗尔斯(John Rawls)的《正义论》的核心思想作为讨论对象，即针对"仁"与"正义"展开深入的研究与探讨。二者的核心思想之间，即有异曲同工之妙，亦有同中之异的部分。纵然二者同中有异，异中有同，看似不矛盾的"仁"与"正义"，当同时平行在现实社会时，它们

① ［法］孔特·斯蓬维尔：《小爱大德》，中央编辑出版社 2006 年版，第 1 页。

之间的碰撞是存在的。“仁”与“正义”是生而为人必须学会的美德，是一组好搭档，但在现实生活中也难免不了产生一定的矛盾，需要我们去一一探讨了解后，用心去解开，并带着它们好好走在人生道路上。

二、中西方哲学的异曲同工之妙

表 1　　　　**为中西方哲学之间的差异与共同点**

	中方哲学		西方哲学	
定义	仁	对礼的遵守，以孝悌为本，对人之爱、与人相处恭、宽、信、敏等的道德体系。	仁	善心、慈悲、心中的不忍，大爱精神。
	正义	公正的、正当的道理	正义	社会制度中首要德性，平等自由，机会平等
特点	宏观具体，研究如何“成人”，探讨人的内在素质与外在素质。		微观深入，拥有刨根问底的精神研究特定领域	
共同点	相同的核心与本质思想，一致认为，美德是一个人所能追求的最高目标，把美德置于世俗的物质及财产之上的人会得到持久的回报。			

中西哲学之间的文化差异使得两方对于“仁”与“正义”的定义不同，这种定义上的差异在很大程度上决定了如何对待、思考和讨论美德相关问题。中方哲学中对“仁”的定义更为丰富多元，并且分为三种层次：第一层，是“仁者爱人”，这里的爱有多重含义，即由爱亲人开始(因孝悌为“仁之本”)，再延申到大爱，也就是爱大众、爱天下人；第二层则为“克己复礼为仁”，即能控制私欲，拥有理性思维，实现“礼”的社会规范；第三层为“能行五者(恭、宽、信、敏、惠)于天下，为仁矣。”①显而易见，若于西方哲学中定义的“仁”进行对比，西方是更倾向于善心、慈悲、心中的不忍，大爱精神的，也就是说，西方哲学中“仁”的涵义仅建立于中方哲学中“仁”的第一层含义，就是“泛爱众而亲人”所泛指的仁爱精神。而对于“正义”的定义，中西哲学之间定义是相似的，都是泛指公正与正道的平等自由，机会平等。②

再把角度切换到中西方哲学的特点，有的人说，中西方哲学之间存在着天壤之别。他

① 《论语》，杨伯峻译注，中华书局 1980 年版，第 123 页。

② [美]约翰·罗尔斯：《正义论》，何怀宏、何包钢、廖申白译，中国社会科学出版社 2001 年版，第 1~28 页。

们认为，西方哲学是“微观深入的”，而中方哲学是“宏观整体的”。著名作家，《无宗教的上帝》一书的作者桑卡拉·萨拉纳姆就有上述的看法，他声称中方哲学关注的是一般大体知识，而西方哲学关注的是具体片面知识。中方哲学重点探讨人类生活的整体精神，研究如何“成人”，而西方哲学，从古希腊开始，只关注人类生活的某些精神，从比较微观且深入的、刨根问底的研究该特定领域。其中的例子是，孔子的《论语》探讨如何处理一个人的内在素质与外在素质(宏观整体的)，而亚里士多德的作品强调一个人应该如何引导自己与他人和谐相处(微观深入的)。此外，一些人声称，墨子的目标是追求对一个人的自我和周围环境的整体理解，而像柏拉图这样的西方哲学家则强调一个人应该为发现生活中什么是真实和为真实而奋斗，从微观中切入具体的目标。

然而，这种看似明显的区别，事实上是武断的。它完全忽略了中西方哲学根本的、本质上的相同目标。事实上，世界各地的哲学精神的本质上是一致的，只是细节和习俗不同，切入角度有所差异。我们试着比较中西方的哲学核心思想，就会发现其实它们的思想是极其相似的。韩国哲学家 Wonhyo 说过，“思考产生好与坏”，意思是如果你认为某件事情是“坏的”，那么它对你来说就是坏的。希腊哲学家爱比克泰德(Epictetus)也说过同样的话，“困扰人们的不是环境本身，而是他们对这些环境的判断。”爱比克泰德说，一个人甚至不应该害怕死亡，因为他不知道死亡是好事还是坏事。而 Wonhyo 也同意这一点，因为他相信一切都是一体的，一个人在生活中拥有的所有经历都只是作为一个人的经历的一部分。我们也可以把中国伟大的哲学家，孔子的基本思想与希腊哲学家亚里士多德的基本思想进行比较。我们会发现，它们所表达的基本概念是相同的。他们一致认为，美德是一个人所能追求的最高目标，把美德置于世俗的物质及财产之上的人会得到持久的回报。

三、“正义”与“仁”的同中之异

纵然“正义”与“仁”同为美德，但它们却有着同中之异。其中区分它们的是，“完全义务与不完全义务”之分，“抽象广义与具体狭义”的美德，及“自然与人为”的美德。

(一)“完全义务”与“不完全义务”之分

哲学家针对以上观点提出了“完全义务”和“不完全义务”两项概念。“正义”，便是那“完全义务”，而“仁”则是所谓的“不完全义务”。① “完全义务”指的是在确定以及在特定

① John Stuart Mill, *Utilitarianism*, George Shered: Hackett Publig Co. 1979 (1861), pp. 48-49.

时间以特定方式执行的某项义务职责。正义的道德义务是确定的，它必需由国家的司法制度和法律实现强制执行。司法制度是独立于特定的某件事物上的，而且司法正义依赖于有关的时间地点。另一方面对于不完全义务的定义，则是在未知和不确定的时间以不确定且自由的方式必须实现的某义务和责任。① 而“仁”之所以对应为“不完全义务”，是因为我们拥有相对的权力和自由抉择实现的时间、地点以及方式。这也解释了为什么法律无法全面的执行“仁”的义务，因“仁”的实现义务完全取决于个人因素。人在不同的时间与地点所产生的情绪以及思维模式都将有所不同，促成人们在实践仁性过程时的偏差问题。即使在不同的时间点再次面对同等情况，人在处理两者同样情况的方式也会因当下的情绪因素而有所区别，产生不一致的举措与行为。这些个人因素是无法追踪判断的，也会因个人定义而有所不同，因此是不可控的。正义是通过法律硬性实现的道德义务；“仁”的实现更强调在人们心灵层面上。通过司法制度，每个人需“完全”遵守正义的规则，实现“完全义务”。然而“仁”并没有一个能逼迫人们实现的具体工具，人们到底有没有实现，实现了多少，都是非强制性且因人而异的，“仁”因此被定义为“不完全义务”。

(二)“抽象广义”美德与“具体狭义”美德

“正义”是抽象且广义的美德，它并不会如同“仁”一般给实现者带来及时积极的正面影响，心理上的满足和愉悦的快感。苏格兰哲学家戴维·休谟(David Hume)认为，一个正义的行为在某种时候是与公共和私人利益相悖的。正义的价值需要通过漫长的时间、更广义的看待以及更理性的认知去进行理解和欣赏。实现正义所带来的反馈或影响，不是当下就能被反映的，而是需要在长时间的维持下才能获得的成绩。此外，实现正义所带来的影响和效果，是不会直观的反映在实现者身上的，而是会反映在整个宏观环境，也就是社会身上。换句话说，人类在实现正义的当下是感受不到其带来的反馈与成效的，且其好处需要通过人类长远的目光、理性的思维去反复思考，方能意会得到其重要性。举个例子，假设考生遵守考场上所制定的规则，考生是得不到任何直观的快感的，但是以长远的目光来看，考场上制定的规则是维护正义的机制，若每位学生都遵守了，影响的是整体考场的良好次序，整个学校的良好风气，而达到这种成果是需要学生们长时间遵守考场规则才能形成的。相反的，“仁”是具体且狭义的。日常实现“仁”的举动将给予实现者当下及时的心理满足，其效果和反馈直观并及时，且直接反映在实现者身上。在两者之间，人类往往更倾向于“仁”这样“具体且狭义”的美德。休谟认为，人类的心理更屈从于激情，这种激情

① Mario J. Rizzo, Minnesota Journal of Law, Science and Technology, *Justice Versus Benevolence: A Modern Human View*, Vol. 9, Issue 2, Article 20 (2008), p. 883.

总是促使我们去做能及时满足我们心理，且能及时看到效果的事情。[①] 事实上，人们有时候需要抑制这种情绪，保持理性思维，往更长远的后果出发思考。纵观中国历史，古代君王杀一儆百，纵罪者罪不至死，往往也难达善终。从“仁”的角度看，其并不是一代仁君，甚至还有可能在史书上留下“暴君”的骂名。可若从“正义”角度上，其未必不是个明君，他的举动是深谋远虑的，是理性的，是广义的，是能够达到警醒他人的目的，整合调正歪门邪风，促成良好风气的义举。他并不为短暂的自身名誉问题思考，而是为整个江山社稷的风气考虑，即使不仁，却乃正义之举。也许，这也解释了为什么自秦以后，中国历代封建王朝的治国理念都颇受法家主张的“以法治国”的深远影响，甚至延续至今，世界各国都采用这样的主张治理国家，而儒家政治思想——“仁政”只能是一种学术派别的思想。最后，这里需强调的是，这里指的“广义”与“狭义”全然无褒贬之意，而只是为了区分及凸显两者影响性的长远问题。

（三）“自然”美德与“人为”美德

休谟的道德心理学区分了一组至关重要的概念，天然美德与人工美德两大概念。[②] 而仁性可以理解为所谓的天然美德，正义即是被定义成人工美德，区分它们的正是人们背后的动机本质，是我们在进行两者美德时所涉及的动作及我们的心理倾向。休谟是这样解释的：“父母会奋不顾身的救济孩子，这种奋不顾身是由一种自然的同情心刺激与促使的，这种出自于自然的、本能反应的这种情感，使得父母不会去顾忌以及思考其他人在面对同样情况下的情感或行为是什么。当一个人非常愿意去救济自己的友人时，他是被其自身的“仁”而促使和支配的，他并不会关心驱使他救济行为的动机，更不会想到过去这个宇宙所发生的一切救济行为是否是因为有人也曾经与他一样被这种动机驱使着，亦或是考虑他这个行为会不会在以后有着重大的影响。”[③]此外，在这些情况下，“仁”的行为的基本原理将取决于个别的具体情况。由于这种“仁”的行为的独立或离散的本质，施动者总是认可它们，也就是说，他认可它的每一个表现实例。因此，在每个仁的举动中，都存在着积极的正面反馈，为心灵增加正能量，获得内心的愉悦及优越感。另一方面，正义是一种人为性的美德，它是建立在公约或社交手段上的。社会上的每个公民都一致的同意及愿意尊重产

① David Hume, *Enquiries Concerning Human Understanding And Concerning The Principles of Morals*, Los Angeles L. A., Selby-Bigged: Clarendon Press, 1975, p. 268.

② James Baillie, *Routledge Philosophy Guidebook to Hume Morality*, New York, Taylor & Francis e-Library, 2001, p. 134.

③ David Hume, *Enquiries Concerning Human Understanding And Concerning The Principles of Morals*, Los Angeles L. A., Selby-Bigged: Clarendon Press, 1975, p. 303.

权、合约或合同所制定的条件，前提是建立在对方也遵守条约上。而这些所谓的法律、公约、合同条款或约定，是通过人创造及设定的，因此便称为一种“人为”的，需要通过后期的特定手段去经营的美德。有些狭隘的人会认为，正义的法律将限制自身利益，其实从更广阔和长远的视角来看，只有当社会上的每个人都约束自己时，这才符合我们的自身利益。从社会的角度来看，正义带来的利益并不是每一个单独行为的结果，而是来自于整个方案或系统，由整个或大部分社会同时共同产生的。因此，正义在整个社会中占据着重要位置，只因它对整个社会行为模式的影响是深刻且不容小看的。

四、“正义”和“仁”于现实社会存在的矛盾与批判

本节中将讨论“正义”和“仁”在日常生活的实现中存在的矛盾与批判问题，在这里我们利用“寻租”的腐败行为作为讨论案例。“寻租”是英语 rent-seeking 的直译，亦是经济租金的简称，是为获得和维持垄断地位从而得到垄断利润(亦即垄断租金)所从事的一种非生产性寻利活动。寻租者为了私利把经济市场化公为私，钻公共领域的漏洞，利用权力来寻求对市场的干预，从中获取不正当的经济利益。詹姆斯·麦基尔·布坎南(James Mcgill Buchanan)认为：“寻求租金一词是要描述这样一种制度背景化的行为：在那里，个人竭尽使价值最大化造成了社会浪费，而没有形成社会剩余。”寻租损耗经济资源，防止高效生产方式的实施，间接的影响着整个社会的经济资源配置，从而导致经济资源配置失真和扭曲。对寻租者来说，利用时间、精力和金钱去游说的结果能大幅度的强化他们的自身效率和利益，可对于社会而言是具有危害性的。寻租的举动分为合法与非法，合法的有如企业向政府寻求的优惠待遇，并采取特殊政策来维持其独家垄断。而非法的寻租活动是如贿赂和走私等的寻租活动。

假设国内钢铁生产商和工人工会支持提高进口钢铁的保护性关税以维护本地钢铁企业的利益，避免本地钢铁企业因不敌国外钢铁企业的竞争，而采取的裁员或剥削员工的举措，从而保护国内工人的利益。有些人认为，这举措称之为“仁”，并且支持这项措施的实施。这里关注的不是寻租的政治经济，而是寻租对普通公民感知寻租行为的方式的影响。借鉴罗尔斯在《正义论》里提到的第一核心正义原则——“平等自由”原则，在一个绝对公平公正的自由主义经济市场，买卖活动可以以任何价格自由的进行。在这个前提之下，为什么人民应该接受这种强迫性的，被增加关税而导致价格昂贵的进口钢铁呢？人民本可以有权选购价格公道且质量上乘的进口钢铁，却通过保护性关税的增加，被迫从价格昂古的进口钢铁与价格亲民的本地钢铁中选择。看似“选择”，可事实上是强迫性“促使”人们购买本地钢铁。从种，可以看到人民的利益是间接的因小部分的钢铁工人和钢铁工厂的利益

而被剥削的，从某种意义上来说对人民亦是不“正义”的。再者，所谓公平公正的自由主义经济市场还能否在未来持续？我们可曾考虑过，除被保护的本地钢铁工人外，其他一些人，企业和群体也同样的受到了竞争对手的影响，但为什么他们得不到类似的保护呢？保护所有需要帮助的买方或卖方的价格是一件“仁”的举动吗？我们容易发现，公民的思想更倾向集中在钢铁工人所面对的困境中。这也就是上述提到的，比起正义，人们会不由自主的因为自己内心的情感和屈从于内心的激情，更偏向“仁”，认为钢铁工人是可怜的，而且只看到当下，并不会理性的从广义的角度思考。而自利的寻租者，也深刻明白并抓住这个点，打着“仁”的名号和头衔，宣称寻求集体，公共和社会利益以赢得公众的支持。事实上，寻租者只是利用了公众的心理来追求本身的最大化利益。公众以为，这些伪善或伪“仁”的寻租者会通过化公为私的市场机制，实现公共利益。实际上，寻租者巧妙的利用化私为公的市场机制，利用公共权力谋取私利，导致整个社会机制的腐败。人性中的自私因素加上公共领域的以权谋私机会，腐败将成为必然。寻租者的这种手段往往会让公民更关注当下的仁义方面，而不是更抽象或更广义的正义问题。因此，“仁”也成为了公众的把柄和软肋，被寻租者利用着，导致社会的失衡。

五、总　　结

社群主义代表人物，麦克·J. 桑德尔(Michael J. Sandel)在《自由主义与正义的局限》一书中对罗尔斯的《正义论》提出了一系列的质疑，其中他认为，正义不优先于仁。① 正义和仁同为生而为人不可缺失的美德，它们之间的地位更无高低之分。正义和仁的本质也并不矛盾，真正使其矛盾的是“正义”和“仁”的实现者——人类的自利心态与思想的不理智。上述在讲述“仁”的含意中，提到了“仁”有“克己复礼为仁”，即能控制私欲，拥有理性思维，实现“礼”的社会规范的含义，这点含义是我们需要强调并且关注的。日常生活中，我们所理解的“仁”更多是放大了“仁爱”，而忽略了，纵是仁爱，也需理性。我们更提倡的是有节制和理智的“仁爱”，而不是一味跟风的“泛爱众”，因大丈夫纵然慈悲为怀，心系众生，行恭、宽、信、敏、惠于天下，也该有所为，有所不为。只有当一个社会的人民，同时兼具“正义”与“仁”的精神，才会形成一个被世人向往和崇尚的柏拉图世界或社会。

---

① Michael J. Sandel, *Liberalism and the Limits of Justice*, United States, Cambridge University Press, 1982, p. iv.

基于模因理论谈人类个体的连接

林健锋　动力与机械学院（2019302080089）

【指导教师评语】论文借用模因论的概念与方法，尝试分析新媒体时代背景下，个体差异增大的问题并提出解决方案。全文逻辑层次清晰，概念引入、问题分析、解决方法层层展开，文字简洁、流畅。论文的主线看似与“博雅”的主题较为疏离，但实际上作者通过大量借用古今、中外经典的核心观点、思想和例证，作为自己论述主题的支撑，从某种意义上来说，正是作者自己“博通”的一种展现。(历史学院副教授　鲁家亮)

摘　要：个体间的连接是人类形成共情，可持续地向未来前进的必要的条件。随着互联网的逐渐普及，在新媒体时代，与人们意料相反，个体之间的认知差异似乎逐渐扩大。本文对博雅进行解构，以模因论的角度出发，对该现象进行分析，并尝试提供具有现实可行性的解决方案。

关键词：新媒体时代；模因论；连接；文化传播

自20世纪60年代末互联网形成以来，随着互联网在世界各地的普及，各个人类个体跨越文化、宗教、地域、种族形成了人类历史上前所未有的广泛连接属性。各个社群、团体、国家之间交流逐渐密切，全球化的浪潮进一步加速。在刚刚遭受第一次世界大战和第二次世界大战打击的时代背景下，互联网在个体的连接和交流中起着正反馈作用。而随着个体连接的进一步加深，人们逐渐意识到，尽管互联网加快了全球化的进程、科技的发展并在一定程度上缩小了个体间的文化差异，但从根本上没有消除人与人之间的认同差异，反而使在新的背景下形成新型的群体之间的矛盾空前激化。曾经对于全球化充满信心的法兰西斯·福山一改自己的看法，认为“我们可能会滑入一个充满竞争而愤怒的民族主义世界”①，在这种风险

① 李秋祺，杨发祥：《逆全球化危机中的移民认同与社会团结》，《中南大学学报(社会科学版)》2019年第5期，第118~124页。

的背景下，如何解决群体间矛盾，正确缩小、接纳文化差异，已经成为一个种族乃至人类长久和平发展不得不面对的问题。笔者意图从模因论出发，在现代网络媒体的背景条件下，对人类个体间的连接进行分析，并尝试提出逻辑可行的解决方案。

一、“模因”和“连接”的概念辨析

班尼特(Lance Bennet)和塞格贝里(Alexandra Segerberg)曾经提出，在现代社会的发展中，以组织为单位的社会已经逐渐“原子化”，向着个人化的社会转变①。本文讨论的连接是在个人化社会的背景下对于个体之间连接属性的讨论，是从个体的微观角度进行剖析。而在个体化的社会中，“模因”的传播正是连接个体、形成新型社群不可忽视的力量。

模因(Meme)是由生物学家理查德·道金斯(Richard Dawkins)首次在《自私的基因》中提出。模因是指在人与人之间传播的一种行为、观点、习惯等，是通过类比人类传承的基因而得出的一种文化资讯传承的单位。道金斯在书中指出，通过正统的基因选择观点无法解释诸如文化传播、文化进化、文化差异等贯穿于人类历史中不可分割的部分。因此他基于对基因的类比，提出了文化传承的基本单位——模因。并在此基础上提出了模因的三个特性②。

遗传(繁殖)。当一个观点或行为产生时——也就是一个“模因”的诞生，可以通过文章、演说或新媒体等媒介，从一些人的大脑“遗传”到另一部分人的大脑中。不同于“基因”遗传具有的地域局限性，模因的遗传不被空间、时间所限制。

变异。模因的传播媒介具有多样性和随机性，在传播过程中，每个人都可以进行再创作，可能造成原意的缺失、增添，出处考究苦难。同基因变异一样，模因变异的结果可能有好也有坏。

选择。模因是通过模仿进行传播，同基因的遗传一样，模因库中有许多模因是更具有传播竞争力的，能获得更大的成功。这些符合社会选择的模因，才会在社会选择的条件下存在的更长远。

① 罗海娇：《表情包：作为“模因”的参与式表达——以“帝吧出征 fb”事件为例》，《传媒论坛》2019年第2期，第173~175页。

② [英]理查德·道金斯：《自私的基因》，卢允中、张岱云、陈复加、罗小舟译，中信出版社2012年版，第105页。

二、现状分析：被“自私的模因”奴役的生存机器

(一)“自私的模因”与生存机器

在《国富论》中，亚当·斯密将利己心——人类对于自己利益的追求，剖析为是推动市场运作的“看不见的手”。正是基于这种“自私”推动了分工和交换，提高了劳动和生产。而模因是基于模仿行为进行传播，它自身不具备预知能力，像基因一样，它们只能盲目地、无意识地进行复制，因此它们在满足自己“自私”的繁衍过程中，同样受这样“看不见的手”推动，进而趋向某些特性[③]。斯坦诺维奇(Stanovich，K. E.)在《机器人叛乱》中沿袭了这一观点，进一步指出人是基因、模因这类“复制子”的生存机器(survival machine)，在对复制子无意识的传播和保护下，在满足人类的表层欲望和需求下——同时顺应了复制子的自私请求，充当了优秀的载体①。这类“无辜的无知”，逐步使我们生存系统独立，最终趋于混乱，最后真正存留下来的只能是自私的基因与模因。

(二)新媒体时代下模因传播特征

在人类迈入新媒体时代后，模因的传播方式由少数人的谈话、书信，扩展为大多数人通过互联网、自媒体等进行自由的表达。模因的传播突破以往时间和空间的限制，传播成本大大降低，传播形式(如网络用语、表情包、短视频)也更加的多样。因此模因在其原有的特性下演变出许多具有时代性的负面特征。

碎片化、泛娱乐化的模因具有更快的传播速度。2017年我国短视频用户已经达到2.4亿人次，公众号已经成为文章传播的主流方式，自媒体所发布的视频时长通常不超过十五分钟。泛娱乐化躲避宏大的叙事、枯燥的推断，更加迎合人们在短时间内获得精神回报的期望。碎片化的传播，将故事解构，去除所谓无用的“珠玉之声”，更加满足了“知识焦虑”的民众，希望在更短的时间内对于文学作品侃侃而谈的愿望。

---

① [加]斯坦诺维奇：《机器人叛乱：在达尔文时代找到意义》，吴宝沛译，机械工业出版社2015年版，第22页。

语言较为严肃、观点较为猎奇的模因能更好地被社会选择。知乎和微信是近年来兴起的两个十分重要的社交媒体，同时也成为了谣言传播的主要平台。而出现的谣言大多都具备“重要性”和“模糊性”①。诸如“疫苗有毒”的谣言，或各种赤裸裸历史虚无主义的文章，所涉及的问题或描述的现象或是在生活领域、或是在思想方面十分“重要”且猎奇的，具有十分强的情感渲染能力。虽然其中的用语都较为严肃，但逻辑却十分模糊，论述过程十分“片段”，甚至还存在严重的伪造实验数据的情况。其中虽然不乏冷静客观，耐心考据的辟谣文章，但由于民众知识水平参差不齐对谣言内容认知有限等诸多因素，导致最终更具有情感渲染能力的谣言模因、极端观点更适应社会选择②。

（三）“自私的模因”形成的“负面连接”

可以看到新媒体时代下模因的负面特征不仅无法建立新型社群，还可能在个体间建立负面连接：

泛娱乐、碎片化的模因削减社会思考的严肃性。社会思考与社会评判过程不属于也不能够被少数人垄断。无论是《正义论》基于“社会契约论”的社会评判标准还是“功利主义”的归因思想，都是具备客观逻辑和严肃思考的。而若社会环境逐渐陷入“娱乐至死”的思潮中，进而衍生出的种种“娱乐主义”评判，只会使社群建立诸如鄙视链的负面连接。

语言严肃、观点猎奇的模因扩大知识层面的贫富差距。大部分知识精英在撰写快速科普的文章或以较猎奇的观点进行某观点的传达时，或有意识、或无意识地将文章阅读者摆到了一个无知者（无法理解深层次的概念和推断过程）的地位。形成了一定程度的知识垄断，长期以此类模因进行传播，只能逐步扩大知识精英和平民阶层的差距，甚至出现知识层面的无偿者。这时两个阶层的连接会出现极大的断层。

人与人之间的认知差距被进一步扩大。新媒体时代的模因传播，从表面上看使文化氛围趋同，但根本上看，由于模因变异成本低廉，人们更热衷于以自己的标准传递模因。缺少客观标准的约束，只会使模因更具备攻击性与侵略性。人与人之间可能建立起互相仇视、互相唾弃的连接。

---

① 闫旭：《微信公众号谣言的传播机制研究》，《新闻前哨》2019 年第 11 期，第 86~87 页。

② 栗蕊蕊：《历史虚无主义思潮的网络传播与治理路径》，《青年学报》2019 年第 4 期，第 78~83 页。

三、建立正向连接的几个可行原则

负面连接源于人们对自我价值观的盲目顺从。虽然人的价值观经常表现为对表层欲望的批判——一定程度上顺从了复制子的私利，但人之所以区别于动物，就在于其对于欲望的克制，通过自我的理性，来进行强干预和强判别。而正确的进行强干预正是建立个体间正向连接的关键。

(一)时刻提防对于严肃性削减的模因

严肃性是对于人类天性、欲望最有效的干预。一个激发思考、推动人类进步的模因，不论其表达形式是否具有一定喜剧效果或带有一定激发共鸣的渲染成分，但其内核一定是具备严肃性的。不同时代背景、不同文化差异均有对严肃性的认识。有一种错误的思潮是对《庄子》中天性思想的剥离，利用这一观点作为不付出社会义务的挡箭牌。但《庄子》正是对严肃性维护的一个绝佳的例子。不单单体现在《庄子》叙事多以寓言为载体，解读需要深入思考和反省，更多的还体现在其对传统规范和成见的挑战、对物欲的挑战。“庖丁解牛”中庖丁“未尝见全牛”“以神遇不以目视”，“逍遥游”中鲲鹏“腾跃九万里而南为”均是庄子对于严肃性和得道之间关系独特的解读。席勒在《审美教育书简》强调“游戏冲动”对“理性”和“感性”的转化、审美教育是救治当时社会的重要途径，这本质上也是对于当时社会背景下某一层面“严肃性”的表达。“游戏冲动”强调了对于“形式冲动”和“物质冲动”的统一，是在完全自由中寻找限制的统一，这是一种对于严肃性的表达。《美丽新世界》中“我们终将毁于我们所喜爱的”正是对“泛娱乐”模因统治后最生动的描述，任何试图削减严肃性的模因都值得我们去警惕。也正是在严肃性的基础上才能缔结更稳固的连接。

(二)以实践为判断模因是否值得传播的根本标准

所谓实践的过程，是包括动脑思考、动手查证在内的身体力行的过程。《文心雕龙》在批判和实践当中提出许多鲜明的观点，为如何正确传播模因提供许多参考。在《正纬》一章中，作者刘勰对古书《正纬》的真伪进行辨析。作者在事实依据的基础上进行严谨的逻辑推理得到《纬书》中确实存在虚假的部分的结论。对有“模糊性”的模因，持怀疑态度，在实际参与或思考后再进行传播，一定程度上能过滤许多负面模因。同样在《文心雕龙》中所提倡的“凡操千曲而后晓声，观千剑而后识器”“夫鉴周日月，妙极机神；文成规矩，思合符契”，也是在强调实践在文学创作创造模因过程中的重要性。同样在战国时期孔子提出了类似的反思。“文，莫吾犹人也；躬行君子，则吾未之有得。”孔子对自己的反思也奠定了孔子以实践道德教育为中心的教育方式。孔子对实践锻炼提出了三个基本要求——“志于行”“慎行”“知行合一”①。将其在信息化时代下进行解读，正指出一个个体在通过实践过程中实现了知、行、信、情等多个因素的统一后，才能更好的实现对于模因的选择传递，更好地避免知识层面贫富差距的进一步扩大。因此，实践的过程从根本上讲是对认知拓宽的过程。

(三)包容不同价值观的模因

个体间在进行连接、模因交流时，走出自我价值观的“舒适区”是十分困难的。但不得不承认，任何在传播、得到选择的模因，均存在其值得审视的一部分。文化的进步、模因和人类的共赢更应该建立在审视的基础上。儒家宣扬仁、义、礼、智、信，倡导克己复礼，强调主观约束。而《正义论》的中心约束效应，来自无知之幕下对相互冷淡的个体的综合判断。希罗多德在《历史》中许多战役的叙事充满故事性，和较为严肃严谨的《史记》形成较鲜明的对比。审视不同价值观下的模因，是在选择真正值得传播的模因；包容不同的价值观，则是构建个体间正向连接的桥梁，是模因、人类共同进化的关键途径。

四、新媒体时代下构建正向连接的具体方法

对于基础教育扩展、对于潜心科研深入。国家教育在加强自然科学的教育的同时，应开设能够拓宽知识接触面的学科。如在义务教育阶段开设几门可选的讲座性质的通识课程，加强老师学生点对点的沟通。同时，规范表达平台，使自由表达的文章更加“科研化”——注明来源、写明推理逻辑。在促进科研发展的同时，更有利于建立温和表达的正向连接。

社交媒体对于模因的选择性强制降维。社交媒体应加强自身社会责任，在具有强烈模因冲突的话题下，进行表达维度的降维，如从更具表现力的视频、图像降维至文字表达，将文字的表达降维到“顶”和“踩”的选择。通过后台数据的判断，在进行表达观点的归纳、分析，以客观的解决问题，并且能一定程度维系人与人的连接。

---

① 陈银丽：《〈论语〉中实践锻炼方法探析》，《当代教育理论与实践》2015 年第 3 期，第 129～131 页。

提供正确交流的示范平台。教育平台、社会提供更多讨论和交流的平台，如教育平台可提供小班形式进行研讨，在社会范围内举行有明确规定的辩论平台，对于社会热点或话题进行理性辨析。

五、结　论

互联应用如此广泛的时代，信息涌入的速度确实太快了。不只是全球局势在逆全球化，人与人的交往交流也似乎在“逆全球化”。在人们狂欢社交媒体带来的便利后，越来越多拉帮结派、越来越多鄙视链、越来越多的网络暴力逐渐形成，越来越多人脱离了连接，在用负面情绪对抗着连接。“自私的模因”好像要胜利了。但我们也确实做了很多，有越来越多的文学作品开始反思，教育方式不断在反省进步，国家、政府、平台、用户也在做出自己的努力。所谓“博雅”似乎就是一个关键所在。能够接纳更多的差异，能够更多元、平和地提出自己的观点，我相信这也是大学教育在努力的方向。

仁性与理性：理路、交互及共同生长

秦一帆　马克思主义学院（2019301050011）

【指导教师评语】任何理论问题的探寻，若离开语境则无异于痴人说梦。一帆同学的这篇文章好就好在将“仁性”与“理性”的比较研究置于各自的语境之中：前者是孔夫子与弟子的伦理学对话，后者是亚当·斯密与重商主义的经济学博弈。二者的隐性关联，则是在人性生长的逻辑过程中，从具体到抽象，又从抽象到具体的交互。在小班研讨中，一帆的发言常以结构感、层次感和逻辑感著称：现在读他的文章，可谓别一种意义上的“文如其人”。（文学院教授　李建中）

摘　要：人应有“仁性”，这是渗透在《论语》字里行间的儒家热望，人不可无“理性”，这是《国富论》中长篇累牍的经济分析所立足的价值主张。在知性的肢解下“仁性”与“理性”似乎势不两立。而紧密联系时代背景，对《论语》中的“仁性”与《国富论》中的“理性”进行理路剖析有助于走出简单视角。从具体到抽象，对两者背后的思维逻辑进行交互分析，探寻两者之间的隐形联结。从抽象到具体，在时代境域中建构共同的生长空间，以致兼收并蓄。

关键词：仁性；理性；理路；具体；抽象

“仁性”是《论语》的核心属性，一段段夫子与学生的对话围绕着“仁性”娓娓道来，“理性”是《国富论》的精神支撑，一章章经济学理的分析立足于“理性”铺陈展开。《论语》与《国富论》两相遥距，彼此之间是两千两百余年的光阴堆积和近万公里的地理阻隔，而“仁性”与“理性”也仿佛被这种时空的疏远感加持而看似两相对立以至于不可调和——一方扎根于东方热土，以谆谆善语引导我们借礼法和道德约束自身而达“仁爱”，求“仁性”，以“爱人”为先方可至和谐社会。一方放眼宏观社会图景，着力借助缜密逻辑中的层层剖析，在生活王国中舒展理论力量，将经济人的自利天性作为原点，传达给人们“自利以利他”的理性忠告。

但笔者认为，“仁性”与“理性”之间的远年交锋不过是知性支配下的浅层认知，若深入理解两者分属的时代背景，分别探析各自的逻辑进路和终极旨归，让“仁性”与“理性”在当代的境域中相逢，展开一场跨越时空的真诚对话，以助我们走出简单视角，探寻跨越时空的隐性联结，让两大著作、两种思想之间少一分傲慢与偏见，多一分交融与相通，从而在21世纪的土壤上为“仁性”与“理性”赋予共同生长的空间，也为时下的我们切实地提供一种两大思想兼收并蓄的机会。

一、走出简单视角：时代背景下的理路分析

马克思指出，“不是意识决定生活，而是生活决定意识”①。无论是“仁性”抑或是“理性”都是具体时空中人们“思维着的意识”②对社会现实的能动反映，离不开时代环境的影响与制约。想要从将“仁性”与“理性”视作简单对立的视角中走出，首先需要对两者的理论进路进行深入而全面的分析，而想要理解“仁性”与“理性”由逻辑起点、中间路径以及终极旨归等构成的理路进路，便不得不回归两者分处的时代进行思考。

（一）“仁性”的理论进路：立足春秋之殇的人文反思

“仁性”是《论语》毋庸置疑的思想旨归和核心属性，其中的“仁”是“爱人”，是“己所不欲，勿施于人”③，也是“己欲立而立人，己欲达而达人”④。横向视其理论框架，“仁性”既强调自我道德意识的约束与自律，又主张外在礼乐与等级尊卑的熏陶与引导。人人皆可是道德的践行主体，“仁性”的实践必须填充于生活的方方面面。纵向视其理论进路，“仁性”主张人人追求和保持一种高尚的道德状态，明尊卑，懂礼乐，“克己复礼”⑤，从而最终使整个社会达到一种尊卑有序、礼乐肃穆，人与人之间敬睦友爱的理想状态。人人皆持仁爱之心、以“爱人”为先是得“仁性”的逻辑起点；而实践的养成、礼乐的熏陶、尊卑的约束、教育的引导则是“仁性”养成的中间路径；求“仁”得“仁”，社会得以和谐稳定，国泰民安则是“仁性”理念的终极旨归。

---

① 中共中央编译局编：《马克思恩格斯选集》第1卷，人民出版社2012年版，第152页。
② 中共中央编译局编：《马克思恩格斯全集》第3卷，人民出版社2002年版，第297页。
③ 《论语》，杨伯峻、杨逢彬注释，岳麓书社2000年版，第107页。
④ 《论语》，杨伯峻、杨逢彬注释，岳麓书社2000年版，第57页。
⑤ 《论语》，杨伯峻、杨逢彬注释，岳麓书社2000年版，第106页。

从理论进路的梳理过程中不难发现，孔子所谓的“爱人”是每个人“仁性”养成的逻辑起点和行为前提，要明晰此种逻辑何以诞生，便不得不落到孔子和《论语》所处的时代土壤进行分析。

首先，孔子生于公元前551年，卒于公元前479年。其时，正是礼崩乐坏，诸侯纷争的春秋末期。诸侯们将“齐桓下拜受胙”的恭敬之心忘却脑后，抛礼法于市野，践仁义于脚下。彼时的春秋，国相争霸，尔虞我诈；朝秦暮楚，盟起盟灭；大夫夺邑，攻伐不止；臣子僭越，弑君夺权；父子睽目，不慈不孝。而孔子既是这样一个时代的亲历者，也毕其一生致力于做一个变革者。生逢乱世，他主张“克己复礼”，回归等级尊卑；他眼见道德滑坡和人人自利自保，于是为“忠恕”①、“己所不欲，勿施于人”②等儒家主张奔走呼吁；他眼见诸侯国之间征伐四起，民不聊生，于是为了宣扬“治国以仁”走遍六国。每一种主张的背后，都是触目惊心的现实困境。

其次，“爱人”主张的提出也体现了经济环境对思想的规束。孔子生时，中国处在铁犁牛耕的小农经济桎梏之下，商品经济发展程度有限，自给自足逐渐成为经济生活的主旋律，分工和交换发展程度受农业社会所局限。绝大部分人口都只置身于三个维度的社会关系网络中，分别是“个人-亲缘”关系、“个人-乡里”关系以及“个人-国家”关系，人们较少以独立经济人的身份参与到商品市场关系之中。而在此种经济环境下，《国富论》中“自利以利他”的行进逻辑便难免成为一种超越时代实际的狂想与幻梦。

再次，“爱人”的提出也是对“事鬼神而不事人”思想的回应与突破。其主张人们将关注点和重点放在亲人、乡里等人际关系、社会关系中而非在鬼神虚幻里进行精神寄托，以“未能事人，焉能事鬼”③的决语让人的地位和对人自身的关注超过了所谓的鬼神祭事。其中所体现的人文关怀精神对孔子所处的时代来说无比珍贵，至今仍在历史长河中熠熠生辉。所以说，通观“仁性”的理论进路，“爱人”作为其逻辑起点和核心行为不仅体现了体察社会困境和回应时代命题的使命责任，更体现了立足于时代背景的实事求是精神。

(二)“理性”的理论进路：跨越重商主义④的思想飞跃

“理性”之于《国富论》，犹如水泥钢筋之于楼宇大厦，是《国富论》的精神支撑。被誉

① 《论语》，杨伯峻、杨逢彬注释，岳麓书社2000年版，第32页。

② 《论语》，杨伯峻、杨逢彬注释，岳麓书社2000年版，第107页。

③ 《论语》，杨伯峻、杨逢彬注释，岳麓书社2000年版，第98页。

④ 马克思深刻指出重商主义对于资本主义社会的始源性意义，即重商主义是“对现代生产方式的最初的理论探讨”。(参见中共中央编译局编：《马克思恩格斯文集》第7卷，人民出版社2009年版，第375页。)而熊彼特进一步指出重商主义政策的主要内容是出口垄断主义、外汇管制和贸易顺差。(参见约瑟夫·熊彼特：《经济分析史》第1卷，商务印书馆1991年版，第506页。)

为“经济学之父”的亚当·斯密在《国富论》中以通俗易懂的语言和致密严谨的逻辑精妙诠释了市场机制这只“看不见的手”①，用一以贯之的理性精神剖析了社会生活中毫不相干的经济主体们如何通过自利性的行为间接实现利他性的结果，最终达成繁荣社会的效能，不仅在经济人层面肯定了自利性行为的合理之处，为世俗生活中的自利心理祛除了羞耻感的面纱，更在国家和社会层面否定了重商主义思想，开创经济自由主义的先河，奠定了现代经济学的雏形。纵观其理论进路，可知其将经济人的自利天性作为理论逻辑的起点和基础，通过叙述自利行为带来的劳动分工、交换、分配等市场经济活动，并加以资本形成以及价格价值等要素的分析，最后得出较为完整的国民财富增长路径，阐释了市场经济条件下繁荣经济的形成机理，承认经济人的自利天性经过市场机制的调节最终将带来经济繁荣是市场经济生活中不可或缺的理性，并且只有每个人都秉持理性，在理性引领下发挥自利天性，社会经济才能有条不紊地进入繁荣状态。而回溯其理论源流，探析亚当·斯密将经济人的自利天性作为经济繁荣的逻辑起点的缘由，也必须实事求是地立足于特定时空进行分析。

《国富论》发表于1776年，其时的英国，具备了较为稳定的宪政民主制度、激励和保护创新的系列体制机制、丰厚的资本原始积累、较为成熟手工工场产业等促进市场经济运行的优良要素，是工业革命洪流的起始端和发源地。但在《国富论》发表之前，英国国家层面的政治经济理论仍被重商主义思想把持和统治，政治权力仍在一定程度上对资本进行索取和驾驭，权力资本化的政商逻辑日趋演变为资本主义经济发展的阻滞因素。由于此，亚当·斯密通过与魁奈等经济学家的理论交流以及对经济社会运行的深切体察，以经济人的自利天性为原点，以理性精神引导，按逻辑路线推进，透彻地阐明了市场机制对经济发展的调节与控制机能，对国家层面的经济思想实现了破旧立新式的变革。

透过以上分析与时代环境的考量，《国富论》中的“理性”背后是西方社会繁荣的商业文明，有飞速发展的生产力作为主要推动力，是经济基础决定上层建筑的机理之下的一次“改弦更张”，是历史车轮的滚滚驱动所致。

二、探寻隐性联结：比较视野下的逻辑交互——从具体到抽象

基于对“仁性”和“理性”在时代背景下的理论进路分析，我们已大致能在“逻辑起点-中间路径-终极旨归”的范式下对“仁性”与“理性”的理论进路完成梳理，知其源流，明其

① [英]亚当·斯密：《国富论——国家财富的性质与起因的研究》，谢祖钧、孟晋、盛之译，中南大学出版社2008年版，第282页。

归宿。至此，我们也初步走出了将“仁性”与“理性”视作简单对立的视角，但若要进一步完成两者跨越时空的对话，探寻两者彼此之间的隐性联结，我们需要在比较的视野下对二者的逻辑交互进行更深一层、更进一步的分析。但由于两者时空遥距，一方根植于公元前的东方土壤，一方归属于18世纪的西方社会，在具体的时代背景和地缘环境下进行两者的比较存在太多干扰项与混淆因子，因此需要采取从具体到抽象的方法，运用抽象力将“仁性”与“理性”中一部分无关的、边缘的、附属的、具体的因素抽象掉，以便在比较视野下的逻辑交互能够更客观科学地进行。

（一）“仁性”与“理性”的抽象本质

在《论语》和《国富论》中，“仁性”与“理性”的精神蕴涵于具象事例和丰富而多重的元素交叠之中，在进行了归纳与整理之后，两者的抽象本质的组成元素大致分为环境中的主体、养成路径以及理想状态三类。

《论语》以对话录的形式组成，多为孔子与其各弟子之间的对话，其中孔子的弟子们从士官到屠夫，从学者到白丁，职业林林总总，主体身份也多种多样，每个人都身处于不同的社会环境之中。而因为修以成仁的目的是获得和谐敬睦的人际关系、社会关系，故可以在环境中的主体这一层面抽象为“社会关系中的人”。在养成路径层面，由于孔子秉持因材施教的理念，且弟子身份广泛，故修以成仁的路径自然有所差异，大致有实践的养成、礼乐的熏陶、尊卑的约束、教育的引导等并行路径。但总体来看，正如孔子所言，“为仁由己，而由人乎哉？”①，“仁性”的养成路径并不具备譬如法律所具备的客观强制力，所有养成路径的逻辑走至终章都复归到了人的主观力量，故在养成路径这一层面上可以抽象为“主观能动性的约束”。在理想状态层面，《论语》中的论述更是丰富多样，比如有“仁者，己欲立而立人，己欲达而达人。”②、“克己复礼为仁”③、“仁者先难而后获，可谓仁矣”④等。透过如此多的具体阐述可知，《论语》中所谓“仁”的标准与判定实际上都指向了道德的评判，但是对世俗情境下的人提出了较高的门槛和要求，故在理想状态这一层面可以抽象为“高尚道德状态”。至此，我们初步抽象出了《论语》中“仁性”的本质，即为“在社会关系中的人凭借主观能动性的约束达到高尚的道德状态”。

在《国富论》中，亚当·斯密向我们展示了从经济人的自利天性开始，衍生出分工、交换、分配等等经济环节，伴之以价格、价值、资本等经济要素的分析，最后导向市场经济

① 《论语》，杨伯峻、杨逢彬注释，岳麓书社2000年版，第106页。
② 《论语》，杨伯峻、杨逢彬注释，岳麓书社2000年版，第57页。
③ 《论语》，杨伯峻、杨逢彬注释，岳麓书社2000年版，第106页。
④ 《论语》，杨伯峻、杨逢彬注释，岳麓书社2000年版，第54页。

的繁荣这一逻辑进程。在这一进程的分析中，“看不见的手”，即市场机制发挥了不可或缺的作用。若采用抽象的方法，从书中手工工场、农业生产、谷物交换、制造业等等实例中走出，将分工、生产、交换、分配等经济元素抽离，把农民、手工业者、制造业工人等职业身份剔除，再辅以对市场机制的理解——客观经济规律，便可在环境中的主体层面抽象出“客观规律世界中的人”，在养成路径上抽象出“对客观规律的认知、顺应与利用”，在理想状态中抽象出“人在规律世界中的和谐状态”。由此整合可以得出《国富论》中“理性”的初步抽象本质为“人在客观规律世界中应通过对规律的认知、顺应与利用达到与规律和谐并处的状态”。

(二)“仁性”与“理性”抽象本质的逻辑交互

通过初步抽象我们得出，《论语》中“仁性”的抽象本质是“在社会关系中的人凭借主观能动性的约束达到高尚的道德状态”，《国富论》中“理性”的抽象本质是“人在客观规律世界中应通过对规律的认知、顺应与利用达到与规律和谐并处的状态”。

通过对初步的抽象本质的认知与解读，可以发现两者对人之为主体的要求是在两种环境、两套范式、两个维度之下的话语与逻辑，其实并不存在截然对立的状态，而应该达到你中有我、我中有你的交互格局。

一方强调发挥主观能动性的作用，在一种社会共同认可的价值导向下对主体本身加以约束性建设，是对人的关怀与要求。另一方主张对规律世界进行客观科学的理解，身置于其中的人应该认知、顺应以及利用规律，强调的是在客观规律中的思考、权衡与抉择。在社会关系的网络中，我们对主观世界的约束无论从目的上，还是从路径上、评价标准上，都应该有“理性”的判断与原则——养成的路径若有科学性的支撑可以达到事半功倍的效果；道德的建设不能不合乎人的主体性蕴涵的客观规律；评价的标准也应结合社会关系中的实际，结合人所处的多样环境的实际，否则只能是超越时代的乌托邦式构想，强加给人们一片过度脱离实然的应然天花板。同样的道理，人之为主体在客观规律世界中的状态也离不开主观能动性的约束和价值导向的引领——自利天性是人之为主体所蕴含的规律之一，但自利天性的存在应该有一套社会共同认可的道德价值进行导向而不能任其野蛮生长和无边泛滥；市场机制是经济生活中的一类调节机制和经济规律，但市场机制的运行也需要有边界的约束和彼岸的规定，在市场机制中创造的财富最后应裨益于整个社会而不仅仅是私人资本和财富的增值。在市场机制的空白处(例如慈善、公益、公共性社会建设等)应当有规律机制之上的道德价值进行调整、补充、规束和引导。

总的来说，通过在比较视野下对“仁性”与“理性”抽象本质的分析与联结探寻，两者不仅不是截然对立的状态，相反的，“仁性”的养成需借助“理性”的力量，“理性”的秉持也应有“仁性”作为约束。任一方的存在不应简单排斥另一方的思维与智慧，而应该呈现出开放与合理吸纳的度量，达成你中有我，我中有你的交互格局。唯有如此，“仁性”的养成才会少一份主观目的与客观规律相悖的苦恼，“理性”的遵循才会多一份道德价值与人文关怀赋予的温度，《论语》中的“仁性”与《国富论》中的“理性”方可放下远年交锋的兵戈，共温穿越时空的陈酒。

三、共谋生长空间：现代视域中的兼收并蓄——从抽象到具体

同为具有跨时代意义的经典著作，《论语》和《国富论》在各自所属的历史星空中熠熠生辉。但“仁性”与“理性”作为人类思想的精粹不应该仅仅在各自所属的时代中发光发亮，而应该随着时间的流变在每一个时代都能够被妥善安放。在现代视域中，我们不仅要对优秀传统文化与思想实现创造性转化、创新性发展，也要懂得对西方的智慧取其精华，去其糟粕，以我为主，为我所用。故《论语》中的“仁性”与《国富论》中的理性应该拥有共同的生长空间，我们对二者也应该秉持兼收并蓄的积极开放态度。但若要达成现代视域中兼收并蓄的效果，我们便不能脱离我们所处的具体时代框架和国情世情，抽象地谈论“仁性”与“理性”，而应该从抽象的轨道中走出，回归具体，结合当下的具体环境与情况，在现代视域中实事求是地发挥两者的价值。

首先，法治是现代视域中的重要特征和基本框架。“仁性”和“理性”共同生长的现代土壤无可避免应当具有法治的特征和色彩，对两者的吸纳与价值发挥不能有悖法治中自由、平等、正义等精神。例如，在《论语》的“仁性”中，带有的一些孔子所处时代的印记，已不适应现代法治社会的精神。像“君君，臣臣，父父，子子”①之类的等级尊卑观念和封建色彩有违法治理念中的平等思想，不符合市场经济环境中私有制经济主体具有平等地位的规律，应在法治框架中借助“理性”精神加以摒弃。但面对经济社会发展过程中“各人自扫门前雪，莫管他家瓦上霜”②之类人与人之间情感的淡化现象时，仅仅借助法治也不足以营造一个和谐敬睦的社会，此时便可以利用“仁性”中“仁者爱人”的精神进行主观能动性的引导。

其次，“仁性”与“理性”在现代视域中的兼收并蓄应该结合当代科技、文化等各方面的新发展。当今时代是飞速变化、日新月异的时代，是信息化、全球化的时代，大数据、人工智能、5G 等先进科技和传统的智慧精粹不应该是割裂的关系，而应该具有融合发展

① 《论语》，杨伯峻、杨逢彬注释，岳麓书社 2000 年版，第 111 页。

② （明）张凤翼：《灌园记》，国际中文出版社 2004 年版，第 33 页。

的格局。“仁性”价值的宣扬可以合理地借助网络、自媒体等工具与载体，借助传播规律、经济规律等“理性”元素，融入贴合时代、贴合社会、贴合人民的创新性内容和形式。而“理性”的养成也要善于发现新的时代下许多新领域之中的新规律，对于不符合时代具体发展条件、被时代抛弃的规律要有予以摒弃的果敢与决心。在科技领域中也不能不顾道德伦理的约束，科技成果应以服务社会、服务人类为价值导向。

最后，两者走出各自所处的特定历史背景，在现代视域中实现兼收并蓄还应当遵守四大原则，即不盲目照搬、不教条理解、不脱离社会、不脱离时代。唯有如此，我们方能真正做到兼收并蓄，让《论语》中的“仁性”与《国富论》中的“理性”在现代视域中实现最大的价值。

成人，唯有先克而后立

——透过法律与自由的关系观成人之道

曾康子　外国语言文学学院（2019301020113）

【指导教师评语】这是一篇比较异同的文章。本文在介绍了孟德斯鸠和庄子自由思想之后，不仅仅分析了两者的相同和不同；更重要的是思考了法律和自由的辨证关系，提出了方法论方面的意义；并从中追索成人之道，得出"克"而后"立"的路径。如果没有后面的进一步分析，本文则难免落入俗套；而后面的分析，建议还需要加强论证，少个人感悟。（文学院副编辑　宋时磊）

摘　要：在当下快节奏的世界里，物欲愈加横流放肆，人与人之间的关系渐趋错综复杂，社会的不确定隐患因素亦日益增多。在这样的现实背景下，法律作为一种强制性的行为规范，能否在兼顾个体自由的同时推进社会稳步发展，是个十分值得探讨的问题。对比研究庄子与孟德斯鸠关于自由定义、法律价值等问题主张的异同，从中辨析法律与自由之间的辩证关系，对于个人的全面成长与博雅教育、乃至社会的治理与进步，都具有重要的意义。

关键词：法律与自由；庄子；孟德斯鸠；《论法的精神》；博雅教育

一、孟德斯鸠关于法律与自由的主张

孟德斯鸠是18世纪法国著名思想家，其提出的思想理论为近代资产阶级法学奠定了坚实的基础。在其《论法的精神》著作当中，提出了关于法律与自由的重要思想，其中的许多内核值得现世学习。

（一）孟德斯鸠对"自由"的定义

孟德斯鸠对"自由"这一概念进行了明确的定义：自由是做法律所许可的一切事情的权

利。从自由的政治层面来分析，自由使人们能够受到法律给予的保障，从而可以获得足够的安全感，最起码能够在生活中感受到自身是安全的，并且不会由于自身没有去做违背意愿的事情遭受迫害。①

(二)法制的重要性

孟德斯鸠所提到的自由观念中将其法制思想展现得淋漓尽致。孟德斯鸠表明，自由不是愿意做什么就去做什么。“在一个有法可依的社会中”，人们可以做他们“应当有意愿去做的事情”以及不用被迫去做“违背他们意愿的事情”。

在孟德斯鸠看来，法制是保障公民政治自由的先决条件，倘若失去法制，则社会中的人们必然会丧失自由。相对于自由来讲，法制的重要性在于：首先，只有法律才能对执政人员的行为进行有力规范，从而避免社会中出现专横暴虐的现象，进而保证人的自由权不会被随意剥夺；其次，一个社会只有拥有法律之后，才能够对公民的个体行为加以限制，从而防止公民由于过于自由散漫而肆意行事。只有建立起健全的法制，才能保障人们的自由。

(三)孟德斯鸠与“根本理性”

孟德斯鸠认为这世界上存在着一个“根本理性”，而所谓的法律则是指这个根本理性与世间存在着的万物之间的关系，那么从某种程度上可以说，“法律”其实就是整个地球范围内的人类的理性。但结合孟德斯鸠生存的时代背景来看的话，不难发现那时神权政治论仍然在禁锢人们思想这一事实，因此孟德斯鸠的这种举着“理性”之旗帜的理论，其实是为了冲破思想禁锢的无奈之举，在人类的思想史上亦具有极大的进步意义。

二、庄子的自由观

庄子所提到的自由，是一类理想形式的精神自由。虽然庄子的主观唯心思想中存在着许多错误观点，但不可否认的是其中也包含着部分合理内核。

---

① 张凭：《孟德斯鸠关于自由的终极解读》，2012 年 1 月 12 日，https：//wenku. baidu. com/view/d8846f492b160b4e767fcfe5. html，2020 年 6 月 1 日。

(一)“泯是非，齐万物”

在物的世界中万物是千差万别的，从而人心才对事物区分了彼此是非。而庄子认为要从“道”的角度看待万物，也就是“齐物”，要因任自然。庄子表明人对于事物的看法通常是相对的，因此也就无法对其衡量对错；世间万物的数量与大小并无区别，所以人和世间万物都是等同的。

(二)庄子关于“天性”的主张

庄子认为自由就是自然无为，就是保持天性。天性，就是指人的个体生命中最朴素自然的那份本真。庄子主张自然的所有事物均为美好的，提倡对于事物的变化发展应当顺其自然，反对人为改变。庄子主张的自由是不受一切事物约束的自由。而“得道”则是一种境界提升的过程：持续地除去那些人为的部分，以使人能够在最大程度上向天性趋近，进而达到完美的人格状态，最后实现自身意义上的绝对自由。

三、对比辨析法律与自由的关系

(一)孟德斯鸠与庄子关于法律与自由主张的异同

首先，孟德斯鸠与庄子作为思想家所属的派别是不同的。孟德斯鸠是自然神论者，而庄子则是一名主观唯心主义者，这几乎从根本上就注定了二者主张的差异性。

第一，孟德斯鸠主张的自由是一种偏广义的整体上有限制的自由，而庄子提倡的则是个人精神上丝毫不加以拘束的自由。孟德斯鸠在一开始对“自由”定义中就提及了法律这一限制它的规范，而庄子则认为自由是无需约束的，且需要摆脱一切外物的依赖。

第二，孟德斯鸠的主张归根结底是以解决社会问题为目的的，而庄子的主张则主要是停留在个人心灵的层面，并不十分具备改造客观世界的指导意义。也正因为如此，孟德斯鸠对法律与自由提出了辩证的见解，而庄子却只是提出了“至德之世”的社会思想，忽视了法律对于社会和谐的意义及重要性。

第三，孟德斯鸠认为事物都需要有一个固定的标准来供人判断其合理性，比如法律，法律将所有情况清晰的分为了“合法”与“违法”两种，执法人员利用这一特性来保护全体公民的利益；而庄子则提倡“齐物”，从道的角度看待万物，认为万物在本质上是无差别的，自然也就没有了对事物判断的是非对错之分。

孟德斯鸠与庄子思想上的这些差别很大程度上是出于“有为”与“无为”的对立，但二者的思想中其实也并不缺乏相通之处。

第一，孟德斯鸠与庄子均主张“认识本性”。孟德斯鸠企图用理性评论去努力教导人类，使人类认识自己的本性进而摆脱蒙昧主义的束缚；而庄子在乱世间针对于如何治心、如何能够保全于人的天性而又逍遥于人世间的问题也做了诸多思考。

第二，孟德斯鸠与庄子均认为世界上存在着一种绝对的概念。孟德斯鸠认为这世界上存在着一个“根本理性”，而庄子则认为人应该追求绝对的主观精神自由。

综上所述，孟德斯鸠与庄子的理论均具有一定的合理内核，且二者之间存在着诸多联系。二者都对后世在不同程度上起到了启示的作用，而其中显然是孟德斯鸠的主张具有更大的现实指导意义。

(二)法律与自由的辩证关系

人对法律的认知是处在持续发展变化的过程中的。人们对法律的认知不断深入的同时，法律和自由之间内在联系的问题答案也在被人们不断追寻着。法律对于自由的界限进行了限定。倘若不对自由进行约束，可以想见社会会有多么动荡不安。因此，法律规定，公民在行使自身自由权利的过程中，需要体现出个人、社会以及国家之间利益的统一。法律为人们的自由提供了保障。法律是人内心意志的外在表达，从某种程度上说正是人类意志的具体化。社会中逐渐形成了人类原始的习惯与规则，而这些要素又为之后具体法律的形成奠定了新的基础。

综上所述，法律限制自由，同时也维护自由。法律与自由，是辩证统一的。

(三)方法论意义

首先，自由并不等同于为所欲为。这就意味着在人类的日常生活当中，即使是为了追求自由，也不可以将合理规章制度的规范及约束予以摆脱。否则一旦社会的有序性遭到破坏，那么任何人的自由都无法得到实现。

其次，相对自由的实现并不是一蹴而就的，这是一个历史的过程，需要依赖于人类的实践活动。因为只有在改造世界的过程中，主体目的才能得到实现。这就要求人们将认识与实践相统一，不断揭示客体的本质及规律，以真理性的认识去指导实践。

四、小　结

当下，科技的不断进步为人们提供了极其丰富的物质资源，而在这迅速变迁的物质文明之下，全社会都在探索人文精神，反思道德失落，甚至是追求更高层次的自由，这为新一代青年人的成长带来了良好的机会。

何为“博雅”？依区区愚见，即是指“渊博雅正”。教育与学习的过程中，要做到“渊博”，就需要拓展眼界，最好能够学贯中西；而要做到“雅正”，辩证的视角显然会有助于宽容人格的养成。博雅，亦需做到同中求异、异中求同。正是基于这点，笔者在此将孟德斯鸠与庄子对于法律与自由之间关系的认识与主张做了简要的对比辨析，以期能从某一侧面深刻感知中西文化的异同，从而丰满自身的世界观、人生观和价值观。

成人之道，亦如这法律与自由一般，唯有先“克”而后“立”。自由在法律的限制下才有可能实现，同理，青年也不可一味地盲目追求欲望或目标，须知学会“克制”之后才能屹立成人。克制叛逆的幼稚心性，克制尚未有足够实力支撑的一身傲气，虚心求教，博览群书，汲取精华，戒骄戒躁。而后才能真正贴近“博雅”，成人成才，回馈社会，改变世界。

以《论语》《庄子》《论法的精神》为切入点浅谈自由

陈卓　电子信息学院（2019302120371）

【指导老师评语】本文结构和逻辑上比较清晰，虽然谈了三部经典，但都统摄到了“自由”这一主题之下。在论述时，也能够层层推进，在分析了中西自由观后，比较异同并分析背景，对中西文化语境中的自由观有一定的深入思考。但本文也有不足之处，如“古代西方”的提法，并将《论法的精神》列为其典型思想；武断认为在君主的言行就是规定和法律，刻板印象的痕迹较为明显。建议作者能够提升自己的学养，不断完善自身的观点。（文学院副编审　宋时磊）

摘　要：在一个“普天之下，莫非王土”的封建君主专制国家，君主的一言一行就是规定，就是法律，那么真正的法律有从何谈起呢？既然如此，中西方在认识自由上的差异就可以理解了。

关键字：自由；约束；法律；时代背景

古往今来，人们对于自由的看法不一而足、莫衷一是。有人认为，走南闯北、游山玩水是自由；有人认为，静心读书，潜心钻研是自由；有人认为，只有无拘无束，无人管制，才是自由；有人认为，虽然有所约束，有所限制，也能自由。虽然关于自由，并不像严谨的数学一样有准确的定义、唯一的答案，但是，讨论古往今来中西方各位学者、思想家对自由的理解，有利于进一步了解中西方文化的异同。人类文明史长达数千年，中西方的伟大学者与思想家不胜枚举。在此，仅选取几位个人较感兴趣的代表作为切入点，浅谈中西方关于自由的认识。

一、古代西方的自由观

自由，是一个十分抽象的词汇。要给自由下一个较为准确的定义，往往令人无从下手。在启蒙运动时期，法国著名思想家孟德斯鸠在《论法的精神》一书中就从法律的角度，详细地讨论了“自由是什么”。孟德斯鸠写道，“在一个国家，即一个有法律的社会，自由只是人们有权做应当做的事，而不是被迫做不应做的事”。① 更加简洁地说，“自由是有权做一切法律所允许的事情”。②

孟德斯鸠对自由的定义，乍看之下可能会感觉有失偏颇。但越是经过深入的思考，就越能体会这样定义自由的巧妙之处与其极大的普适性。

首先，自由必定是一个人与人之间的概念，一个社会性的概念。试做这么一个假设来理解这样一个事实。如果整个世界上只有一个人，那么对于他而言，是否存在自由的概念呢？如果存在自由一说，那么对他而言，怎样才算是不自由的呢？由此可见，如果世界上只有一个人，就无所谓自由与不自由。因此，自由必定是一个人与人之间的，一个社会性的概念。这一点，恰恰也是法律的性质之一。故孟德斯鸠选择从法律的角度来定义自由，就显得十分高明了。

其次，为何要强调“在法律允许的范围内”这一看似让人不自由的条件呢？其实还是在于自由的社会性。法律，更准确地说，一部合理的法律，是为了保障多数人的利益而制定的。而一旦有人做了违反法律的事，就会直接或间接地损害他人的利益，从某种意义上讲，也是损害了他人在某方面的自由。社会的自由也将由此遭到破坏、不复存在。故唯有遵守看似限制个人自由的法律，才能保证社会自由有存在的可能。否则，整个社会的自由将永远只是空中楼阁，个人的自由也将无从谈起。

要实现孟德斯鸠所说的自由，对当时的社会而言，并不是一件容易的事。“政治自由只能存在于宽松的政府里”，但事实是，“一切有权者都容易滥用职权”。③ 为了给当时的法国提供一条可行的道路，三权分立的雏形在孟德斯鸠的思想中逐渐生根发芽。

“单个公民的政治自由是一种心境上的安宁，这种安宁源于人人皆认为自己是安全的观念。要获得这种自由，政府必须使公民彼此之间没有恐惧感。”④这就注定了立法权、司法权和行政权必须被分散，并且相互制约。因为如果任意两种权力被一个人或集体所掌握，都极易导致权力的滥用，更不要说三权都集中到一个人身上了。因此从孟德斯鸠的角度来看，必须将这三种权力分开，以权力制约权力，即后人口中的三权分立。

总而言之，孟德斯鸠所认识的自由，同法律有着千丝万缕的联系。唯有通过合理的法律，才能让整个社会成为一个自由的社会。自由必须在法律的范围内才能稳定存在。

---

① ［法］孟德斯鸠：《论法的精神》(上册)，张雁深译，商务印书馆 1961 年版，第 154 页。

② ［法］孟德斯鸠：《论法的精神》(上册)，张雁深译，商务印书馆 1961 年版，第 154 页。

③ ［法］孟德斯鸠：《论法的精神》(上册)，张雁深译，商务印书馆 1961 年版，第 154 页。

④ ［法］孟德斯鸠：《论法的精神》(上册)，张雁深译，商务印书馆 1961 年版，第 155 页。

二、古代中国的自由观

中华文化，源远流长，博大精深。各个学派，百花齐放，百家争鸣。在此之中，最具有代表性的，莫过于儒、道两家。而这两种思想对自由的看法也大相径庭。故在此将两家的观点分开阐述。

要考察儒家对自由的看法，我们不妨从《论语》出发。虽然《论语》集中体现的是儒家的核心思想——仁，但是关于孔子的自由观，我们也能从中略知一二。

孔子眼中的自由，是一种自我约束条件下的自由。“富与贵，是人之所欲也，不以其道得之，不处也。贫与贱，是人之所恶也，不以其道得之，不去也。”①虽然人人都向往富贵、厌恶贫贱，但是如若不符合道义，孔子却不愿接受。此时，孔子是自由的。自由，在孔子眼中，与自我约束并不矛盾，反而正是这种自我约束，从另一个方面体现了自由。

孔子眼中的自由，是一种道德约束条件下的自由。“己所不欲，勿施于人”，孔子的这一道德观早已深入人心。早在几千年前，孔子就有了为他人着想的意识，就开始为人与人之间的和谐而提出自己的观点了。这简简单单的八个字，蕴含着孔子为人处世的智慧，揭示着社会和谐的奥妙。自由并不是为所欲为，而是为其可为，为合理之事、合乎道德之事、利于社会和谐之事。“无规矩不成方圆”，孔子认为社会需要规矩的约束。“克己复礼为仁”，孔子认为世界需要礼乐的教化。当这一切的一切都内化于心、外化于行，便达到了“从心所欲，不逾矩”的境界，这也正是孔子眼中自由的最高境界。

而道家对于自由的看法，以《庄子》为例，则在字里行间均有所体现。字字是旷达，句句皆超然。

庄子眼中的自由，是一种远离政治的自由。面对楚王派来的使者的盛情邀请，庄子却宁愿“曳尾于涂中”。面对天下的分裂割据、战乱不断，他的选择是“终生不仕，以快吾志”。庄子没有像孔子一样周游列国，以推行自己的治国理念为奋斗目标，而选择做一个旁观者，不为尘世所困、不为世事所累，守好自己的心灵这一方净土。庄子眼中的自由，是一种顺其自然的自由。庄子认为“至人无己，神人无功，圣人无名”，以“乘天地之正，而御六气之辩”作为人生的最高境界。②

庄子认为，无用之用，方为大用，“无所可用，安所困苦哉”③，清静无为才是人们应

① 杨伯峻：《论语译注》，商务印书馆1980年版，第36页。

② 陈鼓应：《庄子今注今译》(上册)，商务印书馆2007年版，第20页。

③ 陈鼓应：《庄子今注今译》(上册)，商务印书馆2007年版，第38页。

该做的。庄子认为生死有命，面对老聃的逝世，他说："适来，夫子时也；适去，夫子顺也。"①生死的变化正如四季的运行，没有什么可悲伤的。总之，一切都是大自然最好的安排，只要顺其自然，就是所谓的自由。

在这个世界上不要刻意去追求什么，也不要刻意去改变什么，"缘督以为经，可以保身，可以全生，可以养亲，可以尽年"②。顺其自然，避开人生的"技经肯綮"，才能在繁杂的人世间做到"游刃有余"，也就是庄子所说的自由。

三、中西方自由的异同

对比中西方对于自由的认识，很容易发现，他们都未如一些人所认为的，强调自由是无拘无束、为所欲为。他们眼中的自由都是有一定条件的、在一定约束范围内的自由。尽管庄子并未明确提出这个约束，但顺其自然并非顺应自己的任何想法，并非为所欲为，这又何尝不是一种限制呢？

至于不同点，其中最为明显的一条就是，孟德斯鸠将自由与法律紧密联系在了一起，更多指的是公民在社会中的一种政治自由，而中方并没有明确的关于政治与法律的观念，甚至以庄子为代表的一批思想家将远离政治视为自由的前提。在这一点上，中西方对自由的认识的确大相径庭。

虽然孔子与孟德斯鸠均为自由的范围做了一定程度的约束，但他们提出的约束条件却是不同的。孟德斯鸠主张以法律，并且必须以法律作为实现公民自由的限制和保障，而在孔子的眼中，却更加重视自我约束与道德约束。虽然孔子同样提出了克己复礼的观点，但并未想孟德斯鸠一样将统治阶级的规定视为必要且最重要的制度保障。

庄子与孟德斯鸠同样提到了做自己想做的事。庄子更多的是"以快吾志"，顺应自然，更倾向于一种无为的状态，而孟德斯鸠却更加强调"有权做一切法律所允许的事"。

四、认识差异的产生原因

在使中西方的思想家们对于自由产生差异的众多原因之中，十分重要的一条就是他们所处的时代背景截然不同。

---

① 陈鼓应：《庄子今注今译》(上册)，商务印书馆2007年版，第124页。
② 陈鼓应：《庄子今注今译》(上册)，商务印书馆2007年版，第113页。

孟德斯鸠是欧洲启蒙运动时期的著名思想家、律师。首先，这个时期就十分微妙。在启蒙运动时期之前，有文艺复兴对人们思想解放做出的引导，有地理大发现时期的大量的资本积累，有资本阶级力量的迅速发展壮大，有封建专制在一定程度上的削弱。因此，孟德斯鸠所在的那个时期，是人们追求变化、追求新体制、新制度、新政体、新道路的时期。由于原始资本的大量积累，人们有信心做出一定程度的改变；由于封建贵族阶层的长期剥削，人们有决心寻求一定程度的改变。因此，启蒙运动应运而生。以孟德斯鸠为代表的一批启蒙思想家开始崭露头角。他们的历史任务有二：论证封建制度不合乎自然和理性；为新制度设计蓝图。故孟德斯鸠从法律的观点提出自由的含义，不仅仅是因为他曾是律师，更重要的是，这是未来可能实现的新制度的需求、是时代的需求。这个时代迫切需要一个取代封建的新政体，一部取代专制的新法律。

反观春秋战国时期的中国，情况就不像启蒙运动时期的欧洲那样乐观了。先不谈春秋战国时期的分裂割据、战乱不断，虽然作为封建君主代表的周天子名存实亡，但此时的封建统治依然十分严峻，并没有像西方那样已经有了向民主发展的趋势。因此，春秋时期的孔子所能做的，仅仅是周游列国、游说四方，尽力去推行仁政，给百姓一个安稳的社会环境。而和谐社会环境的构建，离不开人们自身道德修养的提高。故孔子提出了道德约束与自我约束下的自由。而庄子所生活的时代距离孔子又经过了百年的发展，然而中原大地上的情况并无太大改变，这里依旧是一片战火纷飞、狼烟四起的局面。目睹了孔子等一批思想家的努力付诸东流，庄子不知是放弃了希望，还是看破了红尘，开始认为在这个时代去寻求改变自能是枉费工夫、白费力气，开始寻求心灵的慰藉、个人的逍遥。于是乎，清静无为，顺其自然的思想应运而生。

在一个“普天之下，莫非王土”的封建君主专制国家，君主的一言一行就是规定、就是法律，那么真正的法律又从何谈起呢？既然如此，中西方在认识自由上的差异就可以理解了。

五、结　　语

从古到今，关于自由从来没有一个全世界公认的、最标准的定义，自然也不存在对于这么一个抽象词汇的正确认识与错误认识。所谓中西方对自由的认识，不过是仁者见仁，智者见智罢了。但是，一切结果都有他产生的原因。也正是在对同一个概念的反复讨论与思考中，人们对于它的认识与理解在不断地加深，人类社会也正是在这一次次的讨论与思考中，蜿蜒向前。

简论庄子与孟德斯鸠的自由观

王哲　历史学院（2019301120074）

【指导教师评语】 博通雅正，贵在自由。但何为“自由”，却见仁见智。这篇文章通过对庄子的“自由”和孟德斯鸠的“自由”的阐释与比较，提出了自己对“自由”的认识与理解，并在自己理解的基础上，进一步思考了这种“自由”在个体人生和当下社会中的意义与价值。这是一种有益的尝试，博雅教育，正当如此。当然，作为一篇论文体的文章，在写作方法和写作规范上尚存在一些不足，这也提醒我们在以后的教学中要强加这方面的训练与指导。（文学院教授　高文强）

摘　要： 古往今来，关于“自由”这一问题的争论从来没有停止过，东西方的思想家们对此都提出了许多重要的观点。其中，极具代表性并且影响极为深远的是中国古代道家的庄子与西方近代著名启蒙思想家孟德斯鸠对于自由问题的论述。二者的思想各有其特点和侧重，在某种程度上恰好形成互补。本文便试图分析他们关于自由问题的核心思想，并进一步探讨这两种自由观的价值。

关键词： 自由；庄子；孟德斯鸠

一、引　　言

法国著名思想家卢梭曾说过：“人是生而自由的，但却无往不在枷锁之中。”这句话，一语道破了“自由”这一问题的复杂性。人的本性是追求自由的，但何为“自由”，“自由”是否有限度，如果有，其限度又在哪儿，以及“自由”究竟是一种怎样的状态等诸如此类的问题，吸引着无数思想家孜孜以求，渴望找到一个答案。在今天，“自由”仍然是一个重要的话题，为人们津津乐道，甚至在我们的社会主义核心价值观里还把“自由”作为社会层面的第一个要求。至于我们个人，要成人成才，也必得有“自由之精神”。自由的重要性，不言而喻。因此，我们有必要对“自由”这个话题做一些探讨，了解古今中外关于自由问题的重要思想成果，体悟其对于我们自身和当今社会有哪些价值。

二、庄子的“自由”：即物而出物，自在逍遥

“自由”一词，在《庄子》中并没有直接出现过。这一词的应用，可以追溯到东汉时期。中国人用“自由”这个词，表达的是“自己做主”的意思，但这种自由乃是“在外的自由”，亦即制度外的自由。所以，自由一词在出现后语义就迅速贬义化了。因此，我们所要讲的庄子关于自由的观点，并不完全是中国传统意义上的“自由”，而是接近于我们现在所理解的“自由”。

尽管庄子并没有直接提到自由，但他对于这一境界的推崇和向往却渗透在《庄子》的字里行间。《庄子》第一篇逍遥游便深刻地阐发了他对于逍遥自由境界的推重与向往。庄子的“逍遥”，在大多数情况下，差不多就相当于我们所说的“自由”，只是在具体内涵上有所差别。因此，要论庄子的自由思想，不过分苛求准确性的话，便可以等同于论庄子的“逍遥”思想。

庄子的“逍遥”，无论是状态意义，还是行为意义，都有自得、自适、自在乃至逸豫之意。这些在《庄子》文中都是积极而非消极意义的。① 这些意思，很接近于我们现代所讲的自由。庄子的“逍遥”，是一种玄妙的境界，顺应着万物的自然之理“道”，就可以“游心于无穷”，让精神驰骋四海、遨游天外，突破形骸的束缚，无处不可至，以达于一种精神上的自在与逍遥。从这个意义上讲，庄子的自由首先是一种精神与意志层面的自由。这一思想，深深影响了我们中国人几千年的思维方式，以至于我们一谈到“自由”，首先想到的就是一种精神的超脱。但要说明的是，庄子的“逍遥”并不单指精神上的自由，而是精神与身体都是自由的，是一种身心一体的自由。这一点，从庄子“游世”的观点可以看出。游世就是生活在俗世中。生活在俗世中，就必然会遭遇许多不得不面对的处境，庄子的做法是“做世俗社会里当作之事，但把这些事情(甚至是很不乐意做的、很不情愿遭遇的处境)当作实现出离自身的凭借和手段，或者叫做即物而出物”。② 实质上，就是以世俗之事为历炼，从而超越荣辱、超越自身，身处世俗，却又不为世俗所局限的一种若即若离的境界。做到这一点，实际上就没有什么可以让你拘束了，亦即达到了“自由”。试想，一个人如果

① 李大华：《自然与自由——庄子哲学研究》，商务印书馆 2013 年版，第 251 页。
② 李大华：《自然与自由——庄子哲学研究》，商务印书馆 2013 年版，第 255 页。

连世俗生活中的种种麻烦都处理不好，很难想象他能达到庄子所说的逍遥境界，即使短暂达到了，也没有持续下去的可能。庄子的“逍遥”，从来不是身心割裂的，而是身心一体的。真正掌握大道而能心游四方的人，其在世俗生活中也必然是如鱼得水、游刃有余的（这并非指左右逢源，油滑处事）。

那么，怎样才能达到庄子的“逍遥与自由”呢？要回答这个问题，就不得不谈到庄子的另一个重要哲学概念——“游”。“游”在《庄子》中出现多次，语境不同意义也不同，但最主要的意思恐怕还是“游心”“游世”。所谓“游心”“游世”，即为从社会关系中出离了自身，把自己放在另一个天地与境界里遨游，在一种更为宏阔的层面上实现身心的自由与逍遥。“游”，可以是身游，但主要是神游，最终达到“心有天游”。如果能够“乘道德以浮游”，虽身在方内，心却在方外，那就有两个天地，个人也就不会为尘世所限。这是最理想的境界。听起来似乎有点抽象，简单说来就是从纷繁的社会中跳脱出来，以艺术和游戏的心态对待世事，无论处境多么艰难都以悠游、闲雅、从容的态度面对。除此之外，庄子还主张通过放弃来实现逍遥。逍遥游中“有待”与“无待”的论述非常经典，“无待”亦即一种逍遥之境。那么，怎样摆脱种种“待”而达于“无待”呢？方法之一就是放弃。人需要的越少，获得的自由越大。这对纠正当今贪婪成性的社会风气无疑是具有相当积极意义的。处在社会关系中，对财富、名誉、权力等的欲望就是所“待”的东西。欲望越多，所待越多，人越难以从尘网中挣脱出来，遑论逍遥自由。因此，庄子主张通过放弃来达到自由，所谓“虚己以游世”即是此理。但这不意味着完全的出世。庄子说：“物物而不物于物。”郭象注解道“唯与时俱化者，为能涉变而长通耳”，[①] 此言得之。也就是说，经历社会中的所有事物，做该做之事，却不泥于这些事，处乎其间，出乎其外。可以看到，庄子反复强调的一个观点就是这种“即物而出物”的境界。

三、孟德斯鸠的自由：法律内的政治自由

古希腊创造了灿烂辉煌的文明，许多现代世界中人们习以为常的概念在那时已经出现，“自由”也不例外。不过真正现代意义上的“自由”概念与“自由主义”联系密切，而自由主义的真正起源是在启蒙运动时期。作为著名启蒙思想家，孟德斯鸠对“自由”这一传统概念做了富有创造性的阐释，推动其成为一个影响深远的政治原则。孟德斯鸠的自由不同于庄子，庄子的逍遥与自由更倾向于哲学层面，而孟氏自由的核心是一种政治自由，其他的经济自由和公民自由只不过是对前者的补充，这体现了他的政治思想。

① （清）郭庆藩：《庄子集释》，中华书局 1961 年版，第 670 页。

孟德斯鸠从人与自然法出发，认为人的本性是恐惧。在这种最初的恐惧感情支配下，人们相互逃离，但恐惧又使人们为了保存自己而彼此靠近，慢慢地，形成了社会。人类一旦置身于社会，软弱感便消失殆尽；原来存在于彼此间的平等也随之消失，战争状态开始了。由于人性的自私，他们试图将社会中的主要利益据为己有，于是便产生了个人之间的战争状态。战争，必然意味着和平与个人的自由被破坏，法律也就随之要求被建立起来。可以说，法律最基本、最初的功能就应该是使人们保持和平状态，保证人们的自由，并且不受他人迫害而产生恐惧的感觉。进一步地，孟德斯鸠认为自由是有权做一切法律所允许的事情，他说："在一个国家，即一个有法律的社会，自由只能是人们有权做应当做的事，而不是被迫做不应做的事。"很明显，孟德斯鸠的自由是一种在法律约束下的自由。人不可能随心所欲地做任何自己想做的事，而只能在法律范畴内。因为如果一个人可以违反法律，那么其他人也可以违反法律，最终结果就是所有人都不再享有自由。因此，为了维护自己的自由，我们每个人都必须主动放弃一些自己的自由，以此来维护个人其他的自由。这种自由，偏向于集体本位的自由。

孟德斯鸠对自由的定义简明而清晰，他的重点不在于论述自由是什么，而在于论证什么样的政体可以保障他所说的这种自由。为此，他做了详细而周密的制度建构，提出了立法、行政、司法"三权分立"学说。"权力制衡"的概念并不新鲜，古希腊的亚里士多德，古代罗马的政制，近代洛克的分权思想，都有类似的观点。但孟德斯鸠进一步发挥创新，使得分权的最终实现更依赖于制度设计，而非个人道德。即，纵使担任立法、司法、行政机关官员的人的德行并不高，但由于制度的安排，仍能实现相互制衡，防止独裁，从而保证每个公民的自由。也就是说，在保障个人自由方面，个人素质因素的重要性下降，而制度性因素重要性上升，由此使得法治被置于更可靠的基础之上。至于这一套制度具体如何运作，就不是本文所要讨论的了，在此就不细述。尽管孟德斯鸠描绘的蓝图看起来是如此的美妙，但从后来的历史看，其结果并未像孟德斯鸠描述得那样令人满意，这不能不说是一个遗憾。

四、两种自由的价值

前文已经简要论述了庄子与孟德斯鸠关于自由的思想中最为重要的部分，从中，二者之间的差异显而易见。但同时，他们也恰恰具有某种互补性。庄子的自由，偏重于个人；而孟德斯鸠的自由，则偏重于处在社会中的个人如何保证自由，是一种集体的自由。习近平总书记曾言"法安天下，德润人心"。庄子与孟德斯鸠对自由的论述，正好分别侧重于道德与法律两个层面(庄子的"道德"概念内涵更丰富，层次更高)，如果我们对此辩证地加以吸收，必将大有裨益。

社会主义市场经济促进了经济社会的进步，但同时市场经济固有的逐利性弊端也带来了道德滑坡等问题。学习庄子的自由思想，无疑能帮助我们在物欲横流的社会中让心灵摆脱名缰利锁，自由翱翔于九天，也有利于在整个社会激浊扬清，注入一股清风正气。庄子的几种自由人格中，我们或许达不到“至人”“神人”“圣人”，但却可以向“德人”努力。德人通常生活于尘俗，但他们也可以在其中获得快乐、平静、宽闲、自在。他们内心清澈纯洁，外形却能与尘俗处，随顺而不违逆尘俗。① 做到这一点，我们必能感到心灵得到涤荡，灵魂得到升华。同时，对于庄子某些偏向消极的态度，我们也应仔细甄别，加以扬弃。毕竟，现在的我们正处于发展的关键阶段，积极有为的思想是这一时期我们应该提倡的。

至于孟德斯鸠的自由思想对当今的价值更不必说。孟氏的思想对我们当今建设法治社会无疑有参考价值。法究竟为何而立，回答好这个问题，才有可能立出良法，有了良法，才有可能有善治。法，如果不从维护人民利益出发，就会变成统治阶级剥削被统治阶级的工具，从而与其初生时的目的背道而驰，就不可能得到人们的拥护，自然人们也不会愿意去遵守。而为了强迫人们遵守恶法，势必制定出更多恶法。如此恶性循环，当矛盾积累到一定程度就会彻底爆发。通过制度建构来维护自由，更可以为当下我们制度改革提供借鉴。

两种自由思想在当今都有其价值，但就我个人而言，还是更向往庄子的那种逍遥自由，我认为，庄子的自由观会具有更加持久的生命力。因为按照马克思主义的观点，法律并非从来就有，也不会永远存在。那在遥远的未来，当法律都已经消亡时，自由又如何追求，如何保障呢？恐怕最终还是要回归人本身，回到哲学层面，才能解决人们精神上的困惑。当然，真到了那个时候，人们的思想境界应该是相当高了，所以人们可以更有深度地去思考、去追逐那个神秘而令人着迷的“逍遥自由”之境。不过，在目前的历史阶段，“两者并重，不可偏废”应该是最好的做法。

① 李大华：《自然与自由——庄子哲学研究》，商务印书馆 2013 年版，第 289 页。

自由之境

王龙龙　经济与管理学院（2019301050091）

【指导教师评语】自由是古往今来人们不断追求的境界。什么是自由、如何实现自由，王龙龙同学的《自由之境》为我们给出了他的答案。这篇文章将中国的孔子、庄子、慧能和法国的孟德斯鸠对自由的理解进行比较和分类，认为孔子和孟德斯鸠的自由是现实世界"有限的自由"，庄子和慧能的自由则是精神世界"无限的自由"。当代青年既要在现实生活中做到"克己复礼"、追寻自由，也要陶冶情操、于"无己"中享受生活的静谧与宁静。这一观点体现了作者对"自由"这一问题的深入思考，颇具大家风范。尽管文章对各位思想家关于自由的观点论述不够全面，但其对自由的态度值得肯定。（经济与管理学院副教授　李雪松）

摘　要：孔子和孟德斯鸠的自由是"有限的自由"，孔子秉承"克己复礼"的理念，通过"化有为无"的方式，把对现实世界的积极努力和不断实践转换为追求自由的脚步。庄子和慧能的自由则是"无限的自由"，他们秉承"自我逍遥"的观点，通过"排有达无"的方式，漠视世间的功名利禄，一心徜徉于自我的精神之海，通过享受身心的愉悦和安详，从而探寻自由的轨迹。

关键词：化有为无；排有达无；有限；无限

每一个不曾起舞的日子，都是对生命的辜负。①

——尼采

从古至今，生命世代延续，文明也不断发生着迭代。随着人类从自己会制造工具开始，他们便掌握了思考这种能力，进而衍生出的是不断孕育着的思想之花。当人们第一次

① ［德］弗里德里希·尼采：《瞧，这个人》，黄敬甫，李柳明译，花城出版社2014年版，第1页。

提出“自己是来自哪里”时，他们就已经开始了对生命的追问。从原始社会到奴隶社会后期，从地中海的智者学派到齐鲁大地上的儒家文化，先贤们对生命探寻的脚步从未停下。当他们一步步深入自己的精神世界进行探索，反省己身时，呈现在我们眼前的是另一个别样的世界。

谈到精神自由这个话题，相信大家都不陌生。但是如何正确的理解它，可以说是一个难题。历朝历代，有无数的文人骚客甘愿隐居田园，远离尘世的喧嚣与繁杂，只为寻求内心中的那份淡泊与宁静。难道“自由”真的是这么狭隘？唯有归隐田园，与山水为伴，与日月为友那般才叫自由吗？其实不然。笔者眼中的自由，不仅是隐居田园时内心的那种空灵与宁静，还有在具体的实践活动过程中对生命现实意义的追问与思考。对于前者，可以视其为“无限的自由”，这种自由已经超脱了俗世，追求的是精神虚幻世界的徜徉与内心世界的平和。至于后者，笔者倾向于称之为“有限的自由”。因为这种自由并非是为所欲为，而是在一个限定的范围和场域内进行特定的活动。

一、有限的自由：于有己中探寻无穷

“自由”是有一定的范围和限度的，就像这个“自然社会”一样，其本身有着条条框框的限制。我们生活在其中每天都受到来自各方面的影响与制约。通俗一点来讲，就是说“有人的地方就有江湖”，这里的“人”我更加倾向于理解为“鱼”，就是说“有鱼的地方就有江湖”。鱼儿每天都生活在江湖之中，但大多数鱼身处江海湖泊之中却并不知道有水。如果让这些鱼跳出水面，那他们却不能生存。同样，每个人都生活在社会之中，要想彻底脱离这个社会是不现实的。那么生活在这样的社会环境之下，难道就没有半点自由吗？

子曰：“吾十有五而志于学，三十而立，四十而不惑，五十而知天命，六十而耳顺，七十而从心所欲，不逾矩。”①在这里，孔子说的“七十而从心所欲，不逾矩”便充分体现了他关于自由的看法，在孔子的想法中，其自由是一种关乎人性的自由，是将其行为规范纳入万物法理的自由，是一种天道生理相融合的自由。在孔子的自由观中，其理念是将自我的身心完全融入到具体的现实情境中，通过自己内心真情实感的流露与外物相契合来达到完全的自由。这一点，我们可以从后世王阳明的“心学”中便可窥见一斑，其思想“心外无物，心外无理”②所达到这种天人合一的境界可以认为是原来孔子“自由思想”的扩大与升华。孔子将自己的行为看做是人道，而他所做的，便是将这种人道与天道相统一，从而达

① 《论语》，杨伯峻，杨逢彬注译；杨柳岸导读，岳麓书社 2018 年版，第 18 页。

② 《中华家教宝库》，杨崇琛主编，吉林人民出版社 1993 年版，第 527 页。

到自己精神的自由和人性的践行。

在《论语》中有这样一个小故事，讲的是颜渊向老师孔子问仁的事情。当颜渊问老师“仁”到底是什么时，孔子回答道：“克己复礼为仁。一日克己复礼，天下归仁焉。为仁由己，而由人乎哉?”①这就是孔子为他自己心中所推崇的“仁”所作的阐释，“克己复礼”就是孔子心目中认为最大的“仁”。“克己”就是使自己心中的欲望、言语和行为符合礼节，得到约束，通俗一点来讲便是使自己的心灵得到净化、发扬世间的道义。那么“复礼”什么意思呢？其实我们仔细一想，当我们能做到克制自己的欲望时，自然而然我们的言行最终就会符合礼仪，符合天地万物的自然法则了，这便就是“仁”的境界。当然，孔子的“克己复礼”不是故意压制自己的天性，放弃自己想要追求得到的东西，而是通过自己自愿的一系列正能量行为去规范社会秩序，从而确立整个社会的价值原则，使自己的行为符合日常规范。在这个过程中体会到“天人合一”的快乐，最终达到“七十而从心所欲，不逾矩”的自由境界。

无独有偶，后世的孟德斯鸠《论法的精神》恰巧也隐隐地表达了此等观念。他写道：“在一个国家里，即在一个建立了法律制度的社会里，自由所指的仅仅是下面一种情况：一个人能够做他应当做的事，但是不能够被迫去做他不应当做的事。”②这里的“应当”一词可谓是用的十分谨慎且准确，既表达了人应该在社会这个大框架中进行相应的活动，又表明了人应该恪守行为准则，不做违法乱纪的事，这样方可获得真正意义上的自由。但是与孔子不同的是，孟德斯鸠很明显的将潜藏于自然之中的自然法与人为法相区分。他认为自由与平等之间存在着明显的差异。孟德斯鸠认来自由的地位远远高于平等，这两者的不同主要体现在人文法和自然法的区别中。在孟德斯鸠看来，凭借自然之力人类不可能直接建立国家和政体，因此在自然法下的内容未必与成文法相对照，这一观点直接将人类社会和传统自然相割裂，这也是与孔子的自由观相差最大的地方。这时的孟德斯鸠已经认为人类不仅仅是靠自然法生存的道德主体，更是能够去钻研政治，探求社会发展规律的理性主体。当说到自由的极限时，孟德斯鸠的思想中已经孕育了“法无禁止即可为”的胚胎，最明显的便是“三权分立”思想。这种较为宽和的政策有效避免了专制主义的发生，使每个人的权利得到了最大程度的保护，在法律和制度体系之内可以尽情享受自己的自由，而他人则完全无权过问，极大的释放了人的天性，同时也促成了个人主义的诞生与发展。

① 《论语》，杨伯峻，杨逢彬注译；杨柳岸导读，岳麓书社 2018 年版，第 146 页。

② [法]孟德斯鸠：《论法的精神》，彭盛译，当代世界出版社 2008 年版，第 75~76 页。

二、无限的自由：于无己中放飞自我

“若夫乘天地之正，而御六气之辩，以游无穷者，彼且呜呼待哉？故曰：至人无己，神人无功，圣人无名。”①在庄子的《逍遥游》中，他明确提出了自己精神自由的境界便是“无己”。那什么是“无己”呢？简单来说，“无己”就是一种物我两忘的境界，即生命的萌芽阶段，那时的生命最为纯净，缺乏对外界的印象，丝毫没有自我意识，宛如天地间漂浮的一根羽毛，只能单纯的随着风儿游动。但是，一旦生命开始萌发自我意识，认识到了周围的事物，遍历了人世的沧桑与繁华，原本的无知状态就会一步步被世俗所打破，对物质世界的依赖也会越来越重。因此，庄子明确道，人只有通过自己内心的修行才能最终达到精神的完全自由与解放。庄子在《庚桑楚》中说的更加直白与明了，在其中，他明确写道了功名利禄这些俗物对自由的束缚，所以庄子提出唯有抛弃这些物质上的贪恋与精神上的羁绊，使自己的身心进入到一种忘掉自己的一切，包括感官，形态以及生死，把自己彻底融入到精神世界中去，才能够真正做到“逍遥”。

庄子这种将自己完全浸入到自己所创造的精神世界的想法给后世留下了极大的影响，当佛教传入中国后，更是进一步影响了禅宗的发展与传播。六祖慧能法师的“菩提本无树，明镜亦非台。本来无一物，何处惹尘埃”②这一首诗更是表明了自己对世界的认识，直言现实世界的虚无，追求的只是自己内心之中的正法。惠能法师曾指着随风而动的经幡说道：“不是风动，不是幡动，仁者心动。”③在慧能看来，外界的事物都是自己内心所化，也就是说以一颗善心看待周围事物总是觉得那么美好与祥和，反之亦然。在庄子和慧能眼中，万事万物都是自己内心所化。这种自由是将自我与天地万物相通，认为“万物即我，我即万物”，将自由放逐于形骸之外，彻底达到了物我两忘的境界。

三、结语：于有己中怀抱现实，于无己中追寻理想

在我看来，孔子、孟德斯鸠、庄子以及慧能的自由观点都是在不同历史阶段对自己和周围世界的一种自我意识生活的主观反映。孔子和孟德斯鸠“化有为无”，将对现实世界的

① 《庄子》，俞婉君译注，二十一世纪出版社 2018 年版，第 5 页。

② 慧能：《坛经》，孙英、吕岗译评，吉林文史出版社 2010 年版，第 22 页。

③ 《中华文明历史长卷》，李玉青编著，北京工业大学出版社 2013 年版，第 232 页。

积极努力和不断践行化为追求自由的脚步，而庄子和慧能则是“排有达无”，漠视世间的功名利禄，一心徜徉于自我的精神之海中，享受身心的愉悦和安详，从而探寻自由的轨迹，两者均有其益。我们这个时代的青年，既应该在现实中追求自我的自由大道，又应该在精神的汪洋中陶冶身心。希望每一个人都能够在现实生活中做到“克己复礼”去追寻属于自己的自由，同时不断陶冶情操，于“无己”中享受生活的静谧与宁静。

游　　弋

杨珂　水利水电学院（2019302060238）

【指导教师评语】本文在想象中虚构出一场庄子与席勒超越时空的对话，彰显出中西方哲人对“自由”的见解有着异曲同工之妙。庄子与席勒，一为东方先秦时期的哲人，在逍遥游中追求精神世界的大自由；一为德国狂飙突进时期的哲学家，试图用游戏冲动去弥合感性冲动和理性冲动之间的分裂，从而获得人的完整自由。虽然两位哲人的理论观点有所不同，但给予身处困境的人开出的药方都与审美和艺术有关，这是东西方哲人的精神共鸣。本文的立意有深度，语言有文采，采取庄子和席勒对话的形式也颇具创意，令人耳目一新。（文学院教授　曹建国）

你们好，我是“自然”。

我很高兴看到我创造出来的人类能够在混沌中觉醒，拥有自我意识，从而发展出如此多样的文明。但是，愈加发达的你们似乎已经遇上了麻烦——发展的越精细，就意味着你们不得不耗费更多乃至一生的时间去完成一件小小的任务。因此，很多人似乎已经认不清这个完整的世界，不知怎么去做一个最基本的完整的人了。

我观察到，思考求索之学识和为人处世之品德是人类的精神支柱，你们世世代代都苦于观察、发现着我和由我创造的你们自己。我想知道，人是怎样看待互相之间的往来交通和你们与我千丝万缕的联系。

因此，我挑出了你们。

东方文明与西方文明是截然不同的两种思想观念，可神奇的是，同为人类，你们又在许多地方如此相似。庄周，你是东方的先哲；席勒，你是西方的智者。你们的相遇，不仅是人与人的交锋，更将是文化的融会贯通。

一、同是天涯沦落人

席勒：

是自然创造出了我们，给予我们感官，给予我们心智，我们本可以更好，可是，现在的我处在怎么样的暴风漩涡之间啊！

现在的普鲁士是一滩烂泥，四分五裂、制度腐朽、经济衰弱，我们已经完全无法和欧洲的其他力量抗衡了。看看法国吧，它们革命，它们发展，他们创建了新的制度，他们让国家重新振作起来，他们获得了民主和自由，我多么想我们也跟随其后啊！法律永远不会产生伟大的人物，只有自由才能造成巨人和英雄！①

国家是由人民组建的，如果人民觉醒了，那么我们就有机会去改变，谋取进步，可现在，情况恰好相反。你可以看到人们分为两级：下层阶级人数众多，他们的身体里满是冲动与兽性，不顾一切地寻求生存。他们的环境与理想社会相矛盾，对生存的需求使他们不得不抛弃自己的天性与尊严，没有能力去顾及艺术之美，而这又将使国家“堕入自然威力的王国”②，从而使环境更加恶劣，生存更为艰难；而另一个阶级，文明阶级，则是一群懒散的伪君子，他们更加令人愤怒，因为“它的根源就是文化自身”。③ 知性的启蒙本应启迪思想，却最终只是滋生了腐败和利己主义。这些有文化有思想的人靠着理论来放纵着自己，变得任性而自满。如果将两个阶级相比较，文明阶级则更为冷酷，因为那是因为获得了知识文化后出于对物质的追求而产生的一种彻底而清醒的自我封闭。

所以我一直在思索，一直在思考，我们到底该怎样摆脱这种困境，我们要怎么做才能在这种腐朽的社会之中去完善自我，实现一个人的价值，成为既能品德端正，不放纵粗俗，又能追求真知，去解密自然，掌控生活的人。

庄子：

万物相通，即使距离万里，相隔千年。

分裂滋生战争，战争摧毁文明，只留下人在生存和物欲中挣扎。

我们曾经是强盛而统一的周王朝，诸侯之间，皆为手足之情，相互敬爱。可是，正是因为诸侯分封的制度，王公贵族在经历了一代代的分枝散叶后，逐渐失去了亲缘血统的捆

---

① 《席勒文集Ⅱ》，张玉书等译，人民文学出版社2015年版，第23页。

② ［德］席勒：《审美教育书简》，张玉能译，译林出版社2009年版，第11页。

③ ［德］席勒：《审美教育书简》，张玉能译，译林出版社2009年版，第11页。

绑，再加上统治者逐渐变得碌碌无为，也就失去了实权。那些诸侯们羽翼一天天变得丰满，便割据土地，自立为王。

邦无定交，土无定主，物欲占据了社会的全部。肉食者穷奢极欲，割剥元元，布衣平民则分房减口，苟延残喘。先朝用几百年建立的礼乐教化，在朝夕间分崩离析。我游历数国，却发现自己事于国君也只能是披着绸缎的祭品——我宁游戏污渎之中自快，无为有国者所羁！①

二、乐莫乐兮新相知②

席勒：

人类不会从历史中得到教训，只会不停的重复历史。③

你不仅处境与我相似，你的观念竟也与我相似。

我曾一直苦恼，到哪里去寻找出路，去向古希腊文化中那些博学而高尚的人靠近。我们要成为有教养的人，这样的人性格健全，尊重自然，又尊重自由，可是方法呢，什么能将人们从污浊的现实中拔起，去眺望远方呢？艺术，唯有艺术。

艺术它“摆脱了一切实在的东西和一切人类习俗带来的东西”④，它是我们和自然的对话，是我们先天而来的感觉和智慧。在这个无可救药的时代，仍会有人崇尚真与美，他们是这个时代的一剂药方。他们的行为将以标杆的形式影响社会。

“你要与你的时代一起生活，但不要成为它的产物；你要为你的同时代人做出贡献，但是，你献给他们的应该是他们所需要的东西，而不应该是他们所赞赏的东西。”⑤

可是为了完成这一切，我们紧紧与自然联系在一起，最奇怪的是，我们既要反抗它，又要依顺于它，才能成为完整意义上的人。

当我们的状态发生任何的变动时，哪怕是一个微小的动作，我们都会有所改变，不仅是肉体上的改变，更多是心灵上的改变，我们的心想让我们有所反应，有下一步的举动，这是感性冲动，是我们的“实在”在支配着我们，不需要思考，也不需要判断，这是下意识地反应和下意识的感受。这就像是自然的引导。我把它称为感性冲动。

但显然，我们并不只是沉浸于感官的动物，我们往往更多的是尊崇我们的人格，我们

① 王利器：《史记注释》，三秦出版社 1988 年版，第 1619 页。

② 董楚平：《楚辞译注》，上海古籍出版社 2012 年版，第 38 页。

③ [德]黑格尔：《历史哲学》，王造时译，上海书店出版社 1997 年版，第 44 页。

④ [德]席勒：《审美教育书简》，张玉能译，译林出版社 2009 年版，第 23 页。

⑤ [德]席勒：《审美教育书简》，张玉能译，译林出版社 2009 年版，第 26 页。

的理性，它伴随着你在社会上的经历产生，在某种程度上甚至不会有大的改变，一直存在于你的脑海中，像路边的指示牌，告诉你哪条路通向正确，又像是桌边的尺子和剪刀，衡量着你的一举一动。我把它称为形式冲动(formtrieb)。

一个是“实在”给予我们瞬间铺天盖地的浪潮，推着我们前进，另一个是“形式”鞭策着心灵，让我们不要出格。他们都是冲动，都想左右你的思想。

但是它们是矛盾的，因为“只要人仅仅在感觉，他的人格或他的绝对存在对于他就永远是个秘密；而且，只要人仅仅在思维，他在时间中的存在或他的状态对他也就永远是个秘密。”①它们相互对立相互隐藏，我们永远无法完全地将两者同时呈现在某一件事情上。这就像两个磁铁的相斥两极，永远也无法将它们合拢在一起。但是难道这就意味着我们没有救了吗，意味着我们永远不可能成为既拥有感性的快乐又拥有形式上的规划思考的一个完整人格了吗?

不，我找到了出路。

我们不能将自己拘泥于这两种冲动，而是让自己脱离开来。我们需要的是一种东西，它不只是单独的将二者结合——因为它们无法粗暴的相加，而是抽取两种冲动的内涵，让它们相互抵消。即在我们已知的行为中去寻找能够统一形式与实在的方式，再将它的精神大而化之，扩展到我们的生活准则。

这是一个看起来很荒谬，玩世不恭的词，“游戏”。

在游戏中，我们随心所欲，尽兴玩乐，被感觉牵扯着，可是又保持着自己的理性，因为我们仍旧遵守着规则，并且不遗余力地去赢得它。

也许我们可以这样说，游戏冲动是第三种冲动，是基于相矛盾的感性冲动和形式冲动产生的。

既没有感性冲动对于内心声音的蒙蔽与反抗，也没有形式冲动对于自己外在和自然联系的切割。

它近乎完美，因为“内在外在都不进行强制”。

我们在现实中遇见美，追求美，其实我们的生活本身就是一种美，就是我们在“游戏”的过程。我们要让生活成为“游戏冲动”，让感性与形式冲动都发挥出他们积极的一面。

我们一直以来都太拘束，形式冲动和感性冲动不断打压着对方，任意的举动都会让自己在某一方被忽视。

但在“游戏冲动”中，前面相互矛盾的感性和理性将得到平衡，我们不再艰难坐着只有一人的跷跷板，而是走下跷跷板，在空中舞蹈。

---

① [德]席勒：《审美教育书简》，张玉能译，译林出版社2009年版，第43页。

庄子：

所以具体地说，当人们在生活中实践游戏冲动后会变成怎样？

席勒：

会得到自由与解放，自然和理性同时存在于他的身上而他又不会感到被束缚。人的想象力不受到任何束缚，飞跃到审美的境界。人们“最终完全挣脱了最低需求的羁绊”。游戏和假象王国被建立，审美让人摆脱强制的举动而使人达到真正的自由。

庄子：

那么您与我所想象的世界真真有异曲同工之妙。

世道昏暗，人们明明看见了不公与腐败，却因为世俗的拖累，不惜为追求名利而让自己也陷入泥潭。当王让我出仕之时，我选择了放弃，避开政治之乱而保全自身，这看似无用，却能让我接近自然，接近通达，接近无待无形之境，是为“无用之用”。

世间万物，无论大小，皆有待者，皆需倚于某物，不断寻求依托，故不自由，故不能让自己的内心精神得以解脱，而我们所需要的，则是去摆脱所待之物。

我们太容易将自己陷入现实生活中的鸡毛蒜皮，这些蝇头小利之“小”，使我们不能领悟真正的世界之“大”。

而进入精神世界之途，正如你所说，即为“艺”。追求艺术，追求精神，忘记身边的俗物，忘记周边的环境，甚至也忘记了自己，不受任何外在世界与内在情感的拘束，顺应自然，顺于六气，在精神世界里遨游，与自然相融相生。

我常常幻想那些真正能够达到这一切的人物，他们不用体型上庞大——毕竟连鲲鹏也有所待，抟扶摇而上；他们不用在权力上高踞——许由不需尧之帝位而向往姑射山上饮露云游的仙人；他们不用违背心意而去守世俗规矩——秦失认为老聃顺时而死，“三号而出”……

他们不再活于世界底层，相互撕扯，与每日仅求生存的动物别无二致，而是进入更高境界的艺术生命。逃离人类社会，随心之所向，归自然之本，游于天际。

这才是我们毕生所要去追求的东西啊。

三、如切如磋，如琢如磨

庄子：

但是，智者，你的观念与我并不完全相同，我们之中仍有些不可避免的差异。

我的中心在于“无待”，在于随自己的意愿，不被环境所束缚也不依靠环境，凭自己的心灵而走。这就有些类似于你所说的“感性冲动”了，但不是被拖着走，而是根本就存在与虚无，只有自己的心灵是真实的，我们跟着心灵走。

席勒：

所以你的理念与感性冲动有些相似，却避免了它的弊端。但是这似乎还缺些什么必需的东西，这种理想状态的人靠什么而生存呢。在我的理念中，实践游戏冲动的人还包括一些类似形式冲动的所在，因为人是生活在现实的，我们需要理性来维持生存，你理想中完全的虚无是不可能存在的。既然如此，你又为什么非要去追求这一切呢。

庄子：

因为实际越少越好，而虚无，越多越好，就像是我们不断减少自己的对权力财富的追求，他们无限减少，而精神上的飘逸自如无限增多，最终，最为理想的状态就是那些仙人的样子了。我们的追求是要大于现实的，只有不断追求这一切，我们才能不断地提升自己，让自己越来越自由，越来越接近于自然，甚至达到这种理想状态。

席勒：

其实，我所理想的实型也和您相似，他们是古希腊文明中的人们，他们的感性快乐是建立在自己理性的竞技之中的，如此和谐，如此完美。

其实，您与我虽然生活与不同时代，却有着相似的经历，更重要的是，我们的思想与理想非常相似。

都是在一样的纷乱年代中，西方是大革命之时对利益的疯狂追求，东方是春秋战国之中的尔虞我诈。人性中的善良与美德在残酷的现实下经受不住拷问。善良与美好的品德是需要自己拿出自己的东西来，为别人付出才能实现的，而在这种生命时刻受到威胁的情况下，不是你死就是我活，无谓地付出只会换来自己的衰弱甚至死亡。所以人们抛弃了精神世界，也抛弃了自己作为人的高层理想，重新回到那种动物般的厮杀争斗之中。

我们是看到这一切的，我们对此是心痛而又不甘的，因为于我们而言人生命之意义所在是不止于这些蝇营狗苟的，所以我们所做的即为困于生死场的人们寻找出路。这不是指肉体上的避难所，而是构建一种新方法，创造一个新世界，让人们能够在精神上获得自由——因为人生命中最重要的即是精神，看似与精神无关的事，例如生活的卑微，肉体的苦痛，它们都是通过精神上的压抑才会对我们产生影响，故寻找精神之出路才是真正的良方。

我们两人不约而同地将视线转向艺术，因为艺术所追求的美是我们精神世界在现实生活的投影，是我们追求精神世界的的必经之路。我们理想中的人应该是不接受外部环境的影响，在生活中审美，并将自己的精神融入到美之中，从而达到那种理想的状态——像鱼儿在水中游弋：不是完全的随心所欲，因为有水的实体与阻力，却又十分自由，十分顺畅，一切都符合自己的心意，一切都符合自然的规律。我们最终与自然处于一种既相融合，又相对立的微妙状态。

因为我们是人类，生于自然，却长于社会，既有自然之美，又有人性之念。在乱世之中，这二者看似的对立更加明显，我们穷其一生，为的就是解决自身的矛盾，就是让我们这个在混沌与随机之中生出智慧与文明的物种能够让自己得到统一，真正摆脱不断发生的挣扎，游弋于心灵，游弋于精神，游弋于世界。

你们二人的对话让我着实受益，我可以看到，你们所代表的人类的智慧与灵魂是怎样在残酷环境的摧残下依旧生生不息，因为你们一直在斗争，一直在追寻，一直都知道人类这一物种延绵不断的最终原因——智慧与思考。你们区别于动物是因为会用工具，而工具代表着你们能够超脱于我来创造自己的体系，来为你们的智慧建造出一个新的世界。而思考与智慧却戏弄般的告诉你们，要回归自然，回归本真。

是你们智慧不够吗？不。

我想，你们现在应该能够明白我所存在的意义了。

我们到底是谁，到底要成为什么？

自然是一切的起点，也是一切的终点。人们发于自然，离开自然，最终仍要回到自然。因为自然远不只是花草树木，你们的心灵到哪，哪就是自然。最终，虽然看似还在自然，却已不再是最初凭借本能摸爬滚打的婴儿，而是一条游弋于万物之上，凭驾于心灵之间的鱼，找到自己的归宿。

子非我，安知我不知鱼之乐。

从“炒鞋”看中西方经济学的异同

汪骍骐　遥感信息工程学院（2019302130293）

【指导教师评语】经典阅读的魅力之一，就是能够体会前人的思考如何依然鲜活在当今社会的现实问题之中。从这一点来看，汪骍骐同学的论文展现了阅读人文社科经典的中西古今之辩。论文以“炒鞋”这个现代问题为切入点，借用古典经济学家亚当·斯密《国富论》的理论，对这一事件中的“价格”因素进行分析，并探讨了“炒鞋”背后的经济学以及社会文化心理等问题。而对《国富论》与《史记·货殖列传》中财富以及职业等相关经济学问题的对比讨论，也由此而呈现出中西经济思想的差异。（哲学学院副教授　廖璨璨）

摘　要：2019 年夏天鞋市闹得沸沸扬扬，鞋王“倒钩”的价格从四千元左右一路飙升到一万七千多元，椰子中的“黑满天星”也是万元款，还有其他鞋款的价格也是不断上涨。超高的利润吸引了众多“投资者”进入鞋市，有人赚得盆满钵满，也有人亏得血本无归。本文将从亚当·斯密的《国富论》中第一卷的商品的劳动价格与货币价格、商品的自然价格与市场价格和《史记·货殖列传》的观点出发，深入剖析“炒鞋”背后的经济现象和经济理论，同时探讨中西方经济学观点的异同。

关键词：价格；利益；金钱

一、“炒鞋的原理”

炒股，炒房，炒期货，炒原油，这些都是现代生活中常见的经济现象，但是 2019 年夏天出现了疯狂的“炒鞋”现象。其实“炒鞋”跟炒房一样，不过炒的对象由房变成了鞋。

球鞋作为商品的一种，具有和商品相同的属性，即价值和使用价值。而商品的价格又分为自然价格和市场价格，前者指由劳动决定的商品的交换价值，后者就是商品实际出卖的价格。在亚当·斯密看来，一种商品价格，如果不多不少恰恰等于生产、制造这商品乃至运送这商品到市场所使用的按自然率支付的地租、工资和利润，这商品就可以说是按它的自然价格的价格出售的①。这些看起来可能会有点复杂，对于球鞋来说，自然价格就是它的发售价格，而它的市场价格就是二级市场的炒卖价格。所谓的二级市场，对于球鞋来说就是除了品牌方以外的球鞋交易市场，最典型的就是“毒”和“nice”这两个球鞋交易平台。而商品的市场价格，有时高于它的自然价格，有时低于它的自然价格，有时和它的自然价格完全相同②。而那些“炒鞋”的人赚得就是商品的市场价格与自然价格的落差值。

经过前面的分析，我们了解了商品价格的含义。接着我们来分析决定球鞋价格的因素，以及那些“炒鞋”的人是如何利用这些来进行炒作的。每一个商品的市场价格，都受支配于它的实际供售量，和愿支付它的自然价格(或者说愿支付它出售前所必须支付的地租、劳动工资和利润的全部价值)的人的需要量。③ 至于一款球鞋的供货量和需求量，供货量完全由品牌方决定，而需求量则主要看球鞋的热度、颜值和情怀。这里最主要的就是热度，比如明星代言，和大牌联名等等。有了这些，我们就好理解“炒鞋”的原理了。假设品牌方发售一双热度比较高的联名款，发售的价格是市场价格，当然在发售的时候球鞋是没有全部直接到“炒鞋”的人手里的，那些没有到他们手里的球鞋，一部分会被消耗，也就是被穿上了；还有一部分会被散户拿来售卖，最主要的就是在网络平台上售卖。“炒鞋”的人就在平台上把这款球鞋的部分尺码以当时的市场价格全部买下来，这样他们就可以自由定价了，因为球鞋全都集中在他们手上，这也就是垄断。这个时候还来买的人，基本上是另一波“炒鞋”的人，在这种情况下买来自己穿的人毕竟是少数。就这样循环往复，直到最后价格过高没有人来接盘，最后一波买入的就成了韭菜，最终导致泡沫破灭。

二、追求财富与人的天性

了解了“炒鞋”的原理之后，我们不禁感叹道：球鞋只是一种消耗品，为什么会被当作股票一样进行炒作？这是由于它作为商品可以给人带来经济利益，而且这种赚钱方式没有什么技术要求，也不需要很多的资本。最重要的一点是，追求财富是人的天性，在不违反

① [英]亚当·斯密：《国富论》，郭大力、王亚南译，译林出版社2011年版，第47页。
② [英]亚当·斯密：《国富论》，郭大力、王亚南译，译林出版社2011年版，第48页。
③ [英]亚当·斯密：《国富论》，郭大力、王亚南译，译林出版社2011年版，第48页。

道德和法律的前提下，没有人能够拒绝金钱的诱惑。《史记·货殖列传》：“天下熙熙，皆为利来；天下攘攘，皆为利往。夫千乘之王，万家之侯，百室之君，尚犹患贫，而况匹夫编户之民乎！”①这段话形象地解释了人们对财富的追求，概括地说，追求财富是人的天性。对于商品的价格，司马迁则说“论其有余不足，则知贵贱。贵上极则反贱，贱下极则反贵”，可见商品的价格是由供需决定的。如今“炒鞋”者正是低价购进高价抛出，但问题是低价低到什么价格、高价又高到什么价格。“炒鞋”虽然有赔本的风险，但巨大的利润空间让人们蠢蠢欲动，不惜冒险。再加上“炒鞋”的门槛很低，需要的资金不多，以致出现“全民炒鞋”的盛况。面对“炒鞋”热潮，以致央行都站了出来，警示“炒鞋”风险。即使这样，还是有许多人执迷不悟，直到今年疫情爆发，经济下滑，部分热门球鞋价格大幅下跌，巨大的亏损才劝退了很多的“炒鞋”者。

三、中西方经济学的异同

通过对“炒鞋”这一现象的剖析，我们大致了解到了中西方的经济学观点，两者既有相似的地方，都深刻认识到人自私的本性和经济生活中的规律；也有截然不同的地方，西方经济学更强调理性分析，更具有系统性，而我国古代经济学更注重感性认识，却缺乏系统性。在这里，我们主要讨论两者不同的地方，通过对比得出中西方不同的世界观。

《国富论》和《货殖列传》中都有对商品价格的讨论，都指出商品的价格由供需关系所决定，但前者是从商人的角度出发，指出商人该如何利用这个理论来赚钱，为自己谋取更多的利益；而后者是从国家的角度出发，指出统治者应利用这个理论来平衡物价，从而使国家稳定。这从另一个方面也反映出中西方不同的世界观，中国人的世界观里更注重国家利益，而西方人的世界观里更注重个人利益。

两本著作中都有关于不同职业的讨论，《国富论》重点讨论的是究竟是什么造成了不同职业的劳动工资不同，从职业本身、职业学习、安定与不安定、责任和成功希望这五个方面进行探讨，探讨劳动工资不同的原因。而《货殖列传》指出不管是什么职业，都能致富，即使是像磨刀、医马等微不足道的职业，都有人能够凭借这个来致富。只要有本领，任何职业都能发家致富。从这里我们可以看到中西方不同的世界观，在中国人的世界观里，职业不分高低贵贱，“三百六十行，行行出状元”；而在西方人的世界观里，各种职业划分得十分清楚，收入也是相对固定的。

《国富论》和《货殖列传》中都有关于财富力量的讨论，亚当·斯密认为财富只是购买

---

① (西汉)司马迁：《史记·货殖列传》，一百二十九卷，吉林出版社2005年版，第1359页。

力，是对于当时市场上各种劳动、各种劳动生产物的支配权；司马迁则将财富与社会地位联系了起来，财富越多，社会地位也就越高。如文中举出了乌氏倮和寡妇清的例子，他们都得到了当朝统治者的礼遇，也是因为他们的财富。由此我们可以看出，在中国人的世界观里和西方人的世界观里财富的地位不同，中国人更看重财富，认为财富能够带来更高的社会地位，甚至是政治地位；而在西方人眼里，财富也是可以带来政治权力的，霍布斯就说过"财富就是权力"。总的来说，在中西方的世界观里，财富都是一个很重要的东西，只不过中国人更看重财富。

总之，正是中西方世界观的不同造成了中西方经济学的差异，但正是这些差异给这个世界带来了多样性，使这个世界更加丰富多彩。对于那些不同的观点，我们要做到开放与包容，而不是一味的拒绝和排斥，我想这也是当今全球化趋势下每个国家要做到的。

追昔抚今，当我们重温司马迁和亚当·斯密两位伟人思想的博大精深和智慧卓越之时，又深感其思想的顽强生命力——拂去历史的尘埃，穿越时空的隧道，《史记·货殖列传》和《国富论》两书中许多经济观点对我国的经济学研究和市场经济的发展有着深刻的借鉴意义。

士魂之义与商才之利

——《论语》与《国富论》的义利观

刘人瑄　新闻与传播学院（2019301020085）

【教师指导评语】本文选取了《论语》和《国富论》这两个看似相关度不高的文本，却比较巧妙地从义利观切入，进而概括出“士魂”“商才”两个主题展开论述，用内容有效弥合了文本之间的离心力。通过分析，作者提出读《论语》时，还要重“商才”；读《国富论》时，还要重“士魂”。士魂以商才为引，商才以士魂为本，两者之间的相互融合，走出中西体用之争，重在两者优长的相互吸收，这才是东西文化经典的题中之义。（文学院副编审　宋时磊）

摘　要：在当今的社会背景下，如果人们想要在社会上找到自己的一席之地，既需要理性选择和利益追求的“商才”，又需要贯彻重义之道德价值的“士魂”。本文从经典《论语》和《国富论》出发，通过探讨其中的“义”“利”之观的思想碰撞之处和有机融合之路，思考“士魂”和“商才”的有机结合内涵以及其对个人和社会发展的意义。

关键词：士魂；商才；义与利

“士魂”与“商才”分别作为一种特质，其内涵可以追溯到截然不同却能在碰撞出创造融合的火花的两部中西方经典——《论语》和《国富论》。在《论语》中，孔子提出了一套完整的道德体系：“仁”，作为一种公益的思想，按其要求判定人道，即为“义”。孔子对于“义”“道”更多是基于朝廷背景下的思量，君子不器，不囿于一技之长，不只求发财致富，不辱使命，重“义”，此乃“士魂”。而在《国富论》中，亚当斯密基于经济发展背景下思考个人之“利”，他认为个体的卓越并不会同其所在的社会产生张力，而恰恰相反，个体通过商贸活动追求其自我利益时，社会才被推动者趋向于更多的财富。于是，“利益”与“理性”成为其思想的核心，此核心可理解为“商才”。而在当今政治经济飞速发展的现代文明社会中，想要在社会上找到自己的一席之地，受人敬仰爱戴之人，“士魂”与“商才”的两项特质缺一不可。

一、价值维度：士魂之“义”与商才之“利”

《论语》中，孔子主张“仁”“德”“义”等道德价值的同时，提倡君子关爱他人，心系社会，富民惠民。孔子认为以“仁义”走天下，方才能把贡献社会与实现人生价值结合贯通，即为“士魂”之“义”。从《论语》的内涵细细分析去，士魂之“义”可分成二个层面，其一为义利选择之根本标尺。子曰：“君子喻于义，小人喻于利。”①孔子认为，君子思考的是言行是否合大义，小人思虑的是否合自己的利益。这从根本上阐述了孔子关于利义的观点：义与利是我们判定一个小人和君子的一个基本标尺。此“义”为大义，指人们不仅要关注自己的发展，还要关注身旁人，关注动态的社会利益需求。其二为士人之“义”的高级追求。子曰：“君子之于天下，无适也，无莫也，义之于比。”②孔子之意为：君子对于天下的人和事，没有什么厚薄亲疏，也没有什么一定行与不行，只是按照道义去做。所谓人之有私，无非利益与个人情感，这里的含义就是自我意识。而孔子认为上位者手握公权力，容易以权谋私，因此应该超越自我，不以利害治国修身，要做到尽心为公，大公无私。这里的“上位者”在这样的当今社会，可以理解为具有一定的政治能力和社会影响力的公众人物，扮演重要的社会价值领导角色的人，他们更需要理解为心系人民的福祉和维护国家的利益，且为其放弃自己的私利。这一层次的“义”不局限于义利的选择之分，而是指为了承担更大的社会责任，达到“大义”的境界，这是对“义”的更高责任要求。

而《国富论》中的“利”指的是一种经过理性自由选择的社会经济结果。斯密认为，在资本主义市场机制下，一个人社会经济行为的基本动机主要是目的在于利己，求得自己的社会经济利益。这种利己的心理本身就是推动人类一切社会经济活动和行为的重要推动力。如何在市场“看不见的手”之中保持理性，正确算计决策，以获得利润，则需要“商才”之特质。无论何人，若只有“士魂”而没有“商才”，便不能在经济上立于不败之地。

二、人性的洞见与“利”的出口

亚当·斯密强调的“利益”，并非是出于“恶”的绝对个人私利，而是置于经济发展和

① 《论语》，陈晓芬译注，中华书局 2018 年版，第 43 页。

② 《论语》，陈晓芬译注，中华书局 2018 年版，第 243 页。

社会生活下的合理正当个人诉求。然而生活中人们往往谈”利“色变，在无形中给利益蒙上一层非黑即白，非好即坏的二元对立色彩。亚当斯密并非鼓吹私利心，而是认为人们在追求自我利益的同时可以满足合理的自我诉求，只有这样，社会作为一个有机体被置身于其中的人可以“各司其职”的被调动起来，如此社会利益才更有效率，经济发展才更有原动力。由此反思到我国的战国时期的思想著作，我们发现其实孔子也并非要求人对这个世界没有任何欲望，他回答子张”何如斯可以从政矣?”①之问时便提及“五美”，其三便为“欲而不贪”，人在生活中可以一定会有强烈的欲望，但要学会拒绝贪婪。这个陈述非常客观，观点也符合人性的本质。孔子认为一个人在生活中是一定会有强烈欲望的，关键是看你的仁爱和欲望要将你的心引向何方，如果用你的仁爱引路，将欲望的心引入“义”“道”的这条大路上去，方可谓求仁得仁，欲望需要的是仁爱的引导，而不是暴力的压制。

综其所述，亚当斯密和孔子并非在义与利的问题上产生二元对立的，相悖的价值观，而是皆对人性有深刻的洞见和了解，并为人的“利益”寻求一个出口和转化方向。我们都是存活于这世界上，谋求基本的生活和更高层次幸福的人，生而为人即有对“利”的追求，而二者皆为“利”寻找一个出口。世间万物并行不悖，不断相互转化。孔子将“利”引向仁义之路，将“义”的精神力量转化为“士魂”的力量，尽心为公，以实现国家的进步，社会的发展；而亚当将人的“利益”引向了人们生活需要和经济发展中的合理诉求这个出口，以追求财富的创造和国家的富裕。二者皆由对人性的洞见通往探索社会进步的道路。如此，士魂以商才为引，商才以士魂为本。“士魂”之内涵在如今不仅用于仕途上，更是在市场领域内化为一种道德准测。“商才”不仅用于算计利益，更是与“士魂”结合以谋求更高层次的经济社会地位，承担更高的责任。

三、士魂之“义”与商才之“利”的有机结合

他山之石，可以攻玉。从经典中引发开来，纵横捭阖，畅谈其精神，方能使古人之智慧内涵为今所用。在当今市场经济和经济全球化的背景下，政治与经济紧密相连，追求政治目标和经济目标不再是被割裂的，所以，我们该如何把“士魂”和“商才”深度融合，内化于心外化于行?

其一，让“仁”与“义”成为理性选择的结果，而非被强制下的虚伪的仁义。子曰：“不仁者不可以久处约，不可以长处乐。”②他教导我们没有仁德就可能会让自己身陷囹圄，也

① 《论语》，陈晓芬译注，中华书局2018年版，第269页。

② 《论语》，陈晓芬译注，中华书局2018年版，第38页。

不可能长久地处在安乐之中。仁者之仁出自其本心，所以他们安仁；智者理性，所以懂得如何运用仁。美国社会学家罗伯特库特认为，“人们会内化一定的经济规则，令他们更加真实可靠，以便为未来创造更多与他人合作的机会。”①其实人们内化的不仅仅是经济规则，由于聪明的人懂得理性选择的对象并不只是市场经济规则，所以他们也会主动选择内化“义”的内涵，把古人之“士魂”和“义”的内涵转化为今天的社会责任感与利他心，如此才积攒了深厚的人格魅力。没有道德的商才，即是谎话连篇，投机取巧，浮夸，欺上瞒下的小聪明，绝对称不上真正的商才。

其二，以道义作桥梁，收获信任，积攒更多的社会资本，才能更好地为经济开路。子曰：“恭宽信敏惠。信则人任焉。”②其意为谁有信用，则会得到更多的运用。经济知识和才能固然重要，但信用和人品却永远是人格的基石。学者汤普森曾提出“道义经济”概念，它用来意指那些特别关注经济发展的规则，比如说“关于什么经济行为，在道义上是合适的”观念。③ 经济领域中有关什么是合适的观念里一般是道德原则在起作用，而不仅仅是市场规则。当这些道德原则被破坏时，人们会以情感性的方式作出回应，而不一定是自利的方式。所以那些只谋取利益而罔顾“义”的人，意味着把自己置身于社会之外。而重“义”之人才会建立起与他人的信任。只有在完全自有的信任中，另外一个人的利益才会真正的融入你的利益，如此才能真正搭建起自己的社会关系和经济网络，建立起自己融入社会的资本，从而更好地实现经济目标，为社会创造财富。

四、结　　语

穿越《论语》和《国富论》两部经典的文化内涵，再回首时，蓦然发现，这充满“义”与“利”的世界又发生了许多变化，社会更加文明，政治经济紧密地相融合。而自万古观之，如果我们可以从经典中领悟智慧而转化贯通，那是对先贤文化血脉的内涵的发展；倘若我们偏执一端，一味批判着他们，甚至用二元对立的价值判断来分割对立他们的学说，便是误了这份责任。读《论语》，重“商才”，要求我们在商业滚滚洪流中，保持理性的清醒，不仅贯彻市场算计之价值，也要贯彻市场的道德义务价值；读《国富论》，重“士魂”，要求我们坚守义务伦理的道德原则，内化责任感，正义与公平，精通于处世之道，方才能在精神世界里屹立于不败之地。士魂以商才为引，商才以士魂为本，君子方可走四方！

---

① ［美］马克格兰诺维特：《社会与经济——信任，权力与制度》，王水雄、罗家德译，中信出版集团 2019 年版，第 50 页。

② 《论语》，陈晓芬译注，中华书局 2018 年版，第 234 页。

③ ［美］马克格兰诺维特：《社会与经济——信任，权力与制度》，王水雄、罗家德译，中信出版集团 2019 年版，第 43 页。

源自偏见的中西方人性观

郑煜宇　城市设计学院（2019302090013）

【指导教师评语】该文为利己和利他寻找了一个共同的基础：人的趋利避害的天性。据此，该文比较轻松地论证了利他(比如仁爱)并不是利己的衍生和伪装，并清楚地彰显了附着在利己与利他之上的人为的偏见。为利己和利他寻找共同基础而不是把利他还原为利己的作法颇有新意。文末对偏见和博雅关系的思考也颇具哲学思辨性。(外国语言文学学院教授　包向飞)

摘　要：中西方主流价值观对人性的看法可谓大相径庭。笔者认为唯一能确认的是人的一切行为逻辑脱胎于作为生物最基本的趋利避害的天性；而中西方人性观的差异源于对这种客观规律的人为偏见。要进一步认知到真理，就要消除固有的偏见；同时，一种观点的产生本就带有个体的偏见，因此我们还应当有否定自我的勇气。

关键词：利己；仁爱；偏见

一、利己与利他的矛盾

人作为生物演化的杰作，其行为目的不应与有利于生存的逻辑相悖。由此看来，人的行为应始终由利于自我生存的利己思维所指导。但实际上我们却很难对此表示认同——因为这样该如何解释人们之间的利他行为呢？也许我们可以将利他行为看作是更好地为自己谋生的手段；又或者我们可以认为利他思维实际上能让人类以种群为单位更好地生存而非以个体。真是如此吗？

如何阐明基本概念的内涵，关键在于辨明自我与他人的关系。利己不代表损害他人的权益，利己的结果有三：害于他、利于他、无关于他；利他不代表损害自己的权益，利他的结果亦有三：害于己、利于己、无关于己。如此看来其实二者之间没有直接的矛盾，但我们仍然可以从中窥见中西方对人性的偏见：西方亚当斯密的《国富论》当属反映逐利理性人观点的代表巨著，视逐利为人之天性；而源于东方的另一著作《论语》，则表明仁爱等利他行为乃构建美好社会的关键。只有对双方的思想有更深入的了解，我们才能明晰这些认知存在的缺陷。

二、利己导致的自私

人类的交易倾向使得随人类社会发展而出现的分工成为必然——如果某人专注于一项事业便能填饱肚子，又何必去操劳其他烦心事，仅依靠交易就能将那份操劳转嫁到他人身上；但也正是因为分工，才将人们“可以通过交换而生活”的选择演变为“不得不依靠交换才能生存”的无奈。书中货币产生的缘由、剥削关系产生的原因、商品价格的规律等经济方面的事宜非我所想阐述的内容。

我们要看到：对于人类社会一切经济现象的解释，亚当斯密在推导的过程中有一个隐含的先决条件，即理性人假设——认为人的一切行为都以自身利益最大化这只“看不见的手”为指导。然而客观结果是生产力的提高和社会总财富的增加，如此便不难理解何为“人为一己之私，终成大众之富”。

然而，按照理性人假设，人的一切行为都能被解构为“为自身利益而行动”的行为：就如同斯密所言“不是从屠夫、酿酒师和面包师的恩惠，我们期望得到自己的饭食，而是出于他们自利的打算”①；如果将这样的想法贯穿人类群体，那么，医生救死扶伤，就是利用了患者的疾病；教师传道授业，就是利用了学生的无知——而且客观上的确造就了双赢的局面——可是如此解读显然是简化甚至是忽视了更多的问题。

上述的思维便是纯粹的利己思维；但却会有人对“利己”的概念做出其他诠释，譬如，“为心中所想的目的而行动”的行为就是“为了自身利益”的利己行为——譬如志愿者进行志愿活动就是为了获得“精神上的愉悦”——依然属于“为了自身利益”的范畴。若是这样定义，那么实际上因为实践者“不仅使自然物发生形式变化，同时他还在自然物中实现自己的目的，这个目的是他所知道的，是作为规律决定着他的活动的方式和方法的”②，即

① ［英］亚当·斯密：《国富论》，杨敬年译，陕西人民出版社 2010 年版，第 15 页。

② ［德］马克思：《资本论》第一卷，中共中央马克思恩格斯列宁斯大林著作编译局译，人民出版社 2004 年版，第 208 页。

目的在行为之前就已存在并决定着行为——或者说不存在没有目的的行为，则一切的行为都可被归为利己行为。如此一来"利己"的概念就失去了意义——因为已经不存在"不利己"的概念了；但当我们脑海中能够反映出"利己"概念时，我们就已经认知到了"不利己"概念的存在，所以对"利己"的定义不应如此。

我们知道，的确存在为了利己而损害他人权益的事情，而且我们往往会对此类事件给予道德上的批判。此类事件的出现不是因为"人性本恶"，而是源自我们的偏见：人们会认同"利己"乃一切行为准则。出现这种意识后，人们脑海中的意识便会更加极端地往这个方向迈进，人的行为就会从起初"纯粹的为自己谋利"而滑向"为自己谋利而可以肆意地损害他人利益"；同时抱有此观点的人由于具备客观上的"佐证"，即趋利避害乃生物天性，便会用这些言辞为自己辩解；当这种极端思想占据主导时，一种为人们批判它的有力武器——社会的道德观也随之而生。

因此，我虽不否认作为生物的人的趋利避害天性，但不应将其视作理解社会或是构建社会最原初的"金科玉律"，以至于经过人的主观意识活动将最原始的客观规律"异化"为只能受到批判的主观意识产物。简而言之，趋利避害是一种生物的客观属性，但是带有偏见地将其理解为"利己"并且作为理解人的一切的原初条件，就会不可避免地滑向异端，这个异端就是应被批判的自私。

三、利他存在的可能

既然人的社会行为本质上是生物天性的衍生，那么所有的利他行为本质上都是一种利己行为的掩饰或衍生吗？如我前言，利己是趋利避害天性的衍生，二者之间并不等同。所以利他并非利己的掩饰或衍生，而依旧是生物天性的衍生。那么，仁爱的情感在此扮演了何种角色？

我们要先明确何为仁爱，再进一步说明它和利他之间有何种联系。"爱"即是爱人；而对于"仁"，孔子已有说明："克己复礼为仁"①，仁就是对自己的行为加以道德的约束，并且一切行为当遵循某种礼仪——我将其理解为一种在行为的那一刻下对于个体利益的客观损害，因为这是"约束"的客观表现；又因为约束自身实际上是一种对他人权益的维护，当人人都报以此想法时，整个社会便能稳定地存在和发展。因此，"仁爱"其实是牺牲个体的短期利益换来了群体的长期利益——故仁爱是一种利他行为的具体表现；只不过在此条件下，利己与利他的结果得到了统一而已。

---

① 《论语》，陈典译注，江西人民出版社 2016 年版，第 319 页。

现在我们要探讨的问题是，当一个人在约束自己的行为时，在主观上他是否会认同“之所以要这么做，完全是出于对自己利益的考虑”？尽管客观上能够实现与利他一样的结果。但是以结果为导向的分析是没有意义的——如果仅因为客观结果有利于行为个体，便断言个体是为了自己利益而行为，那么这样的逻辑不是依旧还在理性人假设的框架下吗？但我们要做的却是跳出此先验的假设，认识到人主观意识的能动性。人会选择保护他人、关爱他人，不是基于对自身利益的深思熟虑，而是一种主观上的对此行为的认同。和人们偏见地理解利己概念时一样，在人的自主意识下，其也会发生“异化”，但却是向着与“自私”不同的另一个方向迈进，表现为人意识中萌生出的“仁爱”。这种情感不应该简单地理解为是一种冷冰冰的、机械化的客观规律的产物；而是一种真实存在的高级意识——也不仅仅是像动物那样简单的为种群生存而表现出的“关怀”。当我们在主观意识上有了“仁爱”，我们就会在客观行为上去“爱人”。

现在再让我们去理解“利他”。我刚才提到过：约束自身实际上是一种对他人权益的维护；而这种对他人权益的维护——或者说“仁爱”，可以理解为是利他行为的一个具体表现。而利他行为还有其他的表现形式，譬如我之前举例说明的：医生的救死扶伤、教师的传道授业、志愿者的心甘情愿等；这些行为的背后绝非利己思维下的机械产物，而是带有主观意识且能动的温情。

在此我们便能明确“仁爱”与“利他”之间的联系，并在此基础上对二者有更深刻的理解：仁爱是一种产生于客观规律上，通过人的自主意识对其进行了不同于“自私”方向的“异化”而产生的一种真实情感；这种情感的产生为人类社会的利他行为提供了强有力的精神支撑。总而言之，仁爱精神和利他思维，是一种真实且独立的存在而不是利己行为的掩饰或衍生。

四、自我偏见的否定

我们唯一能确认的是作为生物的人的生存逻辑是趋利避害，而在不同环境条件的作用下，人类具体的生存决策也会产生区别——但本质上都是为适应残酷的生存环境。但是中西方从不同的角度所理解的人性，实际上都是基于客观存在，对人具体行为的不同解读。在人的主观意识下，由环境的不同所致的生存决策的不同被不断地放大以至于形成了中西方之间的偏见，最终演变成极端的“人性本善”或“人性本恶”的“天经地义”，可是真的存在所谓的“本性”吗？人的这种“本性”又何尝不是客观存在所决定的？

对于我们而言，应该做的是去克服自身认知存在的偏见——主观偏见的出现势必会影响最终思辨的结果。不消除偏见，即使了解到再广博知识，那也只能成为思想极端化的工具；而强调中西方思想的融会贯通也不在于获得所谓“更加进步的观点”，更有价值的应该是能辩证思考双方思维方式的异同并独立思考得出自己的结论。但作为个人，任何一种思考本身就带有偏见，故在此基础上，个人还应当有否定自我的勇气：从认知到否定，再到否定之否定的新境界，以至无穷；在这不断的循环中，我们才能真正做到“博雅”二字。

《论语》和《正义论》中的“公平正义”

芦义杰　土木建筑工程学院（2019302100082）

【指导教师评语】如何以正义、正当的方式建立一个保障人的尊严与生存权利的和谐社会，在社会建构中体现“善”的价值是自古而今许多先圣、贤哲的共同追求，这其实也是不同历史时期的社会变迁所内蕴的发展冲动。正是在这个意义上，中国文化与西方思想、孔子与罗尔斯对于构建符合人之本、善之义的社会的观念尽管在历史条件、时代背景、社会环境、理论资源上有巨大的差异，但仍然具备了比较的基点和可能。论文在中西比较的视野中，结合《论语》与《正义论》的具体论述，讨论两部名著在社会治理、国家与个人利益的维护、社会秩序的建构上对于公平正义以及实现社会正义的方式的理解与主张。文章既能同中辨异，又能由异见同，尤其是能够根据古今、传统与现代、中西之间思想文化的差别和具体历史情境的差异去展开辨析，值得肯定。（文学院副教授　叶李）

摘　要：古往今来，无论是中国还是西方社会，对于公平正义的讨论从未停止，无论是政治上还是哲学上，要想提出一种高度契合人类社会的正义理论原则都是极其困难的。但是，正因为难以攀登，山峰才有了征服的价值。历史上追求建立自由平等、公平正义的人类社会的人从未绝迹，为此，本文选取了《论语》和《正义论》两本中西方名著，从中一窥孔子和约翰·罗尔斯两位哲学家的思想。

关键词：仁；礼；两条正义原则

一、《论语》对公平正义的阐述

在《论语》一书中，孔子对于社会的治理提出了“仁”的思想，这一思想突出体现在对政治和教育的要求上，倡导以仁政管理人民，用礼乐教化人民，在此基础上，构建一个大众从思想层面普遍认可的“大同社会”，即公平正义的社会体系。其中，《论语》在政治上强调的公平正义集中体现在对统治者的要求上，中国古代的封建体制其实本不可能存在平等这一说法，森严的阶级制度规定了每个人地位的高低之分，而社会地位和每个人所能拥有的权利、财富甚至自由都息息相关。因此，《论语》强调的不是人人平等概念下的公平，政治上的正义与否其实取决于社会的安定和谐的程度，如果统治者出于一己私利，鱼肉百姓、骄奢淫逸、穷兵黩武，人民自然苦不堪言，这种统治被认为是非正义的；而当统治者励精图治、轻徭薄赋，人民安居乐业，即使贫富差异仍然显著，阶级地位仍然悬殊，也不会造成社会动乱等威胁当权者统治的情况，这样便是正义的政治。虽然这样的思想无法让现在的人们由衷认同，但是在当时的条件下，仁政给予了社会安定和谐，这已经提供了人们最为关切的需求，而在中国传统思想之中，正义是一种大局观，首要考虑的是国家的利益，而没有细致到个人利益。

正因为《论语》在政治上的提出的正义达不到公平的要求，《论语》在思想层面提倡的正义原则就显得尤为重视。首先，《论语》倡导礼的约束，礼指导人成为君子，君子即是道德正义的维护者，“君子爱财，取之有道”①“志士仁人，无求生以害仁，有杀身以成仁”②。仁是美德，礼是教化，学礼是为了成仁，如果将这种思想推广至全国，人们便不再拘泥于自身的利益得失，转而为了公平正义选择“爱人”，那时社会公民的思想皆是崇高的，正义已然是一种风尚。《论语》选择这条道路改变人们的思想境界，虽然过于理想化，但是其中的努力值得肯定，抛开封建思想中封建的部分，《论语》也很好地归纳了思想正义应有的精神品质，放在今天也具有很高的参考价值。

二、《正义论》对公平正义的解读

在罗尔斯所著的《正义论》一书中，对正义的论述是基于利益之上的，这里的利益不仅仅是指传统意义上的金钱之类，也包括天赋、环境等，因此公平正义便是要求利益的分配

---

① 洪镇涛：《增广贤文·明贤集》，上海大学出版社 2012 年版，第 66 页。

② 张继海，陈平，朱立峰：《论语译注》，中华书局 2006 年版，第 184 页。

基于某个观念——最大化“善好”的观念。这里的善好是个人为了达成最大的善而做出的选择，社会也应基于所有社会成员对善的追求而做出统一的选择，当社会的制度能够满足最大程度的此类要求，便是正义的、正当的。

但如何就每个人的不同利益做出最大程度的满足，首先需要考虑社会的环境如何，而罗尔斯也是这么做的，他将社会看成是中等匮乏的状态，每个人都处于一片“无知之幕”中，即每个人无法得知自己所拥有的资源和目前的状况一无所知，当利益的分配无法使得每个人满意，且不平等的情况无法避免，讨论这种情况下的分配正义是最贴近当今社会现状的，也是最为人所需要的。基于这种原初状态，《正义论》中要求正义满足两个原则：一是每个受社会制度影响的个体，都享受同等的自由；二来要求社会中出现的不平等是任意的，除非这种不平等的情况符合所有人的利益，并且对所有试图从中获利的人一致开放。① 这两项原则没有试图消除社会上存在的种种不平等，而是使得这些不平等能够为所有人所接受，这与人的自私性似乎是有些矛盾的，毕竟出现利益冲突之时，获利少的一方自然会对自己的处境感到不公，又怎么能接受这一分配原则。但是，《正义论》指出了人在利益的争夺过程中的优先目的是维护自身的利益，而非损害他人的利益，这就给了利益纷争一个中和的可能，即收益较小的一方与收益较大的一方是存在关联的，当收益大者利益受到侵害而变少时，收益小者也同样会损失利益，反之亦然。这时，利益的竞争者之间也存在着不可避免的合作，二者各自的利益便是联系个体的纽带，“一荣俱荣，一损俱损”使得不平等的存在不会进一步拉开优势方和劣势方的差距，这便是在大环境的利益分配问题上所需的公平正义。

三、《论语》和《正义论》的共同之处

中西方哲学对正义的感知基于不同的文化背景，但二者对正义施行的目的似乎是统一的，即正义是为了实现最大程度的善。这种善无论是自发的还是受迫的，都是以人为载体，因此，正义在《论语》和《正义论》中的服务对象和最终目的都是人。人的正义感是除了对自身的切实利益考虑之外选择让他人的利益最大化，而为了使人意识到自己对正义负有的责任，《论语》和《正义论》都做出了不小努力。正如《论语》强调圣人君子的正直，上至天子、下至庶民都应效仿学习，“修身齐家治国平天下”②，一切始于对自身修养的提

① ［美］罗尔斯，《正义论》；转引自李建中主编：《人文社科经典导引》，武汉大学出版社 2019 年版，第 343 页。

② 蔡丽玉：《学庸论语》，南海出版公司 2012 年版，第 1 页。

升，这是人对自己应负的责任，也是对正义的贯彻执行。而《正义论》更是直接指出人不该利用自己先天的优势谋取私利，如果不是为了弱势群体无私奉献出自己的禀赋，以供他人弥补自身的不足，即是不该被社会允许的行为。人应该是目的而不是手段，正义无论身处在中国还是西方，都应该是人的目的与追求，这一点上二者不谋而合。

四、《论语》和《正义论》各自的特点

从《论语》中可以明显体会到的是，作为中国传统哲学的代表，自然是认为思想的力量大于法律的约束，改变一个社会的不是苛责刑法，而是让人回归"人之初，性本善"的思想教化。公平正义被视作一种美德，就意味着它不是寻常的价值能衡量的，人们不该从中寻求最直接的利益，而是作为思想提升所必备的一种品质。真正能够从坚持正义中获利的应该是国家，当权者的清廉正直能够成就歌舞升平的盛世，这些不是人民能做到的，只能渴望国家创造而由人民享有，这也是为什么《论语》在公平正义方面的要求更多的是作为统治者的治国之道。人民从正义中获得的是思想上的富足，国家则能够真正发挥正义在政治上的权能，构建更为富强的社会。《正义论》的观点则与之不同，它所讨论的是与个人紧密联系的利益，社会不再是少数人能够决定的社会，社会中的每一员都平等的享有分配正义所带来的利益上的直接提升，人们依靠利益上的联系紧密相连，为了自身的同时满足了集体的最大需求，这也使得社会能在这种体制下更为稳定。正义立足于人们彼此之间的尊重同时也使得这份尊重更有意义，由此改善了人际关系，也削弱了经济差异、地位差异带来的矛盾冲突。《正义论》为我们提供了关乎社会中每个人的公平正义的体制，也正因此更容易为每个人所接受。

五、总　　结

公平正义，是人类社会政治、司法体系追求的崇高理念，也是人类道德、思想要求的重要组成。从所选的两篇文本之中，我们得以窥见中西方哲学在不同文化基础和不同时代背景下对公正体制的规范和完善，而我们应该善用此次人文课程接触到优秀思想，在学习这些理念之外加入自己的思考，择其善者而从之，在等待社会体制向公平正义逐渐靠拢的同时，让自己逐渐成为与之相称的正直的人。

“道法自然”和“法的精神”

——中西社会秩序观比较

戴天昊　国家网络安全学院（2019302180004）

【指导教师评语】本文结合庄子与孟德斯鸠的生活环境讨论他们的社会秩序观。作者叙述了二者社会秩序观的起源，描述了二者的观点与实践的区别，并注意将其引入思考现代社会秩序的设计。虽然有些观点并不一定完善，但体现了大一新生对社会良序的思考与观点，值得鼓励。（文学院副教授　汪超）

摘　要：本文先介绍了庄子、孟德斯鸠所处时代背景，即庄子身处政治混乱的战国中晚期，孟德斯鸠身处启蒙运动时期，从而引出两种社会秩序理论。然后通过理论，分析了两者思想的异同之处，即社会秩序都起源于“自然性”，但具有截然不同的方法论和实践性。进而总结出两种社会秩序的伦理基础，即天性与理性，分别对照天道和法律两种治理手段。最后指出两者思想的局限性，针对本国提出理想的现代社会秩序。

关键词：庄子；孟德斯鸠；启蒙运动；社会秩序

一、思想背景——混沌与启蒙

庄子和孟德斯鸠的思想都是对当时现实社会问题的反映，因此在比较两者代表的思想体系的异同之前，分析这些思想产生的社会背景能够对其核心观点和论述展开更具社会批判意义的解读。

庄子生活的时期是战国中、晚期，彼时的社会正处在激烈的变革时期，君王暴虐，战乱频仍。同时儒家逐渐在百家争鸣的形势中呈现主导地位，其“君君，臣臣，父父，子子”的伦理规范为列国执政者所利用，并成为君王专制统治、百姓俯首称臣的严明的上下等级关系的思想根源。在庄子看来，当时的社会混乱与儒家“仁义”的社会道德关系密切，君主凌驾于臣民之上的姿态是对自然本性的违背。由此，“无君”“无为”“返朴”的思想以一种极端而消解社会秩序的面貌诞生。庄子的这样一种自然主义是较为消极的，是指导人从混乱的政局和社会生活可能造成的伤害之中抽离出来，从而保全个人的天性。①

孟德斯鸠所在的时期则是启蒙运动时的法国。彼时波旁王朝的封建统治已笼罩法兰西大地数个世纪，虽然17世纪宗教改革使得法国人民开始对神权权威产生质疑，但没有在根本上对法国社会造成变革，百姓依旧生活在愚昧的宗教世界和路易十四的高度专制统治的双重压迫之下。为了解除行为与思想上的禁锢，孟德斯鸠和其他启蒙思想家以启迪人的理性为初衷开启了斗争。如果说伏尔泰推崇道德、科学和言论自由，卢梭赞美情感、共同体与平等，那么孟德斯鸠强调的便是法律。② 孟德斯鸠一方面从哲学角度论证法律存在的必然性与法律对理性的解放，另一方面从英国的君主立宪制借鉴政治制度构建的经验，提出权力的分立与制衡的思想。因此孟德斯鸠的自然法观是积极的，是从制度构建和理性呼唤的角度保障个人的自由的所做的努力。

二、社会秩序的起源——自然性

庄子和孟德斯鸠的社会批判和思想产生都源于他们对自身所处政治环境的抗争，因而两者都试图通过对社会的“再发现”以构建理想的社会秩序。庄子和孟氏发现，理想的社会秩序应该源于人和万物的“自然性”。庄子的“自然性”即每个人的自然本性，而孟德斯鸠的“自然性”可归结为一切存在物的本然关系。虽然社会秩序都导源于自然，但两者的方法论和实践性却截然不同。

庄子对人的自然性的发现起源于对混乱的社会现实的反思。例如，《庄子·徐无鬼》中明确表达了庄子对战争的蔑视与反对：“夫杀人之士民，兼人之土地，以养吾私与吾神者，其战不知孰善？”以此窥知，庄子对人的自然性强调其实是对当时社会制度的反叛，通过对战争和君王的否定发展出“天而不人”(《列御寇》)的观点，进而在社会方面的提出“安性命之情”“无擢其聪明”(《在宥》)的主张。这种主张的实践性并不强，而在于强调治民的基本原则。

而孟德斯鸠的“自然性”是考察了大量具体而不同的社会制度后归纳出的一般规律。孟氏对当时各个国家的气候、土地、生活方式乃至制度本身进行了比较后提出，一个国家的法律应该同其“已建立或将要建立的政体”“国家的自然状态”“政制所能容忍的自由程度”

① 雷江梅：《庄子政治思想研究》，武汉理工大学2006年硕士论文。

② 萨拜因：《政治学说史：民族国家(上)》，邓正来译，上海人民出版社2015年版，第303~318页。

等因素相适应，而所谓“法的精神”就是所有这些关系的综合。① 进而，孟氏对法作出了最根本的阐释，即“法是由事物的性质产生出来的必然的关系”。由这一性质出发进行演绎推理，能够构建出具体的社会秩序，这是孟德斯鸠理论的实践性。

由此可以发现，庄子与孟德斯鸠所论的自然与社会秩序的关系有着逻辑上的不同。前者将社会与自然视为一个和谐的整体，认为社会应当顺应自然；后者则将自然与社会赋予因果关系，认为社会秩序是自然造成的结果。“自然”这一语词在庄子这里并未被赋予具体意涵，更接近对状态的描述；而在孟氏这里则被对象化为一种存在，指称万物间的关系和所具有的一般规律。同时，对自然的不同理解也折射出了中西之间不同的宇宙观，即庄学认为宇宙是“道—天—人”三位一体的自然状态，而启蒙思想家认为是“自然—法—人”的因果链的作用场。

三、社会秩序的基础——天性与理性

基于对自然性的认识，庄子和孟德斯鸠进而展现了对社会秩序的基础的不同理解，即庄子推崇天性，倡导无为政治；而孟德斯鸠崇尚理性，要求法律治世。如果在哲学层面上两者思想都有反对干预、倡导自由的成分，在政治实践上他们却采取了截然相反的态度。

在庄子和其前人老子所构建的道家哲学体系当中，“道可以为天下母”，因而无论是修身、齐家、治国还是平天下都要遵循天道，不可违背天道。其中，庄子继承并细化了老子“道法自然”的思想，提出“万物殊理”的主张。②《庄子·则阳》言：“四时殊气，天不赐，故岁成；五官殊职，君不私，故国治；文武，大人不赐，故德备；万物殊理，道不私，故无名。”这表达了万事万物都有自己的形成理路，因而万物只需顺从自然本性，就可以达到“无为而无不为”的境界。在政治统治上，顺从天道的思想体现在为官者行无为之政，为民者行无为之事的主张。施政者无需对人民作出干预，而人民只要依据“万物殊理”的原则，顺从“天性”，做好自己的分内之事，就能达成社会秩序的和谐。

与道家的社会秩序依赖人的天性不同，孟德斯鸠的社会秩序瞄准人的理性，并且认为理性体现于法律，法律支撑人的理性。③ 孟氏之倡导理性，不仅是启蒙时代思想界的共识，也来源于他对专制制度下人们惯于压迫和统治而形成的奴性的观察，如果不以开启人

① 孟德斯鸠：《论法的精神》，张雁深译，商务印书馆1961年版，第1~7页。

② 张洪兴：《从“道法自然”到“万物殊理”——论庄子对老子“道法自然”思想的继承与发展》，《商丘师范学院学报》2018年第4期，第1~5页。

③ 刘斌、贺如樟：《法律规范下的理性启蒙与自由——以孟德斯鸠为例浅析法国启蒙运动的特点》，《山西大同大学学报》(社会科学版) 2019年第4期，第35~37页。

的理性为宗，制度的改进和法律的完善都不过是奴性和愚昧的放大。而孟氏之选择法律，是其“初元理性”的哲学观念的指导。正如他在《论法的精神》开篇所言，“法是事物间的必然关系”，并且“法从整体上说就是人类的理性”。因而，理性是社会秩序的基础，法律是理性向社会秩序过渡的必要途径。

四、社会秩序的现代性构建

然而，启蒙思想产生于人类理性与宗教神学的对抗，其主要意义在于推动社会变革，而构建性较弱。事实上，由理性构建社会秩序可能会遇到很多难题。

首先是人能否充分使用理性的问题。同时代的卢梭就提出过这个质疑，他认为人的受教育水平各不相同，理性在不同人身上的体现程度也不相同，因而呼吁所有人都使用理性缺乏现实性的思考。而到了18世纪，英国经验主义对理性本身进行了批判，以休谟为代表的不可知论者认为“理性”是一种源于人的“习性”的观念而不能支配任何行为方式，因而“理性”只是政治学的价值判断，而不是关于人的事实。① 其次是如何正确使用理性的问题。18世纪康德指出的“人是目的，不是工具”首先对理性的适用范围进行了批判，而后韦伯指出现代性是一种“工具理性”的胜利，僭越了价值理性的光芒。工具理性的昌盛、人道主义的式微是人类理性回归后始终面临的趋势。

而反观道家“道法自然”的传统，其呼唤的人的“天性”相比“理性”虽然少去了争辩的必要，但其描绘的百姓各为其事乃至无知无欲的社会图景完全是小国寡民的原始状态，百姓除了顺从“天道”外没有任何创造性，自然也难以推动社会进步。

因而，从两种秩序观的调和角度入手，可以理想地将中国现代社会秩序分为三个层面②：第一完善制度设计，以调节当今社会的利益关系、化解社会冲突，稳定社会秩序；第二是提升公众信任，加强政府公信力，使得制度得以运行；第三是加强集体共识，这是社会秩序构建的终点，彰显社会的软实力。而传统作为共识的主要来源，在今天具有凝聚社会的力量。尽管道家的政治哲学很难再得以施用，但其背后的自然旨趣是中国人独有的精神财富。

---

① 萨拜因：《政治学说史：民族国家(上)》，邓正来译，上海人民出版社2015年版，第371~372页。

② 鲍宗豪、赵晓红：《现代性视域下的中国社会秩序重建》，《社会科学》2014年第5期，第84~92页。

从中西之间看人治到法治的转变

高焌棋　资源与环境科学学院（2019302050097）

【指导教师评语】本文是一份对“人治”与“法治”间相互博弈的历史考证，作者着眼于中西方社会，以人治思想到法治思想转变的历史沿革为线，揭示现代法治的精神内涵。全文主题鲜明，脉络清晰，论述既有翔实的史实佐证、亦有个人的评述与思考，体现了作者对法治问题的深刻感悟，十分难能可贵。特别是作者作为一年级新生展现出的，对法治思想的坚定信念，让人印象深刻。（外国语言文学学院讲师　张申威）

摘　要：究竟是用人治还是法治来维护国家和社会的公平与正义？从古至今，人们一直对这个问题争论不休。循着历史长河，让我们溯源人治和法治思想的滥觞，领略历朝历代中人治和法治的政治较量，你会发现，历史似乎已经给出了答案。从人治和法治思想的历史登场，到封建时代人治方略的弊端日显，再到权力制衡的现代法治，法治已经成为国家治理的主流思想。作为当代大学生，我们要从中西之间看人治和法治的发展和博弈，领悟法治精神，树立法律权威思想，更好地投入国家的法治建设之中。

关键词：法治；人治；贤人政治；良法

对公平和正义的不懈追求，似乎是古今中外的仁人志士们永恒的奋斗目标；而在一定的国家背景下选择一种治国机制来维护公平和正义，则是这一目标下的永恒命题。于是，关于人治和法治的体制较量登上历史舞台。

一、从中西文化滥觞看人治与法治的历史登场

在古希腊民主政治的氛围中，一位饱经伯罗奔尼撒战争之苦、看惯希腊城邦公民悲惨

遭遇的智者，在不断寻求着一个理想国家的治理方式。他就是柏拉图。在他的老师苏格拉底被公民大会判处死刑之后，他对当时的现有政体失去信心，转而想构建一个公平正义的理想城邦——理想国。理想国中的最高统治者是“哲学王”，他是一个集正义、理性、节制等美德于一身的哲学家，他以自己的理性和智慧来管理国家，推动理想国家的运行。“哲学王对国家的最高统治”就是“人治”，强调以有能力、有政治才干、充满智慧和理性的人来统治国家，维护公平，即贤人政治①。

同时期的东方，先哲孔子提出人治思想，他的人治与仁治、礼治、德治相结合，强调统治者的以身作则，以统治者的德去感化世人来达到天下大治。《礼记·中庸》中有：“政者，正也，子帅以正，孰敢不正？”②这是一种圣贤政治，统治者要尽可能做到德才兼备，所谓修身齐家治国平天下。《论语·为政》中“为政以德，譬如北辰，居其所而众星共之。”③则强调了孔子的人治观以德治为体，希望达到一人德则天下人德，一人循礼致天下人循礼的境界。其中，得到一个贤明圣德的君主便是人治的关键。

中西两位先贤的人治思想都强调贤人政治，寄希望于执政者的贤明和智慧，当然由于东西不同的历史文化背景，孔子的人治强调道德的内化和仁的发挥，而柏拉图的人治观则强调智慧的作用和理性的制约。

理想总是美好的，然而现实却是残酷的。柏拉图早年对理想国信心满满，但因为现实生活的打击和政治道路上的挫折，并且在现实中确实难以找到这样一个德才兼备的哲学王，于是晚年的他开始寻求法治的帮助，希望以良法善治来达到社会的公平正义和国家的长治久安。他把法治看作“第二种最佳的选择”。但柏拉图的法治缺乏彻底性，是半心半意和缺乏说服力的④。而他的学生亚里士多德，则继承并发挥出了一个彻底的法治观。他提出，法律的权力是至高无上的，是超越其他一切权力的，国家要通过立良法、严执法、正司法、倡守法来维护公平正义，构建理想社会。亚里士多德关于法治的论述影响深远，他指出：“法治应包含两重意义：已成立的法律必须获得普遍的服从，而大家所服从的法律又应该本身是制定得良好的法律。”⑤良法是法治的前提，而普遍服从则是法治成功的关键所在。

古罗马因法治而对后世产生了深远的影响，在历史上留下了一个光辉的坐标。而同时代的中国，正处于春秋战国时期，战火纷飞，民不聊生，各诸侯国之间弱肉强食，孔子的

---

① ［古希腊］柏拉图：《理想国》，顾寿观译，吴天岳校注，岳麓书社 2010 年版，第 251~364 页。

② 思履：《论语译注》，中国华侨出版社 2013 年版，第 234 页。

③ 陈晓芬译注：《论语》，中华书局 2015 年版，第 11 页。

④ 汪子嵩、范明生、陈村富、姚介厚：《希腊哲学史(第二卷)》，人民出版社 2014 年版，第 931~939 页。

⑤ ［古希腊］亚里士多德：《政治学》，吴寿彭译，商务印书馆 1965 年版，第 199 页。

仁治复礼并不为各国君主赏识，于是顺应时代潮流、紧系天下大势的法家走上历史舞台。各国纷纷变法图强，从魏文侯任用李悝变法，楚国吴起轰轰烈烈地变法图强，到齐国的邹忌改革，再到申不害在韩国进行术治变法，秦孝公任用商鞅变法。至此，法治已成为各诸侯国执政兴邦的重要手段，哪个诸侯国变法进行得越彻底，国力也就越强大。这个时期的法治强调“刑过不避大臣，赏善不遗匹夫。”①它破除了“刑不上大夫”的桎梏，革新了国家的上层架构和下层组织，在一定程度上，实现了全体国民的法律平等，全体人民皆可持法维护权利，依法获得爵位。但法家把法视作帝王之具，是君主统治国家、实现富国强兵的手段，并没有真正实现法律对一切权力的超越。

二、封建君主专制下的法——人治乎？法治乎？

无论是柏拉图的“人治”还是亚里士多德的“法治”，都从理想的角度，经过严格的理论演绎和现实互补，描绘了一个国家的完美治理模式。但随着封建私有制的确立，封主封臣制度的固化和自由农民农奴化，一个以采邑制为基础的封建等级制度确立下来。封建君主是最高统治者，他们往往借助宗教的光环，实行专制统治。依循古罗马的法治思想，欧洲中世纪的法律主要以教会法、罗马法和日耳曼法为主体内容，它们继续维护着公民的一般权利。看似法治，实则不然，统治者只是把法律视作统治的工具，用于维护封建等级制度的运行，公民在根本上没有自由和平等一说，“法治”只是“人治”的附庸。

中国古代的封建专制也相类似，在汉武帝采用董仲舒“罢黜百家，独尊儒术”的策略之后，逐渐形成了一个外儒内法、德主刑辅的治国方略。② 他们尊崇孔孟之道，自然以“人治”作为基本方式，而“法治”带有明显的局限性，往往作为维护封建统治的工具。

哲学家、思想家们的人治思想，往往寄托于圣主贤臣，寄希望于统治者群体的英明程度。可是，当掌握权柄的这些人，日渐以统治权力作为自己生活享受和欲望满足的一种便利，便滋生出不可阻挡的消极腐化现象。正因为君主的命令高于一切法律条文，封建统治者为满足自我欲望，任意施用、解释法律，公民的权利得不到保障。在统治者的奢靡之风下，是对普通公民大众的残酷压迫。“人治”的弊端日益显现出来，君主的权力高于法律，那么法律下的条文就得不到保证；而没有一种挑选君主的合理的法定机制，君主的质量无法保证，腐化现象就不可避免；封建制法律既是从统治者的利益出发，那么对于普通公民

① （战国）韩非：《韩非子》，李维新、郑诚、侯燕、魏崇周、李小山注译，中州古籍出版社 2008 年版，第 23 页。

② 何勤华：《知易行难：欧美法治历程中的若干实践》，《经济社会史评论》2015 年第 2 期，第 4~14 页。

来讲，就不一定谈得上是良法。

在封建君主专制的体制下，“人治”弊端重重，而法律的发挥并没有达到亚里士多德提到的两个要求，这个时期的法治并不是真正的法治。

三、三权分立下的现代法治

在封建社会后期，封建主义和君主专制迅速走向没落，而新兴的资产阶级在经济上拥有巨大财富后，便渴望获得应有的政治权力和民主权利。这时候，西方社会开展了一场轰轰烈烈的思想大解放运动——启蒙运动，启蒙思想家们为反对封建专制，构建一个自由民主平等的新型社会，分别从理性出发提出了各自的学说。它为后来的资产阶级革命作了准备，在人类法治历程中留下了浓墨重彩的一笔。

这个时期的思想家孟德斯鸠，他看透了封建专制没落的根本在于一元化“线状”控权的人治模式，转而提出多元化“网状”控权的法治思想。他把国家的治理权力分为三种：立法权、司法权和行政权，而只有三权分立，三种权力相互制约、相互平衡，才能实现良法的制定和全民用法的法治状态，更好地实现公平正义，实现国家大治①。三种权力互不干涉，那么制定、执行和适用法律的便不是同一批人，立法者既不是执法者，便消除了制定偏向自己的法律的倾向。正如罗尔斯在《正义论》中提出的“无知之幕”，人们选择正义原则是在“无知之幕”之后进行的，在这种状态里，为选择正义原则而参加订约的各方都是平等的和有理性的，他们无法保证不公平的原则会受益到何人，而自己正可能是那个较不利者，于是他们会尽可能地制定一个公平的原则。② 在这种状态下制定出的法律便足够公平。同时立法权一般在议会手中，可以反映全体公民的意志，这样制定出来的法律便在很大程度上是良法。掌握司法权的可以监督行政者，而立法者通过制定法定的选人规范和执法规范便可以制约司法者和行政者。在权力分立的体制下，法治精神得以充分的发挥，社会便会去追寻更多的公平和正义。

随着资产阶级大革命的进行，各国纷纷制定宪法来保障革命的成果，维护人权、自由和民主，法治开始成为现代国家治理的主流，现代法治思想渗透到世界各地。

---

① ［法］孟德斯鸠：《论法的精神》，许明龙译，商务印书馆 2009 年版，第 183～220 页。

② ［美］罗尔斯：《正义论》，何怀宏、何宝钢、廖申白译，中国社会科学出版社 2009 年版，第 53 页。

四、从铁血法治看法治精神

现代法治的普及和国家文明程度的提高，让人们不得不惊叹法治的效力如此强大。战国时期，强秦之所以崛起，正是秦孝公任用卫鞅实行变法。且不论商鞅变法的历史局限性，单说商鞅对法的深刻理解。商鞅变法，被称为铁血法治，正是其变法的彻底性和完整性，真正实现了民众普遍服从法律，法治于上，行起于下。王安石称赞道："商鞅能令政必行。"为什么能达到如此显著的效果？原因便在于商鞅充分维护了法律的权威性。当太子犯法，他说道："法之不行，自上犯之。"①于是严惩之，以其坚定的法治决心真正做到了"公平无私，罚不讳强大，赏不私亲近"。② 他的法治，效果显著，"行之十年，秦民大说，道不拾遗，山无盗贼，家给人足。民勇于公战，怯于私斗，乡邑大治。"③为了维护法律，他言出必行，坚决执法，不使用权谋，不人为害法，不因为政敌雠仇而权谋阴谋，不因为自身利害而害法行私。为护法，他亲手拆掉孝公给他的护身符；为护法，他冷酷铁血，不惜得罪权贵世族；为护法，他以身殉法换法永生。

我们可借鉴商鞅之处，正在于他坚定的执法理念，把法律置于一个绝对的高度，在法律面前，必奖必惩，依法定刑且没有一丝半星的回旋余地。坚决严酷的施法背后是他对法治的深刻理解。

若论法治的核心是什么，法治精神是什么。笔者认为在于尊重法律权威，国有定法，任何人都不能逾越。领导依法行事，而不能逾越法律，不能以自己的想法、个人好恶任性而行。有人说，法律靠人来执行，靠人来办案，到最后不还是人治吗？其实不然，法治下的人，不管是立法者、司法者还是行政者。首先，执法者要通过法定程序进行选拔，以此来维护公平正义，保证法律实行的质量；其次，执法者行使权力时，有法律制约着他，通过各种审议机制来确保施政的正确合理。

关于维护法律的权威，唐朝有个著名的例子。唐初时期，唐太宗曾下过一道命令，如果发现有人伪造履历，则一律处死。命令下达不久，一位伪造履历的官员就被抓到，当时负责审判的司法官员是戴胄，他依据大唐律令，仅对那名官员处以流放之刑。唐太宗愤怒不已，找来戴胄，戴胄说，陛下当时所发的敕令是"一时喜怒所发之耳"，而自己判处流刑是依据国家律令，不要因为一时喜怒而改变国家成法。不然，国家成法之后还会有谁相信

① （西汉）司马迁：《史记(节选)》，张大可解读，国家图书馆出版社2017年版，第203页。
② （西汉）刘向：《战国策》，缪文远、罗永莲、缪伟译注，中华书局2007年版，第23页。
③ （西汉）司马迁：《史记(节选)》，张大可解读，国家图书馆出版社2017年版，第203页。

呢？[1] 法治的关键就在于法律是最大的权威，任何人都不能有超越法律的权限。当法律被置于最高位置，人人依法办事，携法而行，公民的权利得到充分保障，公平和正义便是社会的主旋律。

五、结　　论

历史滚滚向前，时代大势不可阻挡，人治与法治的较量，终以法治的行于天下而告终。如果说公平和正义是人类的永恒目标，那么法治就是保障公平和正义最有力的武器。而其中维护法律权威，尊崇法律权威是当今社会最需要去做，也是最迫切要做的。携法行，循法为，当社会的每个人都能自觉以法律为准绳，而不再以领导讲话等人治思想为权威，构建法治社会的目标便能落地，一个良法善治，自由平等，美好和谐的法治社会便呈现在世人面前。

① （宋）欧阳修、宋祁：《新唐书》卷99，中华书局1975年版，第3914~3917页。

德 与 法

——从孔子与孟德斯鸠看中西政体与文化

王士赟　经济与管理学院（2019301051068）

【指导教师评语】论文从道德和法律的角度来看待中西方不同的政治体制与文化背景，且选取孔子和孟德斯鸠进行比较，在方法和内容上都具有典型性，是同学们较常使用的一种论文写作方式。本文行文流畅，主题明确，是其优点所在，但在讨论中西文明由“德治”与“法治”的分野上升到政治体制的选择时，存在一些理解上的偏差，即孔子向往的西周到底是一种什么政治体制，这是论文没有表述清楚的，从而削弱了两者之间的可比性。(历史学院副教授　鲁家亮)

摘　要：孔子与孟德斯鸠，一个是中国古代伟大的思想家和政治家，一个是近代法国伟大的启蒙思想家；一个对中国古代政治文明产生了深远的影响，一个促进了西方社会政治文明的变革。二者的思想虽截然不同，却都对人类政治文明的发展产生了深远的影响，细细品之，或许能使我们对政治文明产生更加深刻的认识，也能对我们当今社会的发展提供一定的借鉴意义。

关键词：孔子；孟德斯鸠；德治；法治；政治文明；文化背景

文明的发展是人类最引以为豪的成就，无论是文化还是政治。单就政治文明来看，从古至今，中西方仿佛走的是两条截然不同的发展道路，无论是法治与德治思想的抉择，还是政体的选择，抑或政治文明的发展历程。其实政治文明也同其他文明一样，除了决定于一定时期的经济条件，也会受到文化的影响。而在中西方人类文明的发展历程中，孔子和孟德斯鸠无疑影响巨大，从二人的思想主张中，我们也可以窥探中西方不同的政治文明的发展历程与文化差异，也能对当世社会的发展提供一定的借鉴。

一、孔子的“德治”与孟德斯鸠的“法治”

对“德”与“法”的不同看法是孔子与孟德斯鸠思想区别的核心。

孔子作为中国古代最伟大的思想家，对中国文明的发展影响深远。对于孔子所有的思想而言，“仁”的思想始终一以贯之。对于政治文明而言，孔子更是始终坚持德治为先，为政以德。孔子所谓的“德治“包含两层含义，一方面是对于统治者自身的行为而言，另一方面则是指统治者对于民众的治理而言。

对于统治者的要求方面，孔子说：“为政以德，譬如北辰，居其所而众星拱之。”①这里，孔子以星象来比喻实行了德治的统治者，就像北极星被众星围绕着一样，得到人民的爱戴。借以劝导统治者们，要从自身做起，勤政爱民，廉洁自好，施行仁政和德治，以德治国，而不能施行苛政，要时刻反思自己的行为和政令是否会为百姓带来灾难，有则改之，这样，才能让百姓们有所归属感，也才能发自内心服从于统治者，实现国家的稳定。对于民众的治理方面，孔子强调，统治者们要以德来感化民众。如果民众犯了错，不能以暴刑加之，而应当适当给予惩罚，使其认识到自己的错误，通过感化的方式，使民众改过自新，并不再犯错，进而实现“夜不闭户，路不拾遗”的大同社会。孔子的这种思想，对于中国社会影响深远，千百年来中国古代政治都将德治视为最完美的政治模式，即使是现在，我们也能看到孔子思想的影子。

孔子强调德治，但孔子的思想也并未摒弃法律，不同于现在我们所认知的法律，“仁”的思想和德治的思想贯穿了孔子的法律思想，或者说，“仁”和“德治”才是孔子法律思想的理论基础。这也使得其法律思想具有了自己鲜明的特色。一是注重维护礼法的稳定性，他希望可以借助“为国以礼”的礼法思想来维护宗法制度；二是注重法律的继承与变革，既要继承前代的法与礼，同时也要使得其适应社会，治国用法，必须名实相符；三是父子相隐的诉讼原则，如果父亲犯了法，那么儿子替父亲隐瞒罪行就不应该被追究法律责任，这也符合孔子“亲亲相隐”的伦理观；四是中庸的法学方法论，孔子所强调的刑法和法律仍然是与德治相关联的，孔子主张应当先教后刑，强调道德的感化作用，同时也要宽猛相济，应该以刑法辅助德治，而不能施行暴政。此外，最高的境界就是能够达到以德去刑，消灭犯罪的目的。

由此可见，对于孔子而言，法律和刑罚不过是实现德治的一种手段，德治为主，法治为辅，借德治以实现大同才是孔子思想的核心。

---

① 杨伯峻：《论语译注》，中华书局1958年版，第37~38页。

而相对之下，孟德斯鸠则更加强调法律和法治，更加强调法的精神。孟德斯鸠将法视为人类社会和自然界的最高准则。他将法分为两种，一种是自然法，一种是适用于人类社会的人为法。所谓自然法，就是自然界的准则。这些准则不为人类所影响、所决定，是在人类存在之前就已经存在的法则，是先于各种人为设定的法律和规则之前就已经存在于自然界和人类社会的各种规律。比如各种自然现象，日出日落，星辰雷电，追求和平，寻找食物等。而人为法则是用来规范人类自身行为的法律。在孟德斯鸠的观点来看，人类必须要追求理性，理性是人类社会最为重要的法则，但是要达到理性，不能单纯地靠人类的自觉，而必须要依靠法律。因为在孟德斯鸠看来，人的本性会阻碍人类自身对于理性的实现，人类自身所理解的理性并不一定符合真正的理性预期，因此，我们就需要用法律来约束人们的行为，或者说，用法律来保障人们的自由。在《论法的精神》中，孟德斯鸠说："从最广泛的意义来说，法是由事物的性质产生出来的必然关系，在这个意义上，一切事物都有他们的法。"而为了实现法律所追求的理性，孟德斯鸠认为，有两个解决途径，一是由每个国家的立法者和执政者提供政治准则，二是启迪人民。① 因此，对于孟德斯鸠而言，国家的治理和运行，离不开法律和法治，更加离不开理性。可见，对于孟德斯鸠而言，法治才是保障社会的必要举措。

二、不同政体的选择

与孔子的德治相对应的，是周道，忠君尊王，即天下共主模式的西周政治制度。春秋末年，诸侯混战，民不聊生，西周所实行的政治制度在当时正逐渐走向衰败和没落，然而在这样一种社会背景下，孔子仍然希望能够恢复礼乐制度，实现自己的政治理想，甚至以周道的继承者自居②。在《论语》里，他多次表达了对当时社会礼崩乐坏的愤懑，季氏八佾舞于庭，他气愤地说："士可忍也，孰不可忍也！"然而，历史的车轮是只可能前进而不可能倒退的。尽管孔子有着复兴周氏的大志，历史却不可能为他一人停滞。最终，秦始皇平定六国，一统天下。

尽管孔子的思想之初是为复兴周氏设计的，但是却无疑适合了君主专制政体下封建统治阶级维护自身统治的需要。从汉代董仲舒将儒学整合后汉武帝"罢黜百家，独尊儒术"以来，儒术大兴，除了孔子的纲常伦理道德为社会广为接受，其仁政的政治思想也被统治者

① 李斌：《浅谈孟德斯鸠的政治思想》，《三峡大学学报》2008 年第 30 卷，第 133~134 页。

② 孙守春：《亚里士多德和孔子的政体理论比较研究》，《齐齐哈尔大学学报》2003 年第 3 期，第 6~8 页。

推崇。甚至一度被视为安抚民心、维护封建统治最为有效的手段。在中国封建时代的千余年里，儒家思想深入人心，这体现在三个方面，一方面是统治者将推行仁政视为最高的良政，另一方面在于儒家伦理道德与封建社会法律的融合，甚至成为君主专制下封建社会的立法准则，第三个方面则是儒家思想成为封建统治者控制人们思想的利器。无疑，孔子的政治思想契合了君主专制政体的需求，与其说孔子选择了封建君主专制政体，不如说是封建君主专制政体选择了孔子的学说，以德治作为统治的核心手段，以儒家思想奠定中国古代社会的文化背景，并借以实现了封建社会千余年的稳定，其影响，可谓有好也有坏。

而孟德斯鸠则与孔子不同，他在《论法的精神》里将政体分为共和制、君主制和专制三种，在他的划分里，每一种都有自己的原则和形式，而他本人则是推崇君主立宪制政体。孟德斯鸠本人极度反对封建君主专制制度，在他看来，人们是不应该完全服从君主的，当君主损害了人民的利益的时候，人们就应当起来，反抗君主的压迫。但是由于当时资产阶级力量尚不足以与封建制度抗衡，孟德斯鸠并没有直接提出“打倒暴君”的口号，而是愿意与封建贵族们妥协，建立所谓的开明君主制。在他看来，腐朽的封建制度和苛政必须要被清除掉，而要实现这样的目标，就必须要限制君主的权力——实行行政、立法、司法三权分立的政体，在法律的保障之下，切实实现民主与自由。

孟德斯鸠的思想，以法治为中心，开创了西方资产阶级民主政治的一个新的形式，尤其是三权分立的学说，鞭辟入里，将法治与权力的划分发挥到了极致，至今仍为包括美国在内的不少西方资本主义国家所借鉴，对西方国家的影响不可谓不深远。

三、结论：取其精华，去其糟粕，吸收借鉴，为我所用

其实，无论是孔子的思想还是孟德斯鸠的思想，无论是德治还是法治，无论是中国古代的专制政体还是西方国家后来的资产阶级政体，这所有的政治文明形成的背后，都有着其独特的地理、经济、文化的渊源。我们不应该去评论谁好谁坏，因为这些都是当时社会环境下最适合的政体。而今的我国已经步入社会主义社会，我们当今的政治体制也刚刚好适应了当今我国社会，但是文明的发展不应止歇。即使我们在政治文明建设上已经取得了巨大的成就，我们仍应不断反思、不断进取，我们要不断从中国传统文化中探寻有益的因素，也要立足本国，放眼世界，吸收借鉴优秀的外来文明，以促进我们政治体制不断发展完善，或许，这才是“博雅”的真正内涵。

历史之维

论个人发展的形态及实现路径

——基于《论语》与《审美教育书简》的比较研究

邓纪一　社会学院（2019301170031）

【指导老师评语】本文以论文的形式，谈了自己对《论语》和《审美教育书简》中关于美育与人的完善问题的理解。文章较为准确地抓住了两书中美育影响修身的若干要点进行阐释，并对两者的相通相异之处作了一定的阐释，最后还对两书美育理论的当代意义进行了一定的探讨。文章整体结构清晰，观点明确，有自己的理解和思考，这是尤应肯定的一个方面。文章在论文体的写作方法和写作规范上尚存在一些不足，这也提醒我们在以后的教学中要强加这方面的训练与指导。（文学院教授　高文强）

摘　要：《论语》体现了中国传统对个人完善议题的主流观点；而《美育书简》就塑造完整的人展现了具有现代性的美育思维。比较二者叙述方式及有关个人之美的认知与实践层面的内容，对探究符合当代社会期望的精神价值和人类文明的良性演进具有重要积极意义。

关键词：个人发展；人的完善；美育

一、引　　言

自人类进入文明时代伊始，依循人类文明的进步趋向，人类个体本身也不断追求着个人修养的提升和精神维度的升华，中西方与此相关的论述浩如烟海，当代对此的讨论也从未止息。儒学作为中国古代的主流意识形态，从《论语》出发或可窥见中国传统对个人美的共同价值认定和培养方式；而《美育书简》作为现代美学经典与美育法典，亦在人性致臻的界定和塑造另辟蹊径。将二者观照，我们可以从中凝练出个人之美的极致状态和可操作的程式，以期推动个体和无数个体所汇聚的当代文明共同体的自我超越。

二、个人发展的理想状态

席勒在《美育书简》的第六封信中将他所处时代的性格与个希腊人的性格相比较，他提道："他们既有丰满的形式，又有丰富的内容；既能从事哲学思考，又能创作艺术；既温柔又充满力量。在他们的身上，我们看到了想象的青年性和理性的成年性结合成的一种完美的人性。"①古希腊时期，正值人文主义的发轫之始。在感性与理性还未相互分裂而呈现混沌初育的状态时，在抽象与具象还未成形时，在学科尚未专业化而知识领域全无隔阂时，个人的美自由地伸展，全无割裂性。这种尚未分化而协调的状态，我们隐约可以推知正是席勒所崇尚的理想人的状态。

随着文明的演进，人格在发展中逐渐突破了原初融通的状态，要在变化过程中回归和谐，需要重新平衡的尝试。席勒认为，人在实现目标时会受到两种背道而驰的力量驱使。一种是感性冲动，是被动的，在这一冲动中，人格独立性被时间夺取，人短暂地失去自我；另一种是形式冲动，是主动的，它产生于理性本性，提供法则并确认人的自由②。恢复由这两种力量拉扯的人格的统一性，需要第三种基本冲动：游戏冲动③。

游戏冲动的对象是活的形象，指最广义的美，我们也用这个观点去判定人是不是美的。在第十五封信中，席勒指出：只有当人游戏的时候，他才是完整的人④。"游戏"在这里并不是通常所理解的轻浮行动，而是消弭了时间的参与，在积极的运动中调和感性与理性，使物欲法则和道德法则失去作用，纯粹地实现个人的充分意义。和古希腊时代的人们不由自主地践行相比，"人在游戏"实现了从自发到自觉的飞跃。

具象席勒对人格塑造的理想，就是平衡形式与内容、规律与需要、感性与理性、物质与精神后实现人的自由。这种协调观念，和我国自古以来崇尚的"中和之美"有异曲同工之妙。而中庸之道，恰是儒学的方法论。

在中国传统文化语境中，我们常常将理想化的人格称为"君子"。在《论语》中有 107 处提及"君子"。"仁"无定"仁"，同样，"君子"也没有严格的界定标准。但我们可以提炼君子的几个特质。

一是内外兼修。在《论语》中有如下阐述："质胜文则野，文胜质则史。文质彬彬，然

① ［德］席勒：《美育书简》，徐恒醇译，社会科学文献出版社 2006 年版，第 52 页。

② ［德］席勒：《美育书简》，徐恒醇译，社会科学文献出版社 2006 年版，第 91~93 页。

③ ［德］席勒：《美育书简》，徐恒醇译，社会科学文献出版社 2006 年版，第 107 页。

④ ［德］席勒：《美育书简》，徐恒醇译，社会科学文献出版社 2006 年版，第 115 页。

后君子。”①也就是说，君子既要锤炼外在的技艺、形貌，也要打磨内在的品性、气度。此外，孔子还提到“君子不器”，在当今可以理解为人不能被“异化”，外在的技艺需要博采众长，而高尚的品德也是多元汇通的。

二是守序明察。“子曰：不知命，无以为君子也。不知礼，无以立也。不知言，无以知人也。”②这里体现的是君子对自然法则和社会规范的了然和顺从，甚至从广阔的自然与社会聚焦到个体间的人际网络中，善于理解不同人群的话语体系和不同个体的表达意涵。

三是不争。“子曰：君子无所争。必也射乎！揖让而升，下而饮。其争也君子。”③需要区分的是，儒学中的“不争”和老子所说的“夫唯不争，故无尤”的绝对的非竞争性有区别，这里不排除竞争，只要运用一种君子的方式。

四是不执。“饭疏食饮水，曲肱而枕之，乐亦在其中矣。不义而富且贵，于我如浮云。”④这里看似是对箪食瓢饮式生活的歌颂，其实变相肯定了义而富且贵的合理性，而这恰恰是对物质的全然超脱，即完全不在意物质实在，而趋于纯粹的精神享受。后世的“不以物喜，不以己悲”“君子可寓意于物，但不可留意于物”也是破除对物质的执念的表达。

这样看来，“君子”和“在游戏的人”是极为相似的理想人格模型。尽管其中有似是而非的部分，例如席勒笔下理想人性的状态更具有主动性和对自由的追求，而中国传统文化中的“君子”相对而言更加被动，这种被动不仅体现在低欲望的追求和低自我实现期望，还体现在对“礼”的恪守，而具有游戏冲动的人从某种程度来说是不受规则约束的。尽管如此，更多重合的文化价值，正是我们尊崇和希望达到的。

三、个人实现理想状态的路径

我们已经明确了完美人格的形态，现在，我们应该试图寻找抵达美的路径。

席勒在《美育书简》中提到的有关人的塑造的部分，可以视为一种概念化的取向；而《论语》中更常用具体的事例和准则指出了操作化手段。

首先，席勒认为美是人的第二造物主⑤。通过关于美的实践，人的发展具有进步可能。使人进入审美状态是人性的馈赠，如何使用这项能力则取决于个人意志。如果说，审美是人类摆脱野蛮状态之后的本能，那么从趋向美到实现美的过程就是人格发展的总

① 陈晓芬译注：《论语》，中华书局 2016 年版，第 70 页。
② 陈晓芬译注：《论语》，中华书局 2016 年版，第 271 页。
③ 陈晓芬译注：《论语》，中华书局 2016 年版，第 25 页。
④ 陈晓芬译注：《论语》，中华书局 2016 年版，第 84 页。
⑤ [德]席勒：《美育书简》，徐恒醇译，社会科学文献出版社 2006 年版，第 149~151 页。

框架。

随着总框架往下，席勒细分了人生的三种状态，分别是：物质状态、审美状态、道德状态。审美状态作为被动的物质状态与自我支配的道德状态之间的桥梁，达到自然与道德法则对个体的作用并行不悖，并且个人在行动过程中能明确自己的立法者身份。这三种状态和弗洛伊德著名的“本我自我超我”的个人发展三分法很相似。

再进一步规定人在行动中的法则，就是“人在显现的艺术中行使人的支配权”。① 生活中一切方面都是审美的显现，那么人在生活中行动就是艺术的践行。但是，人们常常会疑惑显现和实在的区别在哪里，那是因为我们尚未达到纯粹的显现。更何况在生产力高度发达的当代，生活本身呈现出景观的庞大堆积，直接存在都转化为一个表象②。我们所显现的就是即刻的实在。人没有必要去确认自身的实在性，需要确认的是在自我呈现的追逐美的历程中始终保持自主性。

更明确一点，在席勒看来，美的工具就是艺术。艺术具有审美效应和教化作用。“真正的艺术作品使文明所处的心境，正是这种精神高度安详和自由、充满力量与生机相交融的状态，这是最可靠的真正的审美品质的试金石。”③因而可知，艺术的作用毋庸讳言。艺术既是时代的产物，也形塑着当时的人们。但问题是，我们尚未有精确的测量方法去衡量艺术对人的塑造的内在效度。此外，艺术在当代的呈现形式相比席勒所处时代更为多样化，甚至是反传统的。一些崭新的分支——如暴力美学、颓废美学等，无人能否认其美学价值，但显然不能作为教化的素材。再者，由于我国国情的特殊性，我们能获取的艺术资源在浩瀚人类文明中不过沧海一粟。在艺术资源选择权受限的前提下，人们能否实现全面的自我提升呢？

《论语》中对个人理想状态的实现手段，与《美育书简》重合的部分就是对“艺”的要求了。李泽厚在《论语今读》中将“志于道，据于德，依于仁，游于艺”称为孔子教学总纲。④ 孔子为艺术划定了范围，席勒从感知层面体会艺术，孔子则将“艺”作为技能要求学生习得。但惊人的巧合在于，“游于艺”和“与美游戏”是如此的相似，二者都希望最终获得人性自由，从而感到自适。

除了对艺术的追求，《论语》所言更具有操作性体现在它有更多的训诫，提供了可以遵循的法则。“子曰：君子义以为质，礼以行之，孙以出之，信以成之。”⑤短短数十字就规定了人从内而外、从始而终的行为准则。性质类似的语句在《论语》中频频呈现。并且，

① [德]席勒：《美育书简》，徐恒醇译，社会科学文献出版社 2006 年版，第 196 页。
② [法]居伊·德波：《景观社会》，王昭风译，南京大学出版社 2006 年版，第 3 页。
③ [德]席勒：《美育书简》，徐恒醇译，社会科学文献出版社 2006 年版，第 157 页。
④ 李泽厚：《论语今读》，中华书局 2018 年版，第 128 页。
⑤ 陈晓芬译注：《论语》，中华书局 2016 年版，第 211 页。

《论语》中对个人美的取向涵盖了行为、交往、服饰、饮食、音乐等多方面①。

值得一提的是，《论语》在发挥审美教育作用的时候，常用"揭丑"的方式。最常见的是将君子与小人对比，在完全相异的行动比较中，全面呈现孔子对人的理想状态的判断。另一种，是对事件进行负面评价，以绝对的厌恶表达否定该举动的可行性。如评价"八佾舞于庭""原壤夷俟""臧文中居蔡"等。

四、对个人美的探究的当代意义

在探究当代意义之前，我们首先要关注《美育书简》和《论语》诞生的时代背景。二者思想都形成于社会动荡、思潮勃发的时代，更确切地说，来自于对前一种文化形态的崩溃的反思。

席勒判断，正是文化本身给现代人性造成了这种创伤……享受与劳动脱节、手段与目的脱节、努力与报酬脱节②。人成为断片，而不再具备完整性。随着生产力的发展，现代资本主义生产方式的产生，生产单位从个人或家庭扩展为工厂或地区，个体成为了庞大生产力集合中的渺小一点，劳动不再有个体化的过程和因人而异的目的。人异化成机器，只有这一工序和下一工序的衔接，而不再有总体的规划布局。甚至，人在行动中完全无视了主体性的存在，这并非是个体的选择，而是一套严密的社会控制体系不被觉察地操纵着个体的行动。于是，席勒亦从文化中寻觅出路，即用艺术去粘合人性的碎片。

众所周知，《论语》产生于礼崩乐坏的时期。西周的文化体系随着政治权威的丧失而瓦解，为新的价值秩序留下填补空白的空间。各国君主也亟需一套社会规范去证明和稳定统治的合法性，因此，儒学有了发展的契机。

而当下，我国存在着多元融合、新旧杂陈兼而蓬勃发展的变动不稳定的文化环境。一方面，传统文化影响深远，一些刻写在民族基因中的价值观念根深蒂固；另一方面，伴随现代化历程，传统生产生活方式的改变潜移默化地改变了文化生发的土壤；此外，现代通信技术的进步使信息无所不至地飞速涌入，刺激和充实着当代中国的文化领域。在这种状况下，个人可以选择的发展形态突破了传统共同单一取向的局限，充满无限可能。但是，正是因为选择的多样，个体更有可能在价值对立和文化冲突中无所适从，而停留在混沌或者摇摆不定的状态之中。

① 黄伟龙：《论语》中生活美的指向，江南大学学报（人文社会科学版）2016年第2期，第17~21页。

② ［德］席勒：《美育书简》，徐恒醇译，社会科学文献出版社2006年版，第53页。

因此，从个体的角度而言，探究个人美是为了在如恒河沙数般的发展可能中寻找一种最有益于自我实现的路径，用明确的自我塑造目标为个体行动引航。

而从民族、国家的角度而言，在当前复杂文化情境下寻找个体实现的最佳路径，既有利于固定共同文化价值，聚民心，集民力，为现代化建设提质增效；也有利于稳定当前文明形态，推动中华文明在可控维度中良性演进。这也是我国正视思想道德教育重要性的原因之一。

综上，我们必须重新审视美育在当代可能发挥的作用。蔡元培在《对于新教育之意见》中将教育分为隶属于政治与超轶乎政治两大类别①，前者最重要的目的是巩固和发展民族与国家，后者则更倾向于维护和拓展人类文明的永恒价值。两者分别为表里，一为征象，一为实体，而美育则是链接两者的桥梁。对个人美的形态以及实现路径的探讨，不仅是出于人类追求进步的本能，更是一种期望实现当代文明共同体的超越的责任在驱动。正如费孝通先生所言，人类文明的未来愿景就是：各美其美，美人之美，美美与共，天下大同。

① 蔡文培：《蔡文培文选》，百花文艺出版社 2006 年版，第 28 页。

浅析司马迁与亚当·斯密的经济思想

——《史记·货殖列传》与《国富论》之对比分析

孟祎玮　外国语言文学学院（2019301020016）

【指导教师评语】本文思路和结构较为清晰，选择了两个内容有相关性的文本，对其中分工与劳动、交换与自利心理做了类比分析，特别是探究了两者带有相似性的放任自由经济思想的背景和渊源。就本科阶段而言，这是一篇比较标准的课程论文。当然，本文仍有值得改进之处，如摘要没有概括全文主要内容和观点，反倒更像是引言；并没有介绍前人是否做出过相同的分析，即文献的回顾等。更进一步，两者相似性和简单类比固然值得探讨，但两者的差异性，特别是《国富论》缘何成为西方经济学的“圣经”，而《货殖列传》之后中国的自由经济思想并不发达等问题，更具有价值和意义。希望该同学在今后能够不断深化自己的思考。（文学院副编审　宋时磊）

摘　要：《货殖列传》是司马迁的《史记》中较为特殊的一篇。顾名思义，是为专门从事“货殖”活动的人著文立传，在叙述与描述的同时，传达出了不同于中国古代传统“重农抑商”观念的新型经济思想，尽管文章中着墨不多，但仍值得研究。《国富论》是亚当·斯密在18世纪完成的著作，汲取了前人的优秀思想，整理打磨出较为全面系统的经济学说，并且其中部分经济思想至今仍有借鉴价值。值得注意的是，《国富论》与成书于千年之前的《史记·货殖列传》中的部分经济观念十分类似。本文针对跨越时间与国界的两本著作中的类似经济思想，作出相应的对比分析，并试图寻找其内在联系和背后原因。

关键词：史记；货殖列传；国富论；经济思想

一、《货殖列传》与《国富论》中类似经济思想的对比分析

(一)分工与劳动

《货殖列传》中有这样一句话："农不出则乏其食，工不出则乏其事，商不出则三宝绝，虞不出则财匮少。"①具有很明显的分工意味，将当时的社会活动划分为农、工、商、虞四种形式，分别对应耕种、工艺制作、流通买卖和开采等不同的工作内容。四者的分流和有机结合，确保大多数生活物资得以开采交换和使用，为人民正常生活提供了基础的物质保障，以达到"上则富国，下则富民。"②即对上可以使得国家富强，对下可以使得家族富有的效果。这实际上也是在强调分工后，劳动效率的进一步提高，每人各司其职，各尽其力，切实肯定了分工能够带来社会福祉的最终效果。

同时，《国富论》在最开始就出现了关于分工的论述。不过与《货殖列传》相比，更为强调社会分工的进一步细化。比如文中提到在工厂里，一般将整体性的大型工作任务划分为不同的工序，再交给相应的人员去完成。或许从分工程度来比较，上文农、工、商、虞的分工形式略显粗糙，不过个人认为，两种思想中包含的"分工理念"本质上多有类似，并且考虑到不同的时代背景，《货殖列传》中的分工意识雏形的显现，和《国富论》中成熟丰富的分工理论以及论证，都是十分深刻的思想内容。

同时，两者不谋而合的地方在于，都强调了分工对于劳动效率的提高："凡是能够采用分工的工艺，一经采用分工便能相应地增进劳动生产力"③，以及对社会整体利益的积极影响和较为乐观的态度："由于分工，所有不同行业的产量成倍增长，一个治理得很好的社会所出现的普遍的富裕扩展到了最底层的劳苦大众身上。"④

(二)交换与自利心理

基于上述对分工思想的分析，亚当·斯密认为，分工"是一种没有强烈的功利色彩、

---

① (汉)司马迁:《史记》，郭灿金，魏云明注译，中州古籍出版社2010年版，第252页。
② (汉)司马迁:《史记》，郭灿金，魏云明注译，中州古籍出版社2010年版，第252页。
③ [英]亚当·斯密:《国富论》，唐日松等译，华夏出版社2004年版，第8页。
④ [英]亚当·斯密:《国富论》，唐日松等译，华夏出版社2004年版，第11页。

物物交换、以货易货和用一种东西交换另一种东西的倾向”。① 一方面说明了分工之所以会产生的原因：和物物交换有着直接关联。毕竟在现实生活中，更加真实的情况很可能是，双方能够生产并拥有对方需要的物品，此时，相互交换无疑是更好的选择。基于交换行为的需要和存在，分工便顺理成章。

另一方面，他也向读者强调“自利心”在分工和交换中起到的作用，“如果他能诉诸他人的自利心，向他们表明，他要求他们所做的事情是对他们自己有好处的，那他就更有可能如愿以偿。”②我们经常在做买卖甚至寻求帮助的时候，会强调自己能为他人做些什么或者带来哪些好处，反之亦然，本质上是“自利心态”的体现。所以从某种意义上说，这种自利心态往往是交换发生的前提。毕竟“我们期望的晚餐并非来自屠夫、面包师的恩惠，而是来自于他们对自身利益的关切。”③

这样的观点在《货殖列传》中同样有所体现。“人各任其能，竭其力，以得所欲。”④人们各自凭借自己的才能行事，发挥自己的力量，并且他们这样做大部分处于满足自身愿望。同时，文中也有强调，“富者，人之性情。”⑤本意上可以粗略地理解为求富是人的本性，但如果仔细思考背后内涵不难得出，“富”此时并不仅仅代表钱财上的富裕，更可以理解为欲望得到满足和实现，即仍然是出于为自身利益考量的目的从事求富的活动。并且，当人们由于自利心的存在进行交换活动时，也往往取得了利他的结果。以己之长换彼之长，扬长避短，各取所需。这种基于自利心态，达成利己利人双重结果的交易，似乎还隐隐渗透着比较优势的经济学思想。甚至放在更为宏观层面上看，在国家与国家之间同样会出现类似的效应。

（三）自由放任的经济策略

《货殖列传》中说，“故待农而食之，虞而出之，工而成之，商而通之。此宁由政教发徵期会哉？”⑥也就是说。换言之，否认了政府在经济发展中所谓的决定性作用，并通过“若水之趋下，日夜无休时。”⑦（就像水往低处流，日夜不停）作比，来说明经济自身的发展力和生命力，并且认为，即便国家政府没有颁布要求人们进行经济活动的命令，人们也

① ［英］亚当·斯密：《国富论》，唐日松等译，华夏出版社2004年版，第13页。
② ［英］亚当·斯密：《国富论》，唐日松等译，华夏出版社2004年版，第13页。
③ ［英］亚当·斯密：《国富论》，唐日松等译，华夏出版社2004年版，第14页。
④ （汉）司马迁：《史记》，郭灿金，魏云明注译，中州古籍出版社2010年版，第251页。
⑤ （汉）司马迁：《史记》，郭灿金，魏云明注译，中州古籍出版社2010年版，第270页。
⑥ （汉）司马迁：《史记》，郭灿金，魏云明注译，中州古籍出版社2010年版，第251页。
⑦ （汉）司马迁：《史记》，郭灿金，魏云明注译，中州古籍出版社2010年版，第252页。

会自发地做出经济行为，因为这本身就是某种社会规律，驱使着社会生活中的人们主动地从事生产劳动和进行买卖交易，只需要顺其自然就好。

在《国富论》中，亚当·斯密以葡萄酒作为例子，强调“我们完全确信，贸易的自由无须政府的关注就总能提供我们需要的葡萄酒，我们也同样确信，贸易的自由总能提供我们有能力购买或使用的全部金银，用于流通商品或者其他用途。”①意在说明自由贸易是经济发展的应有之义，不应当受到其他因素的约束，会有一只“看不见的手”推动着财富的流动，不同的经济因素会按照需求自行调节。

个人认为，《货殖列传》与《国富论》中最为相似的经济思想就是自由放任的理念，二者共同强调了注重经济本身的自然发展，提倡避免政府过多介入。于司马迁来说，是在观察诸多社会现象后总结出来的规律，而亚当·斯密则对此作出了进一步的理论性梳理和论述，使得这样的经济策略更具有说服力和可执行性。而为什么会在不同时空、不同的社会背景下出现类似的经济思想，不免引起了笔者的思考，因此本文将针对自由放任这一经济思想，进行原因探究。

二、《货殖列传》与《国富论》中出现自由放任经济思想的原因探究

(一)亚当·斯密与重农学派

18世纪欧洲大陆上的“中国热”，使得重农学派代表人物魁奈本人受到了中华文化的影响，同时重农学派的“自然秩序的科学”思想则与中国传统“自然”“无为而治”等哲学思想存在相通之处。而亚当·斯密本人与重农学派代表人魁奈、杜尔阁等人私交甚好，思想上也相应地受到重农学派理论的熏陶。实际上，在《国富论》问世之前，魁奈已经在某些出版作品中提到了关于自由市场经济的思想，并且做出了相应的研究；有学者研究也提到，亚当·斯密的著作存在着显著的重农学派特征。从某种程度上说，亚当·斯密与重农学派之间，是思想上的沿袭传承和开拓创新。从这个角度看，《国富论》中的部分经济思想与中国传统哲学思想之间，的确存在一定的渊源。

---

① ［英］亚当·斯密：《国富论》，唐日松等译，华夏出版社2004年版，第313~314页。

(二)《货殖列传》与《道德经》

结合西汉初年社会背景来看，彼时在连年战争纷乱结束之际，社会各个方面都需要休养生息，统治者采取无为而治的治理策略，为经济发展的恢复创造了良好而自然的社会环境，是在“顺其自然”哲学思想指导下的行为方法。

在《货殖列传》走笔行文之间，不难看出其与老子的哲学思想之间存在一定关联。首先开头引用《道德经》中的话，尽管下文没有沿着“至老死不相往来”的境界进行分析，甚至存在辩驳，但是后文中提到“故善者因之，其次利道之，其次教诲之，其次整齐之，最下者与之相争。”①提倡顺势而为，实际上也是顺承了“为无为，则无不治”的顺其自然的治理观念，与老子的思想不谋而合。

(三)《货殖列传》与《国富论》

由此观之，《货殖列传》与《国富论》的自由放任的经济思想的确存在内在联系，尽管时代不同，社会条件不同，并且属于东西方两种不尽相同的学理体系，但是两位作者默契并且敏锐地观察到了相似的社会现状，意识到了经济发展的某种内在规律，并作出相应的理论总结，以供后人研究借鉴。

三、基于论题产生的思考

在对原文以及背后原因进行了分析和探究后，笔者难免思考起另一个问题，这一切是巧合还是必然？从思想理论上看，个人认为还是包含有巧合成分，毕竟时间上跨越了千百年之久，并且诞生的地域、时代完全不同，这种思想上的相似性如同历史的玩笑，也仿佛一场跨越时空的对话，使笔者在学习研究之余不由得惊喜感叹它的存在。不过也不能说是完全巧合，尽管受到种种因素的影响，二者之间也有着有迹可循的关联性。但是从整个经济社会发展的角度看，笔者认为这当中一定存在着必然性，毕竟社会发展遵循着某种内在规律，善于观察的人能够敏锐地捕捉到它，并且潜心研究思考。这种人的出现和发光发热，是每个时代的必然。

选择《史记·货殖列传》与《国富论》进行对比研究，主要是因为在课内外的学习中发

① (汉)司马迁:《史记》，郭灿金，魏云明注译，中州古籍出版社2010年版，第251页。

现，原本看上去毫无关联的两部著作可能存有深刻的内在联系，基于对课程内内容的学习和对经济本身具有一定兴趣，并且由此激发了好奇心于是决定尝试着自己研究。在研习过程中，也逐渐理解这门通识课程的珍贵价值，开阔眼界，磨练思维，博闻强识，思想深邃而追求自由，在大学这样难得的环境中，去尽可能探索发现，达到心智上的成熟与成长。

《论语》与《国富论》的人性之辩

苏雯婕　经济与管理学院（2019301050048）

【指导教师评语】“利己”和“利他”这一对看似矛盾的概念实则是对立统一体。古今中外对利己和利他的讨论不绝于耳、源远流长，而今在市场经济社会，这一讨论更是激烈。苏雯婕同学的《人性之辩》将孔子提倡的“仁者”与亚当·斯密所述的“理性经济人”加以比较，提出孔子的“利他”和亚当·斯密在《国富论》中的“利己”是对人性从不同角度的解释，而中方文化的“人情关系”与西方文化的“契约关系”可能是造成中方和西方文化对人性的解读有差异的原因，并认为人性中“利他”和“利己”与道德水平高低原本并不相干。这些观点颇具新意，很有见地，体现了作者对这一问题的深入思考。需要指出的是，作者提出利他实则一种利己，并进行了较为详细的论证，但是利己是否也是一种利他呢？这一问题值得在文中进行深入阐述。(经济与管理学院副教授　李雪松)

摘　要：儒家圣人孔子的思想核心是“仁”和“忠恕之道”，传递出“人性是利他的”的观念；而在现代经济学之父亚当·斯密的代表作《国富论》中，则通过阐述“理性的经济人”这个概念，表明人性是利己的。探讨孔子思想的利他和《国富论》思想的利己所折射出来的人性及相关的道德问题，具有当代价值和启示意义。

关键词：利他；利己；人性；道德

一、孔子的利他与《国富论》中的利己

利他，即给予他人方便而不求回报，将他人的利益优先考虑。

孔子最重“仁”，其对“仁”的阐释也具有非常丰富的内涵，而无不蕴含着“利他思想”。

在与不同弟子的对话中，孔子为“仁”赋予了不同的含义。譬如，在回答子贡什么是“仁”时，孔子指出：“夫仁者，己欲立而立人，己欲达而达人。能近取譬，可谓仁之方也已。”①这表明一个具有仁德的人，在自己“欲立”和“欲达”的时候也会设身处地地想到他人和自己属于同类，因而也有类似的愿望，故而仁德之人在努力成就自己之余也会积极地促成他人、成就他人，帮助他人实现目标和愿望。而在仲弓问孔子什么是仁时，孔子所回答的“己所不欲，勿施于人”②也是利他思想的展现：以换位思考的方式来关心他人，斟酌对方的感受之后再判断行为是否合适——这是“人”与“己”融合于一体的表现。而在“人”与“己”之间的界限逐渐变得模糊的时候，“利他”精神无疑彰显出来了。

曾子曾以“夫子之道，忠恕而已矣”③来概括孔子思想“仁”的要义。所谓“忠”，是“尽己而无欺”，尽心尽力地完成自己分内的义务；所谓“恕”，是“推己及人”，以自己的心意来推想他人的心意。冯友兰先生将忠恕之道视作仁道，所以行忠恕之道也就是行仁道。因此，“忠”“恕”这二字无疑是孔子之道的精髓所在，也更是孔子“利他”思想的实践。

利己，即将自己的利益置于前面，优先考虑事物对自己的利害。

亚当·斯密在其所著《国富论》中表示，个体与个体之间成功实现协助的前提是刺激起对方的利己心，通过告诉对方协助这一行为有利于他的一面来将协助的好处完完全全地展现在对方面前。他认为人与人的协作之所以能够实现，是因为唤起了对方的利己之心。物物交换不是以“我需要，所以我们交换”为前提，而是建立在“交换这一行为对我们双方都有益”的基础之上。

一言以蔽之，“理性的经济人”这一概念就是建立在“利己”的基础上的。一切的交换往来行为无不诉诸于双方的利益，而绝非出自于那种泛滥着慈善和怜悯的、无私奉献的、处处为他人着想的利他之心。

二、利己与利他的中西文化视角解读

孔子和亚当·斯密，一位是中方的“圣人”，一位是西方的“经济学之父”，为何一个推崇利他思想，而另一个却在《国富论》中将人性归结为利己呢?

或许我们可以从中西文化这一视角来阐释孔子学说和《国富论》中的利他和利己的各自成因。中国的文化是人伦文化，它是以血缘关系为基础的。而与之不同的是，西方自由文

① 杨伯峻：《论语译注》，中华书局1980年版，第65页。
② 杨伯峻：《论语译注》，中华书局1980年版，第123页。
③ 杨伯峻：《论语译注》，中华书局1980年版，第39页。

化是以契约式的关系形式为基础的①。中国的血缘或人情关系实则是一种无字的契约，它是受到道德的约束的，不存在条条框框的规定，通过感召力和劝导力起作用；而西方的契约关系则是有字的人情，受到由国家制定的法律的约束，是通过权威性和强制性起作用的。

中国的人伦文化源自于何？我想，这和中国的乡土社会密切相关。中国正是发展于一个“生于斯，长于斯，死于斯”的乡土社会中的。在这样的社会中，有一套我们可以长久遵循的成法，传统也更是一直占据着一个主导地位。当人情逐渐成为一种社会的传统，其所受的道德约束自然多于法律约束。人们普遍认为“打一声招呼远比立下白纸黑字的字据更方便”“熟人之间互相帮帮忙打个照面是很正常的事情”。譬如，在电影《秋菊打官司》中，秋菊其实并不想以“打官司”的方式来解决所有的问题，她想要的不是村长坐牢或者打赢官司，而仅仅是一句简简单单的道歉。在秋菊不辞辛苦，挺着孕肚在“漫漫告状路”上奔波时，其所一直念叨的“我只想讨个说法”便是中国处于“人情社会”的一个真实例证。在这个由熟人所共同组成的社会中，人们的一切来往都无需外在的各种法定契约的约束。一个人实施“利他”、给另一个人好处和恩惠的行为往往是建立在“熟人”的基础之上的，这也正如费孝通在《乡土中国》中指出的，“在血缘性社区边缘上寄居着的外边人充当了商业活动的媒介”，这样的媒介无疑是将其中人情的作用发挥到了极致。我们可以据此推断，孔子的“利他主义”不仅和他所终生推崇和奉行的“仁”和“忠恕之道”有关，也离不开中国所处的“乡土社会”这一客观文化因素。

从西方文化视角来看，“契约权利至上”是西方的契约精神的重要内涵。在《西方世界的兴起》中，诺兹和汤姆斯指出，利润得以增值的前提条件是存在有法律保护的契约关系。交易各方订立法定契约，留下白纸黑字的字据，一方面是为了履行给他人的承诺，另一方面更是为了达到获取自身利益的目的。也就是说，利益是他们订约、履约等一切相关行为的出发点和归宿。在这样的基础之上，人与人的物质交换更多地是出于履行契约精神，而签订契约是出自于双方各自的利益的，这也与《国富论》中提出的“利己之心”相契合。

当然，将西方文化完完全全归结为“孕育‘利己之心’的摇篮”也是有失偏颇的，因为亚当·斯密在其另一部著作《道德情操论》中承认人是具有同情心和同理心的动物，他并不否认人性的“利他”这一面。

① 林滨：《从中西文化视角析儒家与基督教两种利他主义伦理思想产生的不同预制》，《兰州学刊》2004年第6期，第279~285页。

三、人性的利己与利他之交织

中国著作《论语》和西方著作《国富论》中都分别谈到了人性，而差异在于前者是利他行为的实践者，后者把人性归为是利己的。笔者认为，这两种观点都不失其正确性，分别体现了人性的两个侧面。也只有这两个侧面相互充分融合和交织，才能构成完整且真实的人性。

从根本上而言，利他也是一种利己。可以说，很少有纯粹的利他行为，很多利他的行为实际上都是出自于利己之心。从根本上来说，利他和利己本就不能分割。交换行为虽然是以唤起对方的自利心为基础的，但交换行为的结果却是同时满足了利己和利他的条件。如果进一步解读利他的行为则更不难发现其下藏匿的利己之意。从马斯洛的需求层次理论来看，我们每一个人作为社会上的个体，对于情感和归属都是有需求的。一个人帮助抑或成就了他人，这种表面上的“利他”行为给自己带来的是看见别人幸福而感到的高兴和满足。这样来说，利他满足了人对情感的诉求，因而也是一种利己。而且，利他的社会行为被人脑加工成了“对社会有价值的行为”，实施这种行为不仅激发出对自己有利的高兴的情绪和积极的生理反应，更能树立起自己在他人心中的良好形象，由此实施利他行为的个体便“不再是一座孤岛”——人与人通过利他的行为产生了美妙的联结，形成“大陆”，满足了归属的需求。

利他从长远来看更是一种利己，也即是有一些表面上来看是放弃了自己眼前利益的利他行为从长远来看实则是利己的。如一些企业在疫情期间实施免费捐赠的行为，表面上看是放弃了自身的利益，承担起了企业社会责任；但实质上，从长期来看，“利他”更是有助于为企业树立良好的声誉，提升企业整体形象，有助于推动企业自身的健康、长久发展。因而，这何尝不是一种“利己”呢？

四、人性的利己和利他与道德水平之关系

亚当·斯密将利己之心视为一只可以自动调节市场、使资源达到有效的配置的“看不见的手”。而实质上，利他何尝不是另一只“看不见的手”呢？利他维系着个体与个体之间的联系，使得一座座“孤岛”相互连接，形成一片片“大陆”，同时也成功唤起了人们内心的良知，在人们对个人财富和名声的追求过度时，敲响长鸣的道德警钟。

事实上，正是因为有道德力量的支撑，经济人才得以在追求自身经济利益的同时也增

进了社会整体利益。而利他，正是利己达到了最高境界的体现。所谓真正的道德，从来都是在行为的“利他”中实现精神的“利己”，从而完成自身精神的升华，最终达到马斯洛需求层次中“自我实现”这一终极目标——这也正如圣人孔子在“立人”中完成真正的“自立”，这实则是利己与利他在一个个体身上的和谐统一。

利己和利他本无褒贬，仅为构成人性所不可分割的两个侧面而已。利己的行为是无可厚非的，我们甚至可以把“利己”当作是人性的本能。但如果在精心打扮和伪装后成为北大钱理群教授所言的“精致的利己主义者”，便足以沦为道德败坏的粗鄙之人——高智商、处事圆滑老道、懂得适时配合是他们的标签，除此之外，他们更是善于将体制利用到极致以达到自己的目的，并攫取自己的利益。当一己之利益成为一个人言与行的唯一的驱动力，当一个人把自己为他人做事完完全全地当作力图获取回报的一种“投资”，借“利他”之名做“利己”之事，这样的人则不仅是为很多人所不认可的“精致的利己主义者”，更是沦为了欲望的野蛮奴隶。

如果总是钻营规则，精于计算，出于“利己之心”而随意践踏他人的利益，那这样的利己与其说是利己，不如说是自私。这是因为，利己更多地倾向于对自我利益的思量，如人会有对名誉、财富、权力、爱与被爱、内心和谐等的追求；而自私则是指个体在处理自己与对方的利益冲突时，会为了满足自己利益而不择手段，根本不计对方损失。

其实，那些看起来精明老道的精致的利己主义者们的目光实则是短浅的，格局实则是狭隘的，而他们更会在道德上遭到人们不尽的谴责。

五、结　　语

孔子的“利他”和亚当·斯密在《国富论》中的“利己”是对人性从不同角度的解释。而中方文化的“人情关系”与西方文化的“契约关系”可能是造成中方和西方文化对人性的解读有差异的原因。

人性中不可分割的“利他”和“利己”这两个侧面与道德水平高低原本并不相干。但不得不指出的是，利己作为人之本性是存在着一些底线并且有合理的边界的，甚至存在一定程度的牺牲和让步。但倘若成为了“精致的利己主义者”，利用体制肆意践踏他人的利益，那便丢掉格局、丧失道德，本来无可厚非的“自利”也就沦为“自私”了。

以中西思想为切入点看家国情怀

吴文豪　健康学院（2019303051003）

【指导教师评语】作者首先抛出他的观点——他所理解的“仁”：“仁为道，以仁兴邦，以仁安邦。一人为仁，则足以立；一家为仁，则足以兴；一国为仁，则足以盛。直达心灵的追求，在国家历史上，留下铿锵一曲，这便是仁。”然后以中西方的著名人物来论证自己的观点。比较可贵的是，作者懂得去查阅资料、引用第一手文献，认真阅读原典，让观点从材料而出，而不是空发议论。文章的思路、结构和语言表述，都还不错。整体上显出一定的学术论文写作之基础。（文学院副教授　荣光启）

摘　要：家国情怀是中国优秀传统文化的基本内涵之一。但是以家与国的角度来看这种情怀，我们可以发现，其追求的仁爱，家国一体等思想可以在中西思想中共同显现出来。在此以孔儒之道、司马迁之《史记》、苏格拉底之死、列宁之革命为据，来了解中西思想下的家国情怀。

关键词：仁；学思；内外；古今

一、引　　言

古往今来，博是文人墨客对自身才学的肯定，雅是对自身所追求情怀的名赞。博雅，作为一个传承千年的词语，无论乱世英杰，还是太平盛世的才子佳人，无一不心向之。博雅之中，博为外在表现，雅为内心所求，以中西思想为切入点，更有利于我们对博雅的认知。家国情怀，对每一个热爱自己祖国的人都是一种信念，修己之身，养己之性，齐小家治大国，平天下之道。家国情怀，当是青年学子的奋斗源泉。

二、仁以爱人——中国古代思想的华章

家国情怀，当为家与国。国可以分成家，家则可以分为个人。从古至今，无数人都希望自己被冠以仁的称号。仓廪实而知礼节，当一个人可以填饱肚子的时候，他就会去追求精神的升华，去追求仁的道义。正看我国近两千年的历史，或是被举荐，或是参加科举，一旦能有自我展示的机会，无不以仁爱为核心思想。

在人人都追求“仁”道的时代下，什么是仁则显得尤为重要。圣人孔子在对不同弟子的谈话中，定义了不同人所对应的不同的仁。对于不同的人，仁的定义也不尽相同，因为人与人的经历，对事情的观点不同。在《论语》中，颜渊问仁，子曰：“克己复礼为仁，一日克己复礼，天下归仁矣。”①樊迟问仁，子曰：“居处恭，执事敬，与人忠，虽之夷狄，不可弃也。”②仲弓问仁，子曰：“出门如见大宾，使民如承大祭，己所不欲，勿施于人。在邦无怨，在家无怨。”③孔子一生为仁，主张仁以爱人，成一家之言，合一国之道。在儒教思想的影响下，多少读书人前赴后继，走向仁的道路。儒家思想追求仁义礼智信，以仁为首，表明了儒家思想中仁的重要性。儒道的仁，也是有历史渊源的。黄帝轩辕“修德振兵，治五气，艺五种，抚万民，度四方”④，其中“抚万民”不正是仁的体现吗？帝喾“聪以知远，明以察微，顺天之意，知民之急，仁而威，惠而信”⑤难道不是显现了人的思想吗？君主权极天下，位高权重。君主追求仁道，克己复礼，也可以收纳天下的贤才志士，兴国兴邦。在后世之中，唐太宗也是以仁的思想对待群臣，以克己复礼的仁道来对待贤才。谏臣魏征每每上谏，不免使太宗感到不快，但是唐太宗以仁德来对待魏征，使得有志向，有才华的人敢于施展抱负，最终成就贞观之治的盛世。

仁为道，以仁兴邦，以仁安邦。一人为仁，则足以立；一家为仁，则足以兴；一国为仁，则足以盛。直达心灵的追求，在国家历史上，留下铿锵一曲，这便是仁。

---

① 杨柳岸导读：《论语》第十二，长沙岳麓书社 2018 年版，第 146 页。

② 杨柳岸导读：《论语》第十二，长沙岳麓书社 2018 年版，第 146~147 页。

③ 杨柳岸导读：《论语》第十三，长沙岳麓书社 2018 年版，第 166 页。

④ （西汉）司马迁：《史记》卷一五帝本纪，北京线装书局 2006 年版，第 1 页。

⑤ （西汉）司马迁：《史记》卷一五帝本纪，北京线装书局 2006 年版，第 1 页。

三、文以卫国——跃动于笔墨纸砚之上的音符

国家的兴盛，离不开一代代文臣武将的打拼。无论是朝堂之上，政务汇总的官员，还是戍守边疆卫国平安的将军，都在为国为家做出自己的奉献。国家的安定，只有武成不了长久的，正如项羽一般，虽有举鼎之力，角逐天下之兵，最终却落得自刎乌江。以文卫国，是文人墨客以手中之笔，明正历史，以自己的浩然正气，为国为家，执起一片净土。

唐太宗李世民在魏征病逝后说过一句话，以铜为镜，可以正衣冠，以古为镜，可以知兴替，以人为镜，可以明得失。① 作为君主，如此贤明，实在是天下百姓的幸运，但在这里明显我要说的不是这位皇帝。文以卫国，卫的是国家的道。历览中国古代历史上有多少文人志士为国家正义悍然发声？从古至今几千年的历史，又有多少史官杂家为史修书？他们明正历史，不为斗米吊钱而改变自己的意志，一心捍卫国家历史的正统。

西汉史学家司马迁便是执手中笔，修正历史，以笔墨来卫国的一个人。司马迁，十岁开始学习古文，二十岁便开始游历天下，实地考察了文化遗风，以此来充实自己的学识。司马迁学识渊博，善于思考，修史以明志，捍卫历史的正统。《史记》一书一百三十卷，五十二万多字，记录了3000多年的历史，可见司马迁学识的丰富。他有着属于自己的善恶标准，爱憎分明的性格在书中显露无遗。项羽起于陇亩，最终号为“霸王”，虽然没有做成皇帝，却得到了司马迁的认可，列入本纪。这是一种思想观念上的颠覆，历史不能只接受成王败寇，对于项羽此类由平民奋斗，最终称霸一方的英雄豪杰，当有属于它的历史的一笔。司马迁以笔墨作刀剑，捍卫历史，以文卫史，铸就了漫漫历史长河中的不朽灯塔。

以笔为兵，兴国家之正义，并不是只存在于古代。近代中国史上的文坛巨匠郭沫若，以文学作品展示历史现实，敢于写下评判时事的文章。知识丰富，思想先进的郭先生，敢于在国家动荡之际写下《请看今日之蒋介石》，直面正义，为正义发声，文章发自肺腑，影响了广大人民群众，以文人的方式捍卫国家的正义。

郭沫若敢以文卫国，展现出自己的豪情壮志，正是对家国情怀的阐释。时代的推移，使得家国情怀由狭隘走向开阔。家国情怀正是在民族的苦难，国家的灾难，文人的反思后，形成的超脱生死观的心理追求。

《孟子》有言，天下之本在国，国之本在家，家之本在身。② 文人以手中笔书写自己的意志，追求属于自己的卫国之道，形成自我的家国情怀。

① (唐)吴兢：《贞观政要·任贤》，长沙岳麓书社2014年版，第43页。

② (战国)孟子：《孟子·离娄上》，牧语译注，江西人民出版社2017年版，第151页。

四、智以为人——行走在世间的一首诗

为人之道，有千万种，但以智为人，便是世间少有的。有智慧自己的生活就会变得有精髓。生而为人，却不尽为人。一个人如果没有自己的信念，则人生索然无味，平淡平庸。一个真正有智慧的人，无一不是通古今，明内外，有自己的信念信仰，更是有着自己的为人之道。在广泛的学习中，逐步确定自己的定位使自己的存在更有意义，更值得别人认同。

苏格拉底是古希腊著名的思想家，哲学家，也是西方文明史上的大咖。他一生过着艰苦的生活，但才高万丈，自学成才。苏格拉底将自己的学问传授他人，而不取报酬，真正以教授别人为乐趣。他有着明确的人生定位，他将雅典比作一匹大马，虽有力量，却懒惰缺乏活力，他自喻为一只被神灵派来叮咬雅典这匹马的牛虻，不断刺激它，使其民主的气氛保持健康。他以自己的博学行走于雅典，传授知识于他人，向别人展示自己的思想，无论他人是否欣赏，是否理解。他对自己拥有属于自己的标准，或者说属于自己的雅道。苏格拉底敢于赴死，赴向这并不公平的死亡。他知道雅典民主制已经出现了危机，他坚信肉体的死亡并不可怕，精神的死亡才最可悲。

苏格拉底坚守自己心中的家国情怀，敢于为使国家制度出现转机，而赴向死亡，这何尝不是舍弃小家小民来唤醒大家大国。尽管可能面临一无所获，无人反思，被人遗忘的失败后果，但他并没有向死亡低头，而是秉持一腔正义，饮下毒酒。

博外雅内，向世人展现自己博学的一面，进而传授知识，在心中又守住属于自己的一面。苏格拉底将自己活出了一首诗的模样，外表词藻华丽，写景叙事，骨子里却是在抒情。别样的小家大国，也是动人肺腑的家国情怀。

五、变以为国——演奏一曲自己的歌

纵观历史长河，有多少有志之士因时运不济而埋没于众，又有多少大才大雅之人追归隐居。横看中外世界，恒而亡，变则兴的现象又比比皆是。当一个人对古今历史大事分析清楚的时候，他便可以抓住历史的脉搏，走向引导之流。请说我国古代国家的兴亡更替，君王暴政而新国兴替，国家散乱而归于一合。夏桀商纣无道，商汤周武，分别灭掉前朝重新整治天下。战国时期，国家分散，各立为王，秦始皇则一扫六合，天下归一，更是一变前人之道，成就千古霸业。

《周易·系辞》下中有言，易，穷则变，变则通，通则久。[①] 没有一成不变的国，没有一成不变的家。在历史大事中，必须学会改变，学会革命。

面对沙皇俄国农制度的残余，以及日俄战争失败后，人民的反抗意志，列宁或参与或发动了革命，决意进行改变，通过自己所学历史发展的认知，以及对马克思主义的研究，主张改布尔什维克党为俄国共产党，定国家名称为苏维埃俄国。敢于为天下之先成立共产党，一改沙皇俄国的农奴制度为共产制，以维持国家的稳定。在战时共产主义显露弊端的时候，他又实施新经济政策，使国家经济逐步走向恢复。由列宁的革命之途和变化之道，我们可以感受到他身上的浓浓的爱国情怀，通晓古时的国家变化，雅得今朝的新思想，结合当时的社会情况，成就了共产主义的美名。

遍观历史轨迹，没有一个国家可以不变而维持千年，要想使国家富强，百姓安定，这个国家就必须遵循时代的发展趋势，加以引导，走向有利于国家的方向。对于时代下的每一个人，都应该有一种民族自豪，国家自信。在这样的国家中，每一个人才会有安定的感觉。以变化之道捍卫国家正义，定然是家国共兴的时代大道。

家国情怀便是对家与国的认同思想。家是最小国，国是千万家，以小家比大家更能显示出个体对国家的重要性。仁爱，博雅，学思，内外，古今，无论是中还是西，都要有爱国主义和民族精神，对民仁爱，家国同构，待到家国一体的时候，家国情怀便浸入到国家的每一个人心中。

① 冯国超译注：《周易·系辞》，华夏出版社2017年版，第390页。

浅谈中国古典史书的写作风格

——以《史记》的“博观”和“博雅”为例

路忱宇　动力与机械学院（2019302080213）

【指导教师评语】写作是由逻辑来支撑的，是用来表达思想的，应该写得优美流畅。这篇文章做到了。文章谈史书中的博雅，先立论，再写《史记》之博之雅，再以《历史》作为横向对比，结构完整，条理清晰。而在具体论述上，也是法度俨然，表达准确，言之有物。细读细品，相信读者对惊艳于段落语句中若隐若现的逻辑和字里行间跳动着清新灵动之雅。文章的雅来自作者的博观：读者会惊叹于作者对古典的阅读和理解，文中所引用的都是恰到好处。总之，文章写博观写博雅，而自己也做到了。作者是以看似平实其实内敛着优雅的语句来表达自己所读所思所误，自自然然地讲着人话，但是让读者感到亲切温暖，并没有像今年的某满分高考作文那样刻意卖弄。或许，作者如果重新写作时应在逻辑上进一步凝练——例如《史记》只是古代史书之一，不能以点带面代表了古典史书；在思想上进一步深化——例如探讨事实的准确与行文的优雅是什么关系；在写作上抓住读者——引人入胜从而让读者不忍释卷乃至深深触动。（经济与管理学院教授　文建东）

摘　要：本文主要选取中国古代最具有代表性的一部经典《史记》，联系其中的具体内容和作者的身世，兼用其他文献作为借鉴，来分析中国古典史书的写作风格。笔者所想重点讨论的是“博雅”的写作风格，主要解释其基本内涵和“博”与“雅”两者之间的关系，同时和西方的著作进行对比，来提高本文的严密性、可靠性和科学性。

关键词：博雅；《史记》；《历史》；诗性；理性

一、引　　言

在阅读文学经典的过程中，给予我们最初印象的往往是作者的写作风格。一部作品必定反映着一个作家鲜明的特点，必定挂着属于他的标签，正所谓“读其书想见其为人”。于诗云，杜甫有其“无边落木萧萧下，不尽长江滚滚来”①的沉郁顿挫；李白有其“五花马，千金裘，呼儿将出换美酒”②的豪放飘逸。于词云，有辛弃疾“把诗书马上，笑驱锋镝”③的金戈铁马；有李清照“只恐双溪舴艋舟，载不动许多愁”④的哀怨凄恻。在中国历史上，形成了众多有个性的写作风格，但需要注意的是写作风格并不只局限于如上文所提豪放、哀怨等语言风格，同时还包括遣词造句的功夫，繁笔和简笔的运用，典型如《水浒传》中对拳打镇关西中的“三拳”的丰富华丽的描写。艺术写作风格的探讨，有助于我们清晰地把握全文的感情去向和作者所要传达出的哲理和思想，同时读懂写作风格背后传达出的深意，最重要的是通过认真分析其艺术价值，可以提高我们的审美情趣。本文将从《史记》写作风格的角度，剖析出其中的“博雅”，但需要注意的是虽然选取了最具代表性的著作，但所得出来的结论并不是普适性的结论，文中对博雅的分析只是个人观点，但仍具有一定的代表性。希望在读完本篇文章后，读者能清楚认识“博雅”的内涵，建立起审美品位，深切体会到中国古典优秀典籍中的人文情怀和艺术价值。

二、“博雅”的内涵

《说文解字》云：“博，大通也。”⑤这里的“博”与小相对，即广博、渊博之意。何谓“通”，私以为，“通”是“博”所能达到的圆满的状态，是一种信手拈来、融会贯通的状态，或者说“通”是“博”长期积累由量变引发质变的结果。“大通”，就是能够游刃有余地运用脑内的知识，遇事而变，随境而变。这里，其实笔者已经将“博”的概念狭义化了，或者说已经把“博”局限于“博观”“博览”等知识储备的层次之中，但这也就是本文所要探讨的“博”的部分含义。同时，对于著书者而言，学识层面的“博”又会对其写作风格产生显而

① 闫凯、白英主编：《中国诗词名句鉴赏辞典(上)》，内蒙古人民出版社 1994 年版，第 752 页。
② 闫凯、白英主编：《中国诗词名句鉴赏辞典(上)》，内蒙古人民出版社 1994 年版，第 234 页。
③ 鲍鹏山：《中国人的心灵——三千年理智与情感》，复旦大学出版社 2016 年版，第 250 页。
④ 闫凯、白英主编：《中国诗词名句鉴赏辞典(上)》，内蒙古人民出版社 1994 年版，第 309 页。
⑤ (东汉)许慎：《说文解字》，漓江出版社 2018 年版，第 23 页。

易见的影响，关于这一点在本文的第二部分将会专门论述。“博观”的含义，通俗地来说，可大体等同于博学。《论语 · 雍也》有言：“君子博学于文，约之以礼，亦可以弗畔矣夫。”①就说明了博学对于君子的重要性。在我国最早提出“博观说”的是著名文学理论家刘勰，他曾不止一次在《文心雕龙》中强调“博观”的重要性：他说“观千剑而后识器，操千曲而后晓声”②，“积学以储宝”③。如果没有广博的知识积累，没有博览群书的积淀，就无法写出流畅优美的文字，在这一点上，刘勰的观点与笔者不谋而合。总之，笔者的观点是在行为层面上“博”可以理解为博观、博练或博见，是一种能够到达“通”的境界的途径。

“雅”的概念自古都有，在《诗经》中就有《大雅》《小雅》的著名篇目。“雅”的概念与“俗”相对，“雅”可以理解为典雅、雅正。“雅”表现在人身上是一种温和敦厚的气质。谦谦君子，温润如玉。其实，这是对与君子提出的更高层次的要求，因为君子不仅需要有博学的功底，还要内外兼修，提高品德修为。不过，对于文学作品中的“雅”，笔者以为是指对于遣词造句的拿捏，对于修辞手法的运用。其中，可以非常鲜明地被分为两类：一类是“雅”，典型如一些脍炙人口、饱含哲理、工整对仗的诗词，还有过分追求华丽辞藻的骈文；一类是“俗”，大多不拐弯抹角、直来直往，而且用词口语化，但细读就能感知其中快意恩仇的真性情，最容易联想到的是自古流传在坊间的评书、小说，这种写作风格在《水浒传》中也能窥知一二。雅，对于著书者有着更高的要求，因为“雅”需要对于语句和用词更加谨慎、更加精心地经营。《小窗幽记》中说：“吾恐危言将绝，捉笔便惊。”④贾岛诗云：“两句三年得，一吟双泪流”⑤都说明了经营词句的谨慎用心，都体现了作者对于“雅”的追求。

总结来看，“博”是对于文学作品内容体量的描述，而“雅”则对细节的把控提出了要求。同时，这两者又都是以作者本身的“博观”为基础的，在下文中将进行重点论述。

三、从“博观”到“博雅”

在这一部分中，笔者想联系《史记》这部作品及其作者的身世，来探讨从“博观”到“博雅”的论断。

《史记》的文学体量是巨大的，其全书一共一百三十卷，共计五十二万余言，讲述了从

① 陈明，邓中好：《国学经典200句》，长江文艺出版社2013年版，第5页。

② 游光中：《经典散文名句》，四川辞书出版社2018年版，第505页。

③ 林治金等：《中国古代文章学词典》，山东教育出版社1991年版，第11页。

④ (明)，陈继儒：《小窗幽记》，韩中华译评，北京理工大学出版社2017年版，第27页。

⑤ 闫凯、白英主编：《中国诗词名句鉴赏辞典(上)》，内蒙古人民出版社1994年版，第122页。

尧舜时期起到汉武帝时期非常长的一段历史。在司马迁之前从来没有人著述过纪传体通史，难以想象他是如何搜集到如此详尽的史实，这在有大量可以参考文献的现在都是极其困难的工作。而司马迁凭着残弱的身体状态，背负着“肠一日而九回，居则忽忽若有所亡，出则不知其所如往”的精神状态却完成了这样一部浩瀚巨著。其实在《太史公自序》中，司马迁已经给了我们答案。其云“迁生龙门，躬耕河山之阳。年十岁则诵古文。二十而南游江淮，上会稽，探禹穴，窥九疑，浮于沅、湘。北涉汶、泗，讲业齐、鲁之都，观孔子之遗风，乡射邹、峄；困于鄱、薛、彭城，过梁、楚以归。于是迁仕为郎中，奉使西征巴、蜀以南，南略邛、笮、昆明，还报命。”①从司马迁的自序中，我们可以清晰地看出他早年具有丰富的游历精力，司马迁几乎把当时汉朝的版图都走了个遍。在其他篇目如《淮阴侯列传》中他写道“吾如淮阴，淮阴人为余言”，“余视其母冢，良然”②，可以想见，司马迁认真地进行了实地考察，再加上他早年的游历，司马迁已经完全符合了“博观”的条件。苏轼云：“博观而约取，厚积而薄发。”③在“博观”后，司马迁才能写出像史记这样文学体量如此巨大的作品，才能在描述一个历史人物的生平时，让人觉得如见其面，如闻其声，才能在文末缀上点睛之笔的“太史公曰”。百来号鲜活的人物，紧凑严密的历史线构成了《史记》内容的广博，而这样的广博正是在司马迁的“博观”基础上升华而来。

但巨大的体量丝毫没有造成内容的拖沓和重复，《史记》之所以能成为文学经典，被誉为“无韵之《离骚》”，就是因为他还具备有像屈原那样玉洁冰清、属于文人士子气质的“雅”。司马迁对于词句的拿捏，气氛的营造确实令人惊叹。在《李将军列传》中有关于“李广射虎”的一段经典描述：“广出猎，见草中石，以为虎射之，中石没镞，视之石也。”④评论家历来对这一段称赞有加，寥寥数字不仅完整再现了当时的情景，而且语句紧凑短促，同时又突出了夜里遇见老虎的惊悚紧张，末了“视之石也”戛然而止，不仅表现了李广本人的惊愕而且又给读者留下来想象的空间。又如在《刺客列传》中对于荆轲易水送别的场景的描写：“太子及宾客知其事者，皆白衣冠以送之。至易水之上，既祖，取道，高渐离击筑，荆轲和而歌，为变徵之声，士皆垂泪涕泣。又前而为歌曰：‘风萧萧兮易水寒，壮士一去兮不复还！’复为羽声慷慨，士皆瞋目，发尽上指冠。”壮士将行，悲歌慷慨。司马迁用他的文字渲染了一种难以言状的悲壮的氛围，让人不得不对于荆轲这样勇敢的英雄生起敬意之心。同时，又用了一系列的动词，采用了正侧结合的艺术手法，生动地再现了当时的场景，成功地塑造了荆轲的人物形象。《史记》能在文学史上占有一定地位不无道理。我们可以看到，司马迁对于场景的刻画、动作的描写已经达到了炉火纯青的境界，他能够运用简

① （西汉）司马迁：《史记》(下)，中国文史出版社2006年版，卷一百三十，第808页。
② （西汉）司马迁：《史记》(下)，中国文史出版社2006年版，卷九十二，第588页。
③ 蔡希勤：《博古通今学汉语丛书　名句101》，华语教学出版社2017年版，第8页。
④ （西汉）司马迁：《史记》，中国文史出版社2006年版，卷一百九，第671页。

笔与繁笔，又懂得艺术手法的运用和环境渲染，这已经超出了一般史书的范畴。

如果说“博”代表了《史记》作为一部纪传体通史在内容和体量上的广泛和博大，代表了史书“故述往事，思来者”①的历史功能，那么“雅”就把《史记》上升到了文学的领域，让它具备了美感和艺术性，使其跳脱了一般史书的枯燥繁冗。《史记》的“博雅”又是得因于司马迁的“博观”，操千曲而后晓声不无道理。当司马迁的每一个脚步，每一滴汗水，每一次询问都化为纸上的悠悠文字时，从“博观”到“博雅”的历程便渐渐明晰了起来。

四、与希罗多德《历史》的对比分析

在西方的历史著作中，同样有一部经典，并且它的历史地位可以与《史记》并肩，那就是古希腊著名史学家希罗多德所著的《历史》，而其本人也被誉为“历史之父”。

在“博”的特征上，两者有相似之处，但仍然存在细微的差别。与《史记》比较来看，《历史》虽然其主题内容是围绕希波战争来写的，但它涉及的地理范围并不局限于当时希腊与罗马的地域范围，还包括了地中海和黑海地区，以及西亚、埃及、部分中亚和欧洲地区等，可以说是当时的一部世界史；除此之外，其内容也十分广博，除了作为主体的战争，还涵盖地理、风俗、动物、植物、饮食等多方面。我们可以清晰地看到，在这一点上，《历史》与《史记》是相通的，两者的内容都十分丰富，都可以称之为那个时代最为全面的史书。他们的体量如此之大，涉及范围如此之广，所以它们都符合了“博”的基本特点。但两者内容广博体现的形式和方式却不尽相同。《史记》的“博”主要体现在它丰富的人物上，在上文已经提及，所以不多加赘述。而对于《历史》的“博”，却有着不同的评价。其中“史料庞杂，枝节蔓生，岔笔过多”是比较主流的评价，因为希罗多德在叙述的时候有很多的插叙，甚至插叙之中又有插叙，枝蔓之中又生枝蔓，所以乍看上去整部作品显得非常杂乱、无序。但如果我们仔细审视这种安排材料的方法，我们不得不承认在当时史书的撰写还没有形成成熟的体系时候，希罗多德创造了一种新的撰写方法，不谈论其好坏的话这已经是具有开创性的壮举了。事实证明，这种方法在解释战争胜负的原因时，介绍了波斯帝国和整个大陆的战争背景，只是位置安排欠妥。所以，笔者认为《历史》仍然有“博”的特点。

另外值得注意的是，《历史》的创作过程也有明显的“博观”的积淀。希罗多德大约在他而立之年的时候开始了游历，他向北一直走到了黑海的北岸，向南一直到了埃及的南端，向东到了底格里斯河和幼发拉底河的下流区域，向西到达意大利岛，在游历途中，他

① （西汉）司马迁：《史记》，中国文史出版社 2006 年版，卷八十六，第 549 页。

探访了许多名胜古迹，考察了当地的地理环境。所以，希罗多德的经历和司马迁有惊人的相似之处，游历生涯给了他们能够完成史诗巨著的底气与实力，又再次应证了上文中的观点。

在上一部分中，笔者提到《史记》是“博雅”的结合体，已经将两者完美地融合在一起。那么我们要着重思考作为西方史书奠基者的《历史》，是否有同《史记》一样的“博雅”的特点。在《历史》中，希罗多德描述了大量的传奇故事而且枝节蔓生，但我们不能由此否定其文学性的一面。事实上，在《历史》中也存在一些优美的文字，只不过在整体上来看，《历史》主要采取的是一种偏向于朴实的文风，所以在艺术手法、环境渲染和词句斟酌方面比不上《史记》。在《历史》中，也不存在像《史记》中那样个性及其鲜明的人物形象，因为《历史》中的人物只是历史事件中的人物，单纯就是为了叙事而服务的。而《史记》不同，它侧重所要表现的是人物的历史，是以人为主体。因而，《史记》中的人物往往包含着司马迁自己强烈的情感，已经融入了作者自己的好恶。文学作品是人真实情感的载体。《历史》中并没有像《史记》那样含有强烈的主观情绪，没有多大的情感起伏，在对一些残酷的战争的看法上缺少了一些人道主义情怀。撇开史料的正确与否，《历史》确实显得跟客观一些，但这使之缺少了一些文学的气质，所以《历史》不具备像《史记》那样“雅”的特点。如果说《史记》更偏向感性与诗性的话，那么《历史》则更偏向于理性与科学性。

五、中国古典史书的写作风格和形成原因

以《史记》为代表的中国古典史书往往具有“博雅”的特点，而这又恰恰是其写作风格。其中“博”或可作为一本史书除了准确性外最基本的要求，在中国的“二十四史”中大多记载了相当长时间的详细历史，更不用谈其他的野史外传。史书作为官方以史为鉴的工具，之所以还能在中国的文学领域占有一席之地，其主要还是在于其中“雅”的特点。这是一种属于中国古典文学特有的诗性气质，是根植于中国文化感性认知的特有气质，这也是与西方著作最大的差异所在。中国文学的感性认知由来已久，从各种神秘美丽的神话故事中已经流露出了强烈的诗性气质，到然后产生了唯美的《诗经》，出现了第一位真正意义上的诗人屈原。这些都是“博雅”的最初源头，《史记》从《诗经》中得到了“讽”的真谛，达到了“善善恶恶，贤贤贱不消”的目的，从屈原身上汲取了浪漫的气质。所以当你在读“沧浪之水浊兮，可以濯吾足；沧浪之水清兮，可以濯吾缨”①时，不会觉得是在读一本枯燥的史书，而是一部优美的文学作品。

① （西汉）司马迁：《史记》，中国文史出版社2006年版，卷八十四，第536页。

在西方文明中，理性作为一种基本精神，一直延续至今。所以在西方的史学角度来看，客观性和科学性显得更加重要一些，他们会用理性地眼光去看待一件历史事件，甚至会从地理角度、政治经济角度去考察，这样就显得刻板一些。笔者不去讨论这两种不同风格的优劣，只是单纯地解释说明其区别和渊源。

其实，“博雅”的写作风格在某种程度上并不局限于史书。在其他的文学体裁上也有充分体现，比如《红楼梦》这样的小说，唐宋的散文，甚至像《菜根谭》《小窗幽记》这样的随笔笔记也都带有这样鲜明的特点，这也说明了“博雅”这种文学风格已经成了一种文化记忆，一种中国文化血脉中的基因。

试论中西早期史学中探因精神的持守及其现代进路

——从《史记》与《历史》谈起

张仕豪　马克思主义学院（2019301180004）

【指导教师评语】 希罗多德的《历史》可直译为《探访之所得》，司马迁写《史记》是为了“究天人之际”：二者皆有“探因”之内涵。仕豪同学的这篇小论文，以“探因精神”为关键词，以两部历史巨著为研究对象，以中西比较和古今通约为方法，探索中外史学的“追根溯源”与“实事求是”。就学术书写而言，作者追求论述的思辨性和语言的陌生化，初衷无可非议；但用力过猛或者是功力不够，导致了文章的滞重和艰涩。（文学院教授　李建中）

摘　要： 早期史学中的探因精神内蕴着实事求是、追根溯源的两大朴素逻辑。在将早期中西社会人文环境要素进行内化的历程中，司马迁与希罗多德通过创作中西早期史学范畴内的两大不朽之作，使得探因精神的朴素形态得以建构。而对探因精神在早期史学经典中的发生、持守进行初步论析，将助益于今日之通识教育中对变革力量的合理把控与对从实路线的显明内置。探因精神在早期史学中集中地表征为对历史研究从虚性质的形式逻辑的修缮，但在被现代性规约普适化处理的同时，亦面临着时代的“包围”。因此在所有个体自觉地打破时代规约遗留的现实实践中，使探因精神在更宏阔的范围内发挥向上意义，具有十分关键的价值意涵。

关键词： 探因精神；环境因子内化；中西早期史学；现代性

一、引　　言

回望漫长的古代史学史，中西史学家代际传承的使命追寻既表征为或宏阔或精微的史实叙事，亦内涵为或自觉或自发的充盈精神。而早已得到确证的是，中西早期史学家对历史史实内在因果的科学解答，正是在厘清现实稳态下主观认识边界、构析现存事物内在机制的基本前提下，凭借对史学琐碎材料的逻辑性探索和洞见性研判达成的。而此等方式背后的精神意涵支撑，正是在漫长历史中日渐成型的探因精神。在秉持此等孕育着实事求是、追根溯源两大基本逻辑的精神基源之上，中西早期史学家实现了对史实叙述的逻辑性、体系性把控与再建构，从而达成了对早期史实记录的有效转化，亦达成了对史学家自身价值理念的话语诉明。质言之，对探因精神的持守正是早期史学家们在史学创作中尤为关键的意识性支撑，也是使得早期史学著作发挥近于自发的“传道”的功能的有效通路。由此，以司马迁的《史记》与希罗多德的《历史》为抓手，探讨中西早期史学中对探因精神的持守逻辑，从而厘定这种蕴含在史学文本之中的探因精神对于今日我们何以博雅、何以成人的深厚意涵，是一种现实的、具体的应然。

二、探因精神的历史起点——中西历史环境因子的内化

众所周知，中国历史性文本的基本关切，是对个体与群体、实存与精神、本质与现象的价值研判。作为在中华文明早期史学中有里程碑式之地位的史学家，司马迁对这一基本关切的早期建构是不容忽视的。

在汉初儒学复兴的背景下，司马迁无疑承担着传承道统、著史以为世鉴的使命。他在《太史公自序》中如此写道：“先人有言：‘自周公卒五百岁而有孔子。孔子卒后至于今五百岁，有能绍明世，正易传，继春秋，本诗书礼乐之际？’意在斯乎！意在斯乎！小子何敢让焉。’”①由此可见，与儒学入世价值体系相合相融的司马迁，在其著述中必然不会仅仅停留在琐碎罗列、平铺直叙的自发阶段，而是有着将其“传道”的主观烙印深刻在其史学创作中的价值指向。而价值与逻辑的内在统一始终是任何学科不可绕过的命题，因此欲图达到这一目的，司马迁必然择取对史实内在线索与本质动因进行探源的基本方式。

而在这篇自序中，我们亦可发见司马迁自身探因精神得以构建的另一大因子，在汉初

① （西汉）司马迁：《史记》，韩兆琦译，中华书局2010年版，第7658页。

社会安定、经济复苏的有利环境下，他得以"迁生龙门，耕牧河山之阳。年十岁则诵古文。二十而南游江、淮，上会稽，探禹穴，窥九疑，浮沅、湘。北涉汶、泗，讲业齐鲁之都，观夫子遗风，乡射邹峄；厄困蕃、薛、彭城，过梁、楚以归。"①史学世家的出身为司马迁涵育完备的史学思维与优越的文化素养奠定了物质基础，而在长期的实地探考中，司马迁非自觉地养成了实证精神与逻辑判断能力。以上，皆成为其在《史记》得以贯彻探因精神的重要致因。

我们将视野放在公元前5世纪的西方，希罗多德史学创作中环境因子的作用方式与司马迁颇为相似。在古希腊的古典时代，哲学的理性光辉使得希腊大多数城邦充斥着求知求实的氛围。而部分城邦民主政治的超前涌现、东方国家势力的崛起扩张，使生活在希腊的人们在走进"世界"中形成了广域的视野和灵动的认知。同时，持久的神学传统，亦使神人同形同体的"形而下"的内核在希腊人心中深植。于是，在荷马史诗的熏陶之下，希罗多德得以在探寻实证的方法中获取历史，在逻辑论证的视野中观察历史，在合乎信仰与理性之认知中思辨历史。同时，希罗多德亦秉守自己的使命担当。正是因为在长期学习和实地探访中涵养出的理性精神、城邦意识、文明观念，使得希罗多德希望在自己的著述中记载古典时代人们创造出的辉煌与遭受的困境，力图开拓全新的历史视野，构析历史事物结果的本质原因，从而为他的"世界"、之后的"世界"建构有益的意识指向，贡献独特的意识力量，助益于人们找寻生命之因、价值所在的永恒历程。

由此，通过将此两部经典比较研究，走进两位早期历史学家的探因追求深处，足可发见，正是特定环境要素的内化造就了具有时代历史使命和实证逻辑意识的史学家风骨，也使两部里程碑式史学著作内蕴的探因精神得以形塑。

三、探因精神的基本逻辑——史实联结与质性研判

探因精神在早期史学著作中得以作用的两大进路，其一对史实材料内在联结进行客观性之把握，其二则是对史实材料及历史结果的性质进行带有深刻主观烙印的研判。前者在于对历史逻辑的审视应用，后者则多体现为现实逻辑的再阐释。而前者为后者奠基，后者使前者再塑型，两者相互交融，史学在其本质力量（即多重思维力）的实现中完成主观与客观的统一。

司马迁在《史记》中如此评述陈涉："陈胜虽已死，其所置遣侯王将相竟亡秦，由涉首

① （西汉）司马迁：《史记》，韩兆琦译，中华书局2010年版，第7649页。

事也。”①在后世，对于陈涉的评价往往倾向于负面。陈涉出身低微却欲图一转而成“王侯将相”，最终他身死失败，并未亲身真正完成亡秦的“历史使命”，这是常人由各个时代场域中生成的经验出发而得出的结果判断，也成为后人评价陈涉的依据。而在此，司马迁却以一位专业著史者的身份对亡秦一事建构了更为审慎且富有创见的清晰认识：陈涉虽然已经死亡，但是在历史逻辑上，完成亡秦使命的却是他的后继，若无陈涉，仅凭理性假设而言，后续的一系列历史事件都将被改写，因为依照时人的历史观，所谓全然的必然性历史观并未得到全面普及。由此司马迁在词句间流露出了如此的意涵：正是陈涉的首次起事引发了全国反秦的浪潮，因而在亡秦之事业中陈涉功不可没。司马迁于此秉守了朴素的“不以成败论英雄”的历史客观意识，他既将先人之仁人观念在史学创作中妥善安置，又以把握亡秦一事的历史追因，为陈涉形象的历史空间建构了一个更为妥适的判定：陈涉固然失败了，但功在千秋，不可忽视。

此等散发独特魅力的探因精神，亦同样地在希罗多德创作的《历史》中有所展现。在叙述雅典人在希波战争历程中的表现时，希罗多德写下了如此的一段话：

“雅典人就这样强大起来了，显而易见的是，自由是一件绝好的事情，这不只是从这一个例证中，而是从许多的例证中足以得到证明的。因为处于僭主统治下的雅典人，在军事方面丝毫不强于他们的任何邻人，但是一旦摆脱了僭主的桎梏，他们很快就脱颖而出，成为佼佼者了。这些事实还表明，当人们受到压迫的时候，他们常常一败涂地，因为那些在为他们的主子效力；但是一旦他们获得了自由，人人就都渴望尽心竭力，争取有最好的表现。这就是其间雅典人的所作所为。”②

基于这段对雅典成败之因的鞭辟入里的论述，足可发见希罗多德在撰写《历史》这部兼具东西之意、凝练古今之神的划时代著作时，并不满足于将他多年来实地探访获取的史实资料加以简单堆砌，而是夹叙夹议，在许多精妙之处凭借对史实内在联结合理把控，一针见血地指出历史事件背后的动因。雅典人面临着敌方压倒性的劣势仍然取得了令人难以置信的胜果，对此若仅仅在军事指挥、武器装备、战场环境等碎片化视角中加以简单解读，则仍然难以具备其说服力。希罗多德对此则阐定了他独特的抽象性判断：摆脱了僭主统治架构的雅典城邦实现了将内蕴着集体意识、民主意识在文化理念上的融通，每一位公民皆是为集体、为自身而战，从而在战术、战法尚未体系化的时代爆发出了极大的战斗能量。希罗多德从自身期愿中的政见理念出发，采取了全新的文化与政治视角，进而为雅典的胜利提供了更加坚实有力的论述支撑。他在隐含的话语中传达了宏大的民主理想和自由愿景，从而于著述中实现了史实联结与质性研判的统一，深远影响了西方史学方法的发展建

---

① （西汉）司马迁：《史记》，韩兆琦译，中华书局2010年版，第3876页。

② ［古希腊］希罗多德：《历史》，徐松岩译注，上海出版社2018年版，第524页。

构历程。

四、探因精神的现代进路——“时与人”的秉守与突围

应当阐定的是，基于对此两大史学经典著作开展回溯的现实契机可以发见，探因精神的实现进路，是个体以其现实历史地生成的认识能力，将琐碎支离的史实在极具客观性的形式中整合为联结有秩、互为因果的历史论述，这集中地表征为对历史研究从虚性质的形式逻辑修缮。在东西方史学模式与方法的建构尚在发轫阶段之时，这具体地表现为司马迁和希罗多德两位早期史学家顺应历史演进的基本脉络，采用了相似的思维方法与叙事逻辑，开展了有效的史实联结与质性研判，在不同的后轴心文明体系之下创造出了改变史学发展历程的精神成果。而在当今生产力跃升的时代，人类认识世界与改造世界的工具与方式在从历史中走来、向未来而去的丰厚实践中完成了自我再规定，显现出前所未有的物质力量。而随着各文明的深入交融与知识的膨胀爆炸，探因精神在今日之世界得以于更加广域的思维范围、学科范围中展现出大大卓于昔日的生命力。时至今日，探因精神的内核已经生成深化为我们在学习研究中的基本逻辑之一。

值得我们加之以敏锐思考力的是，在“时与人”凭借技术与组织的野蛮生长而达成前所未有的联结之时，探因精神于当今时代的普世性内化，并不意味着其发展历程的完结，反而使其陷入了一定境遇中的自我徘徊，个中的主要原因，应当是探因精神的规约性同质化和其正面价值指向的时而缺席。在现代性附属下的科学与技术对人类社会形成整体统摄之后，探因精神的在场成为广义上科学与日常思维的基本前提，深刻助益于现代人对变革力量的合理掌控与对从实路线的显明内置。然而随着同质技术的扩张，现代社会的复杂规约愈加内化为人类思想行为的“常识”，发轫于早期史学的探因精神的突破性力量亦在此等的“常识”化历程中被削弱。同样，囿于此等的“常识”化、“同质”化的演进趋势，探因精神的作用载体与生成场域已然前所未有地得到拓展，由此便有了演变为诸多“假恶丑”利益个体或集团所驱使的精神工具的可能，更易成为部分人进行非必要误读与非正面构想的思想之源。一言以蔽之，现代性在对探因精神进行普适化处理的同时，也构建了反向针对于探因精神本身的包围圈。

由此，在时代与个体的交汇之处，当代人(尤其是青年人)不仅仅应当使真实奋斗中的探因精神信仰化，亦应当使索骥历程中的向上性信仰转化为探因精神的前置加持，在打破现代性遗留在思维中的规约之条件下，探寻做出“真学术”与“正学术”的必然进路。如此，二位先贤在风霜历史之中为人类博得的精微灵动与宏阔精神，方能于今日之现代停止徘徊、突破重围，在现代个体的现实实践中悍然奔袭至真理的彼岸。

论早期中西哲学文化的“形”“神”异同

——以《庄子》《斐多》为依据探讨中西哲学差异及未来

许澎　资源与环境科学学院（2019302050220）

【指导教师评语】生与死，形与神，是中西哲学的重要命题，《庄子》与《裴多》为我们提供了探讨和比较中西哲学关于此命题的蓝本。在许澎的笔下，苏格拉底与庄子发展出不同的向度，一个是神性的思索，一个是超然的生活，他们纠葛于形神之间，体验着外在世界与内在心灵。（历史学院讲师　吴兆丰）

摘　要：在“形”与“神”的纠葛问题中，苏格拉底只求一死，而庄子思考的是如何好好活。从这个层面来讲，虽然庄子与苏格拉底都提到了“形”与“神”的纠葛问题，二者的内核却有着极大的差异。

关键词：形；神；肉体；灵魂

中国哲学文化自存在以来，就与西方的哲学文化在诸多方面存在差异，由其指导的中西处世之道与信仰也因此而存在着不同程度的差异。但二者似乎都对“形”与神的关系问题存在有一定的探讨。作者将会以中西经典名著《庄子》与《斐多》作为研究主体，对中西“形”“神”文化加以探索，同中求异，异中求同。

一、心灵与灵魂

不论是在《庄子》还是《斐多》中，每个有形的个体生命总是有着一个空间，这个空间无形又有形，虚无但存在，谁也说不准它到底是什么，但是庄子和苏格拉底显然都认同这样一个存在，在本文中，我们暂且把它定义为一个人的精神部分的集中体现，也就是精神世界。在《庄子》中，它叫“心”；《斐多》中，它叫“灵魂”。虽然从后世的更高视角来看，这两者本质上应当是一样的，但是从这两本书中，我们还是能看出，庄子的“心”与苏格拉底的“灵魂”还是有很大区别的，尽管他们都强调一个人更为精神性的方面。

《斐多》中，苏格拉底用了很长一段时间与朋友亦弟子探讨了灵魂不朽的问题。对于苏格拉底来说，灵与肉是可以完全剥离而存在的，死亡不过是灵魂告别肉体，肉体与灵魂分离而已。肉体会腐朽，灵魂却是不朽的。同时，苏格拉底对身体所产生的一系列感官的态度都不甚明朗，苏格拉底所认为的灵魂，是绝对理性的。他给灵魂赋予了追求真理、智慧的天命。在与友人交谈时，为了证明灵魂的不朽，苏格拉底也运用了非常理性的说理，逻辑严密，条理清晰。故而我认为，他所提出的“灵魂”，其实更偏向于人类精神更理性的一面。

而对于庄子来说，书中提到“心”时，并未强调什么追求真理与智慧。“形固可使如槁木。而心固可使如死灰乎?”庄子对心的强调，更多是强调返璞归真，追求心灵的通透、明净、与轻松，不为外界所累。庄子提出的“心”，更多偏向于人的精神的感性层面。

由此也可推知，中国与西方哲学，一开始在研究对象方面，就有着巨大的差异。

二、“自然之道”与“神法”

在两本著作所描绘的世界里，都存在着一种凌驾于万物之上的法则，这种法则我们也许至今都尚未研究清楚，也不知其实体为何，但是他却是实实在在的，在冥冥之中存在的东西。它是世间万物存在与消亡的规律。对于庄子来说，这法则是自然之道。庄子对于“天”“人”有明确的划分界限，却又倡导着天人合一。庄子可能是最早将眼光从纷繁复杂的人类社会剥离出来，望向更广阔天地的中国学者之一。他以超前的智慧，宽广的胸怀和博大的视野，洞悉了自然万物的存在都有一个法则，人类不过是自然世界中一个小小的组成成分，我们应当做到遵循自然法则，“反其真”。庄子的视角是很宏大的，“天地与我并生，而万物与我为一”，在庄子的视野中，人不再是这个世界的中心，人不过是一个组成部分。

而在《斐多》中，苏格拉底与友人们的谈话，也充分显露了他的世界观。苏格拉底是承认神的存在的，在他的认知中，天地法则就是神法，人的生命是神赋予的。这也就解释了为什么，苏格拉底反对自杀，他认为人不应该结束自己的生命，除非是神告诉你已经走到这一步了。在苏格拉底的视角中，几乎完全没有对自然万物的关注。他也并不关心什么自然法则，因为他一开始就相信神的存在，神法的存在，自然也并不会将注意力放到自然之道之上。他的视野是以人为中心的。时至今日，大多数西方人都对神的存在坚信不移，这也与很多中国人没有宗教信仰的情况形成了鲜明的对比。

三、生　与　死

对于个体生命的生与死，两本著作其实并未花费太多的笔墨来描写，但是我们仍然可以窥见一二。庄子一直推崇自然之道，对于庄子来说，万物都有其存在和消失的规律，这是大自然的法则。看过了无数生死，庄子对于生死的态度已然十分豁达。对于庄子来说。生死更替，是再正常不过的世间万物运行的规律。生而死，死而生，十分正常。故而庄子没有像苏格拉底那样，去论证心灵的不朽。因为对于庄子而言，这些都并不重要。于苏格拉底而言，由于苏格拉底对神法的信仰，他对自然状态下的自然法则并没有十分的重视。苏格拉底很坚定地认为灵魂是不朽的，“生”与“死”不过是两个对立面，两种状态而已。当神下达指令，该结束肉体生命之时，顺应神的指示就好。所以说，对于苏格拉底，他也不会过于纠结生死问题，因为这对于他来说也没有太大的意义。

四、“形”与“神”的纠葛

在《庄子》和《斐多》中，都有形与神的纠葛。即“形”对“心”的束缚和“肉体”对“灵魂”的束缚。二者看起来说的是同一个问题，实际上确实在很多方面有很大的不同之处的。在前面第一、二、三部分中已经论述了《庄子》和《斐多》中一些基本问题的异同，下面我们将以此为基础，论述两书中“形”与“神”的纠葛。

虽说两书中都提到了“形”对“神”的束缚，但是庄子和苏格拉底的态度是很不相同的。庄子并未否定人的感官带给人的认知，而苏格拉底却对肉体的感官怀着否定的态度。这个问题在今天看来仍然令人毛骨悚然。我们用肉体所看到的、所听到的、所感受到的，难道一定就是真实的吗？我们所感到的所谓真实，难道没有可能是一种虚假吗？在苏格拉底看来，肉体极有可能是灵魂用纯粹的思想去探索某一个事物的真实方面的阻碍。同时，身体的感官让我们充满欲望，而欲望会阻止我们开启明智的思考。故而追求智慧的人追求灵魂与肉体的完全剥离，只有这样他们才能够摆脱肉体对灵魂的束缚和压制，去了解真相，探求真理。而死亡是灵魂与肉体脱离的唯一方法。同时，他们坚信灵魂的不朽，所以，苏格拉底认为，追求智慧的人，是不会畏惧死亡的，因为他们追求死亡，他们所践行的，不过是在死，和去死。当神终于下达这个指令时，他们会感到十分快乐。

对于庄子，形神之间的纠葛就显得没那么惨烈了。庄子从未提出要把心从形中完全剥离出去，他对人的七情六欲的态度，也没有苏格拉底那么强烈的唾弃和抵触。庄子信奉自然之道，推崇天性，他所倡导的更多是顺应天性、返璞归真。天性是人生而就有的，是没有被物语、世俗所改变，束缚的人类的那份本真之心。在那个乱世之中，庄子思考着如何拯救人被外物、被世俗、被欲望所蒙蔽的那颗心。让人在乱世之中，寻一个安稳。苏格拉底只求一死，而庄子思考的是如何好好活。

从这个层面来讲，虽然庄子与苏格拉底都提到了“形”与“神”的纠葛问题，二者的内核却有着极大的差异。

五、结　　语

我们从出生开始接收到的教育，都是大人告诉我们什么该做，什么不该做，什么是好，什么是坏，什么是理想道德。没有人引导我们思考：我是谁，我为什么是我，我为什么要活着，人类为何而存在，世界为什么这样运转等本源的问题。很多人，尤其是我们这些没有信仰的中国人中的很多人，终其一生也没有思考过。我们从小接受的知识文化告诉我们，怎样活下去，怎样好好地活着，却没有告诉我们，为什么要活着。相应的，很多西方的人，也没有学过为人处世之道。这是庄子和苏格拉底的差异，是中西哲学的差异，也是中西文化的差异。历史发展到今天，人类依然没有弄懂，我们到底是为了什么而存在。我们没有证实灵魂是何物，它是否存在，是否不朽。我们也不知道肉体感官告诉我们的世界，是否真的是真实的世界。灵魂真的存在吗？它可以脱离肉体吗？神真的存在吗？地球以外，是否会有更高级的生命，操控着我们呢？这些我们目前都不得而知。但是我们知道，人类只有一直一直存在下去，更好地存在下去，未来的某一天，我们的子孙才可能得到人类一直以来想要的答案。因而，时代必须发展，科技必须进步。中西方文化，也应当开放包容，接纳彼此。我们既要不停追问，探求真理，也要知道，该如何活下去，如何好好地活下去。博者，大通，刘勰先生兼宗三教，博见、博观。如今时代发展，我们更当博观、博见。博雅中西之间。

试论中西方哲学的虚实、阳阴

郑晨宇　计算机学院（2019302110380）

【指导教师评语】文章行文流畅，文笔优美，通篇观点的精彩表达与旁征博引的论述均能体现出作者对几部人文经典较全面的理解。但从结构与论证上来看，文章仍然有些先天不足。现有的结构将中西哲学较为分明地划分为实与虚、阴与阳，但作者对中西“虚”与“实”之对比基于的是不同的面相，似乎说服力不足，容易造成中西之间“虚、实、阴、阳”人为对立的观感。因此文章在行文架构的逻辑和观点论证的逻辑上都有欠缺。但总体来说，作者对经典有独立、独到的思考，文章中可圈可点之处也颇多。更难能可贵的是，从文章中能看出作者对人文经典发自内心的热爱，中西对比中有独特的视角一以贯之。对于大一学生来说，已经算得上是一篇用心的优秀之作。（中国边界与海洋研究院讲师　徐广淼）

摘　要：哲学在中西方史上都起着举足轻重的作用，博大精深，高尚雅致。从起源、得法与对象来看，中国哲学更加务实，而西方哲学更加空灵。从言说，著书，论证方式来看，中国哲学偏向阴柔而西方哲学更加明晰。基于这两个角度，笔者从中西方哲学的“实”与“虚”以及“阴”与“阳”两方面，对中西方哲学之美做出一个粗浅的探讨，希望能带领读者一窥中西方哲学的冰山一角，感受中西方哲学的博渊高雅。

关键词：中西方哲学；虚实；阴阳

一、引　　言

道兮，渊呵。哲学在中西方历史上都起着举足轻重的作用，它是一代代大师们智慧的结晶，是这个世界丰富无穷的文化宝藏。在中国，有儒学之治等东方之道，在西方有柏拉图等理想国之思。本文力图抓住中西哲学阴阳虚实上之异同，粗浅探讨中西方哲学之美。

二、中与西，实与虚

(一)实之坚硕

在漫漫历史长河中，中华大地涌现出一个又一个哲学大家、思想大家，它们著书立说，巡游讲学，广收门生，名扬四海。他们的思想各领风骚，或指点江山，或重建礼乐，或御虎狼之师，或求心之宁静……那是一个百家争鸣的时代，那是一个风云激荡的时代。

中国古代哲学门派林立，理论纷杂，它以儒释道为主流，同时辅以墨家、法家、名家、阴阳家、纵横家等众多学派，形成了一个庞大而有序的体系，照亮了中华文明前行的历史道路。纵使门派林立，理论纷杂，我们还是能发现，绝大多数的中国学派之思想都是务实上进，扎根生活的。何以知之？笔者在此以《论语》为主要依托，来阐述中国哲学文化的实之坚硕。

《论语》是儒家学派的经典，在其体系中处于极高的地位。要想与作为万世师表的孔夫子亲密接触，了解儒家文化核心，《论语》无疑是最重要且最可靠的材料。同时，作为中国文化的代表著作之一，《论语》的内容中也展现出了“实”之美。

论语的创作就源自于“实”。那是一个烽火连天、政局动荡的年代，东周王室已经尽丧武王伐纣时的意气风发，暮气沉沉偏安于洛邑一隅。对外无号令诸侯之力，对内无明理内政之能。周王室引以为傲的礼乐宗法制已经无力面对各个阶层的挑战，一个诸侯僭越天子之礼，大夫僭越诸侯之礼的时代已经到来。而孔子以天下为木铎，知其不可而为之，苦学成才，精通礼乐文化，急切地希望在混乱黑暗的春秋末期重建礼乐井然之世。讲学发言，传之后世，遂成《论语》。由此观之，《论语》的诞生正是源自于社会崩坏之“实”。

《论语》思想的核心亦是实。众所周知，《论语》集中体现了儒家学派的“仁”之思想，是儒家学派的理论根基。何为仁？提到仁，我们往往会联想到"仁德""仁慈""仁善"、"仁爱"等和美温暖的词汇，却很难给它下一个理论上的诠释。在笔者看来，这是由"仁"的实体性质所决定的。"仁"更多的并不是出现在理论与言语上，而是表现在社会生活的方方面面，它的落脚点是实处。翻开《论语》，领略孔夫子的教诲，我们不难看到许多诸如此类的语句："其为人也孝弟，而好犯上者，鲜矣；不好犯上而好作乱者，未之有也。君子务本，本立而道生。孝弟也者，其为仁之本与"①；"贤贤易色，事父母，能竭其力；事君，能致其身；与朋友交，言而有信"②；"见贤思齐焉，见不贤而内自省也"③。显然，《论语》中收录的大部分教诲都是在谈个人的礼仪修养与社会生活。在家我们要面对亲朋好友，在学校我们要面对老师同学，工作中要面对上下级，在社会上我们要面对各种各样的人。人需要面对千丝万缕的社会关系，如何处理好各方面的社会关系，正是"仁"所反映的一个重要而不可或缺的方面，它要求人们尊老爱幼、孝老爱亲、尊师重教、团结友善、和睦相处、平易近人，在社会生活中成就自己、方便他人。由此观之，《论语》的思想核心与人类社会活动之"实"是密不可分的。

《论语》的教化对象也体现了"实"。《论语》中论礼、论仁，意在教化百姓恪守礼制，其最终目的便是要改变"八佾舞于庭"的混乱时代。《论语》其书，由社会中每一个个体入手，最终欲重构社会。于人民，于社会，《论语》的教化对象始终都是确有其物的实体，这让人感受到了中国哲学之务实。

像《论语》中所体现出的儒家思想一样，先秦哲学流派都有着实之精神。墨家所提倡的兼爱非攻，尚贤尚同，节丧节用，乃至科学与工艺创作，都与战国时代的大国关系及人民生活密切相关；兵家则是着力于兵者之诡道，攻城拔寨，"战胜而强立"，这与各国战事频仍的现实密切结合；纵横家则以苏秦，张仪为代表，"纵者，合众弱以攻一强也；横者，事一强以攻众弱也"，与当时秦国一国独大的社会局势密不可分……虽然中国哲学并不乏虚无空灵之力作，正如《老子》《庄子》，但在广泛接触中国哲学经典之时，我们感受最多的仍是"实"的力量。

（二）虚之空灵

恰与中国哲学相悖，西方哲学经典更注重在冥想或沉思方面的逻辑体系构建，常不以人或社会实体为依托，而是更倾向于源自空灵虚无感的思索。

---

① 程树德撰；程俊英、蒋见元点校：《论语集释》，中华书局1990年版，第10~13页。
② 程树德撰；程俊英、蒋见元点校：《论语集释》，中华书局1990年版，第30页。
③ 程树德撰；程俊英、蒋见元点校：《论语集释》，中华书局1990年版，第269页。

谈西方哲学之虚无意识，不得不谈到西方宗教意识，因为这是使西方人产生虚无意识并对西方主流哲学思想产生影响的内在因素。以西方主流宗教基督教为例，在其看来，人生而有罪。正是由于人类的贪婪与堕落，才被盛怒之下的上帝赶出了无忧无虑的伊甸园。从那时起，人类活在世上的目的便是赎罪，人们必须恪守教义，行善积德，内心极度虔诚地皈依上帝，才有机会能在末日审判时得到幸免，重归天堂。而这种宗教思想在很大程度上折射出了西方人对现实生活的忧虑和一种深深的无依无靠的虚无意识，这也在某种程度上导致了西方哲学所探讨的内容往往立足于虚无缥缈的物质，如灵魂、心理、善美等。笔者在此以柏拉图笔下的《斐多》作为主要论述对象，粗浅地谈一谈西方哲学的虚无空灵之美。

《斐多》与其作者柏拉图是分不开的，柏拉图建立了以理念论为核心的哲学体系，对西方哲学体系的构建产生了极其深远的影响。甚至有人认为，“柏拉图就是哲学，哲学就是柏拉图。”《斐多》篇以柏拉图之笔，记录苏格拉底之言语，以伟人之笔记伟人之行，《斐多》无疑是一笔难言的精神财富，是用于研究西方哲学虚无思想的上好资料。

观《斐多》篇的探究对象，正是苏格拉底思想观念中的灵魂与肉体，它直接引发了此次众人的讨论和“灵魂永恒”结论的得出。“那些碰巧正确地把握热爱智慧之人，他们所践行的不过就是去死和在死”①，“灵魂要最为完美地思考，就得不受任何感觉打扰……毋宁说，灵魂应该尽可能变得自体自根，让自己告别身体，这样才能既不与身体结合，也不倚靠身体去探求事物”②，苏格拉底对灵魂，纯洁等虚无物质的沉邃之思，造就了他慨然赴死的勇气与释然。源于虚无的思考，有时带来的是磅礴的力量。虚无的力量，给人们带来了灵魂上的安详与精神上的皈依。“有之以为利，无之以为用”③，西方哲学对于灵魂等虚无物质的思索，以不同于中国哲学的方式，带给了我们无尽的美感与回味。

再看《斐多》篇的论证过程，苏格拉底首先提出“有智慧的人的热望就是赴死”④这一论断，再提出并证明了灵魂干净有神力，渴望摆脱身体污浊堕落，重归清欢明净的纯洁性。接着，面对朋友对灵魂是否存在的质疑，苏格拉底又以类似于“有无相生，前后相随”⑤的原理论证了灵魂存在的必然性，并从另一方面推出并证明了“知识即回忆”⑥这一观点，从而证实了灵魂存在而且具有明智的正确性。然后，苏格拉底进一步阐发，重提灵魂渴望获得自由和摆脱身体的同时，也指出灵魂会受到肉体污浊的影响，失去初心。而灵魂纯洁性

---

① ［古希腊］柏拉图著，刘小枫译：《斐多》，生活·读书·新知三联书店2015年版，第338页。
② ［古希腊］柏拉图著，刘小枫译：《斐多》，生活·读书·新知三联书店2015年版，第340页。
③ (魏)王弼注，楼宇烈校释：《老子道德经注校释》，中华书局2008年版，第26~27页。
④ ［古希腊］柏拉图著，刘小枫译：《斐多》，生活·读书·新知三联书店2015年版，第338页。
⑤ (魏)王弼注，楼宇烈校释：《老子道德经注校释》，中华书局2008年版，第6页。
⑥ ［古希腊］柏拉图著，刘小枫译：《斐多》，生活·读书·新知三联书店2015年版，第351页。

的保持与否，直接决定了肉体死后灵魂的去向好坏，隐射了宿命论，警示人们在日常生活中要热爱智慧，根植灵魂。最后，在巧妙辩驳友人提出的“灵魂和音论”及“消亡论”后，苏格拉底论证了灵魂的斥死性，同时告诫人们，因为灵魂不死，所以要为灵魂的未来进行考虑，注重自身道德与智慧的修养，以免陷入万劫不复的境地。

自始而终，《斐多》篇内苏格拉底与好友们的探讨，辩论，证明的过程均是以抽象的逻辑思维为载体，这完美地体现了西方哲学对象之“虚”。与中国哲学强调格物致知不同，西方哲学更强调从已有的直观事物出发，进行严密的推理论证。它更倾向于沉思化的推理，而非实物化的实践。虽然这样的推理方式也有其瑕，例如亚里士多德错误地认为“物体越重，其下落的速度越快”；苏格拉底对灵魂的思考在今日看来也是没有科学依据的。但这仍旧无法掩盖古代西方哲学的逻辑严密和向虚无求知的美感与震撼力。

中国古代哲学的务实之美与西方古代哲学的空灵之美各有所长、别具特色。务实，给人敦厚盘硕之感；空灵，则给人带以旷然而视的心灵力量。希望在未来，中西方能进一步相互借鉴，各取所长，虚实结合，一直给我们世人上演一场思维的盛宴。

三、中与西，阴与阳

(一)阴之含蓄

与自身向往至大至刚的阳刚之躯不同，在哲学文化的传播上，中国学者更倾向于含蓄的“阴”的方法。直白地说，就是在传学的过程中并不对讲述的内容下具体的定义：或是不讲；或是以“只可意会不可言传”的方式；或是以否定的方式，讲它不是什么。何故？中国古代的学者往往认为一个概念，如上文所说的“仁”，是难以下出具体定义的，它们往往涉面广泛，或涉及个人，或涉及社会国家，或涉及行为规范等其他众多领域。但定义往往是狭隘而有界的，它使一个概念变得僵化古板，还有极大的可能性漏掉一些隐藏着的、未被人们发掘的概念衍生，从而破坏人们所追求的艺术意象美感，如此来看，下定义的确是一个得不偿失的行为。所以中国古人智慧性地选取了“阴”的含蓄方法，善用否定，善用意会顿悟，依赖求学者的悟性来讲学。像《论语》《老子》《庄子》这些著作，无一不是寥寥数句的语录，以简明深邃的哲言和超脱于人世的比喻来阐释最幽深的哲思。“言有尽而意无穷”的力量是伟大的，这种含蓄隽永的思想意蕴，使得后世哲学大家对著作的解释层出不穷，哲思的意境被不断反哺和扩大。正如《老子》五千言之短篇，研究的热度一直持续到了现在，被很多人看成思想最为深邃的经典。笔者在此希望以《老子》《庄子》与《坛经》为例，粗浅谈论中国古代哲学的“阴之含蓄”。

老子，道家宗师。道家，往往给人一种飘渺玄幻的感觉，他们弃尘世而归隐，丢俗物而治其心。昔者老子独乘青牛，西出函谷，终不复现，仅留五千言《道德经》于世，成先秦一大传说。《老子》其文，幽深难辨，哲思汇聚，现在仍引起学者们的广泛研究和关注。笔者现以老子开篇之言“道可道非常道”①为例来阐述“阴”的方法。对这句话的主流解释是：“道可道，非常道”，即道是不可言说的，它只能由暗示而传播。开篇就点出了道的不可述说性，它的含蓄幽深需要靠人常年累月的思索与探寻才能一窥其豹纹。在此，我们不妨换一种方式断句：“道可，道非，常道。”翻译就是：人们对待生活中任何一个事物做的评论，都可以是肯定的“是”，也可以是否定的“非”，这是一个平常却耐人寻味的道理。六字短句，两种解读(或许还有很多种)，每种都是幽深难辨，哲思汇聚。我们不难为《老子》的“阴”之法感到震撼！

庄子也是如此，他笔下那宏大而清奇的景象，也具有多重艺术意境之美，含蓄隽永。“藐姑射之山，有神人居焉。肌肤若冰雪，淖约若处子，不食五谷，吸风饮露，乘云气，御飞龙，而游乎四海之外；其神凝，使物不疵疠而年谷熟。”②它说的是：在遥远的姑射山上，住着一位神人，皮肤润白像冰雪，体态柔美如处女，不食五谷，吸清风饮甘露，乘云气驾飞龙，遨游于四海之外。他的神情那么专注，使得世间万物不受病害，年年五谷丰登。庄子笔下的姑射神人，冰清玉洁，神通广大，情致高雅，专一正直，热心有力。她的意象是丰富而有韵味的，我们可以感受到一种心灵高洁的清爽感，可以感受到对无拘无束自由的向往，可以感受到对天降贤士救民于水火的期待，可以感受到……庄子笔下任意一个意象，都能让我们带来无穷的意蕴，这是直白陈述而不能达到的，庄子意象派的含蓄美，让我们迷失在诗意幻境中无法自拔，更让我们体会到中国哲学语言的无穷魅力。

前文已提及中国哲学儒道两大主流，现在再把眼光放在“释”上，一起来领略一下禅宗的奥妙。《坛经》被称为中国禅宗经典之首，记录了禅宗六祖慧能的讲法，正是它奠定了禅宗的理论基础，是中国佛教史乃至中国文化史上的一个重要里程碑。《坛经》在这里有极大的研究价值。谈到禅宗，我们往往会想到“悟”“悟性”“顿悟”等词，《坛经》运用了大量的篇幅叙述着人的悟性，它主张思想的传播与领悟，绝对离不开人们破除成见的过程，恢复那种与生俱来的悟性。由此可以猜想，《坛经》的语言同样是意味无穷的。

我们不妨来品味《坛经》中一个家喻户晓的故事。五祖欲传衣钵于众弟子，命各人做

---

① (魏)王弼注，楼宇烈校释：《老子道德经注校释》，中华书局2008年版，第1页。

② (清)王先谦撰，刘武撰，沈啸寰点校：《庄子集解　庄子集解内篇补正》，中华书局2012年版，第14页。

偈，若悟大意，即付衣法，禀为六代。德高望重的神秀做偈云："生是菩提树，心如明镜台，时时勤拂拭，莫使有尘埃"①，在五祖看来终不见性。而默默无闻，甚不识字的慧能做偈："菩提本无树，明镜亦非台，佛性常清静，何处有尘埃？"②打动五祖，震惊四座，成为禅宗史上最负盛名的偈，他本人也得五祖真传，是为六代。两首偈，对象相同，而数字之差，意境之差却如同天壤之别。神秀所作，阐述的人们是在污浊的俗世中，要勤勉地努力，以求内心的宁静与高洁，不受世俗的污染。在世人看来，能有入浊世而超越脱然的心境已经是难能可贵了，但在禅宗看来，这仍然停留在了世俗的阶段，仍未顿悟。反观慧能之作，则是达到了禅宗内一种高超的境界，是一种出世的超脱，本来就心无一物，四大皆空，又何妨乱云飞渡，世俗侵染？一切事物都只是眼边浮云，挥一挥衣袖，不带走一片云彩，又有何妨？

中国的语言，就是如此巧妙，于只言片语之间蕴含千钧之力，五言绝句，可以营造丰富难以说清的意境，而数字只差，又是别有洞天。试想，运用这种语言技巧著成的中国古代经典，其思想蕴藏是有多么的丰富与庞大，它们能给我们带来的遐思又是多少？笔者相信，中国哲学阴之含蓄的思想将会在未来继续大放异彩。

（二）阳之明晰

与中国古代哲学阴之含蓄相反，西方哲学思维基本上是直接而明晰的，干劲利落而果断的，拥有着阳刚正面之美。西方哲人不擅长东方人暗示、隐射等婉约的写作方式，他们更善于以严密的逻辑体系从正面对一个问题进行推理与思索，对一个原本模糊的概念进行详细而力求精确的定义……这种思维与西方人对知识刨根问底的狂热和对自然科学的不懈追求是有直接关系的。古代西方人的自然环境恶劣，例如古希腊，需要通过开辟海外殖民地和海上贸易来维系各城邦的生存与发展，这种受到恶劣环境压迫局势在很大程度上催生了诸如数学、物理等自然科学的发展，而自然科学需要严密的定义与逻辑体系，例如速度被定义为："一段时间内物体位移与时间之比"，生长在如此环境的西方哲学自然也很难脱下这层明晰推理的面纱。

在前文对《斐多》篇的论述中，我们能够很明显地看到苏格拉底面对问题和反驳是利用严密的逻辑推理进行解决的，即从已有条件出发，通过各种引理和推导，得到最终的结论。例如在论证灵魂存在的过程中，苏格拉底从两个方面对此进行了证明。第一个方面，有其反面的东西必然不会产生于别处，而是产生于它的反面，如大的东西由小而来，更正

① （唐）慧能著，郭朋校释：《坛经校释》，中华书局1983年版，第12页。
② （唐）慧能著，郭朋校释：《坛经校释》，中华书局1983年版，第16页。

义的东西是从更不正义的东西而来，那么对于死生而言，恰恰是从已死的东西生成了活着的东西和活着的人，那么其中便是灵魂作为介质存在。另一个方面，如果活着的东西都会死，而死了的东西又不再回生，那么万物最终会死尽而无活物，世界将会被死吞噬。合二为一，论证了灵魂存在必然性，在此过程，我们能深切地感受到西方哲学明晰逻辑之美。

而这种明晰的逻辑方式，无疑也影响了近代西方法制，政体与经济等各行业的进步，西方社会的各个方面都深受这样逻辑体系的熏陶。笔者在此由《论法的精神》和《国富论》来进行简单阐述。

《论法的精神》是欧洲继亚里士多德《政治学》以来最重要的政治理论著作，它开创了社会学的研究方法，继承并深入了亚里士多德以来的政体理论，并使权力制约成为西方宪政理论的核心内容。要想诠释并力图推行法的精神，新时期的政体理论和权力制约制度，必然离不开繁杂而准确的逻辑结构与思维方式。法的精神是一个看似虚无缥缈东西，它与一个国家的物质条件，地理环境，风俗民俗，居民宗教信仰，财富人口多寡等众多层面息息相关，像中国的"仁"一样难以尽言，而孟德斯鸠以他长期缜密的逻辑思考，从正面对法的精神做出了各方面的概述与精妙的介绍，这是相当不易的。另一方面，政治体制的创新，也需要一丝不苟的分析与设计，政体问题牵一发而动全身，影响的是整个国家的局势与命运，容不得半点马虎。

我们从《论法的精神》开篇就能一窥管豹，孟德斯鸠在论述法与各种存在物关系之始就下了一个很明确的定义："就最广泛的意义而言，法是源于事物性质的必然关系。从这个意义上说，一切存在物都有自己的法。"①而盲目的命运造就世上一切尤其是"智能存在物"是无比荒谬的，因此法不仅反映了原始理性与各种存在物之间的关系，同时也体现着存在物彼此间的关系。孟德斯鸠进一步深入，他认为，永恒的世界是由非智能物所构成的，它们有着永恒不变的公理；智能物能够有自己的法律，但智能物所拥有的法律并不一定是他们所创造的。所以无法否认人为法之前公正关系的存在与否，换言之，类法之物并不是人为制定，而是依靠物质关系而自始存在的。另一方面，智能物并不总是遵循永恒规律的控制，他们善于率性和改变，他们会忘却他们的创造者，他人甚至自我，所以需要用宗教法规，道德准则，民事法律诸如此类的约束，来调整他们之间的关系。综上可以得出结论，法是源于事物性质的必然关系，它充斥在万事万物的关系之中……孟德斯鸠面对虚无宽泛的"法的精神"不紧不慢，娓娓道来，其论证过程让我们感受到了明晰逻辑之的正面之美。

再观《国富论》，同样是人文社科方面的集大成之作，同样充斥着严密的理性，亚当·斯密对市场经济从微观到宏观进行了系统的剖析，精辟地解释了市场机制和人的理性和利己心，彻底否定了重商思想。开辟了现代经济学的先河。类似于《论法的精神》，要想阐明

① [法]孟德斯鸠著，张雁深译：《论法的精神》，商务印书馆1995年版，第1页。

经济学这门跨度极大的学科，明晰的逻辑体系是必须的。我们仅以论劳动分工为例，来看一看亚当·斯密严谨的论证过程。

同样的是开宗明义："劳动生产力最大的改进，以及劳动在任何地方运作或应用中所体现的技能，熟练和判断的大部分，似乎都是劳动分工的结果。"①亚当·斯密首先点出了劳动分工的重要性与有力性。为了消除人们"在微不足道的制造业中，劳动分工最细"的成见，亚当·斯密特意举制针厂为例，首先通过列数字的方式让我们看到分工的伟大力量：分工让制针的效率提高了至少 240 倍。进行推广论述，对于制造业，农业乃至世界上的任意一种产业，只要能够分工，劳动生产力就能成比例地增长。何以知之？亚当·斯密又从 3 个维度进行了论述。其一，熟练度的提高；其二，节约了工作转换过程中损耗的时间；其三，通过各阶段的专业机器，一个人可以干多人的活。三点合一，实行劳动分工能使行业进步，这当然能使社会走上普遍富裕的道路，让各个阶层的人都富裕起来，国富自此而始。亚当·斯密的逻辑层次分明，语言质朴，平易近人，让我们真真切切地感受到了逻辑的清晰与思路的直白果断。

中国哲学，西方哲学，一阴一阳，各放异彩。阳之明晰，述哲理大厦之基；阴之含蓄，拔哲思之穹顶。阴阳结合，是谓妙级。

四、后　　记

笔者初生牛犊，见识短浅，面对中西方哲学两大高雅殿堂之深邃，不可能尽述其博大精深，高尚雅致之美，只能粗浅地从虚实与阴阳发表自己简陋的看法，探寻中西方哲学博雅之美的冰山一角。同时感谢武汉大学人文经典导引课的开设，使包括我在内的广大非专业学生有幸能一触中西方经典之奥秘，享博雅教育之伟业，抒内心哲思之志。笔者满怀欣喜地写作此文，惟愿一述哲思经典之美，传哲学之风，正吾心之志。

① ［英］亚当·斯密著，唐日松等译：《国富论》，华夏出版社 2005 年版，第 7 页。

星光与火光

——中西人生价值哲学比较

张辛农　电子信息学院（2019302120001）

【指导教师评语】文章以《斐多》为据讨论西方人生价值哲学，以儒家和道家为据讨论中国的人生价值哲学。而且，用“星光”概括西方人生价值哲学形式理性、缺乏温度的特质，用“火光”概括中国人生价值哲学的形成方法，揭示儒家浑然一体、相互缠绕的特质，道家神秘而自我周全的飘忽之感，这都与火光的特质相近。作者发现，在火光特质的影响下，中国古代先贤对于个人价值取向的判断更依赖于社会环境和自身境遇。这是有洞察力的。文章还简要分析了造成这种不同的原因，并认为在回答人生价值的问题上，中西方哲学是可以相互辉映的。“星光”与“火光”这一具象的概括和比较，让人有眼前一亮之感。虽然文中个别判断还有待推敲和完善，但这种悟性和想象力已属难得。（政治与公共管理学院教授　刘伟）

摘　要：中西方都拥有浩瀚且灿烂的哲学思想文化，也同时存在着许多差异和相同之处。本文主要从哲学体系中的社会部分入手，采用比较文学的方法分析中西方哲学思想对于社会中个体的人生价值的观点态度，并探究两种哲学思想的特征、异同及原因。

关键词：斐多；论语；庄子；个人价值

一、引言：哲学思想中的光辉所在

哲学思想的本质是一种思维方式，比较中西方文化中的哲学思想，根本在于比较中西方之间由于各类因素导致的思维结构的差异。无论在中国还是西方，古代哲学往往涵盖了几乎所有学科，跨度很大。这就导致在比较哲学问题时由于外延过大而产生误解和对照错误。而哲学问题所涉及的核心所在，是社会问题，尤其在古代社会，刚刚起步的文明阶段要求了哲学家们更关注人本身的价值，即在社会中人应当以何种姿态去行动和生活。

在此不妨称这种对于个人价值的看法为哲学思想中的光辉所在。在柏拉图的《斐多篇》中，苏格拉底想要传达的核心思想在于他的个人价值可以通过他的死来体现；而中国古代的两大哲学流派，也分别把入世(儒家)和出世(道家)作为个人追求的价值尺度。由此，关于个人价值的核心思想辐照整个哲学体系，成为不可替代的哲学内涵。

本文所讨论的，就是这种哲学思想中的光辉所在。我们可以在自然世界中通过成色、亮度、质地来判别不同的光；类比到哲学思想中，不同的哲学思想所表达出的核心光辉也应当是不同的。在此，笔者根据中西方哲学思想的特质，定义《斐多》中苏格拉底的核心价值观为“星光”，而将孔孟哲学、黄老思想的个人价值观归类为“火光”。

二、《斐多》哲学中的“星光”特质

西方哲学最明显的特质在于逻辑的严密性，每一步的论证要求条件充分、推断合理、结论完备严谨。这种处处彰显理性的思维方式是范式化的过程是没有温度的。同时，如果试图说服别人信服自己的哲学思想，就必须重复逻辑推理的过程。因此，虽然表达者本身具有热情，因为传递方式的阻碍，思想只能以理性逻辑的形式传输给接收者。这宛如夜晚我们观测星空，繁星的光由于时空的距离被剥夺了热量，色泽等元素，只有纯粹的光映入眼中，由观星的人自己联想。

在《斐多篇》中，苏格拉底表达自己思想的方法仍然是著名的苏格拉底问答法。具体来说分为三步骤：一是决定回答的问题；二是让每个参与者提出与自己本身相关的具体经验；三是尝试用反例驳斥所下的定义。① 可以注意到，三个步骤的链接是按照逻辑的顺序进行的。同时，苏格拉底在论述时，也必然含有三段论要求的大小前提与结论。这两点从形式上体现了其哲学客观冷静的特点。

在刻贝斯与苏格拉底交谈的时候，面对刻贝斯对“死比生更美好”的不置可否，他说：“这话恐怕看起来就是如此荒谬，但它兴许的确又有某种道理。”接着举了秘密教理的例子。② 这句话里的辩证法思想很明显，苏格拉底在肯定刻贝斯想法的同时又否定了他的观点。尽管苏格拉底作为良师，在指导学生时显现出和蔼热心的样子，但他或高昂或亲切的

① 卫春梅：《柏拉图〈斐多篇〉中的哲学咨询》，《安徽大学学报》2012年第4期，第32页。

② ［古希腊］柏拉图：《斐多》；转引自李建中主编：《人文社科经典导引》，武汉大学出版社2019年版，第193页。

语气里始终没有失去理性的内核。语言是一种形式，是为了传达逻辑推断的观点的媒介。这从语言上体现了苏格拉底哲学的静默。

综上两点，在这样的星光特质下，苏格拉底对于人生价值的定义超出了一般常人的判断：通过死，他自身的价值能够得到最大的实现。因为逻辑足够严密，所以无论推导出的结果多么与常识相悖，它也是值得相信的。这也是苏格拉底辩驳艺术的精华所在，也可能是导致这颗巨星陨落的原因所在。星光的冷彻让敢于平庸的灵魂忌惮，于是他们试图毁灭他。但星光的永恒远超短暂的一生，长久地照亮后世的思想道路。

三、《论语》《庄子》哲学中的"火光"特质

在此先提一下中国古代的另一部著作——《易经》，其中阐释卦相时有一卦称为"贲卦"，含义为"山下有火，文相照焉"。这里的火，与我认为的中国古代哲学中的"火光"特质是一致的。

乍看之下，《论语》的火光特质并不难理解。儒家提倡积极入世，用个人才能带来社会变革。他们认为"士不可以不弘毅，任重而道远"。主张"修身，齐家，治国，平天下"。①这种满怀理想热情的人生理想和火光的热度和色泽是相符的，而黄老哲学的火光特质似乎不太明显。

事实上，这两大哲学思想的共同之处，也是他们区别于西方哲学的最大特点，在于哲学体系的形成方法。儒家和道家他们的理论，更多是经验论，或者说是圣人们观察，思考，总结出来的。这其中必然也有思维流向，但不是有序排列的。儒家的哲学结构，围绕人生价值的核心主题，提出仁、义、礼、智等次级核心，分别向外生发出一系列观点，而这些观点之间又互相关联，从一条语录出发往往能回到好几个不同的主题核心。这使得儒家的哲学体系浑然一体，又难分主次，这一点上与火光相互缠绕吞噬的形态是一致的。而道家，虽然只有"道"一个核心概念，"道"和其下的哲学外延的联系却并不紧密，是一种跳跃式的若有若无的因果论。又由于"道可道，非常道"②的理念，这种神秘而不很周全的思想体系在它的理念范围内得以周全的运行。这和火的飘忽之感也是相符的。

因此，在火光特质的影响下，中国古代先贤对于个人价值取向的判断更依赖于社会环境和自身境遇。因为心忧天下，且正处战乱之际，所以会有救世济民的思想，因为俗世掩

① 《论语》；转引自李建中主编：《人文社科经典导引》，武汉大学出版社 2019 年版，第 18~31 页。

② 《道德经》；转引自李建中主编：《人文社科经典导引》，武汉大学出版社 2019 年版，第 32~60 页。

累，渴望清净，所以会有遗世独立的想法。儒家和道家走了两条相悖的道路，但起点是相同的。

四、星与火的交织

对比西方哲学思想中的星光特质和中国哲学里的火光特质，就要回到开头所说的思维方式上。古代人们思维方式很大程度上取决于社会组织生产的形式。苏格拉底生活的古希腊雅典城邦是海洋属性的国家，人们生活的主要方式是狩猎和出海经商；而中国属于典型的大陆属性国家，对海样的依赖极小，采用自给自足的耕种式生产。① 这就导致古希腊的人们更多地要应对外在条件的改变，需要制定一套规则来面对变化的自然环境和动荡的社会环境；而我国古代人们的思想往往是在物资充足的条件下建立的，“仓廪实而知礼节，衣食足而知荣辱”②，这使得有智慧的人能够更加自由地表达他们理想的社会形态和人生价值。因此，可以说逻辑推演下的苏格拉底之死是客观要求的，夫子倡导的能近取譬是主观要求的。这种不同构成了对人生价值的不同理解，从而形成了两种不同的文化土壤。

然而，星光与火光不是对立不可调和的对立关系。纵使具有诸多不同的特质，中西方的古代哲学家们无一例外地聚焦于人本问题，这一点上是共同的。人生价值的存在意义，在于给予人目标感和使命感，知道自己是为什么存在于世上。纵使在现代，西方存在主义学者声称人生没有意义，他们也用“寻求人生的快乐”作为人的行动源头，我国伤痕文学也是如此，他们追忆那一段荒谬的生活，是为了不荒谬地度过接下来的人生。人生价值在不同地域，不同时代，不同个体之间时时刻刻都发生着变化，但它的根本属性始终不变，并指引着人类共同体向着优化自身的方向前进。

五、光辉的尽头

实现人生价值之后是什么？对于苏格拉底来说，他实现了自己的思想，摆脱了污浊肉体对灵魂的束缚，上升到了更高的境界。③ 对于儒家来说，实现大同社会，天下得治之后就是和平繁荣的社会。对于道家来说，和自然合而为一达到无喜无悲的状态长存世间。除

① 徐葆耕：《西方文学之旅》，河北教育出版社 2003 年版，第 1 页。

② 《管子·牧民》，李山译注，中华书局 2016 年版，第 1~5 页。

③ ［古希腊］柏拉图：《斐多》，转引自李建中主编：《人文社科经典导引》，武汉大学出版社 2019 年版，第 190~244 页。

此以外，还有各种各样不及它们明亮，却同样照耀着人们的光辉，它们的尽头是什么？这些文化培育起的光芒，在指引人们视线人生价值之后不会就此黯淡，相反，伟人们会回头审视这束光，研究它的产生，它的特质，耗费精神提取杂质，使绵延历史的光焕发新的内涵，由此实现理论思想和人们生活的共同进化。

所以，这千百束光指向人类社会的远方，指向人们期盼的美好生活。中西方哲学最终获得统一，也许这就是罗素所说的“须知参差多态，乃是幸福本源”吧。

试论东西方人本思想的共性与差异

——以《史记》《历史》中人的存在状态为例

黄飞云　哲学学院（2019301132033）

【指导教师评语】《历史》与《史记》，虽然在史识、史观和史法等层面有诸多的差异，但在以人为本上却有诸多可通约之处。飞云同学对二“史”的比较研究，抓住两个关键：一是“人”在二“史”中的存在状态，二是二“史”关于“人”的不同思考。在《史记》中，历史进程是人的活动的结果，历史即为“人事”，“天意”就是“人意”；而在《历史》中，人物则被置于命运的境地，无法反抗，历史形塑了人的活动。文章篇幅偏长：举例尚可精选，论述亦可简练。（文学院教授　李建中）

摘　要：雅斯贝尔斯将公元前 800 年至前 200 年之间的时代称为人类文明的“轴心时代”，人类文明精神，也即人本思想的觉醒是这一时代的显著特征。那么在史学上，东西方人本思想的觉醒将会有怎样不同的特征。本文尝试从东西方在轴心时代前后两部著名史学著作《史记》与《历史》中人的存在状态出发，发现《史记》强调人的历史主体地位而关注人的使命，而《历史》则持宿命论的历史观并反观人的存在状态。两者从不同方面对人的存在进行了关怀，丰富了人本思想的内涵。

关键词：《史记》；《历史》；命运观；人本思想

一、引　言

雅斯贝尔斯在《历史的起源与目标》中认为公元前 800 年至公元前 200 年之间是人类文明的“轴心时代”。这一时期，东方到西方的文明均孕育出了伟大的精神导师，从中国的老子、孔子，到印度的释迦牟尼与伊朗的琐罗亚斯德，再到巴勒斯坦的先知与古希腊三贤。

"轴心时代"是人类文明精神的重大突破时期，"正是在那里，我们同最深刻的历史分界线相遇，我们今天所了解的人开始出现"①，文明的"神话时代的宁静与明白无误，都一去不复返"②，反思使"意识意识到自身，思想成为它自己的对象"③，以前被无意识接受的，如今都受到了理性及由理性阐明的经验的挑战。这带来的是人性的"精神化"：神话对生命的公认解释被理性动摇，人不再封闭在自我之中，对自我的认识不再确定，而为无限的可能性提供了空间。尽管无法得到确切答案，但人依然意识到了他所处的世界以及其上的精神世界的存在，并通过理论思辨将自身提高到世界的本原本身。对世界的发现最终是对人自身的发现，人的人性开始觉醒：

"特殊的人性被束缚和藏匿在人的躯体之内，它被本能所羁绊只能朦胧地意识到自己。它渴望解放与拯救，它向着理念飞升，它平心静气地顺从，它全神贯注地反思，它了解作为大我的自身和世界，它体验'涅槃'，它与'道'相一致，它服从上帝的意志。在此过程中，它已经能在此岸世界获得解救。这些信念和教义虽然途径不同，但有一点是共同的，即人能够仅仅独自一人踩出这些途径，他通过在存在整体内不断地意识到自己而超越自己。他可能放弃一切尘世财物，避居荒漠、森林或山岭，作为隐士而发现孤寂的创造力，然后也可能作为智者、贤哲和先知而重新入世。在轴心期，首次出现了后来所谓的理智和个性。"④

人性整体在"轴心时代"进行了飞跃：人首先从神话中将自己解放出来，即从人的存在作为神秘化的自然的附属物，被神秘化的自然所定义的精神状态中解放出来，开始意识到自己不再仅仅是一种自然物，而是有独立的存在意义与价值的人，并追求这种意义与价值的实现。其次，人发现了世界的存在，发现了自己认识与改造的对象。人不再以一种神人同形同性的方式，将世界理解为自身，在人的自身的范畴内观察与体会世界，而是人作为认识主体将世界视作可理解可观察的客体，在世界自身的范畴中去认识世界的本原与规律性。人性的活动从局限于人自身扩大到人对世界的面对上，人性的能动方面得到了增强。最后，人在精神世界的自由与天马行空更是赋予了人性以神性。总之，人性整体在"轴心时代"的飞跃实际上是人开始意识到自身作为人的独特存在。在精神层面上，这体现为一种人本思想或者说人的自我意识的觉醒。

---

① [德]卡尔·雅斯贝尔斯：《历史的起源与目标》，魏楚雄、俞新天译，华夏出版社 1989 年版，第 8 页。

② [德]卡尔·雅斯贝尔斯：《历史的起源与目标》，魏楚雄、俞新天译，华夏出版社 1989 年版，第 9 页。

③ [德]卡尔·雅斯贝尔斯：《历史的起源与目标》，魏楚雄、俞新天译，华夏出版社 1989 年版，第 9 页。

④ [德]卡尔·雅斯贝尔斯：《历史的起源与目标》，魏楚雄、俞新天译，华夏出版社 1989 年版，第 10 页。

人类历史不如说是人类文明在时间维度上的体现，甚至可以说人类历史本身就是人类文明的产物。人类文明精神的觉醒必然要在人类历史中得到体现。历史只有通过被记叙才得以实际存在，而记叙人类历史的通常是人本身。这意味着这种觉醒并不仅仅体现在人所记叙的一系列历史事件中，更会在历史记叙本身中得到体现。需要注意的是，恰恰由于历史常常由人所记叙，它往往成为一种“当代史”，历史事件本身的精神风貌往往被当代的思想以一种歪曲的方式呈现出来。所以要考察一个时期的精神风貌，与其关注当时的历史事件，不如关注特定历史时期的记叙或表达，这也是本文认为《史记》和《历史》与后世记录它们当时历史的文献相比在研究当时的时代精神上参考价值更大的原因。《史记》与《历史》的思想史意义超过了其作为史料的意义。《史记》成书于约公元前 86 年，《历史》成书于约公元前 425 年。两者在成书时，其文明要么已经经历过人本思想的觉醒，要么正处在觉醒的高潮阶段。可以说两书均会在相当程度上反映人本思想在其时代精神中的体现。同时，作为东西方史学的代表作品，两书也反映了古中国与古希腊两大文明各自的特征。本文意在通过回到《史记》与《历史》的文本中，分别展现当时古中国与古希腊人本思想觉醒的时代精神特征，并比较其异同，进而揭示两个文明在人本思想上的区别与联系。

二、《史记》中人本思想觉醒的体现

《史记》并未直接阐述一种人本思想，但其字里行间却无不体现出一种人文关怀。本文认为，史记的人本思想主要体现在其史学体裁、历史观以及对历史人物的评价上，而根本表现为一种对人的历史使命的关怀。

首先，《史记》以纪人为主的纪传体体裁使《史记》关注个人的命运，以历史人物个人的命运呈现历史。史记分为十二本纪、二十世家、七十列传、十表、八书，作为主体的本纪、世家以及列传均以传人的方式进行书写，在帝王年代的框架下分别对历史上主政帝王、世袭王侯以及重要大臣和著名人物的生平、事迹与家世进行故事性记载。这使得《史记》中的历史不是一系列史实与事件的罗列或简单排序，而是以人为中心，用人的活动串联起历史的进程。在这一过程中，历史并不是外在于个人的进程，而是体现在历史人物个人的人生之中，是个人史的汇编。历史即为“人事”。

其次，这种以传人为主的史学体裁要求《史记》建立一种具有人本色彩的历史观，即历史是人的活动的产物，历史的因果要到人事的因果中寻找，这个意义上历史的“天意”就是“人意”。《史记》的历史观承自《春秋》，即兴亡成败、万物之散聚在于道义，“春秋之中，弑君三十六，亡国五十二，诸侯奔走不得保其社稷者不可胜数。察其所以，皆失其本已。①"而这种道义不外乎君君臣臣父父子子的伦理秩序。《史记》认为，伦理秩序的遵循与否又在人行为的主观而不在天的客观，这意味着历史兴亡最终还要回到人事中考察。如谈及项羽"何兴之暴也"却"五年卒亡其国，身死东城"，《史记》驳斥了"天亡我，非用兵之罪也"的宿命论式的观点，而指出"自矜功伐，奋其私智而不师古，谓霸王之业，欲以力征经营天下"②，也就是其经营天下的根本方略的错误，是其败亡的根本原因。同样，在个人的成败上，《史记》也重视人主观上的性格、策略等人事的决定作用，如《淮阴侯列传》中韩信败于没有"学道谦让，不伐己功，不矜其能"而是"天下已集，乃谋畔逆"，最终"夷灭宗族"，而范蠡意识到"久受尊名，不详"，与世不争，免于杀身之祸而"三迁皆有荣名，名垂后世"③。同时，人物的活动也造就着历史的样貌，"子贡一出，存鲁，乱齐，破吴，彊晋而霸越。子贡一使，使势相破，十年之中，五国各有变。"④《史记》以人的活动解释历史的因果，关注人自身的行为对历史的影响，并认为历史的走向是受人的主观意志影响的。

再者，司马迁在《史记》中对人物的取舍以及评价也鲜明地展现了史记中的人本思想，这体现为他对人之为人的独特价值的体察。《史记》作为私人修撰的纪传体史书，只能从五代至汉朝浩若星辰的历史人物中撷取寥寥百余人展现三千余年的时代风貌，其中必然蕴含了司马迁个人的好恶，也即他对人的价值的独特看法。司马迁的《史记》并没有拘泥于为帝王将相作家史，对其功过得失作政治上或伦理上的批判，而是更多从当时复杂的社会历史现实出发，尽力呈现社会的全貌，在此基础上对人做出评判。因此《史记》既有《刺客列传》《货殖列传》《滑稽列传》等记载正统史学中作为"配角"的人物的事迹的历史，也有《匈奴列传》《南越列传》等关于少数民族人物的记载，还有《项羽本纪》《淮阴侯列传》《魏豹彭越列传》等历史上的"失败者"同时也是封建正统统治者的敌对者的生平事迹的记载。司马迁并没有将这些历史人物去人格化，成为历史的背景或者胜利者的反提，而是同记载正统人物一样详细记载了他们的生平，将他们作为有血有肉的人进行褒贬，将他们的人格与正统史书上的人物提升到了同一高度。而司马迁对人物的评价也没有完全遵照统治者的标

---

① （西汉）司马迁：《史记·太史公自序》，姜忠喆主编《二十四史》第五册，光明日报出版社2015年版，第1817页。

② （西汉）司马迁：《史记·项羽本纪》，转引自李建中主编：《人文社科经典导引》，武汉大学出版社2019年版，第108页。

③ （西汉）司马迁：《史记·越王勾践世家》，韩兆琦译注《史记》，中华书局2007年版，第3275页。

④ （西汉）司马迁：《史记·仲尼弟子列传》，顾晓明主编：《史记鉴赏辞典》，上海辞书出版社2013年版，第83页。

准，而是自行构建了一套评价体系。他对世家人物的评价标准是“忠信行道，以奉主上”①，对列传人物的评价标准则是“扶义俶傥，不令己失时，立功名於天下”②，世家人物作为统治者或者依附侍奉统治者的人物尚需在服务统治者上体现自己的价值，但相对来说地位更低贱却也更自由的列传人物，司马迁却认为他们有独有的价值，如立《货殖列传》是因为“布衣匹夫之人，不害於政，不妨百姓，取与以时而息财富，智者有采焉。”立《佞幸列传》是因为“夫事人君能说主耳目，和主颜色，而获亲近，非独色爱，能亦各有所长。”立《游侠列传》是因为游侠“救人於戹，振人不赡，仁者有乎；不既信，不倍言，义者有取焉。”立《滑稽列传》是因为“不流世俗，不争執利，上下无所凝滞，人莫之害，以道之用。”这些人物并不一定在服务封建统治，在所谓匡正礼义，明正德行上有什么作为，甚至部分人的行为还是与封建统治相冲突的。但司马迁也认为他们具有历史价值，因为这些人做到了“不令己失时，立功名于天下”，也就是实现了自身独有的价值。在《货殖列传》中，司马迁认为“富者，人之情性，所不学而俱欲者也。”③人之所以作恶或者为善，最终是为了求取财富，而不是某种道德律的要求。这意味着司马迁认为人并没有为某种高于人的力量所支配，决定人的最终还是自己作为个人所具有的独特价值。

这种对支配个人的超我力量的取消反映的是《史记》对人的历史主体地位的强调与对人如何安身立命，即人的使命的关切。《史记》认为传人记史的根本目的首先是像《春秋》那样辨明是非，“拨乱世反之正”，但司马迁撰史时已值汉武盛世，已没有春秋时“上无明君，下不得任用，故作春秋，垂空文以断礼义，当一王之法”的需要，在“上遇明天子，下得守职，万事既具，咸各序其宜”④时，采善贬恶，为世人立命似乎也无从说起。但司马迁认为，即使刺讥讽喻已无必要，有责任感的史学家也不能“废明圣盛德不载，灭功臣世家贤大夫之业不述，堕先人所言”，而要通过“述故事，整齐其世传”⑤，以呈现历史人物人生经历的方式来为世人寻求安身立命之本。从本质上说，这就是从人的历史主体地位出发，关注人应该做什么，强调人只有实现自己的独特价值，即实现了自己的事功，才称得上是有意义的一生，而这种事功的实现又有赖于人的主观能动性的发挥，这甚至可以超越

① （西汉）司马迁：《史记·太史公自序》，姜忠喆主编《二十四史》第五册，光明日报出版社 2015 年版，第 1827 页。

② （西汉）司马迁：《史记·太史公自序》，姜忠喆主编《二十四史》第五册，光明日报出版社 2015 年版，第 1827 页。

③ （西汉）司马迁：《史记·货殖列传》，姜忠喆主编《二十四史》第五册，光明日报出版社 2015 年版，第 1801 页。

④ （西汉）司马迁：《史记·太史公自序》，姜忠喆主编《二十四史》第五册，光明日报出版社 2015 年版，第 1818 页。

⑤ （西汉）司马迁：《史记·太史公自序》，姜忠喆主编《二十四史》第五册，光明日报出版社 2015 年版，第 1818 页。

君臣纲纪的要求。因此在评论魏豹、彭越时，司马迁认为："(魏豹、彭越)怀畔逆之意，乃败，不死而虏囚，身被刑戮，何哉？中材已上且羞其行，况王者乎！彼无异故，智略绝人，独患无身耳。得摄尺寸之柄，其云蒸龙变，欲有所会其度，以故幽囚不辞云。"①司马迁是不认同这种坐失时机的人生的，人生应当去追求自己的使命。司马迁将撰写《史记》视作自己的使命，也是自己生命的独特价值所在，"萧何次律令，韩信申军法，张苍为章程，叔孙通定礼仪，则文学彬彬稍进，诗书往往间出矣。自曹参荐盖公言黄老，而贾生、晁错明申、商，公孙弘以儒显"②，司马迁则认为自己的价值与使命将体现在撰写史书上，为此他甚至可以忍受身体的残损。人作为历史的主体应往何处去？这种对人的使命的关怀构成了《史记》中人本思想的形体。

三、《历史》中人本思想觉醒的体现

与《史记》不同，《历史》采用了历史叙事体的体裁，它基于希罗多德对地中海东岸世界的考察，以波斯帝国的崛起及其对希腊城邦的侵略为历史主线，将地中海东岸世界各民族的人物、历史、风俗与社会生活等历史材料有逻辑地整合到一起。

历史叙事体使《历史》的人-史关系不同于《史记》。对于《历史》，不是历史体现在人物的活动中，而是人物生活在历史进程中。不是人的活动构成了历史，而是历史形塑了人的活动。居鲁士、冈比西斯、伪斯美尔迪斯、大流士以及薛西斯五位波斯统治者的人物活动均服务于对波斯兴亡的历史进程，而其余诸如克洛伊索斯由国君沦为阶下囚、波里克拉底征战四方所向披靡却被谋害而惨死，人的种种活动也仿佛置身于一种无法摆脱的宿命之中，而神明往往是"善妒"的，不管人如何努力，他们也无法摆脱败亡的命运。历史在这里就是命运在过去的代言，是外在于人并且是高于人的，这与强调人塑造历史、高于历史的《史记》是相区别的。

个人生命体现在历史之中的状态揭示了《历史》强调命运的历史观。尽管希罗多德在《历史》中同样强调客观因素，但客观的一切却并不一定为人所操纵，而是受制于冥冥之中的命运。希罗多德的《历史》与其说是"保存人类过去的所作所为，使之不至于随时光流逝而被人淡忘"③，不如说是希罗多德意识到了命运变化的无常，功业的转瞬即逝，命运是

① (西汉)司马迁：《史记·魏豹彭越列传》，姜忠喆主编《二十四史》第四册，光明日报出版社2015年版，第1296页。

② (西汉)司马迁：《史记·太史公自序》，姜忠喆主编《二十四史》第五册，光明日报出版社2015年版，第1827页。

③ [古希腊]希罗多德：《历史》，徐松岩译注，中信出版社2013年版，第1页。

《历史》中的一个鲜明的主题。命运的因果是外在于人的而属于神的，个人不能对自己的命运负责。克洛伊索斯因其五代祖巨基斯的罪过受罚，由君王沦为阶下囚，又因冥冥中的神意两次三番逃脱厄运。普萨麦提库斯先是因意外遭到废黜，却又在神意的指引下成为埃及唯一的统治者。米开林努斯施行仁政却接连遭到不幸，而他的先王齐奥普斯和凯福仁寡廉鲜耻穷奢极欲，却得到了善终。而命运往往是善妒的，总在人生命的巅峰予以打击，给他们悲剧性的结局。克洛伊索斯在自以为最幸福时却受到梭伦的警告："神祇常常给人一个幸福的幻影，随后就把他推向毁灭的深渊。"①而后他的悲惨命运得到应验。阿玛西斯在波里克拉底战无不胜时警告他："没有人一生是万事顺遂的，它最后总是要遇到灾难，结果是一败涂地。"②在波里克拉底事事走运到自己故意丢弃的指环也能找回来，阿玛西斯却认为这样的人"必定是要遭遇灾祸的"，事后果然应验。而《历史》的主线，也即波斯的兴起与败退何尝不是其功业盛极转衰，命运无常的体现呢？而人是注定受命运摆布的，并且无力反抗命运。面对梦中居鲁士取代自己的预兆，阿尔斯基泰亚为维护自己的统治图谋暗中杀死居鲁士却最终被居鲁士打败。而冈比西斯甚至已经杀死了自己的亲兄弟斯美尔迪斯，但命运还是以伪斯美尔迪斯登基的方式得到了应验，以至冈比西斯在临终时痛哭流涕："无论你怎么去做，任何人都是不可能扭转行将来临的命运的。"③希罗多德的命运是"多"与"一"的统一，它既是复杂变易的不可测的"多"，也是盛极必衰宿命性的"一"，而人则在这种变易与宿命中生存。在命运的作弄下，《历史》中的人物往往带有一种悲剧性。

虽然在《历史》中，人的一生不过是命运作弄下的悲剧，但受命运支配并不代表人完全屈从于命运。希罗多德强调历史中命运的必然性，但他并没有把历史描绘成神及其意志的活动，历史仍然是人的活动。在不可违逆的命运的支配下，人的主动性并没有被取消。在命运的"多"和"一"之间，人仍然有选择自己存在方式的空间，这也是强调命运的《历史》为作为主体的人留下的空间，人用自己在命运中自由的栖居书写着人的历史。米开林努斯接到自己余命六年的神谕后，选择彻夜作乐，以此将自己享受幸福的时光延长为了十二年。"他这样做是打算用把白天转变成黑夜的办法，把他的 6 年变为 12 年，从而证明神谕是错误的。"④历史就是由不可违逆的命运和人在其中的挣扎构成的。在《历史》的主线中，也即波斯对其他民族的侵略征服中，波斯对被侵略的诸民族而言难道不也是象征着一种无法反抗的命运吗？而面对强大的命运的操纵，希罗多德关注的是身处其中的人的应对。斯巴达国王列奥尼达面对波斯大军压境选择以寡敌众坚守关隘而光荣战死。历史中的命运固然是无法违逆的，但人有选择如何在其中栖居的自由，正是人的栖居构成了人生命的意

① ［古希腊］希罗多德：《历史》，徐松岩译注，中信出版社 2013 年版，第 17 页。
② ［古希腊］希罗多德：《历史》，徐松岩译注，中信出版社 2013 年版，第 212 页。
③ ［古希腊］希罗多德：《历史》，徐松岩译注，中信出版社 2013 年版，第 1 页。
④ ［古希腊］希罗多德：《历史》，徐松岩译注，中信出版社 2013 年版，第 168 页。

义，使历史体现出人的一面。实际上，关注命运中人的栖居仍然是在生命的可能性被命运否定之后对人仍然能实现与应该实现的价值的关注。希罗多德对人的关照不是关注人如何创造历史，而是关注人在与必然的命运的冲突中谱写的历史的悲剧。历史仍然是命运之下的人的主动的生活写就的，希罗多德的《历史》仍然是对人应该如何在命运中存在的关照，而人在命运中的自由栖居而不是迁就构成了《历史》中的人本思想。

四、《史记》与《历史》所反映的东西方文明人本思想觉醒的共性

人本思想的一个重要特征就是对人存在的独特性的强调，也就是对人的独特价值与意义的强调。《史记》与《历史》尽管在细节上有些许差异，但对人的关注与强调是相同的。两者都把人类活动作为历史的主要内容，并且对人的独特性有所体察。《史记》认为个人作为历史的主体有独立的价值与评判标准，而《历史》则关注人如何面对无法违抗的命运，本质上也是在对人的价值实现的探索。两者均体现了一种对人之人所独有的价值与意义的体察与探寻。

其次，《史记》与《历史》均体现了人的历史意识，即人不再将历史视作事件的简单排列，而是将历史赋予一种意义。历史被人有意识的组织起来，从而成为了人的意识的体现。无论是《史记》还是《历史》，它们都含有作者的价值判断。而历史被有意识的组织恰好是人们有意识地认识历史的前提。人在对历史进行有意识的认识的过程中意识到自己正在意识，而从自己的意识中人们对自身进行认识。有意识的认识历史代表着人们有意识地认识到外界，进而也意识到自己与外界之间的差异，意识到作为认识主体的自己是与作为认识对象的外界是有本质差异的，这也是一种人本思想觉醒的体现。

五、《史记》与《历史》所反映的东西方文明人本思想觉醒的不同路径与特征

尽管《史记》与《历史》均表现出“轴心时代”世界范围内不同文明几乎是同步的人类文明精神的觉醒，但作为中西方史学的代表作，两者还是具有相当明显的差异，并且我们有理由认为这些差异反映了一定时期东西方文明的不同特征。

《史记》与《历史》最核心的区别就在于历史中人物状态的不同。《史记》认为人应当发挥这种主体地位去实现自己独有的价值，这是基于《史记》对人的历史主体地位的赋予的。《史记》认为历史进程是人的活动的结果，人有能力主宰自己的命运，这种观念首先与司马

迁所受的儒家思想的熏陶相关，其次，也与秦末变局带来的平民将相大量涌现的社会变化有关，封建社会逐步确立带来的原有名分等级颠覆的事实在极大解放了人的同时也对重新确立秩序，为人的价值重新树立规范提出了要求。这时《史记》强调人的历史主体地位以及自我价值实现中主观能动性的发挥就成为了一种时代的必然。《史记》中的人本思想体现为人的本性的外化，这与司马迁所处的汉武盛世开放包容并且流动性强的社会环境是相关的，并且折射出了东方关注现世与实际事功的文明特征。

《历史》中的人物则被置于完全无法反抗命运的境地之中。希罗多德尤其强调命运的决定作用，这与希腊诸城邦并非一个统一国家，而是一系列松散的自治共同体相关。在这种情况下，希腊诸城邦要么处于内部战争的边缘，要么面临着强大外敌的威胁(《历史》中的希腊正是处于这种状态之中)，更何况现实中更是已经发生过波斯入侵这样的创伤事件，造成许多繁盛的城邦的毁灭与国君的陨落，这不免让命运无常的观念深深植入希腊人的精神之中。而一度强盛的波斯也不免败亡的命运更让希腊人相信盛极必衰，神明善妒的道理。但在希腊人的观念里人毕竟不是完全屈从命运的，人仍然有自己的空间。希腊人强调命运，实际上是通过这样无法违抗的命运表达对人的生存状态的关注，这是与希腊乃至西方世界通过关注外界来反观人自身的哲学传统是一以贯之的。与其说希罗多德关注不可违抗的命运的“一”，不如说他是在通过永恒的命运关注命运之中人存在方式的“多”。《历史》中，梭伦就曾描述了在人必然终结的宿命中三种可以称为幸福的存在状态。《历史》的人本思想最终体现为对自身的存在状态的关怀与反思，关注在必然的命运中人应该怎样存在，这与西方重视思辨的哲学传统是分不开的。

六、结　　语

无论是《史记》还是《历史》，都体现出了特定文明下对人的共同关怀。这种人本思想体现为意识到人自身的存在。《史记》关注的是人自身的活动与成就，这在历史之中表现为对自身使命的关注，而《历史》则注意到人面对外界仍然有力所不及之处，而面对这种无法更改的命运，人应该选择怎样的存在方式?《史记》与《历史》中人本思想的两大主题，给予了我们关怀人类自身的不同视角。

浅析《坛经》与《斐多》的蒙昧与开化及其异同

梁柯柯　外国语言文学学院（2019301020056）

【指导教师评语】如果单从论述方式而言，此文不见得特别流畅。第一部分先谈《坛经》，第二部分再谈《斐多》，略显呆板、生硬。难能可贵之处在于，作者将这两部分统摄到了“蒙昧与开花”的主题之下，在第三部分指出了两者的相同之处：两个文本都指出了世人需要经历从蒙昧转向开化的过程，都为蒙昧者提供了开化的途径，都描述了蒙昧者开化后的状态。只是两者给出的路径、药方及药效不同而已。第三部分将整篇文章的主题做了一个升华，而蒙昧与开化的话题讨论，在今天仍有巨大的现实意义。（文学院副编审　宋时磊）

摘　要：《坛经》中，六祖慧能认为佛性即为人的自性，却易被世人所忽视，人可以通过向内自省恢复悟性，顿悟佛性。《斐多》中，苏格拉底认为灵魂不死不朽，却受到肉体的干扰，唯有肉体的死亡能让灵魂真正自由。《坛经》与《斐多》分别对人们从蒙昧到开化的过程进行了不同的解释。本文尝试浅析《坛经》与《斐多》中对蒙昧与开化的认识比较其中的异同，并简要分析其背后的文化差异。

关键词：《坛经》；《斐多》；蒙昧与开化；悟性；死亡

一、《坛经》中的“心迷”与“顿悟”

《坛经》中录，“善知识！菩提般若之智，世人本自有之。即缘心迷，不能自悟，须求大善知识示道见性；善知识！愚人智人，佛性本亦无差别，只缘迷悟：迷即为愚，悟即成智。”①其含义可理解为，普通人本就有着菩提般超越世俗的大智慧。如果一个人因为“心

① （唐）慧能：《六祖坛经》，广陵书社 1934 年版，第 42 页。

迷"没有办法发掘自己的大智慧，可以请求高人指点，但溯其本质还是要自己领会个中道理。人们彼此之间的佛性本身没有差别，没有悟即是蒙昧，悟即是开化。由此，可以总结出《坛经》中对蒙昧与开化的三个基本认识。

首先，人本身并不蒙昧。因为佛性，即通悟世事、修炼成佛的可能性，是人的自性，本身存在于人的心中。慧能视"自性"为世界的本原，认为一切般若者，皆以自性而生，且为无上菩提不生不灭。只要世人能明了自性，显示自身的佛性，便能成佛。对此，《坛经》中慧能所做之偈便可佐证。慧能同门师兄神秀恐佛性为尘埃所遮蔽，提倡求佛者勤于攻读，渐趋通明，因而写下"时时勤拂拭，莫使有尘埃"①。然则，慧能做偈道："佛性常清净，何处有尘埃。"②以此，示佛性永远清明，凌驾于物质之外。

其次，"心迷"使人蒙昧。这里的"心迷"可以理解为"成见"。在日常生活中，外部世界往往会给人们带来各种偏见，逐渐蒙蔽人们的双眼、改变人们的认识，使人们丧失洞悉自性的机会。仍以上文神秀与慧能所做之偈为例。神秀对待佛祖毕恭毕敬、满心虔诚，可在慧能看来，此举恰恰招致了妄念。修炼成佛讲求心无旁骛，而执着于求佛这件事，其本身便"不通达"。如此，严格按律朝拜、打坐、诵读佛经等，都可以被看作是痴念。连人们日常学习的知识和遵循的传统也有可能沦为成见的一部分。

最后，通过"悟"，人可以脱离蒙昧，实现开化。《坛经》记述，"为自性迷，不见内性，外觅三身如来，不见自身中有三身佛。此三身佛，从自性生，不从外得如此一来，自性无法外求。"③在慧能眼中，寻求佛性只能向内探索自己的本心，突破世俗所附加的"成见"。待妄念浮云被吹散，佛性得以显现，人们才能明了万法皆由自性而生，才能回归本心去除万法的迷惑。如此一来，佛性被解释为人的本性，其宗教精神减弱，而人本精神增加。佛教的面貌乃至实质都发生了深刻变化。

二、《斐多》中的"肉体"与"死亡"

苏格拉底说："当心灵沉潜于其自身之中而不为声色苦乐所挠扰的时候，当它摒绝肉体而向往着真有的时候；这时的思想才是最好的。"④在苏格拉底眼中，肉体是不完美的。它依附灵魂存在，时刻阻碍灵魂追寻纯粹的知识。灵魂唯有与肉体分离才能免受侵害，重新回到离神明更近的地方，追求至高的智慧。而这，就意味着死亡。热爱真理的哲学家一

① （唐）慧能：《六祖坛经》，广陵书社 1934 年版，第 31 页。
② （唐）慧能：《六祖坛经》，广陵书社 1934 年版，第 37 页。
③ 李曙豪：《论〈坛经〉的"自性自足"思想》，《肇庆学院学报》2019 年第 4 期，第 38~41 页。
④ 余雅洁：《谈柏拉图〈斐多篇〉之灵魂净化说》，《大众文艺》2015 年第 23 期，第 29 页。

生都在努力让灵魂脱离身体，也就是努力学习死亡。由此，我们可以总结出《斐多》中对蒙昧与开化的三个基本认识。

首先，肉体是蒙昧的。苏格拉底认为肉体的视觉、听觉等感官并不可靠，肉体有自己的情感，会受到外物的干扰，会生病，会产生没完没了的麻烦。战争、冲突、拉帮结派等，都被苏格拉底视为由肉体的贪欲所导致的结果。每当人们开始研究哲学，肉体便开始吵吵闹闹，打扰人们的思考。正如苏格拉底所说："我们除非万不得已，得尽量不和肉体交往。"肉体被视为哲学家们探求真理的绊脚石。

其次，灵魂被肉体束缚。在苏格拉底眼中，灵魂被不完美的肉体所困也会变得不完美。人的肉体和灵魂都不完美。因此人在活着的时候不可能拥有真理，唯有在死后继续求索，才能受神的眷顾，从而掌握真正的理性。于是《斐多》一文里，苏格拉底运用了四种方法论证人死后存在往生，人的灵魂不朽，灵魂可以独立于肉体存在，而且能去往离诸神更近的世界。在那个世界，没有了肉体的层层束缚，灵魂将更易于寻求并获得真理。那个世界被称为理型世界。举例来说，人活着的时候可以看到美丽的花却看不到美本身，只有死后到理型世界才可以目睹美的本质。

最后，人可以通过死亡解放灵魂，实现开化。诚如上文所述，苏格拉底认为，唯有在人死后，灵魂才可能被神眷顾，获得真正的理性。所以，任何一个追求真理的人，都不应该出于其他原因，拒绝死亡、放弃靠近真理的机会。但同时，人是神的财产。作为财产未经允许便毁灭自我，亦将遭受惩罚。所以人们只能等受到神明的召唤，再坦然赴死。当然，人也可以通过摒弃肉体欲望和追求知识的方式，在活着的时候接近真理。但活着的人终归只能看到理型世界投下的影子，无法窥见真正的理型世界。

三、《坛经》与《斐多》中对蒙昧与开化认识的异同

同样是阐述对人从蒙昧悟而开化的认识，《坛经》与《斐多》从不同的起点通过不同的方式最终落入不同的结局。这是两位哲人智慧的不同，更体现出中西方文化和思维方式的不同：

首先，《坛经》与《斐多》都明确指出受种种因素影响，世人需要经历从蒙昧转向开化的过程。不同的是，《坛经》中，慧能认为众生皆有佛性，不过是被一些世俗之物遮蔽。本质上，他依然相信人性向善。而《斐多》中，苏格拉底则将人定性为灵魂和肉体都不完美的人，无知并且永远无法获得真理。因而，他更多地偏向于性恶论。中西方文化中传统观念上的差异由此显现。自汉武帝罢黜百家，儒家学说成为主流思想，儒家学说中极为重要的"性善论"也开始在中国古代思想中占据主导地位。纵然唐代慧能提出的"自性"的善，其

含义更高更广于“人之初，性本善”的善。但不可否认，它们都统一于同一文化体系。而西方在古希腊时期就已经拥有了较明显的性恶论思想。这一思想的延续，为中世纪西方宗教向百姓灌输原罪理论奠定了基础。

其次，《坛经》与《斐多》都为蒙昧者提供了开化的途径。前者主张破除成见回归本心，后者则主张舍弃生命追求真理。这反映出慧能和苏格拉底世界观的差异。慧能说，“不是帆动，仁者心动”，证明其观念属于典型的主观唯心主义。而苏格拉底认为世上存在纯粹的知识和万物的本质。他相信人毕生的目标应当是追随诸神的旨意。他是西方哲学中客观唯心主义思想的奠基人。这一定程度上反映出中国佛教与西方哲学之间的差异。中国佛教讲究人的信念，相信只要心无旁骛，便可一念成佛。西方哲学在文艺复兴之前一直崇拜知识和理性，坚信神性高于人性，认为凡人永远不可能成神。

最后，《坛经》与《斐多》都描述了蒙昧者开化后的状态。《坛经》中，佛性是不生不灭的万物的法度。佛性被参透，人即可成为佛。《斐多》中，灵魂则是不死不朽的真理的使者。当灵魂离开肉体之后，其本身并不直接成为真理的化身，而是要去往理型世界探寻真理。这反映了古代中西方思维方式的差异。不知生焉知死，中国文化更重视人与现实世界的关系，一般不会将本体世界与现象世界对立，强调“天人合一”的和谐。而在西方，人们往往将个人与世界、主体与客体分离，会更多地讨论死亡，思考超越一般现实的彼岸世界和宇宙运行的本质规律。

中国文化重“人”和信念，《坛经》写“即心即佛”“破除成见”。西化重“神”和真理，《斐多》写“灵魂不朽”“舍弃生命”。中西方文化发展呈现两条截然不同的脉络，《坛经》和《斐多》对蒙昧与开化的认识也天差地别。正因如此，通过对《坛经》与《斐多》的比较，我们更能感受到在同一文化体系内不会出现的冲击，学会从更多地维度审视我们的人生、我们的世界。

从理想到使命

——在中西史书中探求君子之美

晋尧　计算机学院（2019302110160）

【指导教师评语】本文不求大而全，而是从“君子追求”的出发点这一视角切入，以希罗多德《历史》和《史记》为例，对西方史家与中国史家个人所承载的个人理想与家国使命进行对比，进而生发出中西文化异同的比较。不足之处在于，文章最后虽然上升到中西文化中个人主义与家国使命的比较分析，但浅尝辄止，并没有深入分析。不过结论部分仍有意识将两者从融合的视角进行点题收尾，仍算完整恰当。因此，虽然对问题的探讨并不十分深入，但作为一篇本科一年级的课程论文，文章的问题意识明确，结构逻辑清晰，值得欣赏。（中国边界与海洋研究院讲师　徐广森）

摘　要：现代史观认为，历史学是人类对自己的历史材料进行筛选和组合的知识形式。它既包括完全与人类自主意识无关的人类过往社会的客观存在及其发展过程，也包括历史学家对这些现象与发展过程的思考和规律的总结。也就是说，历史学既包括客观上的事实，又包括人类主观上的认知。因此，编撰史书的历史学家，其人生经历、写作背景、思想立场、写作态度等都会影响其展现出的历史样貌。阅读史书，我们不仅能了解当时的社会和生活状况，更能从中感受到史书编订者的态度和追求。今天选取我国史学界著作《史记》与西方史学界著作《历史》两部史书，从中分析君子的雅正与追求之美。

关键词：理想；使命；中西方史书；君子追求

书籍是作者精神世界的客观展现，对于史书编撰更是如此。史官在编撰史书时，在还原出真实历史社会风貌与人民生活样貌的同时，也在其中寄予了自己的感情态度和立场倾向。因此读历史，我们应该感受到编写者在对历史事件的评价中所体现出的态度和追求，并在其中感受到其“操千曲而后晓声，观千剑而后识器”①的博观和其作为“君子”客观严谨、典雅方正的雅正人格。

同时，由于中西方历史及文化发展的差异，东西方史书侧重点和史书编写者的出发点及追求又有所不同。在历史认识过程中会自然形成一种带有一定稳定性和特殊性的思维模式和思维程式。这一点在《史记》与《历史》两部中西方史学界启迪之作中体现尤为突出。在中西方文化交流不断加深的今天，提炼出两种文化中“君子”追求出发点的不同并深刻理解其含义愈发重要。深刻了解彼此文化中的不同，才有助于全球化过程不断顺利推进。

一、希罗多德《历史》与“君子”的理想

希罗多德(约公元前484年—公元前425年)，古希腊著名史学家，著有传世之作《历史》，而他本人也因此被西方人誉为“史学之父”。《历史》一书主要记述了希腊与波斯之间的战争，涉及地中海和黑海的广阔地理范围，包含当时社会生活的各个方面，是一部整体的历史。

希罗多德将此书称作“historia”，而这正是英语中“history”一词的词源，“history”也就成了历史的统称，《历史》一书的重要性也从这个词的变化上可见一斑。

其实，“historia”一词的本义是“探访的结果”。也就是说，希罗多德认为，他所撰写的历史，是由他本人通过实地考察、实地学习、实地采访、亲身经历或听说而得来的，绝非信口空谈。而希罗多德提出的“有闻必录”原则，也在他的作品中有多处体现。例如，他在第二卷第99节中说道：“到此为止，以上所说都是我的观察、判断和探访……”②他还在第二卷第123节中说道：“至于埃及人讲的这些故事，相信的人尽管予以采信。至于我个人，我为全部叙述确定了一项原则——有闻必录。”③这些希罗多德本人的声明，也正体现了他行事严谨、客观评价记述原则和评述态度。

希罗多德探访的过程是漫长而艰辛的。他游历甚广，到过希腊本土，东部地中海地区和埃及，可能也去过美索不达米亚和黑海地区。他以一己之力，踏遍千山万水，并且在探访过程中努力对不同来源的各种信息进行比较鉴别，给出自己的判断和见解，即“疑则存疑”，这份工作的工作量之大是让人难以想象的，也是君子人格中“博观”一词的具体体现。我们不禁想问，希罗多德家中世代本不是史官，是什么驱使他付出如此之多的努力也

① 范文澜：《文心雕龙注》，人民文学出版社1962年版，第714页。

② ［古希腊］希罗多德：《历史》第二卷，王以铸译，商务印书馆1997年版，第151页。

③ ［古希腊］希罗多德：《历史》第二卷，王以铸译，商务印书馆1997年版，第165页。

要记录下当时的历史呢？

答案其实很简单，就藏在希罗多德《历史》一书第一卷的序言之中："……希罗多德在此表一表自己的探访所得，为的是不让人类的成就随着时光的流逝而湮灭无闻，不让希腊人和异族展现的令人惊异的伟大事业黯淡无光……"①希罗多德撰写《历史》不是为了某个国家、城邦、集体或个人，而是为了记述"人类的成就"。也就是说，希罗多德身上没有家族或者帝王交给他的历史使命，他的游历完全是出于自己的兴趣爱好，与宗室、政治因素无关。这与中国古代史书的编写目的完全不同。类似《史记》等中国古代史学资料大多出自官方史官之手，一方面，史官大多是家族继承，具有宗室的影响因素；另一方面，我国大部分正史资料是为记"王侯将相之史"而写，其本质是服务于统治阶级的，具有政治的影响因素；而希罗多德的《历史》则是为了实现自己的想法和抱负。这一点从《历史》一书中运用大量的插叙写作手法和故事、神话传说中也可见一斑。

《论语》中曾对"君子"的抱负给出如下见解："知之者不如好之者，好之者不如乐之者。"②希罗多德的对游历的兴趣爱好正是达到了"乐之者"这一境界。在他看到各地不同的地理景观和人文风俗时，产生了极大的兴趣，进而促使他不断丰富自己的阅历、完善自己的思想。

希罗多德在编写《历史》过程中博观而约取，具有行事严谨、客观评鉴的"雅正"人格，坚持追求自己的人生理想与爱好，并能将自身的理想化为前进的动力并付诸实践。几种特质相融合，便是"君子"始于人生理想的追求之美。

二、司马迁《史记》与"君子"的使命

司马迁，字子长，西汉左冯翊夏阳(今陕西韩城人)，著名史学家。约生于公元前135年，卒年无考。公元前104年，在参与太初历的修订之后，开始着手《史记》的写作。公元前98年，因"李陵之祸"入狱，被处以腐刑。此后复任中书令，发愤著书，最终完成《史记》。《史记》是中国第一部纪传体通史，为"二十四史"之首，全书记述年代上起传说中的三皇五帝时代，下讫汉武帝时期，被鲁迅先生称作是"史家之绝唱，无韵之离骚"。其真实的历史性与丰富的文学艺术价值，在中国史学界的地位与希罗多德的《历史》在西方史学界的地位相当。

《史记》的作者一般题为司马迁撰，但实际上是由司马谈、司马迁父子二人共同完成。

① [古希腊]希罗多德：《历史》第一卷，王以铸译，商务印书馆1997年版，第1页。

② 《论语·雍也篇第六》，中华书局2006年版，第68页。

由此也可看出，司马迁出生于史官世家，其祖父、父亲均在朝廷中担任官职。司马迁十岁时开始学习古文，曾先后受教于当时的大家董仲舒、孔安国，并在二十岁时游历四方。后来因父亲缘故，司马迁回京后得以任官郎中。

公元前110年，司马迁的父亲司马谈病危，弥留之际司马谈对司马迁留下了整理旧有典籍文献、振兴王道和礼乐的嘱托，从此在司马迁心中种下了完成其父遗愿的使命的种子。

可惜的是，在司马迁还没有完成《史记》写作的时候，便因为李陵求情而触怒武帝，但司马迁没有选择赴死，而是选择了屈辱的以腐刑赎身死。而司马迁做出这一选择，正是出于心中背负着的完成父亲未能完成理想的使命。在痛快一死、追求名节与屈辱坚忍、完成使命中，他毅然选择了后者。

历时十三年，记载了近三千年的历史变迁，司马迁完成了他作为一个史官的使命。从完成《史记》开始，司马迁的使命就从个人、家庭使命上升到一种历史与文化使命。而司马迁本人显然也认识到并十分赞同这种使命感。这种赞同的流露在《史记》和他的许多其他文章中都有体现。例如，司马迁在《太史公自序》中对自己的遭遇只写了“遭李陵之祸，幽于缧绁”①九个字，云淡风轻一笔带过，自己遭遇的一切苦难在肩负的使命面前已不值一提；他在《史记・项羽本纪》中毫不掩饰对项羽远大抱负、个人使命感的认同与赞美：“……号为‘霸王’，位虽不终，近古以来未尝有也”②，这种对项羽使命感、英雄气魄的赞美也体现出对自身所肩负使命的一种认同；在《史记・大宛列传》中也不吝惜对张骞出使西域而不辱武帝交给他的神圣使命这一行为的赞美：“……留骞十余岁，予妻，有子，然骞持汉节不失”③，可以说，这些对他人肩负使命、不负嘱托的行为的赞赏，正是司马迁认同自身使命，以项羽、苏武等人为榜样，并竭力完成自身使命的一种现实体现。

司马迁的一生是坎坷而忍辱负重的一生，可以说如果没有这种使命感的支撑，他也难以熬过那段黑暗的岁月并最终完成宏篇巨著。这种使命感与同时期的希罗多德的“理想”与“爱好”截然不同，这种使命更沉重也更深远，更具有现实意义，更能超脱出个人意愿的范畴而上升到家国情怀，更符合中国古代的社会背景与人们的思维方式。

可以说，使命感是“君子”人格一个极其重要的组成部分。正是因为司马迁的个人使命与历史文化使命的融合，才造就了他端庄方正、认真严谨的威仪人格，才让《史记》这部著作中处处体现出崇高的家国情怀和兼济天下的豁达胸襟。忍辱负重、心怀天下、矢志不渝、典雅方正，几种特质融合，正是“君子”成于家国使命的追求之美。

---

① (西汉)司马迁：《史记・卷一百三十》，中华书局2013年版，第3978页。

② (西汉)司马迁：《史记・卷七》，中华书局2013年版，第424页。

③ (西汉)司马迁：《史记・卷一百二十三》，中华书局2013年版，第3805页。

三、中西“理想”与“使命”的同和异

通过上述对《历史》与《史记》两部著作的分析，本文发现，两部著作基本成书于相同时期，而他们的作者都通过自己的游历与见闻，对当时自己所处时代的社会风貌与人情世态有充分的了解。两人都具有儒家所谓的“君子”人格，即广泛涉猎、博观约取的精神和态度严谨、典雅方正的端正品行，这些“君子”特质让他们的历史著作在中西方史学界中熠熠生辉。

但我们也可以发现两人许多截然不同的地方，希罗多德的追求更多的是出自于自身的理想与爱好，其写作目的更多的是为了完成自身的抱负与热忱，而且希罗多德的写作风格更多了一些浪漫主义气息；司马迁的追求则出于对家庭和国家使命的背负，其写作目的已经上升到历史文化与家国天下层面，这份使命感更多地与家国大义相连、与爱国情怀相连，这样的作品体现更多的是现实主义气息与批判主义风格。

我们不妨将这份区别外推，这种差异更多的反映了中西方文化的一些本质差异，概括起来便是“理想”与“使命”的差异。西方文化更多的倡导的是人追求理性与自由的理想，而中国文化更多的是提倡人应当承担起家庭与国家的使命。

四、结　　论

“理想”与“使命”的差异显然并不是不可调和的。在中西方文化不断交流融合的今天，青年学子在树立远大理想的同时，也应脚踏实地肩负时代家国使命。如果说理想让人变得高尚，那么使命就能让人变得脚踏实地。在学习中西方文化时努力理解两者的差异，最终融会贯通、博观约取，培养自己温润敦厚、典雅方正的“君子”人格，学识渊博、品行端正，爱家爱国、心怀天下，才是新时代下中西文化融合交流中的君子追求之美与雅正之道。

司马迁与希罗多德的梦中之遇

熊泽林　遥感信息工程学院（2019302130084）

【指导教师评语】在“人文社科经典导引”的课程中，中西史学经典一直颇受同学们欢迎，其中历史事件和人物塑造也是学生们特别喜欢讨论的。但对于历史书写本身以及史学观这类抽象和深层的问题，却少有学生关注。熊泽森同学的这篇论文，恰恰是在此问题上进行的探讨。论文既涉及了司马迁与希罗多德在著史过程中进行探访考察的共同性，也关注到了史书呈现与历史事实之间的张力，特别是思考了在历史事实的求真之中所呈现的对于人的价值和意义的关怀问题。虽然某些观点未必成熟，但这种探索和反思的勇气和能力，都值得肯定。（哲学学院副教授　廖璨璨）

（根据司马迁与希罗多德的异同联想的对话）

公元前108年，刚刚当上了太史令的司马迁继承父亲司马谈的遗志后正在整理选录历史典籍，看着面前琳琅满目的各类史书，又不禁想起来父亲临终前对他的嘱托，心中暗下决定不论遇到什么困难都要坚持完成父亲编写通史的愿望，他感觉到自己身上同父亲一样的史学家的使命感和责任感。司马迁低着头，眼泪再一次溢出眼眶，“父亲，虽然我没什么才能，但我一定完成您的志愿”，然后转身投入到那些毫无目录的竹简和绢书，整理和考证史料。

在三百多年前的古希腊，在小亚细亚的西南海滨，有一座古老的哈利卡纳索斯城，作为当地的名门望族的后代，希罗多德的叔父是本地一位著名的诗人，有社会资源和物质资源的支撑，并且在其叔父的影响下，从少年时代开始他便勤奋好学，并且尤爱史诗。但不幸的是由于城里的一次政治斗争他的叔父被杀害，自己也被放逐到邻近的一个岛屿。到他30岁时，不甘于自己的生命可能就此结束，希罗多德决定背井离乡，开始他的漫游著书之旅。

一个平常的夜晚，司马迁忙碌了一天，满怀着疲劳与希望倒在床上，很快进入了梦乡；另一边，希罗多德也在奔波劳累一天后，在自己的手稿上寥寥写下今天的见闻，也倒头入睡。梦里的司马迁似乎还是没有忘记自己的任务，他来到了一座建造得富丽堂皇，阅览大厅里设置着用大理石雕制的两座不知名字的塑像。向里放眼望去，全是各式各样各种语言的书籍，囊括古典哲学、自然科学、文学所有学科，包含全世界各地的历史。司马迁两眼放光，他在自己的梦里来到了梦寐以求的地方。"这里很有可能有那些绝版的历史书!"司马迁暗暗想到。正当他准备扑向书海时，他看到在图书馆的另一边隐隐约约有一个人影，那边的人也看到了他，司马迁很好奇，自己的梦里为什么会有一个我没有印象的人影？怀着好奇的心理两人快步相互靠近，只见他身上穿着完全没见过的服饰：宽大的围裹式长袍搭在他异常雄健的身体上，零星的残破显示着他的风尘仆仆；他的面部和自己在朝廷上看到的那些西洋人一模一样，高鼻梁，深眼眶，有棱角的面部，他的眼睛最为魄人，表面写着历经风雨的沧桑与坚毅，除了好奇的神情司马迁更看到其眼中蹦出同自己一样的精光，那是对历史与知识的渴望！他也在好奇地打量着自己，当双目对视时双方都看到了热切的结交之情。

司马迁忘记了语言可能不同的问题，也没有了官场上的客套与委婉，先一步直言向他询问："我看到了你眼中对于眼前这些知识宝库的热切，我知道我们对于这些历史典籍都是相同的态度，不如我们交个朋友，一起探求历史奥秘可以吗？"一番话之后，希罗多德发现两者居然没有语言的隔阂，心里的最后一点犹豫也烟消云散，爽朗地笑道："当然，我看到了你身上和我极其相似的地方，我们也一定可以互相交流，互相学习。"两个不同时代不同地域的人在各自的梦里毫无隔阂地成为了知己。

一开始，他们只是对自己的经历感到惊奇，随着交流的深入，他们互相了解了对方的文化和经历，对相互不幸的经历感到惺惺相惜，更有一种相逢恨晚的感觉。当聊到各自研究历史的目的时，希罗多德说："我之所以要记叙历史，是因为我要保存人类的功业和繁荣，让它们不至于年深日久而被人们所遗忘，为了使希腊人和其他异邦的人那些值得赞叹的丰功伟绩不至于在时间的淘洗中失去他们应有的光彩，更要把所有时间发生的原因记录下来，让后世的人铭记教训，引用经验。"司马迁看着有着宏图伟志的好友，突然看到自己除了对历史的热爱和肩负父亲的使命外却没有自己的理想与目的，自己树立一个和好友类似的理想更能坚定自己的方向。想完这些，司马迁曾经被劳累充满的大脑仿佛一下子通透了，"我不仅是要完成父亲的遗志，我更要网罗天下的旧闻，分析朝代更替带来的偏差，完成一部详细全面的历史之作!"

"可世界如此之大，想要遍历所有的历史何其之难呀，而且在我的国家没有如同眼前一样数不清的典籍，我能做的也只能是把自己所有的见闻尽可能地记录下来，我不仅要叙述各民族的起源和风俗，城镇和边疆，宪法与政治，还要记录我以后所历经每一个地方的特色和奇异。虽然我不能极其所有，但我至少要做到极其我所到之所有。"希罗多德感慨道。司马迁想到自己终日疲劳的苦境，拍了拍朋友的肩膀，说："我明白你的感受，虽然我所在的国家君主有很多的藏书，但时代的更替朝代的不同导致的相同的历史却因为叙述者的不同偏差极大。但是说回来。读万卷书不如行万里路，我终日在室内也只是整理，归纳，却不能像你一样去外面有自己的见闻，又怎么不是另一种可惜呢？"

说到行万里路，希罗多德想到昨日在一个少数部落的所见所闻，半分无奈半分询问地说："行多了路才发现历史典籍的极度残缺性，我昨日所走过的一个部落，它们有较完整的社会体系，有十分淳朴的风俗，有许多精美的手工制品和特色建筑，更有长达几百年的历史，可我们国家的人总是把自己看作是高等人，把东方人看作野蛮人，对他们的文化也同样从不去了解，总是这样固步自封，又怎么去寻求进步发展呢？所有民族的成就都应被历史记载。""同样的歧视在我们东方又何尝不是？总是以天国自封，称周边少数民族为夷狄之邦，以区分种族贵贱。一度的宣扬'夷夏之辩'只会让国家封闭，我在我以后的书中一定要编写曾经没有过的民族史传，将少数民族与汉族平等的纳入华夏民族历史的范畴，我坚信，各民族的历史发展必将走向统一。但如果我直接写他们口中的'外族'，我难免会被他人弹劾，所以我选择以人物为记叙的核心，再由人物发展扩展到其所经历的朝代与事件。我不仅要写历代君王的功绩与腐败，我仍然要写英雄人民的事迹。我要让我的书上不仅是一段段文字，更要读书的人看见一个个鲜活的形象跃然纸上，可以代入他们的经历去亲自感受历史，我的人物也就算是完成了。"

希罗多德缓缓摇头，第一次对司马迁的观点表示出略微的反对："描述人物其最后的结果也只不过是为事件的叙述做引子而已，我认为事件的始终才是我等记叙历史的关键。并且即使是写人物，对于普通的人他的故事到底有多少是真多少是杜撰的呢？大多情况下，对于普通人的描写最好还是寥寥几笔带过，对于那些广受人们监督的人，他们的故事才更有可靠性，才能用更多的笔墨去记载。而对于叙述的详略，如果每一个细节都去查证到最精细，那又如何在自己有生之年保证书的广度？不重要的数据可以大致估计，重要的内容再仔细考究，做到内容的深度和广度并有不更好吗？"

司马迁也摇了摇头，坚决地说："既然是史，我就要保证它的绝对正确，也许我用一倍的精力完成不了，那我就用两倍三倍的精力去查证，去完善，我不会让我的史书中有我能够做到精准却故意忽视的地方存在！"希罗多德见司马迁如此态度，也不置可否，撇了撇嘴，耸了耸肩。

司马迁转过身去，面无表情的看着眼前的书籍，微微一叹："虽然我去极力做到精细，但作为一名史书的收集编撰者，我却做不到对待历史不带主观情绪，做不到绝对的客观求证，我每每看到历史人物的英雄事迹时我总禁不住赞美，随之写下的是不再客观的史料；看到残忍没有人道的故事我又抑制不住发自内心的厌恶，恨不得把他写成是地狱恶魔。我的做法实在有失一位史学家的风范呀。"希罗多德拍了拍他的肩膀，安慰道："把自己独立于历史之外当然是好的，但你带入的感情同样能被你的读者们清晰地感受到，你的书不仅可以以理服人，同样也可以以情感人，把你对现实的批判精神和对美好理想的追求和对崇高人格的赞美结合到你的书中又何尝不是一件好事呢？我虽然在写人叙事时想的十分平静，但也因此我的书没有那么生动感人，我在描写那些惨无人道的血腥场面的无动于衷更可能被他人说成是冷酷无情，这样就一定是好的吗？”

……

在梦里的世界时间过的很慢，两人有过共鸣，有过交流，有过争论，但他们的性格却都是那么的固执，各自的风格总是保持在最初的模样，随着适合两人的书越读越少，他们都看见了分别的时刻即将到来。

不知过了多久，当两人同时缓缓合上最后一本书时，眼前的一切变得虚幻起来，司马迁和希罗多德都看见了对方眼中浓浓的不舍，在最后一次拥抱之后，司马迁灵光一闪，提议道：“分别在即，我们也都这么了解对方了，要不我们为对方未来的书建议一个书名如何？”

希罗多德立马赞成，“好呀！那我先来，”略微沉吟片刻后，斩钉截铁地说“史记！”司马迁眼睛一亮，“史记，记史，史纪，纪史！”转即说出自己的建议：“既囊括欧亚，又记录所有人的见闻，不如返璞归真，就名‘历史’如何？”

“好，好，好！”

文明相见：《史记》与《历史》的创作精神

贺文斌　文学院（2019301110155）

【指导教师评语】《史记》与《历史》这两部伟大的中西史学经典在文明互见的主题下被巧妙地搬上了戏剧舞台。剧本结构完整，情节精密，将作者对《史记》与《历史》这两部中西历史经典在史学观念、成书缘由、修史笔法等多方面的比较巧妙地转化为这样一部主题明确、情节紧凑的剧本。在这四幕剧中，作者的构思灵动飘逸，既穿越时空又跨越东西，不仅想象了未来人类联合举办的"世界文明相见大会""历史彰影"记者会和历史造影实验室等未来科技与人文结合的美好前景，还通过人工智能模拟运算上演了司马迁与希罗多德两位中西史学之父没有被历史书写的过往，甚至设想了司马迁与希罗多德两位史学大师在虚拟时空中会面与交谈的场景。当两部史学经典冲破古今与中西的壁垒，当读者随着戏剧的冲突穿越于硝烟弥漫的历史和一切皆有可能的未来时，画外音"归于人性，我们又有什么不同?"可谓画龙点睛，意味深长。（文学院副教授　张晶）

主要人物一览

司马迁	文明相见大会主席	显影壁实验室主任	记者会发言人威特
AI 记者	科学家志军	科学家瑞纳	廷尉
狱吏	汉武帝	宦官甲	宦官乙
船夫	希罗多德	伯里克利	索福克利斯

在21世纪末，全人类已经明白——文明的灿烂是世界文化多样性繁荣发展的结果。文明的薪火相传不是在各自的文明之间建起高墙，刻意地保持独特性，而是沟通交融、相得益彰。

为此，在本世纪末的最后十年，世界的东方与西方决定联手打造让文明相见的显影壁。

第一幕　文明相见计划

地点：世界文明相见计划显影壁实验室　时间：公元2090年

第一场　世界文明相见大会

【大会主席及显影壁实验室主任上场，与会人员若干，摆放椭圆会议桌】

主席：在场的各位还记得加入大会时的宣言吗？促进面向全人类的文化多样性。“万物并育不相害，道并行而不相悖”，显影壁的梦想家们更要牢记这一点。

主任：文明相见的初衷是“各美其美，美美与共”，显影壁项目便是将文明相见的可能结果展现出来，准确地找到中西文明的差异点，进而增进理解。

主席：千百年来，我们不倦地探究中西之间智慧和思维的独道之处。从历史出发，我们或许能从本质上深入地理解它。

主任：虽然无论是考古学家、哲学家还是历史学家都在不断地展开“唇枪舌战”(憨笑)，但这一次是属于科学家的探索。

主席：祝科学家们一切顺利！(与会人员鼓掌)

第二场　“历史显影”记者会

【记者会发言人威特上场，舞台灯光聚焦威特，摆放AI记者机器实体道具】

威　特：历史造影项目如大家所见，我们将《历史》和《史记》的书籍内容、希罗多德和司马迁的性格形象数字化，并统计人实验室数据库作为显影基础。

AI记者：显影项目难道只是将历史原型记录入库吗？恐怕几个世纪前，人类已经用其他方式完成了你们这样浩大的工程了吧。

威　特：(小声)不愧为AI记者，提问也这样模式化的犀利。(清嗓两声)当然不是，我们将利用智能计算，模拟历史人物的现实生活并构建出新的可能事件模型。

AI记者：新的事件模型？你是指……

威　特：是的，我们会尽量模拟已发生的事件，但远不止于此，智能计算会构建未曾发生的事件。各位大可不必担心，构建事件也是会尽量贴近人物、符合程序的。同时，与两位核心人物有关的所有人物原型也会被考虑在造影项目之内。最终，所有计算模拟后的事件将以全息投影的方式呈现在显影壁，与世界人民共享。

AI记者：期待你们的成果。

第三场　实验室

【研究员志军、瑞纳上场，摆放显影壁(幕布)】

志军：司马迁的人物模型已经录入完毕，我们可以开始演示司马迁的模拟事件了吗？

【瑞纳沉思，无声、无神】

志军：瑞纳！你在想什么，专心实验！

瑞纳：(缓缓抬头)我在思考，我们这样做的意义到底在哪里呢？我们又能……

志军：(打断瑞纳)当见证文明碰撞时，我们不仅仅关注着外部世界，实际上我们无形之中已经在审视着整个文明影响下的精神世界。到底是怎样的差别给予我们在探索世界上的不同理解？或许从不断地模拟中能窥其一二，不尝试又怎么会发现呢？

瑞纳：那我们为什么要从司马迁开始呢？

志军：当我们完成下一次希罗多德的模拟，你就会知道答案了。

瑞纳：我们开始吧。

【志军按下按钮，实验室灯灭，显影壁显示——“第一次模拟”】

第二幕　太史公的使命

第一场　太史公入狱

地点：牢狱　时间：模拟公元前99年(天汉二年)

廷　尉：(双手端持并转宣罪诏)欲沮贰师，为陵游说，此诬罔之罪是也，当立斩。

司马迁：(狠视廷尉)人固有一死，或重于泰山，或轻于鸿毛，用之所趋异也。

廷　尉：虽如此，腐刑或可(声音上扬)抵罪不死。(眼神轻蔑)

【廷尉退下，司马迁自言自语，灯光跟司马迁走动】

司马迁：慕义而死，虽名节可保、节操不失，然著书未成、名誉未立、父志未至。吾死同蝼蚁无异。(枷锁拖地声)文王拘于囚室而演《周易》，仲尼困厄著作《春秋》，屈原流放赋寓《离骚》，左丘失明乃有《国语》。①（流泪，猛地跺脚）

司马迁：臧获婢妾犹能引决，况仆之不得已乎。腐刑赎身未尝不可。

---

① （东汉）班固：《汉书·司马相如传》，上海古籍出版社1993年版，第302页。该句改写自《报任安书》中，司马迁所说“盖西伯(文王)拘而演《周易》；仲尼厄而作《春秋》；屈原放逐，乃赋《离骚》；左丘失明，厥有《国语》；孙子膑脚，《兵法》修列……”一节。

【狱吏拖司马迁下场，灯光渐暗至灭，嘶吼声。灯亮，聚焦司马迁】

司马迁：(卧草席撰书)承父业，当不辱使命；官正位，必不亵渎职；既宦官，他事盍以立命。盖书成，万事可待。

第二场　武帝改元大赦

地点：未央宫正殿宣室　时间：模拟公元前96年(太始元年)

【汉武帝出场，旁侍二宦官，司马迁及众囚阶下跪拜。】

汉武帝：广利率军，出师未捷，改元太始。自今日始，万事至初，大赦以祀。

众　人：谢主隆恩！(三叩首)

宦官甲：(举赦诏)赦免司马迁诬罔之罪，提中书令，抵以修史。

宦官乙：(以袖掩口低声)当年太史令，阅尽书阁万卷，风光一时，而如今与吾何异？(讥笑)

【灯光聚焦司马迁，众人下场，司马迁独白】

司马迁：上不能纳忠效信，有奇策材力之誉，自结明主；下不能累日积劳，取尊官厚禄，以为宗族交游光宠。苟合取容，无所短长之效，可见于此矣。如仆，尚何言哉！尚何言哉！①

第三幕　希罗多德的见闻

地点：雅典　时间：模拟约公元前447年

画外音：显影壁第二次模拟。(显影壁亮，电磁音起)

第一场　游历后的片刻宁静

【放置小舟、木材、方正的石块，船夫、希罗多德上场】

船　　夫：(停船、扎紧船栓)这里就是雅典了！(手指远方)

希罗多德：是吗？城郊也能如此繁华！(下船)

【石匠雕石(金属撞击声)，工人搬运木材吆喝走场】

希罗多德：我游历无数城邦，竟未发现雅典这样和平繁荣的沃土。雅典仿若世界中心一

① (东汉)班固：《汉书·司马迁传》，上海古籍出版社2012年版，第297页。

般，各地能工巧匠汇聚于此，文人墨客纷至沓来，此程眼界大开！[①]（情绪由兴奋转为低沉）还记得那个该死的奸贼吕戈达米斯，可恶的篡位者，杀害我的叔父，堂而皇之地夺走权杖。不过，没有他或许我永远不会知道如此繁华的地方，也不会知道平等参政是怎样一件极好的事情。

船　　夫：哦？原来你是从哈利卡纳苏斯来的，听闻帕尼亚西斯在斗争中牺牲了，遗憾。

希罗多德：他，正是我的叔父。这场战争硝烟遍及四野，从卡里亚、伊奥尼亚、埃奥利斯到弗里吉亚，雨过只有血红的溪流，杂乱的车辙，长剑短斧和望不尽的尸体。但雅典给予我新的希望，或许可以在此长居。

船　　夫：硝烟大抵是暂息了，可历史还会重蹈覆辙。

第二场　希伯遇见

【希罗多德、伯里克利、索福克利斯上场】

希罗多德：久仰大名，今天终于见到雅典“第一公民”。

伯里克利：久闻您父亲和叔父，帕尼亚西斯还在著诗吗？我们刚召开这周第一次公民大会，大部分公民对撰写雅典史诗投了赞成，我想可以请你叔父帮助完成雅典史诗。

希罗多德：他？十几年前就停止写作了。

伯里克利：为什么呢？只有不断谱写才能有新的创造啊！

希罗多德：我们家族在反对吕戈达米斯的战争中失去了他……

索福克利斯：你有想过继承叔父的事业吗？

希罗多德：虽然失去了叔父，但我的足迹已经遍及波斯，不久后我也应该将我的所见所闻记录下来。

索福克利斯：将你的故事演给公民们一定会大有收获！

希罗多德：但我并不想将我的想法施加于他们，只是单单把我见到的奇闻轶事和多样的风俗讲给人们。（思索，沉默片刻）这个故事中肯定少不了战争。万幸，波斯的血腥已经被尘土湮没。

伯里克利：这样来看，我们确实不需要虚设公民来记录历史，公民的思想应该是自由的，让他们去探索吧。

【显影壁骤灭，显示——“第一次模拟新事件”】

---

① ［古希腊］希罗多德，《历史》；徐松岩译，上海三联书店2008年版，第2页。

第四幕　文明相见

第一场　意　外

地点：显影壁实验室　时间：公元 2090 年

志军：怎么办？显影壁已经开始自主运算了。

瑞纳：这不正是我们想要达到的吗？模拟新事件才是显影壁项目的最终目的。不断模拟已知事件是无法真实地窥得新事件发生时的种种可能。

志军：这一次它的模拟会是宇宙时吗？

瑞纳：是的，因为记载有限，所以我们输入的数据不足以构建固定时事件，只有混乱的宇宙时才能使文明产生交集。

志军：不好，它已经不受控制了，所有人物形象都有可能产生新的时间线。

瑞纳：冷静！我们先观察它模拟的事件吧。

志军：好。在这之后，许多疑问可能就此云散。

【瑞纳按下按钮，显影壁显示——宇宙时模拟】

第二场　碰撞·交锋·共和

地点：显影壁　时间：宇宙时

【司马迁、希罗多德上场，对视】

司 马 迁：尊为“历史之父”，名副其实！

希罗多德：幸会司马先生！从古至今，人们都奉司马先生“正史之祖”，然而我却不认为存在什么正史伪史，史官则更不必说。

司 马 迁：无正史，帝何以劝善惩恶；无史官，国何以万世长存。

希罗多德：《史记》是你的使命使然，而我，只是想将所见所闻留存下来，记住人类的功业。

司 马 迁：你的使命，我却不难看到。你从亚细亚和欧罗巴民族的交恶之始讲到古革斯篡位，又怎么能脱离波斯西征呢？那种承载历史的使命，我们都有，劝善惩恶的意念是我们都所固有的。只是，虽以劝诫为要，直叙实录还需牢记。

希罗多德：我的原则是从不脱离且尽量真实，即使有闻必录我也不敢轻易施于人们相信。我们毕竟不能经历每一件事，司马先生不也在著作中有未实录之处吗？

司 马 迁：何以见得？原始察终，见盛观衰。[①] 修史固不可弄虚作假。

希罗多德：你虽然不曾在其中点评一句，但却也是爱憎分明。倘若合理推测都责为伪史，历史恐怕是本无字天书。

司 马 迁：不少人说你的记载难以置信，迷失于不可信的神话境界中。

希罗多德：神性与人性又有什么不同呢？我们敬畏着神，但为自己活着，他的存在早已与我们相融。有时，神性比人性更胜一筹。

司 马 迁：如此说来，你我二人便无大异了。

【显影壁灭，演员下场】

画外音：

志军：归于人性，我们又有什么不同呢？

瑞纳：像是不同形式在模仿又在博弈……下一次模拟要开始了，注意显影壁的运行。

志军：好的。准备显影壁宇宙时第二次模拟。

终

① （西汉）司马迁：《史记・太史公自序》，线装书局 2006 年版，第 552 页。

庄子与苏格拉底

李子恺　社会学院（2019301170022）

【指导教师评语】人生如戏，而生与死便是戏中最为重要的两幕，本文的巧妙之处便是借助三幕戏，演绎了庄子与苏格拉底关于生与死的不同看法。文章选取《庄子》和《克力同》中“鼓盆而歌”“濠上之辩”“拒绝逃离”三个场景来设计三幕戏，并借庄子、苏格拉底、惠子、克力同等人之口传达了作者对庄子和苏格拉底生死观的理解，为文之心颇善，整体结构颇佳。不足之处在于，在剧情发展中对庄苏二人生死观的演绎，偶有生硬处。（文学院教授　高文强）

第一幕

人物：庄子、苏格拉底、惠子、庄子的朋友们

时间：春秋战国时期

地点：庄子家中

正值初春，冬意阑珊，冰雪已消解了大半，但寒意却未完全散尽。这天清早，天边还只泛些许红光，庄子家的门口就已摩肩接踵。打听才知庄子之妻在前夕不幸罹世，他的朋友们得知此消息后，便纷纷从四面八方赶来悼念，以表哀情。门外空气似乎被悲痛溢满，冷意更浓，刺人心骨。而院内，庄子正在“箕踞鼓盆而歌”，脸上竟全无悲伤神情，这不免令到场的客人十分震惊，也极为不解。此时，身为庄子的挚友惠子看不下去了，他快步上前，拉住了庄子。

惠　　子：（有些愤怒）你的妻子与你相敬多年，替你生儿育女，如今年老死去，你至多不哭罢了，可你却敲打着瓦盆哼着歌，不是太过分了吗！

庄　　子：（诧异）不是这样的。她刚死那时，我怎会不哀伤呢！但我后来明悟了些许道

理，便不再觉得分外悲痛，你们可知我明悟为何吗？

【庄子转身看向惠子及众人，宾客皆面露难色，就连惠子也不能解。正当空气凝滞，此时却从人群后面传出铿锵一声“我或许能解先生心意”，如惊雷般划破浓重的悲哀。众人惊异，顺着声势望去，只见一个老者步履有力地从人群后面走上前来。】

庄　　子：（疑惑）这位先生以前从未谋面，不知如何称呼？

苏格拉底：（爽朗大笑）哈哈，我是苏格拉底，从古希腊而来，今日正巧路过此地，恰逢您的妻子去世，便也想来尽一尽我的心意。

惠　　子：（急切的）那先生对于庄子所行如何评鉴？

苏格拉底：（看向庄子，微笑）我觉得庄子所为无可厚非。人死确实无需过于悲伤。

惠　　子：（更加困惑）此话怎解？世间至悲之事不过亲友西去，此时白颜缟素，哭恸天地也不为过，又怎可如痴狂一般，不顾亡灵之痛，恣意洒乐，行出此等骇人之事？后生愚钝，还望先生指点一二。

苏格拉底：（笑道）世人皆知，生与死相反相生，死产生于生，生又必然产生于死，无论是人是物，活者皆从死中所生，即死生相依相寄。在生死之变里，唯有一个过程是为人所见，因为死是显然看得见的。

惠　　子：（点头）众生皆视死为生之大忌，怕惧者不在少数，但可嘲之处在于万物皆要归于湮灭，细忖此言有理，请先生讲下去。

苏格拉底：（接着讲道）自然界向来周全，不会在生死之变上只顾一面，我们不得不承认，死又反化而生。我们还可用另一方法来证实。假如代代相继之生死唯有从一条直线的一头走向另一头，没有来回来回的圆转循环，那么到头来世间万物皆成同一形式，没有别的变化，也不再代代相传了。通俗而言，假若有生命之物都得死，死了永远是死的，再不能转生而存，执此所序，到末了，一切东西不全都死了，再没有活的了吗？因为活的东西假如不是从死里回生，而由别处受生，活的都得死，到头来，世上一切东西不都给死吞没了吗？能逃避这个结局吗？因此，庄子的妻子并不是死了，而是跑到另一些聪明善良的天神那儿去，等候回生呢。

惠　　子：（恍然大悟）早闻西方思想以宇宙论为尊，可谓宇宙万有，造物即神，却只略闻一二，不曾求全详备，今闻先生所语生死相反相生，天神掌寿，却于吾思“天下万物生于有，有生于无”所在处辟另一洞天，可谓精妙，后生叹服。不知庄兄是否正因如此才不致这众生般伤哀？

【庄子思忖片刻，随即答道。】

庄　　子：（做思考状）听先生一席话，着实受益匪浅。但鄙人对生与死还有一番见解。所谓人出生之前本无生命，不但没有生命，还根本不存形体，不但不存形体，还根本没有元气，浑杂在恍恍惚惚之间，后来渐渐有了元气，进而有了形体，再变而有了生命，现在又回归到死，这就如同春夏秋冬四季交替运行一般。现在吾之发妻安然地躺在天地之间，而我却对着她嚎哭，我觉得此为不通于天命，故我才不现众宾们这哭哭啼啼之态。

【众人听闻，皆惊愕，纷纷止住啼哭，看向庄子和苏格拉底。】

惠　　子：（点头）顺其自然，正是此理。且论"元气生万物而不有"，秉持形神修己，行至极处，方为循环。两位先生对生死之见虽各有所异，但皆认同生死循环，此乃中西之碰撞，着实令在下佩服，佩服！

苏格拉底：（大笑）庄子的"顺其自然"一说倒令我暗自惊叹。记得我刚入中原时，就听闻民间风行一种"缘督以为经"的养生之法。多方打听，众人只道是一位名唤"庄周"之人所提，说是养生，要顺其自然，建立起自由、无待的精神世界，在自然状态下自然的生活。此言可谓精妙，令人叹服。不知他人口中的"庄周"是否就是庄君呢？

庄　　子：（笑道）正是在下。但先生的生死之辩更为绝妙。此外，先生的"智慧说"也让鄙人佩服。传闻西方哲学之出发点，皆完全源于爱智。先生主张"美德即智慧"，认为一切真正之美德皆是由智慧所得。而智慧又是和灵魂相生相存，故从侧面可看出美德受之于先天之秉性，这正与鄙人关于"德充符"的观点不谋而合。鄙人认为"物得以生，谓之德"，所谓德是自然生成、自然养成，而非刻意为之。即"有人之形，无人之情"方是正道。

庄子说毕，与苏格拉底相视，皆仰天长笑。天边，一轮红日正喷薄而出，万顷红霞韵满天际。须臾，庄子又拿起自己的瓦盆，箕踞鼓盆而歌了。

第二幕

人物：庄子、苏格拉底、惠子

时间：春秋战国时期

地点：濠水桥上

这天天朗气清，惠风和畅，清新微醺。庄子，苏格拉底，惠子相约午后漫步于濠水桥上。秋日午后的濠水桥是极为舒服的。远处重峦叠嶂，郁郁葱葱，近处树林阴翳，偏悠恬适。伫立此处可闻鸟鸣悠悠，嗅花香阵阵，花丛中的蜂蝶翩跹而过，若隐若现，令人心旷神怡。桥下的溪水潺潺流动，清澈的水波触到光滑的鹅卵石便荡漾开不同的纹路，甚是好看。水中，几尾鲦鱼互相追逐，嬉戏打闹。庄子看到，满心欢喜。

庄　　子：（微笑）鲦鱼浅游如此从容，这鱼很快乐啊！

【惠子听到，很是诧异。盯着鲦鱼，犹豫片刻，缓缓说道】

惠　　子：（诧异、疑惑）尔非鱼，怎知鱼的快乐！

【庄子眉头一皱，随即反驳道】

庄　　子：（皱眉）尔非我，怎知我不知鱼的快乐！

【苏格拉底本站立濠水桥上，望着明动的湖水和嬉乐的鱼儿出了神，但忽闻庄子此语，便将视线收回，将目光投向庄子，轻微颔首。】

苏格拉底：我也不知鱼的快乐，但我知哲学家的快乐。哲学家的灵魂和别人的不同，它自有一番道理。它靠哲学解放了自己，获得了自由，就不肯再让自己承受欢乐和痛苦的束缚。真正的哲学家从灵魂深处相信，这是哲学的救助，不该拒绝。所以他的灵魂，尽量超脱欢乐等等。他看到一个人如有强烈的欢乐，这个人就受害不浅了。

【庄子听闻，大为震惊。追求快乐自古就有，也是天下众生的天性，连管仲也曾言“凡人生之生也，必以其欢”，自己一生都在追求至乐境界，怎可以“受害不浅”一言以蔽之，匪夷之余却也深思，自己与苏格拉底原是来自不同地域的两人，文化、环境、背景皆不相同，又怎会苛求思想一致，想至此，便也心宽不少。】

庄　　子：（眉头舒展）我与先生生活环境、时代背景皆有差异，故恕我不能苟同先生之见。鄙人认为人生有快乐，并应追求至乐。无为，无所求，无得无失，这就是至乐。而要说快乐，只有无为而活，方是至乐。不仅如此，人们还应追求“至乐无乐”，无所谓快乐不快乐，这才是极致的快乐。至于惠子所言“尔怎知鱼的快乐”，表明你已经知道我知道鱼的快乐，那我告诉你，我是在濠水桥上知道的。

【惠子听闻，总觉气氛些许微妙，老友毕生追求至乐，欲于自然无为中探得人生大境。且不论至乐之理早已蜚声四方，就这番辛劳却被眼前之人所否，心里定不得滋味。只是两人有诸多不同，才致此番不睦。我欲解和，竟不知从何而起。惠子心里正不知所为，恰巧，此时又有一群鲦鱼游过濠水桥，惠子眼见，灵机一动，手指鱼儿。】

惠　　子：（叫道）且先不论人生之乐，但这鱼儿定是极其快乐的。

庄子与苏格拉底听闻，皆哈哈大笑起来。水底的鱼儿似也听到这般笑声，转尾向水面看去，却无所得，便又欢快嬉闹着游远去了。

第三幕

人物：庄子　苏格拉底　克力同

时间：公元前399年

地点：古希腊监狱

这是一个寒冷的冬天，苏格拉底因主张与当局统治相向的无神论和言论自由被判刑入狱。是夜，北风呼啸，似比平时更冷了些。天上星光惨淡，添增些许刺骨寒意，就连一轮弯月也被云彩遮蔽，不见其光。大地阴沉黑暗，竟像末日到来时的景象。而此时，一座监狱的一个窗户烛光攒动。风吹着烛火，烛火不断晃动，屋子也因此显得忽明忽暗。苏格拉底的朋友克力同已经为他打通所有关节，可以让他从狱中逃走。克力同已劝言多次，均无果。此时，克力同依然陪在朋友身边，极力劝说

克力同：(急切、恳求)亲爱的苏格拉底，最后接受我的央告，留下你的性命吧。庄子在得知苏格拉底将被处死的恶闻后，匆忙赶到古希腊其所在的监狱探望。正当苏格拉底再一次坚决地拒绝了克力同的帮助后，庄子身着粗布麻服，脚踩草履，出现在了他俩的面前。

克力同：(急促上前，拉住庄子的手)庄先生，恳请你劝一劝我们这位执拗的朋友吧。苏格拉底回来后，总在我面前提及您的博学多智。相信您一定可以挽苏格拉底于水火之中。

【庄子轻微颔首，走至苏格拉底身旁，箕踞而坐。】

庄　　子：(轻声说)道家有语“祸兮福之所倚，福兮祸之所伏”。但与先生此境却大不相符。先生智慧一生，为国家的发展鞠躬尽瘁，却受此无妄之灾，令人惋惜。但先生却慷然赴死，誓不与逃，不愿倚福而生，能否告诉后生其中缘由？

【苏格拉底听后，将视线从庄子身上移开，顺势看向桌子上跳动的烛火，烛光托起脸庞，却也映衬出眼眸中更多的那一份坚毅。】

苏格拉底：(微微一笑)不知庄周可还记得我多年前在您妻子葬礼上所说的一番话？

庄　　子：(点头)一直铭记在心，先生说死生转圜是一定的，不必为了人死而悲痛。

苏格拉底：(望向窗外)不错。我今天还要告诉你“灵魂不朽”这一箴言。

庄　　子：(不解)早前先生只告予灵魂与智慧共生，却不知还有“灵魂不朽”这一说，后生浅陋，先生请讲。

苏格拉底：死就是灵魂与肉体的分离。处于死的状态即是肉体离开了灵魂而独自存在，灵魂离开了肉体而独自存在。一切生命皆于死亡所生。灵魂在出生前已经存在，而灵魂再出生只能从死亡里出生；灵魂既然还得重新生出来，它在人死之后，

不是必定还继续存在吗？此外，灵魂独自思考的时候，就进入纯洁、永恒、不朽、不变之境界。这是和它相亲相近的境界。

【苏格拉底止住了话语，起身走向了窗边，望着窗外无尽的黑暗】

苏格拉底：灵魂是看不见的。它离开肉体到了另一个地方，那地方和灵魂同样是高贵、纯洁而看不见的。灵魂既有上面说的种种品质，它离开肉体之后，能像众生想的那样，马上会给吹散吹灭吗？假如这纯洁的、看不见的灵魂离开了人世，就到那看不见的、神圣的、不朽的、有智慧的世界上去了。灵魂到了那里，就在幸福中生存，脱离了人间的谬误、愚昧、怕惧、疯狂的热情，以及人间的一切罪恶，像得道者说的那样，永远和天神们住在一起了。庄子啊，这不是我们相信的吗？所以，我为何要逃走呢？

【苏格拉底转身，看向庄子。监狱里陷入一片沉寂，只隐约听得屋外风声呼啸，地上落叶婆娑之声。良久，庄子抬起头，向苏格拉底鞠了一躬。】

庄　　子：(深沉)先生大智，在下钦佩不已。后生万幸，结识先生。先生学识渊博，可谈吐西方大智；品行雅正，即使身陷囹圄，也绝不改浩然正气。与中国仲尼一般，是为后人之典范。先生与吾相识已久，与后生阔论生死、智慧、快乐、灵魂，给予后生醍醐之感。虽先生思想与后生时有相异，但正如孔丘所言“择其善者而从”，先生是西方之善，博雅之表，吾愿听君金言一席，补却后生所失，成就中方之博雅。至于先生“灵魂不死”之箴言，后生之前只奉“万物皆出于机，皆入于机”，竟不知还有这样一番天地。今日略闻，后生已铭记在心，也已习得其中真谛。只愿先生灵魂能够在彼方幸福安乐，与世长存，再不受这世间肮脏的缠缚。先生，一路走好。

庄子说完，心恸不已，便起身离开，两行清泪随风化入尘土。但只听得背后传来苏格拉底的笑声，划破长夜。此刻再看，风不似刚才那般凶猛，月亮钻出了云雾，投下朦胧的光，烛火不再跳动，却也比刚才明亮了。

迟到千年

——一场君子与绅士的对话

邓皓元　电子信息学院(2019302120307)

【指导教师评语】 残垣之上、江河之畔、高山之巅，在这风物和场景的底色之中，中国君子和西方绅士的持续对话，是文明的相互沟通与理解、借鉴与反思。全文立意较高，文体创新，语言流畅，思想清晰，是一篇可读性较强的文章。(文学院副编审　宋时磊)

两个孕育在不同环境下的文明，几千年的碰撞和交融，促成了如今繁华灿烂的多元文明。思想文化、文学理论、思维方式，这些看似尘埃落定又虚无缥缈的文明形式在一片共同的土地上萌芽，最终海洋与大河上的文明交互渗透，界限模糊，终成弥纶群言之势。这场君子与绅士的对话持续了几千年之久，却始终没有尽头。

一、立于残垣之上，望江汇于海

思绪灿烂，文涌如海。每一笔勾勒，每一抹痕迹，似乎都记载着跨越千年万载的回忆。泛黄的纸张里沉着不愿被揭起的一段光阴，泛着酒香，堙没愁澹。纸张上是大河的气息，也是海的气息，山间之色，更像是这场对话的底色。

绅士鞠礼："我用敬畏的心灵聆听文人墨客轻轻歌咏的珠玑之文，于是我看到了他们不可一世的才华，看到了他们气凌云霄的万般豪情。"

君子颔首："我用虔诚的信仰去体会哲学泰斗缓缓思考的世界之理，于是我看到了他们睿智的心灵，看到了他们蹙颦之后的微微一笑。"

前者揪了揪衣襟，向面前的鸿毛之士伸出了手，后者挥了挥衣袖，漫谈而道："贵客，不必。"

尽管他们相距甚远，却能听到对方清晰的脉搏，闻到熟悉却陌生的气息，君子曼妙地笑了笑，绅士也嗟叹一声。

“悠悠文化，广博千年。思接千载，视穷万里。见风是风，临水是水。文人多有豁达释然之心，所作之文立足世界之林。而浮游万物，百代超逸襟怀之鼻祖，庄子是也。天性所至，人性之本，物物而不物于物，复归天性，庄子道出‘无以人灭天，无以故灭命，无以得殉名。’之言，可谓因循于自然，放纵天性，‘齐物’观跃然纸上。况‘乘天地之正，而御六气之辩’，天地并生，万物为一，此逍遥之心境，不求于万物同仰，但求与万物互联。文化并行，儒释道三家难舍难分，学识广博，更有梅竹之士跨越时空坐而论道。‘以心齐物’是‘天地与我并生，万物与我为一’；是‘无用之用’和‘不以心为行役’的‘逍遥乎寝卧其下’；是千百年来文化逍遥的源头活水。顺应心境，求得真知，美哉！”谈罢，君子一手抚膺，畅饮一口长江之水。

“西方文学之美，是薰风燕乳，暗雨梅黄；是罗曼蒂克的消亡，是泰坦尼克的沉没；而鉴于中方，美是大漠孤烟，长河落日；是金戈铁马，气吞万里；是秀口一吐，装修盛唐；是春花秋月，一江春水。东土逍遥之说，是精神解放，也是西方文学思绪之自由。中国有儒释道三家难舍难分，心笙摇曳；西方有对基督圣堂的无上追求，心驰神往。中西之间，文化广博，在各自的秀丽山水画里，都不约而同地追求着不让泥淖玷污的高洁灵魂，都折射着文学在价值层面上的趋同。彷徨世界，沧海如暮，是礼乐文化在大国盛土的灿烂，也是人文主义在大海之畔的绽放。”绅士凝望着阿尔卑斯山脉顶的一泓清泉，缓缓回应。

“中国和西方历史条件、文化传统、民族审美心理的差异，美学思想又形成为东方和西方两大系统，在世界美学史上竞放异彩，各有千秋。”诚哉斯言。中西方文明自孕育以来，在几千年的发展历程中流光溢彩，西方思想文化以基督教为代表性，其精神有三点：秩序、约和博爱。而中国文化以儒释道三家思想为立，兼少数多元文化，使中方文化更加丰富多彩。在中西各自多元思想文化难舍难分的基础之上，中西文化同样异中求同，譬如对事物内在规律与秩序的探索和承认，承认科学即是内在体现，譬如契约思想，平等、独立、自由、人权。文化之风华魅力，就在于保留原有差异性色彩的基础之上融会贯通。

这江河，望不断，使人愁。

二、立于江河之畔，望风华物志

我从不曾见过那样精致的意向，在纸面上随意地铺开，变成了绵亘千年的梦境。

跨过眼前这片高山大海，日月轮回，斗转星移。

君子与绅士背靠着背，在各自的这片水土上踱步。

君子缓缓开口："这一望，我望穿了春华，刘勰博通雅正，以高屋建瓴之力，'博者大通，雅者典正'，以广博的见识，克'五弊'行'六观'，终成《文心雕龙》；我望穿了秋水，屈原思绪与千年之长河接壤，登上汨罗江畔，纵身一跃的千年剪影为后世折服，写作《离骚》，独领后代骚风。此两者，一为博观万文，一为博观万人，皆为博观后作出'博练'之作，顺着历史的长河缓缓向前，文人墨客对古代'礼法'的传承始终如一，其或饱读经典，将'十三经'刻印内心；或以史为鉴，用尽一生去领会中华文明史……将传承与创新作为不变的文学理论。凡此种种，都是用博观来致敬所诵读的大好河山。"

"贵国文化历史源远流长，文学理论自不必说，必有成熟之体系。然不自意，西方文化自于大海之畔创生，在法律和权力之下发展而来。西方文学体系立足社会和宇宙，基于读者感受，在批判性上不可言喻。'惟人参之，性灵所钟，是谓三才'为《原道》一篇所书，也印证了西方文学史上，以人为本的价值观念，由此观之，中西之文学，中则侧重知音，西则侧重读者，合则统一。"绅士言罢，山河惊叹。

"博识万物而做一文，思接千载成一事，登山则情满于山，观海则意溢于海，见风则垂情于柳。千古绝唱之作，无人会意，若是我，死不足惜。"君子紧紧握住了双手，一滴热泪滑过脸颊。

"文以批判为重，理性之光永远绽放于文学作品之上，然文之本不在作，在于理会。无人会意，无人领悟，空留一人喋喋不休，不如饮一鸠毒酒，与苏格拉底交悟人生之理！"绅士扭过了头，紧紧握住了君子的手。

"知音也！"

"我的朋友！"

立于"全球本土化"的大趋势下，"总体诗学"为中西文化群体所追逐。文化价值与表达方式大体相同的形况下，文学理论显得举足轻重。历史的皱褶里，中国文人多半左右不可逢源，八面不能玲珑，即使他们有广博的思绪和主动的探索，也作不出令人共鸣的千古绝唱；西方哲学巨人即使穷通万物之理，站在前人的肩膀之上，也依然有哥白尼献身火海，葬送真理的大门之下。噫吁嚱！《文心雕龙》所述之言，即是读者反映说、解构主义（批判精神）等原型的构范，是中华文明辩证批判的楷式。

望风华物，志文论，觅知音。

三、立于高山之巅，望星辰大海

意犹未尽，忆起往事，半生繁华，却也抵不过一纸清曦。风掀起，吹去了陈旧的格调，驱走了单薄的内容，浮艳奢华也尽随风去。

两片水土，有着同一片星空，亦有着不同的名字。

千年万载，君子曰北斗北极，绅士名星座物语。

君子一手指向北极之辰，曰："人性之北，君子之品。《论语·学而》云'君子不重，则不危'，是君子端庄严谨之态。谦谦君子，温润如玉，亦是君子外在之修。而对内重道德，对外修文采。穷时以文抒发胸怀大志，达则寄情山水驰骋天下。为人处世，文物兼备，方为大通之才。"

绅士抬眼望去，目光又转向了另一片星辰："绅士温文尔雅，以竹为友，以山为伴，以水为依。将波澜不惊外化于行，将宠辱偕忘内化于心。荒凉沙漠之上，盘腿而坐，精简而食；尽管炽热难耐，依然着装系领。德智理学，贯彻发展。枫叶荻花，晓风残月，自是白衣卿相。"

"内秀外兼，君子也；内外兼修，绅士也。"

"妙哉！"

"为人之思维方式异中存同，对美的寻求亦大同存异。不论是风花雪月的外在之美，还是'如杖芒鞋轻胜马'的内在之美，都是文人在感性和理性层面上对美的共鸣；而不论是溶解性的美和振奋性的美，都是西方先哲对世界的感知和体悟。'烟花巷陌，依约丹青屏障'是美；'微红倚翠'也是美；人之冲动更是美，美是何物？一问文人墨客，二问哲学泰斗，所答之言，横跨千年万载，都藏进了历史的时间轴里。"君子回望，只见迷离的星夜下，有一只不系的小舟。

"美学是人的灵魂，每当此时，生命与灵魂永远不是局外之物。无论是古希腊人民还是中国儒家文明，生命观，价值观的相似性都始终围绕着'舍生取义还是保留性命以求更大的义'。鉴于《斐多》，西方展开了一场对于灵魂的思考，灵魂永恒，肉体消亡，对后世的影响永远存在；中国历史则把人去世后的灵魂带到了另外一个国度，曰极乐净土，无难无灾，无三纲五常。而不管是西方的唯心观还是中方的神学观，都是对后来人树起的一根精神支柱，即超脱地离去，可以换来对麻木精神的净化。正如拜伦所言'当苏格拉底的肉体走向死亡的时刻，雅典人的精神已经死亡了。'"绅士的眸子里，是一片星辰在闪烁。

这星辰，接壤于天，始照初人。

君子和绅士注视良久，眸子里，是泛黄旧迹的纸张在风中摇曳，也是一片星辰在闪烁，这场对话，迟到了千年之久，也终将持续千年，在文明星河缓慢向前，人类文明交互渗透的时间定势下，没有尽头。